**GOLDMANN
ESOTERIK**

Buch

Ethnologische Forschungen zeigen, daß die schamanische Tradition bei praktisch allen Völkern dieser Erde verbreitet war. Der Schamane besitzt die Gabe, mit den Mächten der geistigen Welt Kontakt aufzunehmen und sie sich untertan zu machen. Sein Weltbild ist ganzheitlich und sieht den Menschen im Wechselspiel der Naturkräfte. Es ist zugleich radikal subjektiv und steht dem objektivierenden Forschen des Wissenschaftlers diametral gegenüber.
Dieses Buch versammelt Beiträge von Wissenschaftlern, die sich auf das geistige Abenteuer der Begegnung mit der schamanischen Denkweise eingelassen haben. Was geschieht mit einem westlich ausgebildeten Verstand, wenn er sich der magischen Lehre eines Schamanen unterwirft? Berichte aus Nord- und Südamerika, Grönland, Afrika, Asien und Neuguinea werden zu einer Entdeckungsreise in eine andere Wirklichkeit.

Herausgeber

Amelie Schenk arbeitet als Angestellte des Goethe-Instituts in Indien und studiert dort seit Jahren die traditionellen Heiler. Holger Kalweit ist Psychologe und Autor mehrerer Bücher zur Tranceforschung (u. a. »Die andere Wirklichkeit des Schamanen«). Er beschäftigt sich insbesondere mit der tibetischen Heilkunst.

Amelie Schenk / Holger Kalweit

HEILUNG DES WISSENS

Forscher erzählen von ihrer
Begegnung mit dem Schamanen –
der innere und der äußere
Weg des Wissens

Originalausgabe

GOLDMANN VERLAG

Made in Germany · 7/87 · 1. Auflage
© 1987 by Wilhelm Goldmann Verlag, München
Einzelrechte aller Beiträge bei den jeweiligen Autoren
Umschlaggestaltung: Design Team München
Satz: Filmsatz Schröter GmbH, München
Druck: Elsnerdruck, Berlin
Verlagsnummer: 11805
Lektorat: Michael Görden
Herstellung: Martin Strohkendl
ISBN 3-442-11805-0

Inhalt

Einleitung

Der innere und der äußere Weg des Wissens

Glauben wir wirklich, Wissenschaft mache wahre, absolut objektive Aussagen? Ist sie nicht wie alles von Menschen Geschaffene Ausdruck persönlicher oder kultureller Weltaneignung? – Welcher ernsthafte Betrachter des Erkenntnisweges glaubt an sich selber, welcher kritische Geist gibt einen Groschen für seine eigenen Werke? Während die Objektivisten noch zetern: »Wertfrei sei unsere Theorie!« und ihre engstirnigen Denkmodelle als Umzugsgüter für die Zukunft deklarieren, zeichnen sich bereits andersgeartete Forschungsmethoden ab.

Die neue Schamanenforschung geht unorthodoxe Wege. Sie marschiert zurück zum Ursprung der Wissenschaft, beginnt von vorne – in unserem Gehirn, bei unserer grundsätzlichen Weltdeutungen, beim Ethnozentrismus. Mit der Hinwendung zur Figur des Schamanen werden wir gezwungen, die Grundlagen des Erkennens neu zu überdenken. Als primitiven Illusionskünstler verdammte man ihn, die ethnologischen Theorien hatten ihm den Garaus gemacht: Man deutete ihn funktionalistisch, kulturrelativistisch, sozialanthropologisch, ethnomethodologisch und symolistisch... Unverholen steigt der Schamane heute zum Lehrer von modernen Psychologen und Ärzten auf; die Fähigkeit, seine Bewußtseinsstruktur zu verändern, um in andersartige Daseinsräume einzudringen, widerspricht den neuen transpersonalen Forschungsergebnissen nicht mehr in dem Maße wie der traditionellen objektivistischen Wissenschaft. Der schamanische Bewußtseinswandel wird gesellschaftsfähig, und wie es scheint, kehren sich nun die Rollen um: Schamanen als Lehrer, Forscher als Schüler! – Der Zauberer ist also heute kein wunderliches Studienobjekt mehr auf den Glasträgern von Universitätsgelehrten, er ist zum humanistischen und transpersonalen

Meister einer rationalistischen Zivilisation aufgestiegen. Und hat er nicht das Recht dazu, ist er nicht Urvater der Psychologie, allererster in dieser Profession? – Wir fragen uns heute: Können *wir* den Schamanen tatsächlich untersuchen? Müssen wir nicht vielmehr zulassen, daß er unsere Arroganz und Ignoranz mit seinem Röntgenblick durchleuchte!

In einem Wort: Das neue Paradigma der Schamanenforschung heißt *»Forschen durch Lernen, durch Selbstergriffenheit«*. Diese Möglichkeit nun selbst wiederum zu erforschen, ist forscherisches Anliegen dieser Anthologie. Was uns an der Herausgabe einer solchen Aufsatzsammlung reizte, waren die Empfindungen der Forscher, ihre spirituellen Erlebnisse, die bei wissenschaftlichen Veröffentlichungen weitgehend unter den Tisch fallen. Wir waren neugierig und sprachen Autoren an, von denen wir glaubten, sie seien offen für eine spirituelle Weltsicht und das Transpersonale. Es war ein Experiment. Würden sich unsere Hoffnungen erfüllen, unsere Anschauungen bestätigen?

Unser Programm zielte auch auf Selbstkritik ab: Welche Bedeutung haben die schamanischen Erkenntnisse für den westlichen Menschen, der – in einer immer enger werdenden Welt lebend – reist und fremden Kulturen und Völker begegnen möchte? Was können wir durch die Exotik lernen? Wie mag uns das verändern, weiterbringen? Wie können wir uns öffnen und andere Erlebnisweisen und Weltaneignungsformen verstehen lernen?

Dieses Buch mit seinen Erlebnisschilderungen aus den verschiedensten Teilen der Welt – Afrika, Nord- und Mittelamerika, Polynesien, Asien – spricht jeden Menschen an, der sich aus dem zwickenden und einschnürenden Korsett westlicher Denkmechanismen und Verhaltensstile befreien möchte – entweder um sich kulturell zu öffnen oder um die geistigen Traditionen mehr in sich eindringen zu lassen.

Die Weltsicht der Schamanen

Es gibt Menschen auf diesem Planeten – seit den Uranfängen unserer Geschichte –, die ein gespaltenes Leben führen und mit beiden Beinen nicht nur fest auf dem Boden dieser Welt stehen, sondern gleichzeitig tief in einer jenseitigen Welt verwurzelt sind. Wir kennen sie als Schamanen, Magier, Heiler, Medizinleute und Orakel. Den schönsten Namen aber, der ihrem Wesen am ehesten entspricht, besitzen wir im Deutschen: Zauberer!

In der Tat führt uns der Zauberer eine zauberhafte Welt vor Augen: er bezaubert; hingerissen von seiner bizarren Welt zerfällt das Gewöhnliche um uns herum – wir werden zu Schamanenschülern und betreten den geistigen Weg.

Der Wirkungsbereich des Zauberers ist die *Welt der Seele*, jenes quasimateriellen Doppels unseres physischen Körpers. Mit seiner Seele überschreitet er seit Jahrtausenden – ähnlich wie manche Zeitgenossen, die durch Unfälle oder Schock »starben« und reanimiert wurden – die Schwelle des Todes? Die Erfahrungen dieser »Zurückgekehrten« – so bestätigen die Untersuchungen der Todesforschung – gleichen sich auf der ganzen Welt und zeigen eine spezifische Abfolge. Häufig beginnt eine Todeserfahrung mit einem Tunnelerlebnis. Viele fliegen durch ein schwarzes Loch, an dessen Ende sich ein strahlendes Licht und eine Landschaft von ungeahnter Schönheit ausbreitet. Oft überqueren sie einen Fluß, den Totenfluß, und treffen am anderen Ufer die Verstorbenen. Sie wählen zwischen dem Pfad zur Hölle und dem zum Himmel. In einer Gerichtsszene zieht ihr vergangenes Leben noch einmal an ihnen vorüber. Schließlich gelangen sie zum Haus des Universums, zum Herrn des Lebens oder zu Lichtgestalten, die sie einweihen in die Geheimnisse des Seins. Bald kehren sie zurück in die irdische Welt, wo sie ihren bewußtlosen Körper wiederentdecken und in ihn hineinschlüpfen wie Finger in einen Handschuh. Um diese, in Wirklichkeit weit vielfältigere Ereignisabfolge wissen alle schamanischen Traditionen und alle modernen westlichen Nah-Todesopfer. Ob ein afrikanischer Pygmäe, ein Amazonasbewohner, ein Eskimo oder Lappe, ein Sibirier oder Südseeinsulaner ins Totenreich reist – der Ablauf der Ereignisse gleicht sich weltweit, lediglich die kulturellen Überlagerungen und Erklärungen variieren. Sequenzen und Motive der Todeserfahrung verstehen wir daher als Eigentümlichkeiten der menschlichen Psyche schlechthin.

Wofür wir den Schamanen in Zukunft vielleicht ebenfalls ehren werden, ist seine Kenntnis vieler psychologischer Techniken, mit denen sich das Bewußtsein verändern und umformen läßt, so daß plötzlich unbekannte Wahrnehmungsformen auftauchen, die uns in eine neue Weise, die Welt zu sehen, einweihen. Wir meinen hier zunächst die *Trance*, die aber nur der Auftakt zu Bewußtseinszuständen ist, von denen die westliche Psychologie bisher nicht einmal zu träumen wagte. In Trance erscheinen uns die gewohnten Bindekräfte unserer kausal-logischen Welt in gänzlich neuem Licht. Raum- und Zeitlosigkeit, Durchlässigkeit der Substanz sind jene Erfahrungsformen eines translogischen Universums, das vom dreidimensionalen Weltentwurf so weit entfernt ist wie Einsteins relativistischer Kosmos von Newtons »Physik des Alltags«. Schamanen betreten im alternativen Bewußtseinszustand eine Parallelwelt von ebenso großer Wirklichkeit wie die unsere, und die Geschehnisse dort haben eine solche Tragweite, daß sie in unserem »Schwingungsbereich« unmittelbare Auswirkungen zeitigen, die der Alltagsverstand gemeinhin mit dem Vermerk geheimnisvoll, mythisch, parapsychologisch oder okkult versieht. Hinter all diesen Beschilderungen verbergen sich jedoch nur die Fabeln eines einfältigen Intellekts, mangelnde Empirie und bares Unverständnis der Wirkungsweise der Psyche. Noch hat die Erforschung des Schamanen nicht begonnen – sie liegt vor und nicht hinter uns. Schamanenforschung gehört zu den Aufgaben der Zukunft, denn gegenwärtig ist unsere Wissenschaft viel zu unerfahren im Umgang mit transpersonaler Psychologie – wir erahnen sie bestenfalls und können sie nicht willkürlich vorwegnehmen. So wie jenes jahrhundertealte Dogma der apostolischen Kirche »Steine können nicht vom Himmel fallen« die Erforschung der Meteoriten verhinderte, so wird die Schamanenforschung von den Verfechtern des Normalbewußtseinszustandes unterdrückt, die über den Intellekt – das vermeintliche Endstadium der menschlichen Evolution – nicht hinaussehen wollen.

Der Schamane ist jene heilige Person in Stammeskulturen, die die Pforte zum Himmel, das Loch in die Unterwelt gefunden hat; Kristalle wachsen im Körper des Schamanen, er erklimmt den Weltenbaum, erwirbt Hilfsgeister, einen Machtgesang und Machtgegenstände, und vom Lebensspender erhält er die Weihe. Diese *Transformationssymbole* kennzeichnen seinen Lebensweg, die Berufung zum Schamanen.

Der Berufungsweg des Schamanen folgt eigentümlichen, auf der ganzen Welt sich ähnelnden Etappen psychischer Entwicklung. Viele Forscher haben diese Tatsache nicht verstanden, sie gaben sich zufrieden mit oberflächlichen kulturellen Ausdrucksformen und erkannten die zugrundeliegenden unveränderlichen psychologischen Größen nicht. Die schamanischen Berufungserlebnisse werfen ein gänzlich neues Licht auf das Umwandlungsgeschehen des Ego.

Wir kommen nun zum *Erwachen der latenten schamanischen Anlagen.* Die bekannteste und häufigste Form, die Ichstruktur aufzulösen, erfolgt durch einen drastischen Eingriff in die biologischen Abläufe. Krankheit, extremes, charakteristischerweise nicht diagnostizierbares Leiden bis hin zu Formen der Schizophrenie und Epilepsie wurden beobachtet. Schon bei der Entwicklung des Kindes kündigen sich die Berufungsleiden des zukünftigen Schamanen an. Das Kind kam schon unter ungewöhnlichen Umständen zur Welt, es hat vielleicht Körpermerkmale, z. B. Narben von Wunden, die der Vater vor der Geburt erlitten hat; es gibt sich schüchtern, überempfindlich und egozentrisch und ist schon in frühen Jahren telepathisch, hellseherisch oder psychokinetisch veranlagt. Irgendwann in der Reifezeit, oft auch erst im Alter bricht das Nervensystem zusammen: untypische Krankheitsbilder entstehen, und das Leiden scheint unheilbar. Diese Menschen werden zunächst für geistig gestört oder verrückt gehalten, gleichzeitig aber auch verehrt – denn man hofft trotzdem, hier handle es sich um einen zukünftigen großen Schamanen. Ob es sich um eine gewöhnliche Störung oder die sakrale Berufung handelt, diagnostizieren schließlich Medizinleute, und sie allein sind in der Lage, den Gang des Transformationsgeschehens aufzuhalten, sobald ihnen die Familie des Kindes oder der Berufene selbst den Auftrag dazu erteilt. Da in den meisten Kulturen das Amt des Schamanen mit unsäglichen Entsagungen und persönlichen Opfern sowie einem ungewöhnlichen Lebensstil verbunden ist, wehren sich viele Ausersehene und fliehen zurück in die Normalität. Mit Hilfe eines Heilers ist dies möglich. So entstehen die verhinderten oder geheilten Schamanen, die nur genascht haben von den bizarren Früchten anderer Welten.

Tatsächlich handelt es sich bei der Krise des Schamanen nur vordergründig um Krankheit, die Ausdruck einer nicht näher bestimmbaren Umstellung auf allen Ebenen des Organismus ist – chemischen, physiologischen und psychologischen. Die uns bekannte logische Schichtung des Weltgeschehens ist für den Schamanen nach überwundener Leidenszeit nur noch von bedingter Bedeutung: Sein biologisches Reaktionsvermögen ist jetzt erhöht, und er nimmt unterschwellig unsichtbare Vorgänge im Umkreis des eigenen Körpers und in großer Entfernung wahr, denn die Durchsichtigkeit der Welt ist ihm zur zweiten Natur geworden. Seherisch »röntgt« er andere Menschen und überspringt die Raum-Zeitbarriere. Krankheit und Leidensdruck formten ihn zu einem Übermenschen. Erhöhung der Empfindsamkeit der Psyche und die Fähigkeit die eigenen biochemischen Vorgänge zu beeinflussen, das sind Ursprung seiner Kräfte.

Der Schamane mit seiner hochgezüchteten und sensibilisierten Psychophysiologie ist der Inbegriff eines neuen, geistig freien Menschentyps. Da die Auserwählten nach der Berufung erstaunlich weltoffen, realistisch und ichstark werden und die Zunahme psychischer Kräfte offenbar auch zu größerer Ichautonomie und Ausheilung von Neurosen, uralten Charakterschwächen und seelischer Unausgeglichenheit führt, dürfen wir in der Schamanenkrankheit und ihrer Überwindung eine ungewöhnliche Form psychischer Selbstheilung erblicken. Unsere moderne Psychologie und Medizin haben die Brisanz schamanischer Selbsttherapie noch nicht entdeckt: Krankheit führt zu Gesundheit, Irresein zu seelischem Wohlbefinden, zu Spannkraft und im wirklichen Sinne zu erweiterter Weltsicht und Selbsterkenntnis. Paradoxerweise führt nicht Heilung zur Gesundung, sondern das auf die Spitze Treiben der Krankheit, die schließlich in einer typischen Nah-Todessituation gipfelt oder zu einer vollkommenen geistigen Umnachtung führt – und der Schamane steht jetzt vor der Wahl, wirklich zu »sterben« oder sein Leben lang geistig gestört zu bleiben. Kommt es aber zum Umschlag in einen synästhetischen und synchronistischen Bewußtseinszustand, passen sich Körperchemie und Physiologie der einheitsstiftenden geistigen Konstitution an und gebären die berühmt-berüchtigte paradoxe Psyche des Zauberers.

Doch damit ist nicht alles überwunden. Noch ist er Adept und muß lernen, den erschauten ungewohnten Bau der Welt, die synergistischen Bedeutungen zu entziffern und in einen einheitlichen Sinnzusammenhang einzubetten. Dabei hilft ihm der Schamanenvater, sein Lehrer und Meister. Dieser führt ihn ein in das Symboluniversum seiner Kultur. Ein kultureller Kodierungsvorgang, der die definitionslose Innenwelt in übersichtliche Teile zergliedert, setzt ein. Hierin unterscheiden sich natürlich viele Kulturen. Kosmologien, Mythen und Legenden, Geschichten von Urschamanen und Heroen vermischen sich mit dem psychologischen Symbolisierungsvorgang der schamanischen Erfahrung zu einer kulturellen Daseinspsychologie, die der Erwartungshaltung seiner Stammesbrüder gerecht wird. So steigt er außer zum Heiler und Jenseitsreisenden auch zum Bewahrer des Stammeswissens auf – jener sinn- und lebensspendender Traditionen.

Es gibt mannigfaltige schamanische Einweihungsmethoden. Oft leiten Geister diesen Vorgang ein, wollen sie einen der ihren zum Nachfolger eines verstorbenen Schamanen bestimmen. Der Auserwählte erkrankt, reist, von Schmerzen aus seinem Körper getrieben, in die Geisterwelt, wo ihn die Jenseitigen aufklären über das Verhältnis von Ursache und Wirkung im irdischen Dasein, das eigentlich nur als ein von der anderen Welt inszeniertes Marionettentheater zu verstehen ist. Darüber hinaus existieren psychologische Techniken, die die geistigen Gewohnheitsstrukturen umkrempeln helfen und ihm dadurch eine Schau der Welt eröffnen, die wir als archetypisch und symbiotisch beschreiben müssen. Wesentlich ist dabei, den Körper durch extremes Fasten, durch alle möglichen Formen von Schock – durch Erdrosseln, Ersticken, Ertränken, Blutlassen, Schmerzen, Angst und Erregung – an den Rand des Todes zu führen.

Tod und Schamanentum gehören unabänderlich zusammen. Die ehrfurchtsvolle Anerkennung des Totenreiches in Stammeskulturen ist die Grundlage aller archaischen Psychologie. Für den Schamanen, einen Meister des Todes und Herrn der Schattenwelten, besitzt die Todeswelt quasiphysischen Charakter: Er durchmißt diese parallele Domäne im reinen Bewußtsein. Reines Denken ist ihm etwas Plastisches, sehr Reales.

Der Glaube an die Existenz einer feinstofflichen Seele ist die zweite Grundlage seines Wissens. Mit ihr fliegt er durch geistige Seinsräume. Deshalb gilt er als Meister der Seelenreise. Die dritte Grundlage seines Wissens ist die Kenntnis der anderen Welt, die gewissermaßen Urform allen Seins oder jenes Energiegerüsts ist, das unsere physische Welt zusammenhält. Der Schamane gilt daher als Herr der reinen Begriffe, der Urmatrix der Welt, als Herrscher über Nomos und Logos.

Nicht immer müssen Schamanen eine langwierige, strapaziöse Initiations- und Leidenszeit durchstehen. Ihre ungewöhnlichen Kräfte mögen durchaus *angeboren* sein. Es finden sich ganze Schamanenfamilien, in denen sich die Befähigung von Generation zu Generation weitervererbt. Die berufenen Kinder erlernen von Vater, Mutter oder Großeltern entsprechende Techniken und ihre kulturelle Anwendung. Daß bestimmte Nervenfunktionen offenbar auch genetisch übertragen werden, wirft ein besonders dramatisches Licht auf die schamanische Psyche. Folglich wird bei der Bestimmung schamanischer Fähigkeiten auch die Genforschung in der Zukunft ein Wort mitzureden haben.

Es gibt unterschiedliche Formen der Schamanenweihe. Besonders drastisch ist es, von einem *Blitz* getroffen zu werden. Überlebt der Getroffene die Zufuhr des hohen Energiepotentials, macht sich in ihm bald ein augenfälliger Wesenswandel bemerkbar. Dem Tod entronnen und nach Phasen geistiger Verwirrung, erkennt er schließlich die Welt der Geister oder des Geistes. Die wissenschaftliche Erklärung für diese archaische Form der Elektroschocktherapie steht noch aus, vielleicht wird aber auch sie einmal zum Repertoire einer zukünftigen Psychotherapie gehören.

Treibende Kraft einer Schamaneninitiation kann ein *Machtgesang* sein. Nicht bloß von einem Lied ist die Rede, sondern von der Offenbarung eines inneren Gesangs des Organismus: Eine Klangschwingung – sobald sie aus einem immateriellen Reich der Urtöne herüberkommt –, wird vom Schamanen verspürt und von seinen Stimmbändern aufgegriffen. Die schamanischen Machtgesänge fließen wie von selbst über die Lippen jenes Menschen, der zuvor vielleicht lange getanzt, gefastet oder in der Einsamkeit verharrt hat – sie kommen spontan. Der nach schweren Schockerfahrungen und Nach-Todesbegegnungen plötzlich wie ein Aufschrei hervorbrechende Machtgesang – gewissermaßen hörbarer Ausdruck des Lebensrhythmus der Seele – zeigt die verwandelte körperliche und geistige Konstitution des Menschen an. Der Inhalt dieser Gesänge ist einfach: Er gibt das Gefühl des Menschen bei der Berührung mit dem Geheimnisvollen und Wunderbaren und der Erlösung aus den Fesseln des uns begrenzenden Egos wider. Machtgesänge sind Befreiungsgesänge. Der Ursprung des Machtgesangs ist innere Schwingung, die sich für die menschliche Empfindung umsetzt in Musik, Rhythmus und sprachlichen Reim. Innere Freiheit macht sich Luft in harmonischen Klängen.

Dem Schamanen selbstverständlich ist die Zusammenarbeit mit *Feinstoffwesen aus dem Todesreich* oder aus uns nebengeordneten Dimensionen. Für die moderne Welt, für die kein Überleben des Todes in geistiger Form und keine Wiedergeburt existiert, ist die schamanische Vorstellung eines unmittelbaren Fühlungsnehmens zu den Wesen zwischen Diesseits und Jenseits unannehmbar. Daher tun wir uns so schwer, Hilfsgeister, die jeder Schamane sein eigen nennt, anzuerkennen. Hilfsgeister mögen verstorbene Verwandte, Geisttiere sowie nicht genau bestimmbare Entitäten sein. Auf jeden Fall gilt im schamanischen Kosmos die jenseitige Welt als Urmatrix der festen Materie: Sie besteht aus dem, was nach dem Verfall des Körpers übrigbleibt – dem Geist; hier ist die wirkliche Heimat des Schamanen. Die Geister helfen ihm beim Heilen, beim Auffinden verlorengegangener Gegenstände, oder sie erledigen, wenn nötig, seine Feinde. Entweder bedienen sie sich dabei seines Organismus als Kanal oder sie ziehen seine Seele aus dem Körper heraus und begeben sich an deren Stelle. Diese letztere Form, bekannt als Besessenheit, ist streng zu unterscheiden von Trance, in der der Schamane nur mit seinen eigenen Energien wirkt.

Erwähnt sei ebenfalls die *Vision*, die in einigen der folgenden Berichte auftaucht. Visionen offenbaren meistens archetypische Bilder oder Aspekte einer anderen, nicht näher beschreibbaren Daseinssphäre; sie geben dem Visionär Zuversicht, Sicherheit im Glauben und die Gewißheit der Existenz einer höherstrukturierten Welt. Neben der kathartischen Auflösung psychischer Störungen bringt die visionäre Schau mit ihren visuellen, akustischen oder kinästhetischen Reizen und dem Kontakt zu nicht-humanen Wesen einen parapsychischen Kraft- und Erkentniszuwachs mit sich. Visionen geben nicht nur Aufschlüsse über kommende Ereignisse, räumen mit unserer Unklarheit über gesellschaftliche oder persönliche Fragen auf, sie führen darüber hinaus zu einer Energieübertragung, geben Anweisungen, was heilsam wirkt, übermitteln geistige Machtgegenstände, enthüllen deren Verstecke oder geleiten den Seher zur Erleuchtung. Der Mensch geht aus ihr verwandelt hervor und kann urplötzlich auf zwei Weisen sehen und handeln – körperlich wie geistig. Traumgesichte treten meistens auf: in Augenblicken der herabgesetzten Funktiontüchtigkeit des Körpers – durch Schock, Angst, Hungern, Dürsten, Einsamkeit, Beten oder die endlose Wiederholung einer beliebigen Handlung. Dadurch zersetzen und reinigen sich Denken und Fühlen. Rein sein heißt frei sein vom Strom des gewöhnlichen Denkens, ohne Wünsche, Gefühle und inneres Auf und Ab der Alltagsregungen. Es kommt zu einem Versenkungszustand, der unser Bewußtsein in eine weiße Leinwand verwandelt, auf der sich neue, ungewohnte Bilder abzeichnen...

Zu allen bisher angeführten Berufungserlebnissen kommt es ohne Zutun des Individuums. Darüber hinaus gibt es die Möglichkeit, aus freiem Willen Schamane zu werden. Zu diesem Zweck bestehen in allen Kulturen regelrechte *Schamanenschulen* und Medizingesellschaften, Geheimorden und sakrale Organisationen, die im Laufe der Zeit einen systematisch gestuften Übungsweg aufgebaut haben, der Psyche und Körper zunächst aus ihren eingefahrenen Gleisen entwurzelt, sie später allerdings auf höherem Integrationsniveau wieder zusammenführt. Natürlich kann die Einweihung zum Schamanen durch individuelle Schulung erfolgen, und zwar, da die schamanische Psychotherapie das Bewußtseinspotential eines jeden Menschen anspricht, ganz kulturunabhängig; wie einige Aufsätze dieser Anthologie zeigen, kann der Forscher selbst bis zu einem gewissen Grad die schamanische Bewußtseinsumstellung erlernen.

Nach diesem Abriß des schamanischen Werdegangs, der das Weltempfinden von Naturvölkern nur andeutet, wird eine Antwort auf die Frage »Was verstehen wir unter Schamanentum« immer dringlicher. Trotz der Zweifelhaftigkeit eines solchen Unterfangens möchten wir uns in einer Definition versuchen.

Schamanentum ist eine Weltsicht und eine Psychotherapie, die sich mit der menschlichen Verfangenheit in Egostrukturen auseinandersetzen und die Befreiung aus der gewohnten Daseinskonstitution und den bekannten Naturgesetzen und der Materie anstreben. Schamanen aller Völker erforschen die Gesetze einer hinter der sichtbaren Welt liegenden Urformenwelt und gelangen weltweit zu übereinstimmenden Ergebnissen. Im schamanischen Universum liegt uns das bisher größte psychologische Experiment aller Zeiten vor: Ohne vorherige Absprache, ohne gegenseitige Kontakte kamen einzelne Individuen in allen Völkern zu gleichen Beschreibungen der Struktur und Funktionsweise der menschlichen Psyche. Sie betonen: Um Einblicke in diese quasimaterielle, transpsychische Sphäre zu erhalten, ist die Transformation des Bewußtseins, seine Entleerung von anerzogenen Verhaltensmustern und Normen unerläßlich. Die Entwöhnung von den Formen des Alltagslebens ist die wirkliche Mission des Schamanen. Heilige Natur taucht dann auf, innere und äußere. Natur jenseits von Kultur – Übernatur – diese zu erreichen, ist ewiges Ziel des geistigen Pfades.

Der Forscher und das schamanische Bewußtsein

»Was weiß ein Fisch vom Wasser, in dem er sein ganzes Leben lang schwimmt?« meinte Albert Einstein und warf eine erkenntnistheoretische Frage auf, die wohl so alt wie die Menschheit selbst ist: Erkennen wir die Wirklichkeit? Dringt ein in herkömmlicher Wissenschaftstheorie geschulter Anthropologe wirklich in Erlebnis- und Verhaltensweisen, in Denkstil und spirituelles Universum des Schamanen ein?

Die *Transpersonale Anthropologie* betrachtet religionsethnologische Erscheinungen auf ganz ungewohnte Weise: Für sie bedarf das Verhältnis Anthropologe und Schamane einer bis auf die Wurzeln gehenden Neufassung, weil der anthropologische Diskurs um das religiös-magische Weltbild noch immer weitgehend von unbewußten rational-logischen Paradigmen eingerahmt ist, die Ursache unseres andauernden Unvermögens sind, das Weltverständnis von Medizinmännern, Heilern, Medien und Yogins wirklichkeitsgerecht und nicht-ethnozentrisch zu beurteilen. Wir sollten jedoch die unseren Anschauungen zugrundeliegenden erkenntnistheoretischen Merkmale aufdecken, wir sollten den Schamanen selbst ebenso wie seine Widerspiegelung in der Paradigmenwelt unserer Wissenschaft ergründen. Diese tief in der Forschung verankerten und kaum mehr aufzudeckenden Wert- und Denkvorstellungen gehen als apriorische, unreduzierbare oder unanfechtbare Voraussetzungen in jegliches anthropologische Forschungsvorhaben ein und bleiben wie die unbewußten Selbstverständlichkeiten unserer Kultur von der Anthropologie samt und sonders verschont. Die von der Wissenschaft zusammengetragenen Kenntnisse über den Schamanen verstehen wir daher zunächst nicht als Kenntnisse über ihn selbst, vielmehr als Aussagen über die Weltaneignungsformen des westlichen Geistes. Die Forderung nach einer Wissenschaftswissenschaft ist nicht neu; jeder Anthropologe fühlt das Bestreben, die eigene Kulturbestimmung vorsichtig abzuwägen und oberflächlichen Projektionen vorzubeugen. Dennoch ist diesem Bemühen bisher nicht zu systematischer Blüte verholfen worden, und die universitäre Ausbildung bietet kaum eine der Psychoanalyse vergleichbare Zerlegung der eigenen Kultur an. Sprechen wir von Wissenschaft, dann meinen wir natürlich westliche Wissenschaft. Wissenschaft ist nur das, was das Denken der westlichen Zivilisation zu denken vermag. Seit den Zeiten Frazers und Taylors steckt die Anthropologie an diesem charakteristischen Punkt fest: Das Wissenssystem, welches nur an sich selbst glaubt, schließt andere, ähnliche Systeme und damit gleichzeitig auch die Kenntnis seiner selbst aus. Wie kann ich mich sehen ohne einen Spiegel, wie bestimmen ohne einen Partner? Begriffe und Denkgesetze abendländischer Wissenschaft denunzieren schon von vornherein die Möglichkeit paralleler Erkenntnisgesetze. Die Idee, fremdartige existenzielle Erfahrungen anzuerkennen, ist der unrelativistischen Selbstüberschätzung unserer Wissenschaft schon als bloßer Denkinhalt versagt. Zunächst schien es, als schlössen wir mit Beginn der anthropologischen Forschung die Suche nach ergänzenden Formen des Wissens nicht aus. Doch tatsächlich verhält es sich umgekehrt: Die Anthropologie hat fremde Kulturen nie ernst genommen und als wettbewerbsfähige Lebensmodelle gewürdigt, zumindest mahnte sie den westlichen Menschen nicht zu einer Verbesserung seines Lebensstils und zu einer Erweiterung seines Bewußtseinshorizontes. Jean-Jacques Rousseau beantwortete schon vor über 200 Jahren die Frage, ob Wissenschaft und Kunst zur Verfeinerung der Sitten beigetragen haben, mit einem kategorischen Nein; gleicherweise trugen die anthropologischen Untersuchungen in keiner Weise dazu bei, unseren Anspruch auf Kultur einzuschränken. Wir meinen, es ist an der Zeit zuzugeben: Die Anthropologie hat über weite Strecken lediglich eine Alibifunktion für unser wissenschaftliches Gewissen – eine wirkliche kulturrelativistische Tendenz zeigt sie nicht. Was man bei Stammesgesellschaften entdeckt, gilt als Protoscience, Pseudo- und Primitivwissenschaft, bestenfalls als verfehlte, verfrühte, unzulängliche Weltaneignungsform; um materialistische, behavioristische, positivistische, mechanistische Wissenschaft handelt es sich jedenfalls nicht. Selbst als sich die Anthropologie zum kulturellen Relativismus bekehrte, blieb dieser Grundsatz unangetastet: Man beobachtete, gelegentlich teilnehmend, gelegentlich mit Empathie und beschrieb, bis die sprachlichen Mittel erschöpft waren.

Aber Beobachtung und Beschreibung als Untersuchungsmethode selbst wurden nicht hinterfragt, nicht bewußtgemacht. Mit unseren eigenen Kriterien bestätigen wir uns deshalb selbst: Tautologie und Zirkelschluß bestimmen unsere Methodologie. Der Forscher sollte jedoch aus der Tretmühle und Sklaverei dieses zirkulären Irreseins heraustreten und Herr seiner eigenen Schöpfung werden. Sobald er sich des eigenen Maßstabs bei der Beschreibung des Schamanen bewußt wird, beginnt er sich selbst zu analysieren. Nur wie? Wieder mit den gleichen Begriffen? Das führte zum unendlichen Regreß. Kritik der eigenen Wertmaßstäbe, Kritik des Abendlandes oder Kritik der Kritik des Abendlandes – nichts scheint weiterzuhelfen... Nur das Aufgeben der Kritik, des rationalen, logisch determinierten Forschens und das Ablassen vom bewußten Wollen geben uns Hoffnung. Der erste Schritt zur rigorosen Kritik an den Denkfesten westlicher Ziviliation ist die Preisgabe der Kritik – das wohl größte Sakrileg, das sich an der Wissenschaft verüben läßt. Die neuen Forderungen lauten: rezeptive, passive, emphatische, nicht-aktive Selbsterfahrung. Abraham Maslow, der Gründer der Transpersonalen Psychologie, spricht diesbezüglich von »taoistischer Methode«; nur sie habe Aussicht auf Erfolg, das andere Bewußtseinsuniversum, den veränderten Bewußtseinszustand, das transpersonale Reich der Psyche wahrzunehmen.

Die Welt des Schamanen beschreiben wir nur auszugsweise, sein Wesen verkürzen wir bis zur Verstümmelung und bleiben in rein äußerlichen Skizzen stecken. Dadurch erzeugen wir jene bekannte Sinnlosigkeit, Sprunghaftigkeit, den unzusammenhängenden Detailwust, der viele Schamanenschilderungen kennzeichnet und den Leser solcher Berichte abschreckt und verwirrt. Die magische Welt enthüllt sich so als absurdes Panoptikum primitiver Lebensdeutung. Daß diese Verwirrung aber Ergebnis der wissenschaftlichen Datenauswahl ist, bleibt unerkannt. Im Umfang mit dem nichtgewöhnlichen Bewußtsein entwirft unsere Forschung ein Bild des Schamanen, das sie berechtigt, seine irreale Geistestätigkeit zu beanstanden. Der Einwand, viele Erlebnisberichte stammten von

Schamanen selbst, ist zwar richtig, aber alles andere als aussagekräftig. Die Frage lautet vielmehr: Warum erhalten wir solche rudimentären Auskünfte von Schamanen? Auch die Verteidigung, Riten und Initiatoren würden vor Außenstehenden geheimgehalten, reicht nicht hin. – Bringen uns nicht eher methodischer und kritischer Abstand zum Medizinmann diese spärlichen Informationen ein? Ist es nicht unser rationaler Bewußtseinsmodus, der eine unmittelbare Erfahrung transpersonaler und parapsychischer Erlebnisse ausschließt? Ist es nicht unsere materialistische Einstellung gegenüber dem Sein, die traditionelle Völker hellhörig und sie vorsichtig werden läßt? Ist es Angst vor der Erfahrung des kulturellen und persönlichen Selbst, die uns letztendlich von einem wirklichen Verständnis abhält? Anthropologen untersuchen oft jahrelang einen Stamm, ohne jemals deren psychoaktive Drogen zu probieren, ohne je die psychophysischen, bewußtseinverändernden Techniken an sich selbst zu erproben; ihnen kommt es nicht in den Sinn, die eigene Psyche als Experimentierfeld zu benutzen. Einer experimentellen Anthropologie dieser Art bedürfen wir aber, damit Schamanenforschung zur wirklichen Forschung wird.

Behavioristische Außenbeobachtung und bloße Verhaltensbeschreibung bestimmen unsere Kenntnis schamanischer Welten. Berühmt sind jene Beobachtungen, die fotografisch genau jede ekstatische Zuckung und tänzerische Gliederverrenkung notieren, ohne je den psychischen Zusammenhang zu begreifen. Den äußerlichen Ablauf einer Séance, eines Rituals schildert der Ethnograph mit großer Liebe zum Detail – was tatsächlich im Medium, Heiler oder Magier vorgeht, bleibt unerwähnt, wird leichtfertig mit Wortkaskaden übertüncht. Dennoch lassen sich verstreute Versuche zur Aufdeckung des inneren Erlebnisses des Schamanen finden, die jedoch schon im Ansatz am unangemessenen Begriffsvorrat oder an der von Ethnographen erzwungenen Schweigsamkeit des Schamanen scheitern, denn ethnologische Methode und westlicher Verhaltensstil regen ein spirituelles Weltbild kaum an, sich zu entfalten. Das daher unumgängliche sich Bescheiden auf äußerliche Verhaltensbeschreibung hat drei Ursachen: 1. Anfänglich verfügte die Anthropologie über kein hinreichendes Forschungsrepertoire, besaß keine Kenntnis des Unbewußten und Überbewußten, keine Landkarte zur Erfassung transformativer Bewußtseinzustände: was blieb, war die reine Außenbeobachtung. 2. Das Aufkommen einer psychiatrischen Begrifflichkeit löste eine kritiklose Übernahme psychopathologischer Krankheitsmodelle aus. Phänomene im Umkreis des Schamanentums boten sich durch ihre Unerklärlichkeit geradezu an, mit pathologischen Schildchen beklebt zu werden. Es herrschte die Vorstellung, für den gewöhnlichen Menschen seien psychische und geistige Krankheiten nicht nachvollziehbar, was eine willkommene Rechtfertigung bot, sich erst gar nicht zu bemühen, ins Wesen des schamanischen Bewußtseins einzustimmen: Die Außenbeobachtung ließ sich jetzt wissenschaftlich legitimieren. 3. Das mechanisch-behavioristische Modell erweist sich heute zusehends als unfruchtbar; humanistische und transpersonale Tendenzen drängen sich in den Vordergrund. Die Dichotomie normal – pathologisch verfällt allmählich zugunsten eines Denkens in Kontinuitäten und flüssigen Übergängen. Psychische Abnormitäten dürfen damit bei jedermann auftreten, verflogen ist ihr negativer Beigeschmack; alternative Bewußtseinzustände weren für das Alltagsbewußtsein zugänglich und als sinnvoll erachtet. War dem behavioristischen Modell die Trennung von Beobachter und Objekt selbstverständlich, so liegt dem transpersonalen Modell Wechselwirkung, Einheit in der Vielheit und Austauschbarkeit am Herzen. Trennung von Forscher und Forschungsgegenstand dagegen erzeugt platten Behaviorismus und Objektivismus – jenes mechanisch-materialistische Weltverständnis. Transpersonale Bewußtseinsmodelle führen zur Introspektion, verfeinerten Wahrnehmung der Bewußtseinzustände und letztendlich zur Erkenntnis: Bewußtsein bringt Welt überhaupt erst hervor. Ganz im Gegensatz dazu verschrieb sich die klassische Anthropologie bei religionsethnographischen Untersuchungen einer charakteristischen Reihe erkenntnistheoretischer Parameter: der Trennung von Ich und Welt und damit der Trennung von Forscher und Forschungsobjekt; die Einengung des menschlichen Lebens auf Verhalten; der Außenbeobachtung und der Idee, wahre Aussagen seien möglich. Quintessenz der klassischen Anschauung ist demnach die materialistische Perspektive, sie schreibt dem Bewußtsein eine sekundäre Wirkung zu.

Das geistige Universum des Schamanen dagegen ist nur erforschbar, wenn wir die Gesetze der transpersonalen Psyche erkennen und annehmen: 1. der Schamane wirkt selbstbewußt in einem Feld vielfältiger innerer Kräfte, die beim gewöhnlichen Menschen gemeinhin brachliegen; 2. alternative Bewußtseinszustände erweitern die Persönlichkeit und legen höhere Schichten der Psyche offen; 3. der Forscher muß selbst bis zu einem gewissen Grad in andere Bewußtseinszustände eindringen und die herkömmliche Polarität Forscher/Schamane aufgeben.

Die Aufgabe dieser Anthologie

Glauben wir wirklich, Wissenschaft sei wahr, absolut objektiv? Ist sie nicht wie alles Menschliche persönliche, höchstindividuelle Meinung? – Welcher Betrachter des Erkenntnisweges glaubt an sich selbst, traut seinen eigenen Worten, welcher kritische Geist gibt einen Groschen auf seine Schmähschrift? »Wertfrei sei unsere Theorie«, zetern die Objektivisten und schreien eher, weil ihnen die zu engen Kinderschuhe der Wissenschaft drücken und nicht aus echter Empörung. Sie sind noch Säuglinge der Erkenntnistheorie, die ihre eingeengten Denkmodelle als Umzugsgüter für die Zukunft deklarieren. Die neue Schamanenforschung dagegen geht andere Wege. Sie marschiert zurück zum Ursprung der Wissenschaft, beginnt von vorne – in unserem Gehirn, bei unseren Theorien und Ideen, bei den Projektionsmechanismen, beim Ethnozentrismus. Denn was wissen wir schon vom Schamanen . . . daß er funktionalistisch, kulturrelativistisch, sozialanthropologisch, ethnomethodologisch oder symbolistisch gedeutet werden kann!

Die Schamanen, das sind tatsächlich wir selbst – haben nicht wir sie mit unseren einbalsamierenden Worten und neuerdings schwärmerischen Traumgesichten selbst geschaffen? Und der lebende, der ursprüngliche Schamane, der jenseits der Verschwörung von Ratio und Ethnozentrismus über Berge und durch Wüsten wandert, der

Einzelgänger, wo ist er? Irgendwo muß er doch hausen in der wirklichen, unverfälschten Erinnerung jener Forscher, die einmal bei ihm zu Gast waren, irgend etwas muß doch hängengeblieben sein vom echten Leben, der Größe des Alltags, von der Zeit, als im »Feld« die Theorie gemeinsam mit der »Methodik der Angst« vom rauschenden Strom des Seins fortgerissen wurde?

Was nun reizte an dieser Anthologie, waren die Empfindungen der Forscher, die spirituellen Fakten und die geheimgehaltenen Erkenntnisse bei der Feldforschung. Wir waren neugierig und sprachen Autoren an, von denen wir annahmen, sie stünden der spirituellen Weltsicht und dem Transpersonalen offen gegenüber. Gespannt warteten wir auf ihre Resonanz – alles lag nun in ihren Händen. Es war ein Experiment. Würden sich unsere Hoffnungen erfüllen, unsere Anschauungen bestätigen?

Hier nun die Anthologie. Wie Sie sehen, ist es nicht die letzte Weisheit des »persönlichen Ansatzes«, der transpersonalen Methode – es ist ein zaghafter Anfang.

Nur reicht der »persönliche Ansatz« nicht aus, es fehlt uns auch die Achtung vor den transpersonalen Werten des Schamanen. Denn mangelnder Respekt ließ den Forscher bisher selbst so wenig lernen, und deshalb gab er auch so wenig Wissen an seine Leser weiter.

Heute aber tritt die Schamanenforschung heraus aus den staubigen Universitätsspinten der reinen Wissenschaft, die niemandem hilft, weder uns und noch weniger dem Schamanen. Der Zauberer ist heute kein wunderliches Studienobjekt mehr auf den Glasträgern der Universitätsgelehrten, er ist zum humanistischen und transpersonalen Lehrer von Psychologen und Medizinern aufgestiegen. Denn ist er nicht ihr Urvater, allererster in dieser Profession? So oft überragt sein Wissen das unsere, und wir müssen uns fragen: »Können wir den Schamanen tatsächlich untersuchen, muß nicht im Gegenteil er die Arroganz und Ignoranz der Wissenschaftler seinem seherischen Röntgenblick aussetzen? – Wie kann das Niedere das Höhere beurteilen, wie der Frosch den Menschen einschätzen...« In einem Wort: Das neue Paradigma der Schamanenforschung heißt »Forschung durch Lernen, durch Selbstergriffenheit«. Diese Möglichkeit nun selbst wiederum zu erforschen, das ist auch forscherisches Anliegen dieser Anthologie.

Benares im Frühjahr 1986

HOLGER KALWEIT
AMELIE SCHENK

Erster Teil

Begegnung mit Schamanen

AMELIE SCHENK
Ein Medizinmann erzählt

Gott schläft im Stein,
atmet in der Pflanze,
träumt im Tier,
wacht auf im Menschen.

Der Morgenstern ist längst aufgegangen. Ich singe innerlich. Seit gestern abend rollte unser VW-Campingbus Richtung Osten; das Ziel unserer Reise, South Dakota, liegt noch zwei Tagesreisen entfernt. Wir sind kurz vor Albuquerque, als sich ein schmaler Streifen Himmel zeigt und in zartes Orange übergeht. Wir halten; es hätte irgendwo auf der Autobahn zwischen Flagstaff und der Grenze zu Texas sein können. Der Grünstreifen ist so gut wie jeder andere Flecken, es muß nur bebautes Land, weit besser unberührte Erde sein. Die Kinder krabbeln schlaftrunken unter den Decken hinten im Bus hervor. Archie Fire Lame Deer will mit uns bei Sonnenaufgang beten: »Die ersten Sonnenstrahlen, die frühmorgens die Erde erwärmen, sind besonders heilig und kraftvoll. Schon mein Großvater Quick Bear stand immer in der Morgendämmerung auf und sang für die Wesen der Nacht und die dunkle Seite des Mondes, und begrüßte den Morgenstern und die Wiederkehr eines neuen Tages mit seinem Zyklus, indem er zu den sechs Richtungen betete. Denn Tag und Nacht können nicht ohne weiteres aufeinander folgen, sie müssen durch Gebet miteinander versöhnt werden.«

So unromantisch hatte ich mir das nicht vorgestellt, unsere erste gemeinsame Zeremonie – etwas Grün und gleich daneben Leitplanken, rechts und links von schnurgerade verlaufenden Asphaltbahnen gesäumt, auf denen Autos wie am Fließband vorbeisurren, stachelige Krüppelflechten, die durch die Jeans stechen, roter Sand von einer frischen Prise aufgewirbelt. Die Kinder nörgeln, unbeirrt aber verteilt Archie seinen Bull-Durham-Tabak. Wir tun es ihm nach: Er richtet sein Gebet mit erhobener Rechter erst nach Norden, dann nach Osten, Süden und Westen, nach oben zu Wakan Tanka, dem Großen Geist, und nach unten, zu Mutter Erde und überläßt dem Morgenwind mit jeder Richtung einige Tabakkrümel. Seine beiden Kinder beten jetzt mit ihm auf Lakota.

Ich war begeistert, das war wie eine Eröffnungsfeier. Doch plötzlich überkam mich ein Zweifel: Werde ich jemals dieses ungebrochene, vertrauliche Verhältnis zum Schöpfer, wie ich es jetzt miterlebte, verstehen können? Ich hatte Angst, vor meinem eigenen Anspruch zu versagen, der darin bestand, daß ich frei von Abneigung und Zuneigung, jenseits von Gefühl und Intellekt nach Erkenntnis streben wollte. Das galt sowohl für das Leben als auch für das Forschen, und schon recht auf dieser Reise.

Abends waren wir von St. Barbara aufgebrochen und die Nacht durchgefahren, einmal er, einmal ich am Steuer. Schwarzer Kaffee in zwei Thermoskannen, zwischen Fahrer- und Beifahrersitz geklemmt, immer griffbereit, hielt uns wach. Diese Nacht war der Auftakt zu einer Forschungsreise ohne festen Plan.

Über den Umweg einer fremden Kultur wollte ich die eigenen unbekannten kulturellen Bewußtseinsräume erkunden. Das war mein inneres Anliegen, Motor meiner Aktivität. Offiziell war der Aufenthalt als Untersuchung über das indianische Medizinmannwesen angelegt. Welch ein paradoxes Unterfangen, zwei Forschungsziele in einer Person vereint! Aber ich suchte die Herausforderung, es war ein Experiment. – Und jetzt der Rückblick. Das Schreiben darüber tut gut, wie ein Verdauungsspaziergang nach einer reichhaltigen Mahlzeit. Von der Angst des Ethnographen beim Beobachten der fremden Kultur, trotz Verlangen daran teilzuhaben, den Schwierigkeiten, objektives Interesse und persönliche Beweggründe zu verknüpfen, ohne sich in Gefühlsduselei zu verlieren, davon möchte ich sprechen und so die Hintergründe meiner Feldforschung ausleuchten.

Bei der Abreise hieß es für Archie kurze Zeit Abschied nehmen von der zivilisierten Welt der Weißen und heimzukehren in das Land seiner Vorväter, sich jener glücklichen Kindheit zu erinnern, als die Welt noch voller urwüchsiger Indianer und echter Krieger war. Kaum hieß es: »Wir fahren nach South Dakota, alles einsteigen!« – war er wie verwandelt. Reisen bedeutete Abenteuer, Welterfahren, die Narrenfreiheit haben, alles zu erproben, sich allen Versuchungen dieser Welt auszusetzen und sich dennoch treu bleiben, den Weg des Medizinmannes gehen. »Ihr habt eigenartige Vorstellungen von einem Medizinmann, denn wenn er nicht dem Bild eines Karl-May-Indianers entspricht, seid ihr beleidigt. Ihr erwartet eine ernste, heilige Person, die euch selbstgefällig den Weg weist. Es ist schwer, ein Medizinmann zu sein. Er macht verschiedene Entwicklungsstufen durch, und nur er weiß, wann die Zeit für den nächsten Schritt gekommen ist. Manch einer wundert sich, warum ein Medizinmann merkwürdige Dinge tut, ohne Hemmung ungereimt daherredet oder den Leuten unbequem kommt. Sie wissen nicht, daß er seiner Vision oder den Anweisungen eines anderen ehrbaren Medizinmannes folgt, die ihn zu diesem Lebensstil zwingen. Ein Medizinmann erreicht im Laufe seines Lebens verschiedene Stufen der Selbstverwirklichung. Er zieht in die Welt hinaus, um zu lernen, so wie viele andere Menschen auch. Er ist auf der Suche nach sich selbst, ein Leben lang. Und Leben heißt für ihn lernen, versuchen, die Weisungen des Großen Geistes zu verstehen.«

Seine Kinder John und Josephine, die im kalifornischen St. Barbara die Schule besuchen, ging es in die Ferien, aber vor allem heim in eine Kultur, die erst noch ihre eigene werden sollte. Die Hamburger-und-Cola-Welt, die Schule mit Noten, Wettbewerbs- und Autoritätsdenken, die Pflicht zum Konsum von Kindesbeinen an, all diese Verhaltensweisen, die dem erdverbundenen Leben entgegengesetzt sind, hatten sie vom Indianersein schon recht entfremdet.

Archie Fire Lame Deer ist traditioneller Medizinmann und Häuptling der Miniconju-Lakota, einer der sieben Ratsfeuer der Lakota. Sein Urgroßvater väterlicherseits, ebenfalls Medizinmann und Häuptling, nach dem die Stadt Lame Deer in Montana benannt ist, schloß sich mit seinen Leuten Sitting Bulls Trupp an, der sich maßgeblich an den Schlachten am Little Big Horn beteiligte. 1865 unterzeichnete er einen Friedensvertrag zwischen den Vereinigten Staaten von Amerika und den Häuptlingen und Anführern des Miniconju-Stammes. Als Garantie hatten ihm die Regierungsvertreter ein vier Quadratmeilen großes Stück Land in South Dakota zugedacht, das heute unter dem Pflaster von Rapid City und Umgebung liegt. Dieses Land sollte wie er Lame Deer heißen und nach seinem Tod an seinen ältesten Sohn gehen und so fort. Drei Jahre später kam ein neuer Vertrag zustande, der den alten außer Kraft setzte, gezeichnet von Regierungsbeamten und etlichen willkürlich zusammengerufenen Lakota. Es war im Jahr 1877, als Lame Deer und sein Volk von der Regierung die Erlaubnis erhielten, zum letzten Mal zu jagen. Sie brachen zu seinen Lieblingsjagdgründen zwischen dem Rosebud und dem Big Horn Fluß auf. Dort wurden sie von General Miles und seinem Trupp entdeckt, die eigentlich auf einem Rachefeldzug gegen Crazy Horse und seine Leute waren, weil diese im Jahr zuvor General Custer mit seiner Division vernichtet hatten. Lame Deer und sein Gefolge wurden umzingelt, und ehe er Miles seine Jagderlaubnis zeigen und ihm zurufen konnte: »Ich bin in Frieden gekommen!« schossen ihn die Soldaten nieder. Es kam zu einem schrecklichen Gemetzel, die meisten Miniconju mußten ihr Leben lassen.

Anstatt auf ihr Reservat zurückzukehren, zogen die Überlebenden zu ihren Verwandten auf die Pine Ridge, die Rosebud- oder die Cheyenne-River-Reservation, wo ihre Nachfahren noch heute leben. So kommt es, daß die Miniconju heute weder ein eigenes Reservat noch einen Indianeragenten haben. Um die Religion vom Aussterben zu bewahren, nahmen sie wie die anderen Lakota auch am Geistertanz teil. Am 29. Dezember 1890 wurden Big Foot, Unterhäuptling der Miniconju, und seine Leute bei einer Geistertanzzeremonie auf der Pine Ridge Reservation, dort wo heute Wounded Knee liegt, von der Kavallerie überfallen und ermordet.

Archie Fire Lame Deer erbte von seinem Vater die Häuptlingswürde der Miniconju, aber er vertritt auch die Gemeinschaft von Corn Creek, den Teil der Rosbud Reservation, den der Brulé-

Stamm für sich beansprucht. »Meine Aufgabe ist es, mein Volk zu unterrichten, die Alten sind alle gestorben. Um uns vor dem Untergang zu bewahren, müssen wir den Jungen die alte Religion und Kultur, und vor allem das Beten beibringen.«

Wie bei den Indianern üblich, waren auch Archies erste Lehrer seine beiden Großväter und Großmütter, seine Onkel und Tanten. Sein Vater, Medizinmann und heiliger Mann der Lakota, unterwies ihn erst als jungen Mann. Heute kennt er über hundert Gesänge, welche die Geschichte und die Prophezeiungen seines Volkes erzählen. Er lernte alles über Kräuter, ihre Heilwirkungen, über Pflanzen und Bäume, und mit der Zeit erhielt er auch das Wissen, wie man die heiligen Zeremonien der Lakota, die Schwitzhütte, den Sonnentanz und das *yuwipi* vollzieht. Bis zum 12. Lebensjahr sprach er nur Lakota, und als man ihn zwang, in eine Missionsschule zu gehen, floh er kurz darauf.

Jetzt begann ein abenteuerliches Leben: Rapid City war fortan ein Hauptstützpunkt auf seinen Irr- und Wanderfahrten durch Amerika. Sein erster Job war Autowaschen, das ging eine Woche gut. Dann arbeitete er in einem Restaurant und wischte Tische ab. Bei geregelter Arbeitszeit und festem Lohn bedeutete das schon einen Aufstieg. Die Welt der Weißen, der *wasicu* – »jener die-das-Fett-nehmen« – brach immer stärker über ihn herein. Er lernte Englisch und damit das westliche Denkschema von Teilung und Unterdrückung kennen. Es folgten die Jahre im Militär und der Koreakrieg. Dazu kamen der Alkohol, Schlägereien und Frauengeschichten. Sie waren jahrelang sein liebster Zeitvertreib – als blindwütige Flucht vor der Auseinandersetzung mit der ausgeklügelten Killermaschinerie der Armee, der Unmenschlichkeit einer Gesellschaft, die Rassismus sät, Kalkül und nackten Materialismus in den ausgefallensten Formen praktiziert, das Land verletzt und verschandelt, keine Ehrerbietung vor der Natur, allem Leben und letztlich auch nicht vor sich selbst kennt. Jede neue Gelegenheitsarbeit änderte auch seine Blickrichtung auf die Welt der Weißen: Er arbeitete als Maurer, Rancher, Viehhüter, Rodeoreiter, malte Schilder, fing für verschiedene Zoos in South Dakota Klapperschlangen, verdingte sich als Barkeeper und wegen seines hohen Wuchses als

Rausschmeißer in Nachtlokalen, wechselte auf den Telegraphenmasten von Rapid City Glühbirnen aus und war Fallschirmspringer.

Obwohl es so aussah, als ob er den Weg des weißen Mannes ging, und er sich zeitweise von den Traditionen seines Volkes und seiner eigentlichen Bestimmung als Medizinmann entfernte, blieb er tief im Herzen seiner Kindheit und den Lehren seines Großvaters stets verbunden.

Jahre später verschlug es ihn zum Film nach Hollywood, wo er als Stuntman in vielen Western mitwirkte. In seinem Leben wurde er an die 200mal verhaftet, unter anderem 1973 in Las Vegas, als er einen Lebensmitteltransport von Los Angeles nach Wounded Knee zu den belagerten Indianern anführte. Im Gefängnis sitzen und sich betrinken, das kennt er aus eigener Erfahrung. 20 Jahre lang trank und rauchte er viel, ehe er endgültig zum traditionellen Weg der Medizin zurückfand.

Zu seinem geistig-religiösen Aufgabenbereich gehört auch die spirituelle Betreuung der indianischen Gefangenen und all jener, die ihn um Rat und Hilfe in Lebensdingen bitten. Als Medizinmann ist er aber weit mehr als nur Psychotherapeut, Heiler, Zeremonienmeister. Die Häftlinge, die er betreut, sind meistens politische Gefangene, Indianer, die für ihren Lebensstil kämpfen und deshalb verfolgt und unterdrückt werden. Ein Medizinmann muß politisch handeln, wenn sein Volk, dessen Vertreter und Sprecher er ist, um politisches und kulturelles Überleben ringt. Er ist also auch Politiker und Staatsmann.

»Heute hat ein Medizinmann nicht nur mit spirituellen Dingen zu tun, er wird gezwungen, sich auch mit der Politik der Vereinigten Staaten, die uns Indianer immer schadet, auseinanderzusetzen. Diese Art von Politik haben nicht wir uns ausgesucht, auch nicht den Lebensstil, den man uns aufgezwungen hat – nenne es wie du willst, einen europäischen Importartikel? Wir wollen nur eins: frei sein, frei bleiben und unsere Religion ausüben.

Jetzt müssen auch Medizinmänner in die Politik gehen und versuchen die Mißstände zu beheben. Bisher hatten wir Erfolg, denn wir ließen nicht locker, bis Gesetze erlassen wurden, die den Indianern die Ausübung ihrer Religion ausdrücklich gestatten.

Gewiß, ich würde mich am liebsten nur um die Religion und mein Volk in Rosebud kümmern und wünschte, ich bräuchte mich nicht um all das andere zu sorgen. Aber wenn alle Führer meines Volkes ins Gefängnis geworfen werden, dann ist es meine Pflicht, etwas dagegen zu unternehmen, – meine Pflicht als Junger, denn die Alten haben keine Ahnung von der Politik, die immer gegen uns war und ist: Sie treiben noch immer dieses alte Spiel von Eroberung und Austeilung mit uns. Nur wollen wir da nicht mehr mitspielen. Schluß damit!

Manche munkeln, ich arbeite der Regierung in die Hände (lacht). Ja, das stimmt, denn das ist der Feind, den ich ganztägig bekämpfe. Um jemanden zu bekämpfen, mußt du ihn genau kennen. Unsere Alten sagten: Nimm dem Langen Messer sein langes Messer weg – und sie meinen die Kavallerie, bring es heim, wasch das Blut ab, reib den Rost ab, poliere und schärfe es und gebrauche es gegen sie. Genauso setze ich gewisse Kenntnisse und Fähigkeiten gegen die herrschende Klasse, die Weißen in den USA, ein. Um wirklich zu verstehen, muß ich dorthingehen, woher die Weißen kommen – nach Europa. Dort schaue ich mich um, komme zu Erkenntnissen und wende sie an im Umgang mit der Welt der wasicu – das ist leicht, denn es gibt viele Lücken im System, ohne daß sie es selbst wissen. Ich benutze ihre eigenen Waffen und richte sie gegen sie, jedes Mal erfolgreich. Das habe ich von Sitting Bull gelernt. Es ist Notwehr, denn unsere Religion wird unterwandert, vom FBI, vom BIA und von der Regierung.«

Ein Medizinmann ist kein Übermensch, kein Held und erst recht kein Heiliger. Er ist zunächst Mitglied einer magisch durchwachsenden Stammesgemeinschaft und sollte alle Höhen und Tiefen seines Volkes erfühlen und verstehen. Oft weit davon entfernt, anderen ein gutes Vorbild zu sein, ufern Haltungen, Handlungsweisen leicht aus: er übertreibt, sündigt, lästert, ist scheinheilig bis heilig, hochanständig oder verteufelt, widersprüchlich, großmütig bis kleinlich, wie ein Fels oder überempfindlich, ist mutig und ängstigt sich, kurzum: Er ist auch ein Mensch. Nur in glückseligen Augenblicken erhebt er sich wie ein Koloß über das menschliche Maß, und je stärker und tiefer er die schlechten und guten Seiten des

Lebens erfahren hat, um so größer ist seine Weisheit. Seine Visionen und heilenden Kräfte, seine psychischen Erlebnisse und geistigen Kapazitäten erwachsen aus der lebendigen Wirklichkeit dieser Gesellschaft und seiner Beziehung dazu. Ihn verstehen, heißt auch das Spannungsfeld berücksichtigen, in dem er lebt: zwischen traditioneller Stammeskultur und westlicher Zivilisation. Er pendelt hin und her zwischen beiden Lebensstilen und vermittelt auf beiden Seiten und wird so zum Fürsprecher und Vorreiter für Neuerungen. Seine Intuition gleicht einer Antenne, die alle Gegebenheiten und Veränderungen eher aufspürt als die übrigen Stammesmitglieder, ja, er bezieht oft seine Weisheit und Schöpferkraft aus der Begegnung beider Kulturen, denn er sucht nach Wahrheit in der Welt zwischen den Welten.

In der Person Archie Fire Lame Deers vereinen sich viele Fähigkeiten und Kenntnisbereiche, die in unserer Kultur nur Spezialisten vorbehalten sind. Im indianischen Denken gibt es keine Trennung von Politik und Religion, von Mensch und Umwelt, von Geist und Materie. Alles Leben auf diesem Planeten ist vom gleichen Prinzip »Wakan Tanka«, dem Großen Geist durchflutet, und der Mensch repräsentiert nur einen winzigen Teil der Schöpfung, er ist so wichtig oder unwichtig wie eine kleine Ameise. Chief Joseph faßte es einmal in Worte: »Die Erde und ich sind von einem Geist!«

»Es ist das Dilemma der materiellen Welt oder des Nicht-Indianers: Sie haben alle Ehrerbietung für die Mutter Erde vergessen. Die Indianer aber wußten, es würde ein Volk aus dem Osten kommen, ein Volk, das alle Achtung für die Erde, von der wir alle abstammen, vergessen hat. Wir Indianer sagen: Wir haben niemals den Respekt vor unserer Mutter Erde vergessen. Das ist das große und tiefe Gefühl unserer »Psychologie«. Deshalb erhielten und achteten wir die natürliche Umgebung über einen solch langen Zeitraum hinweg – nur mit einem Gedanken, daß die Erdmutter ein wahrhaft heiliges Wesen ist, so wie alle anderen erschaffenen Dinge dieser Welt, die auch nicht mißbraucht werden dürfen und die wir miteinander großzügig teilen sollten, zum heiligen Wesen gehören. Ihr kleidet diese Dinge in wundervolle Worte und sprecht von Psychologie, Theologie, Soziologie oder Philosophie – nennt es wie ihr wollt, aber denkt an die Erdmutter als ein lebendes Wesen!«

Wie ist das auf eine Reihe zu bringen: Naturfrömmigkeit, hellsichtige Naturverbundenheit, geistige Schönheit und inniges Gebet bis zur Selbstaufgabe am Rande der Autobahn mit dem Frühstück eine halbe Stunde später in einem sterilen Drive-in-Restaurant – Pappbrot, Marmelade chemisch gefärbt und geschmacksverstärkt und zum Kaffee garantiert keimfreie Milch, Essen ohne Saft und Kraft, ohne eine Spur Natürlichkeit. Ich hatte Zeit, mich an beides zu gewöhnen: an die häßliche Wirklichkeit der Akkulturation und die Schockwirkung beim Sprung in die jeweils andere Realität.

Wie viele andere Medizinleute ist auch Archie ein Opfer der Akkulturation – ein Indianer im Gewand eines Angloamerikaners. So nur kann er die Widersprüche zwischen beiden Kulturen – indem er sie in sich selbst vereinigt – für sein Volk lösen. Er möchte die Lakota zur Tradition zurückführen, und das gelingt nur, wenn er die westliche Welt in- und auswendig kennt. Nur so kann er sie zurückweisen oder auch von ihr lernen.

Und mitten hinein platzte ich und suchte nach den geistigen Grundlagen des indianischen Lebensstils, nach den Überlieferungen aus den Urzeiten, deren ungebrochene Kontinuität Voraussetzung für das Überleben der Indianer als kulturell-religiöse Einheit ist, und die nun auf dem Spiel steht. Ich stellte Fragen, die sie nicht beantworten konnten, ich wollte Dinge wissen, die sie gerade im Begriff waren, für sich wiederzuentdecken. »Du bist schon ein wenig verrückt«, hatte mir zuvor ein indianischer Freund in väterlicher Fürsorge beibringen wollen. »Schlag dir diesen Plan aus dem Kopf, möglichst viele Medizinleute und spirituelle Führer zu ihrem Werdegang und ihren Aufgaben zu befragen.« Das gäbe Probleme: erstens weil ich eine junge Frau sei, dazu eine Weiße – mein Vorteil sei allerdings, ich sei Europäerin und nicht Amerikanerin –, und Spiritualität sei Männersache; und zweitens spräche man über Sprache und Religion als letztes, Kunst und Geschichte böten einen besseren Einstieg, denn über kurz oder lang käme das Gespräch von selbst auf die Religion, weil alles von ihr durchdrungen ist. Er sollte nicht ganz unrecht haben.

Doch ein weitaus größeres Hindernis waren die Rückeroberungsphantasien und der Männlichkeitswahn junger AIM-Mitglieder, die sich gerne brüsteten, wie viele weiße Frauen sie verführt hatten. Das galt als »Coup zählen«. Ich bekam reichlich solche Angebote linkisch draufgängerischer Art, denen man sich nur mit barschem Ton erwehren konnte; Höflichkeit bewirkte eher das Gegenteil.

Ich sprach Archie darauf an, daß viele Jugendliche aus Europa und Amerika die indianische Religion praktizieren wollten. Mir schien, weil ich selbst meine eigene Zivilisation überall mit mir trug, daß es mir niemals gelingen würde, eine andere Kultur gänzlich zu übernehmen und daß es ihnen letztlich auch so gehen müßte.

»Wenn du so etwas sagst«, wies er mich zurecht, »dann sprichst du wie einer, der der weißen Welt und ihren Konsumgütern verbunden ist, einer, der Linien über die Welt zieht, Barrieren errichtet und sagt: ›Hier ist mein Land, und du darfst diese Grenze nicht überschreiten‹. Du denkst in Kategorien, du denkst rassistisch. Indianer sein heißt einen bestimmten Lebensweg gehen, es hat nichts mit Blut, Hautfarbe oder Nationalität zu tun. Wenn du sagst, du kannst nicht zum Indianer werden, dann ist das vorrangig dein Problem, du hast Vorurteile. Wir haben uns immer um Verständnis bemüht. Schon allein der Gedanke, wie kann ich zum Indianer werden, ist fragwürdig. Indianer wird man nicht, Indianer ist man, es ist eine Art zu leben und an die Natur und die Erde zu glauben. Als erstes mußt du alle Begrenzungen in deinem Kopf ausmerzen und dich selbst annehmen, so wie du bist. Sei stolz auf dich, deine Herkunft, und du wirst sehen, die Indianer nehmen dich wie ihresgleichen an, einerlei ob du schwarz, weiß oder gelb bist. Du bist der, der du bist, aufgrund der Lebensumstände, der Zeit, in der wir leben und jener Leute, mit denen du zu tun hast. Der Wandel der Welt ist unabwendbar und muß in jedem einzelnen Menschen durchgestanden werden. Achte den Indianer, stelle ihn auf kein Podest, er ist ein Mensch wie du. Wir sagen: Einen anderen zu hassen, weil er eine andere Hautfarbe hat, heißt den Schöpfer hassen, denn hat nicht er alles erschaffen?«

Tankpause, und weiter ging's. Albuquerque lag hinter uns. Unser erstes Etappenziel war Watonga in Oklahoma, wo unter Leitung von Edward Red Hat, dem Hüter der Sieben Heiligen Pfeile der Cheyenne, ein Sonnentanz stattfand. Archie stoppte: »Das sind die richtigen Steine für die Schwitzhütte, danach habe ich schon lange Ausschau gehalten«, und lud einige Felsbrocken ein, die für ihre Größe erstaunlich schwer waren. Sie dürfen nicht spröde sein, da sie sonst beim Erglühen zerbersten.

»Die Schwitzhütte ist Ausdruck eines erdverbundenen Lebens, und ihr regelmäßiger Gebrauch verlängert das Leben, kräftigt den Körper und stärkt Geist und Seele. Nur Männer sollten ein Schwitzbad nehmen, Frauen können auch schwitzen, aber sie reinigen sich im gebärfähigen Alter während ihrer viertägigen Menstruation einmal im Monat von selbst.

Der Norden, die Richtung der Stärke und Ausdauer, der Weg der Reinheit des langen Lebens, der spirituellen und geistigen Klarheit ist mit der Schwitzhütte verbunden. So unscheinbar sie auch erscheinen mag, sie hat große Heilkraft. Heiße Steine, Wasser und von Salbei parfümierte Luft absorbieren die negativen Ionen. Gebete in der Schwitzhütte vereinen die vier Elemente Feuer, Erde, Wasser und Luft. Die Steine setzen, sobald sie erhitzt werden, Quecksilber, Schwefel und Salz frei. Schon Paracelsus benutzte diese drei Elemente zum Heilen. Es sollen die kleinen Lebewesen sein, die im Innern des Steins hausen und diese Stoffe aktivieren, wodurch auch jene blauen Lichter, die bei der Zeremonie auftreten, erzeugt werden. Die Tierchen fangen an, sich in den Steinen zu regen und zu bewegen, so daß Kräfte wirksam werden, die die drei Elemente vereinen und so die Lichter hervorrufen.

Ich werde immer von neuem in einer Schwitzhütte geboren, ich lebe damit und werde vermutlich auch darin sterben.«

Irgendwie konnte ich den Gedanken an einer Zermonie und die neben der Autobahn aufgelesenen Steine nicht zusammenbringen. Wieder war meine Erwartungshaltung durcheinandergebracht, und ich äußerte mein Befremden.

»Es ist eine Frage des Bewußtseinszustandes, für uns gibt es keine Trennung zwischen Alltag und religiösem Empfinden, zwischen Geisterwelt und Leben in diesem Zyklus hier. Für uns ist jedes Lebewesen, jeder Stein, jedes Insekt heilig, alle sind Teil von Mutter Erde, eben auch diese Felsen, ob sie nun weitab, wo Menschen leben oder hier neben der vierspurigen Autobahn aufgehoben werden. Kultur und Religion waren bei uns nie getrennt, schau dir die Perlenstickerei auf meiner Brust an: Auch das ist Religion.«

Mein Bild von der Heiligkeit in Abgeschiedenheit, fern aller Banalitäten, von der Religion eines Stammesvolkes in Harmonie mit der unberührten Natur zerbröckelte.

»Sperr erstmal Augen und Ohren auf, lerne hören, lerne beobachten, lerne sehen. Und vor allem empfehle ich dir Geduld, wenn du über indianische Religion etwas lernen möchtest. Die meisten Wissenschaftler, die über Indianer schreiben, gehen so vor: Sie wollen etwas schreiben und gehen auf die Suche nach den lebenden Beispielen, die ihnen in den Kram passen. Sie besuchen einige Indianer, lesen viele Bücher. Wenn sie ihre Nachforschungen dieser Art beendet haben, schreiben sie das Buch, als Experte versteht sich. So einfach wird man Indianerexperte. So ähnlich lassen sie sich auch über das Alkoholproblem aus. Einer schreibt ein Buch und wird der größte Fachmann auf diesem Gebiet. Dieser Mann hat vermutlich nie einen Tropfen getrunken, aber er ist der wahrhaft zuständige Mann für dieses Gebiet.«

»Archie, ihr erzählt euch viele Witze über Anthropologen. Was hältst du von Wissenschaftlern, die eure Kultur und Religion studieren? Was hältst du von ihren Arbeitsmethoden, den Büchern, die sie über euer Volk schreiben?«

»Was haben sie davon, eine Kultur zu studieren, zu verstehen, die seit tausenden von Jahren existiert. Das taugt nur fürs Museum. Sie werden nichts verstehen, indem sie die Erde durchwühlen. Sie sind Kleinausgaben der großen Konzerne, die das Land aufgraben. Wir Medizinleute haben stets gesagt: Die Erde und alle Kraftplätze dürfen nicht verletzt werden. Wir setzten uns dafür ein, daß ein Gesetz zum Schutz unserer heiligen Stätten und Bestattungsplätze erlassen wurde. Unsere Gräber schaufeln sie dennoch auf, ihre eigenen würden sie nie anrühren. Die Archäologen in den USA sind der Ansicht: Alle Gräber, die älter als 200 Jahre sind, können aufgegraben werden. Sie sind durch das Gesetz nicht geschützt. Das gleiche gilt auch für Stätten, an denen Tiere – ich meine keine prähistorischen – begraben sind. Menschen, die eine enge Beziehung zu diesen Tieren hatten, wollen nicht, daß da etwas verändert wird.

Aber es gibt einsichtige Anthropologen und Archäologen. In Kalifornien zum Beispiel arbeiten wir seit etlichen Jahren mit diesen Leuten zusammen. Wenn sie bei Ausgrabungen auf Gräber stoßen, dann empfehlen wir ihnen, 15 Meter weiter zu graben und die Gräber in Ruhe zu lassen. Und sie respektieren unseren Wunsch. Oft fingen sie nur an zu graben, weil sie sich wunderten, warum die Indianer bestimmte Stellen aufsuchten und dort beteten, warum ihnen diese Plätze heilig sind? Und sie fanden nichts als Schmutz, Erde und ein paar Felsen, denn sie verstehen nicht, daß uns die Erde heilig ist.

Es ist wahr, die schlimmsten Feinde der amerikanischen Indianer sind unter anderem Archäologen, Anthropologen und Historiker. Von den Historikern sagen wir: Wenn du das Wort ›history‹ in zwei Hälften teilst, ergibt es ›his story‹ (seine Geschichte). Sie machen ihre eigene Geschichte. Für uns Indianer sind sie eine Last. Doch wie kam es dazu? Wir müssen weit zurückgehen. Unsere Türen standen immer offen, für jeden, der zu uns kam. Denn man lehrt uns von Kindesbeinen an, die Hautfarbe macht nicht den Menschen aus. Kein Volk sollte ein anderes beherrschen, denn wir sind alle gleich, wir stammen alle vom Baum des Lebens ab und sind gleichen Ursprungs.

Die Anthropologen stellten es etwa so an: Die Hüterin der Heiligen Büffelkalbpfeife, die alte Lady Elk Head, reagierte, als sie von einem Anthropologen gefragt wurde, ob er die Pfeife eingehend untersuchen dürfte, mit: »Hier ist sie, Enkelsohn, nimm sie auseinander, schau sie dir gut an.« Er öffnete das Bündel, in dem sie eingewickelt ist, untersuchte sie gründlich und fotografierte schließlich alle Einzelheiten, nachdem er sie zerlegt hatte – den Pfeifenkopf, den Stiel, die Federn. Er war im guten Glauben, er habe die Heilige Pfeife vor sich, und triumphierte vermutlich, wie weit er es gebracht hatte. Doch ist sie nichts weiter als ein Stück Holz und ein Stück Stein. Erst wenn du genau hinsiehst, erkennst du, daß es die geistige und spirituelle Beziehung zu diesem heiligen Gegenstand ist, die es unserem Stamm ermöglicht, immer noch zu überleben. Selbst wenn einer diese Pfeife zerschlüge, würde das niemandem schaden. Uns wurde gelehrt, daß diese Heilige Pfeife und ähnliche Gegenstände bloß materielle, von Menschenhand gemachte Dinge sind, und deshalb können wir, selbst wenn man sie zerstört, immer wieder eine neue Pfeife anfertigen, die genauso gut wie die alte ist. Denn es ist der geistige Aspekt, der sich mit dem materiellen verbindet.

Ich kenne einen Alten – dessen Namen ich nie nennen würde, weil ich weiß, daß viele dann losliefen, um ihn zu finden –, der vier blonde Skalplocken hat, das heißt, sie kommen von Weißen, die skalpiert wurden. Die hängen heute über dem Waschbecken, wo sich alle das Gesicht waschen und ihre Familie ihre Kämme aufhängt. Wem die eine rote Locke gehört, das weiß ich. Anthropologen greifen nach diesen Dingen und rennen damit zum Museum.

Heute möchte die jüngere Generation von Anthropologen mit lebenden Indianern zusammenkommen, um mit ihnen zu arbeiten. Etwas habt ihr scheinbar nie gemerkt: Ihr Anthropologen und Archäologen seit nie zu Zeremonien eingeladen worden. Daher die vorgefaßte Meinung; sie glaubten, daß das, was sie sahen, die ganze Religion war. Worüber sie aber am allerwenigsten schreiben und sich eine Meinung bilden konnten, ist die Religion. Wenn ein Anthropologe wirklich darüber schreiben will, muß er mit Leib und Seele an den Zeremonien teilnehmen, anstatt Bücher zu wälzen, um zuletzt doch nur die bereits vorgefaßte Meinung in ein neues Buch zu verwandeln. Dir rate ich, nimm an Zeremonien teil, um zu sehen, was wirklich geschieht, um zu sehen, wie die Menschen ihre Gebete geistig einsetzen. Die Anthropologen haben sich nie wirklich tiefgreifend für unsere Religion interessiert. Was aber machten sie wirklich? Sie saßen oben auf einem Berg, schauten auf die indianischen Zeremonien hinunter und schrieben anschließend eine Geschichte darüber. Fragwürdig ist, daß der Mann, der da oben hockte und alles aus mehreren hundert Metern Entfernung mit ansah, eine Persönlichkeit wurde, die alles über Indianer wußte, weil er aus der Ferne alles verfolgte. Warum sind sie nicht eingeladen worden zu den Zeremonien? Das hängt mit dem »covered wagon syndrom« zusammen: Ihre Großväter glaubten, ein Indianer sei dreckig und schlecht – und weil sie so dachten, wurden wir schließlich auch so, nachdem sie uns auf Reservate gepfercht hatten.

Anthropologen waren nie dabei, wenn wir unsere Zeremonien hatten, sie schreiben als Außenstehende darüber. Die Türen werden ihnen geöffnet, wenn sie wirklich etwas wissen wollen, sie müssen sich nur an die richtigen Personen wenden. Sonst ist es so, als huschte ich nur mal schnell in eine katholische Kirche und wieder hinaus und behaupte dann, ich wüßte alles über den Katholizismus. Das gleiche Gefühl habe ich, sobald ich ein Buch über indianische Religion aufschlage. Großartig! glauben die Anthropologen, wunderbare Worte auf feinem Papier – aber mit der Sache hat es nichts zu tun.

Und je mehr sie herausfinden, um so mehr Bücher müssen sie fortwerfen. Wir arbeiten derzeit in Santa Barbara mit Archäologen zusammen und versuchen, ihre Denkweisen in andere Bahnen zu lenken – hin zur Spiritualität. Sie müssen sich selbst mehr in ihre Arbeit einbeziehen, denn wenn sie das in Zukunft nicht tun, wird der negative Ansatz einiger Anthropologen die gesamte Anthropologie als Wissensgebiet zerstören. Das habe ich im Gefühl.

Bei uns gibt's Archäologen, die fürs liebe Geld alles tun. Ihre eigene Mutter grüben sie aus, ja die Gräber ihrer ganzen Familie. Und wenn sie sich durchgewühlt haben, werfen sie die Knochen achtlos fort.

Ich glaube, in der Anthropologie ließe sich einiges bewerkstelligen – vieles und Großartiges. Die bisherigen Ergebnisse sind unbedeutsam, auch die unserer eigenen Archäologen; sie sind zu sehr im System gefangen.

1942 kam ein Weißer mit einem alten Modell-A zu den Rosebud-Indianern am Corn Creek zum Quick-Bear-Klan. Der Kofferraum war voller Fleisch, er hatte zwei Kühe geschlachtet und verteilte nun das Fleisch an die sechs Familien dort. Er kam zum Sonnendach, wo wir alle zusammen saßen, mein Großvater, ein alter Mann namens American Horse, der alte Häuptling von Pine Ridge, ein anderer Alter namens Horn Chips und noch drei andere, von denen einer Iron Hail war, und ich. Wer er eigentlich war, weiß ich bis heute nicht. Er sprach fließend Lakota, trug einen Bart und hatte dunkles rotes Haar und blaue Augen, an die ich mich besonders gut erinnere. Es war ein großer, stattlicher Mann, und das erste, was er sagte, als er sich setzte war: ›Hüa tuske wahupe howo!‹ ›Wie geht es euch heute?‹ Und wie er so sprach, machte er einen großen Eindruck auf mich, der ich erst sechs Jahre alt war. Doch er war nicht der erste Weiße, dem ich bei einer Zeremonie begegnet war. Wir saßen lange beisammen, und die Alten stellten ihm viele Fragen. Es wurde nur Lakota gesprochen. Ich betrachtete ihn stillschweigend und hörte ihm zu und rätselte, warum dieser Mann Haare im Gesicht hatte und dennoch wie einer von uns redete. Da lief ich zu ihm hinüber und schaute ihm ganz tief in die Augen, um mich zu überzeugen, ob er wirklich aus diesen blauen Augen heraus sehen könne. Er lachte: ›Esta hejga huwo‹. ›Auch ich kann sehr gut sehen.‹ Schließlich brachten sie ihn zur Visionssuche in die Berge. Dieser Weiße hatte sich etliche Jahre eingehend mit der indianischen Religion beschäftigt. Ist das so, dann müssen wir unsere Vorurteile aufgeben und ihn dort hinaufgehen lassen. Nur ein Halbblut-Indianer ist dagegen, einem Vollblut-Indianer macht das nichts aus, er kommt mit allen Menschen zurecht. Bei den anderen ist das Blut sozusagen verwässert. Vier Tage und vier Nächte blieb der weiße Mann dort oben, während wir unten ein Festessen hatten mit all dem Fleisch. So ist es richtig: tagelanges Festessen, Visionssuche und *yuwipi*-Zeremonien, die eine Nacht dauern. Das ist ein wunderbares Gefühl, das Leben als Fest. Am vierten Abend holten sie ihn, und er setzte sich zu ihnen, den hervorragendsten Medizinmännern unter den Lakota, und sie deuteten ihm seine Visionen. Wenn irgend jemand vorurteilsbeladen gegen Weiße hätte sein können, dann diese Alten, die alle in der Schlacht gegen Custer mitgekämpft hatten. Es heißt, es sei ein Massaker gewesen, doch für uns war es eine große Schlacht.

Versteh mich richtig, ich hatte miterlebt, wie diese Medizinmänner einen Weißen vollkommen anerkannten, ihn zur Visionssuche geleiteten – und das ist aller Ehren wert.

Kommen wir zurück zu den Anthropologen, die wirklich einsteigen möchten. Sie müssen Abstriche machen, ihr ganzes Denken revolutionieren. In anderen Worten: Du mußt tief in die Religion eindringen, auf spirituelle Weise, und das heißt nicht, eine Schaufel in die Hand nehmen und zu Gräbern eilen. Suche lieber einen Medizinmann auf und bitte ihn, eine Zeremonie abzuhalten. Gib dich ganz hin und bete mit ihm, ehe du die Erde aufgräbst. Der Medizinmann fühlt sich gut und der Anthropologe auch, und jeder geht seiner Wege. Will der Anthropologe wirklich bei unseren Zeremonien mitmachen, muß er an seinem Bewußtsein arbeiten – er benötigt eine spirituelle Ausbildung, muß sich mit der Erde einlassen, unserer Mutter und Lebensspenderin.

Die Anthropologie bekommt erst Gewicht, wenn sie mit lebenden Indianern zusammenarbeitet (lacht). Dann tut sich erst etwas. Sie haben unsere Bestattungsplätze hinreichend mißbraucht, und sie haben meines Wissens nicht ein verdammtes Ding bewiesen. Allein in Kalifornien im Gebiet um Santa Barbara sagt man, hätten schon vor 12 000 Jahren Indianer gewohnt. Jetzt fanden sie dort Werkzeuge in etlichen Metern Tiefe und schätzten sie auf 32 000 Jahre. Solche Erkenntnisse zeigen: Ihr müßt eure Vorstellungen ändern, und zwar von Grund auf.«

Mitmachen, mich auf jedes Bewußtseinsabenteuer einlassen, das wollte ich, denn es war schon immer mein Element. Als Kind war ich begeisterter Leser von Astrid Lindgrens Pippi-Langstrumpf-Geschichten, und der Sachensucher war mein Traumberuf. Ich brachte es nicht dazu, unsere Gesellschaft scheint solche phantastischen Karrieren nicht zuzulassen, aber ich näherte mich meinem Idealberuf über den Umweg der Völkerkunde.

Der Erkenntnisweg über Selbsterfahrung, wie Lame Deer es für die Anthropologie fordert, ist in den westlichen Wissenschaften, die den Menschen und seine Bewußtseinszustände erforschen, namentlich der Psychologie, Ethnologie, Religionswissenschaft, verpönt. Gefühle, Empfindungen, Sorgen und Ängste, die beim Prozeß der Erkenntnisfindung auftreten, verdrängt man besser; vorsätzlich *ich* sagen, heißt Verrat an der Disziplin begehen. Ähnlich wie Lame Deer warnten mich auch indianische Gelehrte und Wissenschaftler vor: Skepsis, Kritiksucht, intellektuellem Abstand. Sie versperren auf längere Sicht den Zugang zu den nicht-abendländischen Kulturen, die in einer tieferen Geistigkeit ruhen und die Welt als ungeteilte und offene Wirklichkeit verstehen. Bei der Erforschung der spirituellen Disziplinen anderer Völker gilt es zunächst den Anspruch auf Objektivität der Wissenschaft zu überwinden. »Wie ein Stück Brot aussieht, hängt davon ab, wie hungrig du bist«, sagt eine Sufi-Weisheit und verweist auf den situativen, subjektiven Charakter des Erfassens der Wirklichkeit.

Wir müssen aufhören, andere geistige Seinsweisen in Quantitäten und Materialsammlungen zu dokumentieren; einfangen und begreifen können wir sie dadurch nicht. Es ist höchste Zeit, von ihnen zu lernen, denn sie besitzen noch etwas, was uns bereits verlorengegangen ist: so das Wissen um den Tod und die Welten jenseits aller körperlichen Erscheinungen.

Ich war bereit zu lernen, auch wenn es Tränen kostete und Tage der Einsamkeit inmitten der Geselligkeit der indianischen Freunde, da der Gedanke, alles hinzuwerfen und nach Hause zu reisen, häufig aufkam, zumal ich mich so weit öffnen wollte, alles in mich aufnehmen wollte, dabei aber die Grenzen meiner Persönlichkeit dahinschwimmen sah, und es fast unmöglich fand, das richtige Maß an europäischem Denken und Handeln mit indianischer abwartender Zeitlosigkeit und dem Willen, etwas geschehen zu lassen, zu verbinden.

Lernen in Stufen: lernen sich selbst zu vergessen, sich selbst hintenanzustellen, respektieren lernen, hinhören lernen, sehen lernen, nicht gleich zu urteilen lernen, aus jeder Lebenslage lernen, auf die Natur achten lernen, von den Tieren, den Pflanzen lernen, durch Ängste und durch Leiden lernen, alles letztlich Seins-Werte, die die Überschreitung der Ich-Grenzen bewirken und die Erfahrung einer universellen Einheit fördern. Zumindest die Annäherung an diesen Bewußtseinszustand der Einheitserfahrung schien mir unabdingbar für ein echtes Verständnis der indianischen Religion. Und je ungezwungener ich wurde, um so mehr offenbarte sich mir.

Ich wußte schon lange, daß ich, sobald wir Watonga erreichen würden, nicht in den Kreis des Sonnentanzes treten durfte. Ich hatte meine Tage. Eine Frau ist dann, wie die Lakota sagen, *ishnati* (allein, abseits bleiben). Es geht eine Kraft von ihr aus, die ihr selbst, anderen und besonders einem Medizinmann schaden kann, wenn er nichts davon weiß und sich nicht mit einem bestimmen Kraut dagegen schützt, das die Kraft neutralisiert. Eine menstruierende Frau darf weder an Zeremonien teilnehmen noch einen Medizinmann um Heilung bitten. Bei vielen Indianerstämmen sonderten sich die Frauen früher vier Tage lang ab, widmeten sich dem Gebet oder gingen bestimmten Handarbeiten nach. Heute halten sie sich kaum noch an diesen Brauch.

Archie schien einen sechsten Sinn dafür zu haben und legte großen Wert darauf, daß ich während dieser Zeit würdigen Abstand hielt, keine Zeremonien besuchte, sein Medizinbündel nicht berührte, nicht mal einen Blick darauf warf. Er erklärte mir, wie dieses Gebot mit dem roten und schwarzen Weg, dem Positiven und Negativen, das allem Leben anhaftet, zusammenhängt.

»Das Verhältnis von Mann und Frau, während sie ihre Tage hat, wird sehr oft durch falsche Einstellung zur Spiritualität getrübt. Wenn sie nachts nebeneinander schlafen, kann der Mann die Energie seiner Frau abzapfen. Am nächsten Morgen hat er all ihre positive Kraft in sich aufgenommen, und sie bleibt nur mit negativer Kraft zurück. Er strotzt richtig vor Energie, denn zu seiner eigenen positiven Kraft ist jetzt auch noch die seiner Frau gekommen. Die Frau wird unleidig, fängt Streit an, aber der Mann kann sich nicht verteidigen, weil die Frau reine Negativität abstrahlt. Günstigenfalls kann der Mann ein wenig positive Kraft auf seine Frau übertragen, sie wird ruhiger, sobald sie etwas zurückbekommen hat. Diesen Auseinandersetzungen, dem Widerstreit dieser zweier Elemente, geht der Medizinmann lieber aus dem Weg. Deshalb kommt er, solange sie menstruiert, nicht in ihre Nähe. Auch bitten wir unsere Frau, währenddessen nicht für uns und die Kinder zu kochen, denn da sie negative Schwingungen aussendet, gehen diese auf das Essen, das sie zubereitet, über, und schließlich wird die ganze Familie von dieser Stimmung ergriffen. Und du wunderst dich, warum dein Sohn und deine Tochter plötzlich aufeinander losgehen. Die Sache mit der positiven und negativen Kraft der Menschen ist mit das Schwierigste, was es im Bereich der Spiritualität zu erklären gibt.

Gut und böse, Schöpfung und Zerstörung gehören zur Natur und zum Leben selbst, und wir haben teil daran. Stirbt eine alte Frau, dann wird gleichzeitig ein Baby geboren. Es gibt eine Ursache für jedes Ding, jede Tat. Kommt ein Dutzend Leute in einem Blizzard um, dann werden sie zu Erde, nähren den Boden, so daß er fruchtbar wird und die Menschen ernährt, die von dem Boden leben. Ein jedes Ding hat eine gute und böse Seite, ebenso jeder Mensch und alles, was er hervorbringt – diese Idee bestimmt unseren Glauben. Da Positives und Negatives Teil eines Ganzen sind, zwei Aspekte ein und desselben Lebensprinzips, sind sie weder gut noch schlecht. Zwar ist es traurig, wenn die alte Großmutter stirbt, aber ein Platz unter den Lebenden ist frei geworden, und bald nimmt ein anderes Familienmitglied ihre Stelle ein. Sie läßt ihre Lebenskraft, um neues Leben heranwachsen zu lassen. Der Kreis schließt sich.

Bei den Tieren bin ich mir noch nicht im klaren, doch gibt es einen Unterschied zu den Menschen. Pflanzen sind eindeutig entweder negativ oder positiv, weshalb auch zwei sich ergänzende Pflanzen immer dicht beieinander wachsen.

Stell dir vor, die Energie zirkuliert in jedem Ding, jedem Lebewesen unterschiedlich. Denke an ein Uhrwerk, jedes Tick ein negativer Stromstoß, jedes Tack ein positiver. Nun gibt es Uhren, die unterschiedlich schnell ticken, oder wenn etwas nicht in Ordnung ist, unregelmäßig, dann folgen die Impulse einmal schneller, einmal langsamer aufeinander.

Ein gesunder, ausgeglichener Mensch hat einen mittleren Rhythmus: einem negativen Kraftstoß folgt in angemessenem Abstand ein positiver, dem wiederum ein negativer folgt und so fort. Die menstruierende Frau hingegen versprüht wie eine blitzschnell rotierende Scheibe in kurzen Abständen positive und negative Funken, daß es nur so blitzt. Das geht beängstigend schnell: Ihr Rhythmus heißt flicker, flacker, flicker, flacker...

Ein Medizinmann sollte sich in acht nehmen, denn er kann, wenn er ahnungslos ist, in dieses Schußfeld geraten und negativ oder positiv beeinflußt werden. Zu seinen beiden Polen negativ und positiv gesellt sich dann noch ein weiterer, was eine zweimal positive oder eine zweimal negative Aufladung bedeuten kann – ein Ungleichgewicht also.«

»Kannst du beschreiben, wie es ist, wenn jemand gut oder schlecht denkt?«

»Es sind verschiedene Schwingungen, die der Mensch aussendet.«

»Aber wie kann man die erfüllen?«

»Die fühlt man nicht, man weiß es. Man fühlt keine negativen Schwingungen. Es ist wie mit deinem kleinen Finger, den fühlst du doch auch nicht. Du weißt rein instinktiv, daß er da ist. Ich kann einen Menschen ansehen und weiß, woran ich bin. Wenn eine Frau ihre Periode hat, weiß ich das sofort, denn sie sendet bestimmte Wellen aus. Negative und positive Kräfte wirbeln mit derartiger Wucht im Kreis herum, daß einem angst und bange wird. Es gibt unterschiedliche positive und negative Kraftströme. Manche Leute verbreiten nur schlechte Kraft, weil sie selbst unsicher sind; sie sind meistens negativ geladen. Näherst du dich ihnen, merkst du gleich, wie sie dich verstimmen, sie machen dich verrückt, bloß weil du dich in ihre Nähe wagst. Männer können das gleiche wie Frauen durchmachen, wenn sie unpäßlich sind. Die positive oder negative Kraft strahlt so stark ab, daß ein Medizinmann, der nichts von allem weiß, anfängt, sie an sich zu ziehen, sobald er in der Nähe ist. Er saugt möglicherweise alles Positive auf, und die Frau steht allein da mit ihrer negativen Ladung. Dann wird sie urplötzlich unwirsch, launisch. Manchmal übertrumpft die negative Kraft die positive.«

»Und wie entstehen Krankheiten?«

»Wie ich schon erklärte, hängt das mit der positiven und negativen Kraft zusammen. Es gibt Zeiten, da trägst du viel Negatives mit dir herum. Morgens zum Beispiel, wenn du ohne zu beten aufstehst. Betest du aber, erlebst du den Tag voller Freude, ohne Beten rufst du Negatives hervor, dessen du dir nicht einmal bewußt bist. Irgendwann stößt du dann mit jemandem zusammen, der mit negativer Kraft aufgeladen ist, und du wirst damit angesteckt. Bist du erst einmal negativ gepolt, stehen alle deine Türen für schlechte Einflüsse und alle erdenklichen Krankheiten offen. Es ist so, als ob du keine Widerstandskräfte oder nicht genügend gegessen hättest, oder an Vitaminmangel leidest. Ist ein Mensch negativ geladen, ist es das einfachste, du polst ihn positiv um. Während ich dir das erkläre, merke ich, wie schwierig es für euch Europäer sein muß, so zu handeln. Du fragst mich, was ist positiv, was negativ? Ich kann dir das genausowenig erklären, wie was Gleich- und Wechselstrom oder was Elektrizität ist, was rechts, was links ist – all das ist so selbstverständlich für mich. Ihr seid alle zu sehr gebildet, was überhaupt nicht hilft, diesen einfachen Sachverhalt zu verstehen, im Gegenteil, es hat etwas Zerstörerisches. Es ist sehr, sehr schwer, mit Worten und in dieser Fremdsprache Englisch darüber zu sprechen. Im Grunde hängt es mit unserer Art zu leben zusammen, und je mehr du versuchst zu verstehen, um so mehr nimmst du unsere Art zu denken an, um so mehr und stärker empfindest du, und schließlich wird es dir selbst schwerfallen, darüber zu sprechen und erst recht zu schreiben.

Ein Mensch, der etwas von Spiritualität versteht, weiß, wie er mit der positiven Kraft anderer umzugehen hat. Die meisten verstehen nichts davon, wissen nicht um ihre eigene Geisteskraft. Sie ist und war schon immer da, du mußt sie nur in dir entdecken.«

Ich hatte es schwer in Gesellschaft eines traditionellen Medizinmannes, der manchmal, im Groll oder weil er sich von seinen eigenen Stammesbrüdern herausgefordert sah, Anwandlungen von Männlichkeitswahn hatte. Sobald wir uns einem Pow wow oder einem Sonnentanz näherten, wurde er ernst, mir gegenüber kurz angebunden, oft gar feindselig. Man sah es nicht gerne, daß ein Traditioneller mit einer Weißen verkehrte, zumal viele die Bekanntschaft sehr weit auslegten und sich über meine Rolle nie recht im klaren waren. War ich seine Frau, eine Freundin? Man sah aus den Augenwinkeln zu uns herüber, und kaum war ich allein im Zelt, bestürmte man mich mit Fragen.

In Green Grass auf der Cheyenne-River-Reservation fand in jenem August ein Sonnentanz zu Ehren der Heiligen Pfeife der

Lakota statt. Die Sicherheitsvorkehrungen waren streng. Ich als die einzige weiße Frau muß ein Exotikum gewesen sein. Mein Notizenmachen stieß auf Unverständnis. Was schreibt die da ständig? Leonhard Crow Dog, Medizinmann und ein Vetter von Archie Fire Lame Deer fragte erst gar nicht, warum ich da sei, er marschierte mehrmals täglich wie zur Inspektion zwischen unserem Zelt und unserem Wagen hindurch auf dem Weg von seinem Tipi zum Sonnentanzzirkel, und es war offenkundig, er wollte mich näher in Augenschein nehmen. Einmal nachts, ich verließ das Zeltlager, um den nahen Ring von Hügeln im Mondlicht zu besteigen und etwas von der bezaubernden Stille und Abgeschiedenheit in mich aufzunehmen, da fand ich mich plötzlich von mehreren Schatten umstellt; mit Gewehren auf mich gerichtet, herrschten sie mich grob an. Das Herz schlug mir prompt bis zur Kehle. Wer ich sei, was ich wolle? Alles, was ich zur Erklärung vorbrachte, wurde mir sofort im Mund herumgedreht, ich durfte nicht allein hierbleiben: sofort müsse ich wieder ins Lager. Kein Spaziergang, kein Gebet, keine Zicken, zurück ins Zelt! Am nächsten Tag machte die Geschichte im Lager die Runde. Einschüchternde Kommentare folgten.

Feindseligkeit, Mißtrauen, Abwehr, Verweigerung gegenüber den Weißen fand ich verständlich, aber persönlich gesehen tat es weh. Ihr Überlebenskampf, ihr Ringen für eine bessere Welt jenseits der Plastikwelt amerikanischer Superkonzerne und der Unmenschlichkeit amerikanischer Großstädte waren auch meine Anliegen. Indianersein heißt arm sein, der letzte Dreck sein – denn viele Weiße, besonders in den Staaten mit großem indianischen Bevölkerungsanteil, denken immer noch rassistisch: Für sie ist ein guter Indianer immer noch ein roter Indianer. Und sobald ein Weißer daherkam und ins Herz ihrer Kultur, ihrer Religion eindringen wollte, sträubte sich nun alles in ihnen – jetzt sollten ihnen auch noch das letzte, ihr heiliges Wissen genommen werden. Viele Indianer sind heute zum Christentum übergetreten, leben in Städten, sind dem Alkohol verfallen und haben die alten traditionellen Wege vernachlässigt. Das jüngste Erstarken der Religion, die großen Sonnentänze mit Jahr zu Jahr mehr Tänzern deuten auf die

Rückbesinnung der alten Werte hin. Vor Infiltration, die man immer und überall vermutet, will man also zurecht gewappnet sein.

Mein Bild vom hochmütigen, widerspenstigen, unbezähmbaren und unnahbaren Indianer zerbröckelte jedoch bei längerer Bekanntschaft. Ich lernte Menschen kennen, die trotz allen Leids immer zum Lachen und Scherzen aufgelegt waren, ungemein viel Zeit für Geselligkeit und Gespräche hatten, die wirklich zuhören konnten, einem genauso unverblümt die Meinung sagten, wie sie auch unverhofft, mitten in der Zeremonie, wo wir bitteren Ernst erwarten, die größten Possen rissen und unmittelbar darauf anfangen konnten, aufrichtig zu weinen.

Drei Tage waren wir bereits unterwegs. Die wenigen Stunden Schlaf, die großen Mengen schwarzen Kaffees, die intensiven Gespräche, die Vorfreude, endlich ins indianische Leben einzutauchen, bewirkten zusammen, daß alle meine Sinne angespannt waren und auf die geringsten Reize ansprachen und meine Phantasie beflügelten. Ich war überzeugt, es müsse so sein: Um das Weltgefühl und die Philosophie eines Medizinmannes und das indianische Universum, das notwendige Verbindungen und Kausalitäten zwischen Dingen, Menschen und Geschehnissen symbolisch deutet und das Leben nach einem vorgegebenen Muster in Kreisen ablaufen sieht, zu begreifen, mußte ich lernen, hinter die Dinge zu schauen, die Intuition spielen zu lassen. Tatsächlich übernahmen meines Körpersäfte und -stimmen fortan das Regiment, und ich war versucht, überall Zeichen und Omen zu entdecken und mir ein magisches Weltbild zu konstruieren, wobei ich mich hüten mußte, Ereignisse nicht pathologisch überzuinterpretieren.

Eines Nachts, wir schliefen alle im Zelt, ich ohne Unterlage, nur den Plastikzeltboden zwischen mir und der bloßen Erde, wachte ich verwundert auf und spürte: Die Erde lebt. Freude, Freude! Herausschreien wollte ich es: Sie atmet, ich fühle es ganz deutlich! Erst dachte ich, ich selbst würde zittern und bemühte mich noch stiller zu werden, um genau hinzuhören und zu fühlen. Jetzt: Es war kein langsames Ein- und Ausatmen, nein, vielmehr ein Vibrieren – so wie der Schüttelfrost eines Fieberkranken. Die arme Erde, dachte ich.

Hatten wir so viel über die nicht mehr rückgängig zu machende

Verseuchung der Umwelt gesprochen, über eine mögliche Naturkatastrophe, einen Dritten Weltkrieg und daß die Erde nur bis zu einem bestimmten Grad ungestraft belastbar und ausbeutungsfähig ist, daß ich jetzt die dazugehörigen Bilder halluzinierte? Doch je länger wir reisten, je mehr ich mir die Philosophie der Einheit von Schöpfer und Schöpfung einverleibte, von der Erde und der vielfältigen Erscheinungswelt, die sie hervorbringt, von Ich und Du, von Außen und Innen, um so tiefer überzeugte mich die Macht der geistigen Welt. Indianer denken sich die Gegenstände der Umwelt nicht belebt, wie die Animisten sagen würden, denn das setzte bereits das Konzept eines Getrenntseins von Ich und Welt voraus, jene dualistische Subjekt-Objekt-Betrachtungsweise, die aus einem ich-zentrierten Weltverständnis folgt und unsere Wissenschaftsparadigmen bestimmt. Sie fühlen und empfinden nicht losgelöst von allen Lebensformen und der Umwelt, sie sind wahrhaftig Teil der Erde und durchleben die Einheit von Materie, Geist, Seele und in jedem Augenblick von neuem; und die Welt wird ständig neu geschaffen. Die Übergänge fließen natürlich, da existiert hier nicht die heile Welt der völligen Einheit mit der Natur und dort die absolute Übersättigung, ein Leben in Zwist, Gier und Hast. Erst die Zwischenformen, die Schattierungen aller Entwicklungszustände und der Widerstreit unterschiedlicher Konzeptionen erlauben das einfühlende Zurück zu den Anfängen des Bewußtseins und der Kulturentwicklung. Es führte mich letztlich zu einer feierlichen Verschränkung von Vergangenheit, Gegenwart und Zukunft, zur re-ligio, in der sich die vorübergehend in die materielle Zeit eingegangene Geistform oder Seele mit der geistigen Urexistenz, wieder verbindet. Diesseits und Jenseits, Religion und Erkenntnis, Form und Sinn, Materie und Geist offenbaren sich mir zusehends als eins.

Eines Abends im Motel beteten und sangen Archie und die beiden Kinder. Plötzlich fuhr ich hoch: Ein großer Vogel hatte mit seinen Schwingen die Fensterscheibe gestreift und aufgekreischt. Der kleine John tat, als sei es das Natürlichste von der Welt: »Dad, hörst du, Großvater ist gekommen.« John war schon als Kleinkind von seinem Großvater John Fire Lame Deer zum Medizinmann ausersehen worden. Da der Großvater starb, und er den Enkel nicht, wie es der Brauch will, in Sachen Medizin unterweisen konnte, obliegt Archie diese Aufgabe. Der kleine John wächst wie von selbst in diese Rolle hinein. Bei Zeremonien zieht er sofort sein T-Shirt aus, um dem Großen Geist näher zu sein. Während der Sonnentänze sah ich ihn oft Fleisch-durchbohren spielen. Dazu bog er einen Drahtkleiderbügel so zurecht, daß ein kleiner Haken blieb, den er in sein T-Shirt einhängte, während er Sonnentanzlieder selbstversunken vor sich hin sang. Am Ende der Reise waren alle T-Shirts durchlöchert, so oft hatte er »piercing« gespielt.

Anfangs hatten die Kinder Angst, sobald bei Zeremonien oder Gebeten Geister auftauchten, Türen auf- und zugingen, Geräusche auftraten. Archies Frau wird es heute noch bange, doch John ist souverän. »Komm rein und setz dich zu uns«, pflegte er zu sagen. Der alte Lame Deer reiste mit und oft erschien er ihnen. Überhaupt gibt er Ratschläge, Anweisungen zu Zeremonien, die Archie noch nicht selbst vollständig beherrscht – alles Lehren, die aus dem Jenseits kommen.

Ich sah und verstand nichts. »Wie greift die Geisterwelt in das alltägliche Leben ein? Du sprachst davon, Archie, dein Vater und Großvater seien immer hier, sie hülfen dir, beobachteten alles und wüßten um den Gang der Welt.«

»Geisterwelt und die Welt, in der wir leben, beeinträchtigen einander nicht. Meine Religion handelt vom Wechsel der Welten. Sie hat mit dem Tod zu tun, so wurde es uns seit unzähligen Generationen beigebracht. Ich habe die Weisheit meiner Väter, meines Großvaters, meiner Urgroßväter und aller anderen vor ihnen geerbt. In Zeiten der Not rufe ich sie mir aus dem Unterbewußten herbei. Irgendwie sitzt all das Wissen meiner Urväter in meinem Gehirn, und wenn ich um Hilfe rufe, kommt die Antwort von selbst, mein Gehirn gibt sie frei. Viele Lehren der Alten habe ich vergessen, aber sie sind Teil meiner selbst, deshalb kommen sie wieder hervor, wenn ich Hilfe brauche und fest daran denke. Die Geisterwelt beeinflußt weniger die negative als vielmehr die positive Gedankenwelt. Manchmal kann es sein, daß du enttäuscht bist, weil die Dinge nicht so kommen, wie du sie dir im Gebet erhofft hast –

dann aber siehst du flüchtig deinen Vater, die Mutter und den Großvater. Und du wirst ruhig. Denn du weißt, es gibt eine Geisterwelt, ein Leben nach dem Leben, ein Leben in einem anderen Zyklus in einer anderen Zeit. Es ist ein wunderbarer Gedanke.

So etwas wie eine andere Wirklichkeit, eine jenseitige Welt, die unabhängig von der Alltagswelt existiert, gibt es nicht. Geisterwelt und Alltagswelt sind untrennbar miteinander verflochten. Falsches Handeln, falsches Reden, Mißachtung der Religion, Respektlosigkeit gegenüber der Mutter Erde und gegenüber allem Leben auf ihr zahlen sich heim: durch Krankheit, Unfall, Tod eines nahen Angehörigen oder der eigenen Kinder – Leiden und Unglück im Leben.

Wir sterben nie, wir rücken nur ein Stückchen weiter in die Geisterwelt, um der zukünftigen Generation zu helfen. Vielleicht haben deswegen viele Indianer keine Angst vor dem Sterben, weil sie wissen, daß sie auch weiterhin das Geschick ihrer Brüder und Schwestern mitgestalten können.«

Sommersonnenwende in Yankton, South Dakota. Wir stehen am Grab seiner Mutter Ida. Hier, oberhalb der Stadt weht der warme Sommerwind der Prärien. Wiese und Kräuter, dazwischen mahnen einige Grabsteine ohne Namenszug an die Toten. Im Tod sind wir alle gleich.

Die Jenseitigen helfen den Lebenden auf ihren Wegen, die das Leben vorschreibt, sie verweisen auf die Bestimmungen der einzelnen, ein jeder mit seinen Mitteln. Stiefmutter Ida erschien Archie zum ersten Mal in ihrer Todesstunde. Es war noch vor Sonnenaufgang. Dösend lag Archie auf dem Bett. In der Küche nebenan klapperte es schon. Sein Körper ist schwach, schlaftrunken, aber sein Geist ist wach und empfindet klar und deutlich. Da löst sich aus der Dunkelheit eine Gestalt, die allmählich auf Archie zukommt. Wie sie näher kommt, erkennt er eine Frau, die ein Bündel Salbei im Arm trägt. Gütig lächelt sie. Selbstsicher schreitet sie einher und wirft ein Zweiglein nach dem anderen zu Boden. Aus den Zweiglein erwachsen Schwitzhütten, und bald ist das ganze Land ringsum von Schwitzhütten bedeckt. Archie schüttelt das Bild ab, griff zu den Kleidern und zog sich an. Er betrat die Küche, da wurde die

Haustür aufgestoßen, und eine Kousine stürmte herein: »Deine Mutter ist vor gut einer Stunde gestorben.« Archie mußte lächeln. Jetzt verstand er die Vision und erkannte seine Mutter. Er griff zum Kaffeetopf und schenkte sich den Morgenkaffee ein. Alles ging seinen gewohnten Gang, keine Träne, kein Klagen. Und das war gut so. Seine Kousine konnte nicht begreifen, warum er nicht in Tränen ausbrach.

Später kam die Mutter noch oft auf diese Weise zu ihm, um immer die gleiche Botschaft zu überbringen: Du mußt Schwitzhütten übers ganze Land verteilt errichten. Das ist deine Aufgabe.

»Wir glauben nicht an den Tod, nur an einen Wechsel der Welten, an einen Eintritt in einen anderen Zyklus. Weil wir uns dessen sicher sind und auch verstehen, was dieser Wechsel bedeutet, denn für uns ist jeder Mensch heilig, darf kein Mensch diesen Lebenszyklus eigenmächtig verlassen, sich selbst das Leben nehmen.

Um sicher in den nächsten Zyklus zu gelangen, mußt du erst den Zyklus hier vollenden. Das ist der richtige Weg dorthin. Aber es gibt Leute, die Selbstmord begehen. Sie sind dann Gefangene zwischen beiden Lebenszyklen, eingezwängt in einen kleinen Zyklus für sich, in eine unendliche Wüste verbannt.«

Archie hatte einen mexikanischen Freund, der bereits vieles von ihm gelernt hatte und nun auf Visionssuche gehen wollte. Ehe er aufbrach, wollte er unbedingt wissen: Welches Schicksal erleiden diejenigen, die zu früh sterben? Was hat es mit Geistern auf sich? Sie bauten eine Schwitzhütte, damit er sich reinige. Während der Zeremonie sah Archie im Dunkeln, wie auf einem kleinen Bildschirm, das ganze Leben dieses Mannes abrollen und erkannte, er würde sterben. Und eine Vision offenbarte die Antwort.

»Aus der weiten Tiefe der Wüste näherte sich ein menschliches Wesen und stand plötzlich vor mir. Ich kannte es, sein Gesicht, aber sein Name war mir fremd, es war dein Gesicht, sein Gesicht oder das Gesicht irgendeines anderen, alle Gesichter dieser Welt in einem und es sprach zu mir: Willkommen, ich habe dich erwartet. Du würdest kommen, das wußte ich. Und nun? Kommst du wegen Wohlstand? Auf meinem Rücken trage ich alle Reichtümer der Welt mit mir herum. Willst du Geld? Ein Haus? Ein Auto? Oder was sonst? Schau, ich brauche nur etwas Sand aus meinem Sack verteilen und schon vergegenständlicht sich alles, was du dir wünschst. Und so war es, sobald der Sand herabrieselte, entstand etwas: ein Auto, Geld, ein Haus, alle erdenklichen Reichtümer. Hast du danach gesucht? Bedien dich! Nimm dir, wonach dir der Sinn steht! So wirst du nie danach Lust haben in dem Zyklus, aus dem du stammst. Ich verlange nur eins von dir: Wenn deine Zeit um ist und du den Zyklus, der deine Heimat ist, verläßt, dann komm hierher, nimm meinen Platz ein und mir den Sack ab, denn er ist sehr schwer. Und noch etwas. Laß alle Leute, die den Zyklus des Lebens nicht vollenden werden, wissen, daß sie hier landen werden, um diese Straße ohne Ende entlangzuwandern. Sie werden niemals müde, niemals hungrig werden, sie müssen nur wandern und wandern durch den Sand. Dies ist die Strafe für Taten in der körperlichen Welt, aus der auch ich hierher kam. Erzähl den Leuten davon!«

Als Archie nach dem Schwitzbad seinem Freund erzählen wollte, was er erschaut hatte, wehrte dieser ab; er hätte auch gesehen, was er gesehen hätte und sei dennoch bereit. Archie brachte ihn auf den Berg, wo er vier Tage und Nächte blieb.

»Wie hätte ich ihn daran hindern können? Ich darf dem Schöpfer nicht im Weg stehen, ganz im Gegenteil, auch ich muß ihm folgen. Ich wußte, wenn ich ihn holen würde, wird er gegangen – gestorben sein, wie ihr sagt. Ich fand ihn später in der Visionsgrube. Er war in die Geisterwelt gegangen, seine Augen weit offen, so als ob er noch lebte, und er lächelte. Er war noch jung – 33 Jahre. Ich betete bei ihm, dann erst brachten wir den Körper fort. Seine Mutter konnte es nicht fassen, aber als ich es ihr erklärte, meinte sie sofort: Welch eine wunderbare Art zu gehen, so von Mutter Erde umarmt zu werden!

Als Medizinleute kommen wir unentwegt mit dem Tod und dem Leben in Berührung, das ist Leben schlechthin. Wir werden in diese Welt hineingeboren, und erst wenn wir einen Kreis vollendet haben, gehen wir in die Geisterwelt ein. Wir müssen den Kreis gut abschließen, auch dürfen wir den natürlichen Kreislauf nicht gewaltsam unterbrechen. Nicht uns gehört der Körper, sondern dem Schöpfer, und es ist unsere Aufgabe, ihn zu hegen und zu pflegen. Wir mißbrauchen ihn ohnehin oft genug.«

Endlich in Rosebud. 40 Grad Celsius. Irgendwo außerhalb des Orts wandelte Henry, der alte Crow Dog, die Straße entlang, zwei Hunde tippelten hinterher. »Er hat getrunken,« meinte Archie, aber nüchtern kann mein Onkel ein gewitzter Bursche sein. Er will mir immer Lieder abluchsen. Erst singt er und dann fordert er mich wie zu einem Sängerwettstreit heraus: So, jetzt zeig, was du kannst! Unschuldig wiederhole ich nur das Lied, das er zuvor gesungen hat. Einige dieser Alten sind so geschickt: haben sie ein Lied erst einmal gehört, können sie es bereits auswendig und vergessen es nie mehr.«

Das Krankenhaus, die Indian Agency, Post, Schule, der Supermarkt, die Tankstelle bestimmen das Ortsbild. Der Ort kommt mir vor wie ein nützlicher Dienstleistungsposten, häßlich, an Wild West erinnernd. Wir wohnen bei den Sleeping Bears. Die Häuser, Pappschachteln gleich, von der Regierung gestellt und recht billig gebaut – für Indianer gerade gut genug – stauen die Hitze wie eine schwarze Sonnenbackröhre. Wir plaudern die Nacht durch bei Kaffee. Kummer bedrückt die Familie. Paul ist ein gebrochener Mann, schwer zuckerkrank. Er lag fast eine Woche im Krankenhaus von Rosebud im Koma. Er hat sich, obwohl ihn die Geister ausgewählt hatten, vom *yuwipi* entfernt. Das Zurückweisen der Kraft, das Abweichen von den Visionen kann schwere Folgen haben: Krankheit, lebenslange Gebrechen, Leiden, geistige Verwirrung, Tod.

»Die meisten begreifen es nicht«, erklärte Archie traurig, doch unterschwellig ungehalten. »Sie müssen ihr Leben hergeben und begreifen es immer noch nicht: Mit der Religion darf man nicht herumspielen! Bill Schweigman mußte sterben, Louis Bad Wound und Larry Red Shirt. Larry hatte einen Brief mit zum Tribunal nach DQ gebracht, das ihn bevollmächtigte, für die Lakota zu sprechen. Unterzeichnet: Frank Fools Crow.« Später stellte sich heraus: Fools Crow merkte Tage darauf, daß Larry ihn betrogen hatte, indem er ihm einen anderen Inhalt als den des von ihm unterzeichneten Papiers vorgelesen habe. Er war nicht berechtigt, sich als Bevollmächtigter auszugeben. Die anderen AIM-Mitglieder wußten das mittlerweile auch schon.

Archie hätte sich auch am liebsten verweigert. »Manchmal wünsche ich mich zu den Eskimos in die Arktis, wo mich keiner erreichen kann«, pflegte er oft zu sagen. Einsamkeit, Zeit zum Nachdenken, Beten, wirklich in der Natur sein, einfach dasitzen. Statt dessen drückt die Bürde des Medizinmannes: Zeremonien leiten, Schwitzhütten errichten, das Volk zur Religion zurückführen, wie ein guter Arzt stets dienstbereit sein, Respektperson und gutes Vorbild sein. Lieber wäre er ein ganz gewöhnlicher Familienvater, ginge seinen Launen nach, durchstreifte vagabundierend die Welt oder arbeitete wieder als Schauspieler und Stuntman. »Es war eine schöne Zeit damals. Noch heute überkommt es mich manchmal, und dann möchte ich die Pfeife wegwerfen und zum Film zurückgehen. In Hollywood habe ich noch meinen Agenten. Tja, dieses Land, das uns alle Phantasien für wahr vorgaukelt, gab mir, einem Medizinmann, auch einmal das Brot.«

Sein Vater hatte ihm kurz vor seinem Tod geweissagt: Vier Jahre nach meinem Tod wirst du die Last der Federhaube, die ich dir vermache, zu spüren bekommen, sie wird sichtlich schwerer und schwerer auf dir lasten. »Ich malte mir das schön aus: Ich würde die Federhaube und die Lederkleidung anlegen und es mir richtig gutgehen lassen. Nach und nach begriff ich: Jede einzelne dieser Federn hängt mit dem Leben eines Menschen zusammen. 104 Adlerfedern sind an dieser Haube, und jede ist Lohn für eine hervorragende Tat, nicht meines Vaters, aber meiner Großväter vor seiner Zeit. Eine ganze Nation hängt an dieser Haube und ihren Lehren. Und ich merkte wie sie schwerer und schwerer wurde.«

Die Reise ging kreuz und quer durch South Dakota, scheinbar planlos. Erst später begriff ich: Der Plan war, sich vom Großen Geist leiten zu lassen. Die Reise bedeutete für Archie das Auskundschaften eines wohlbekannten, aber mittlerweile gewandelten Terrains, das er wieder zurückerobern wollte, zunächst im Alleingang für sein Herz und seine Kinder – als Vorbereitung zur endgültigen Rückkehr zu seinem Volk und zum Aufgehen in den Lehren seines Großvaters. Nach Corn Creek, dem kleinen Ort unmittelbar außerhalb der heutigen Reservationsgrenze von Rosebud, Archies Geburtsort, kehrten wir immer wieder zurück. Allmählich verstand ich: Der Mittelpunkt des Universums ist der Fleck, auf dem du geboren wurdest. Dort hast du gebetet, dort kennst du das Land in-

und auswendig, es ist mit dir verwachsen wie ein Teil deines Körpers. Es ist dir *wakan*, heilig.

»Ich rätsle immer noch, was die Zukunft bringen wird und erinnere mich an die Worte meines Großvaters: Du wirst sehen, die Zeit wird kommen und die Religion erstarken, dann wird hier im Tal von Corn Creek eine Ortschaft entstehen, die deinen Namen trägt. Bis jetzt ist alles beim alten, seit dem Tod meines Großvaters.«

Inmitten der Nacht, es lag noch Schnee, brachte ihn seine Mutter Josephine Quick Bear in einer Blockhütte mit gestampften Erdboden auf dem Land seines Großvaters zur Welt. Die Großmutter half bei der Geburt. Sein Leben mit der Erde begann auf der Erde. Den Platz, auf dem das Blockhaus gestanden haben soll, kenne ich. Heute hausen dort Präriehunde auf bunter Sommerwiese.

Seine Mutter starb, als er fünf war, an Schwindsucht. Sie ist auf dem kleinen Friedhof beerdigt, der zur Linken jener Straße bei Corn Creek liegt, die von Norris nach Belvedere führt. Es ist kein Friedhof mit Grabsteinen und Kreuzen, wie wir ihn aus Europa kennen: Ein mit Stacheldraht umzäuntes Stück Prärie kennzeichnet den Ruheplatz, der sich sonst durch nichts von der übrigen Prärie unterscheidet. Als sie die Mutter tot aus der Hütte trugen, in ein schwarzes Erdloch hinabließen und Erde darauf warfen, konnte es der kleine Archie nicht fassen: Sie würde für immer von ihm gehen. Er verstand nichts mehr. Seine geliebte Mutter war nicht mehr. So groß war sein Schmerz, daß er sich in der kommenden Nacht hinausschlich und mutterseelenallein durch die Wiesen bis zu ihrem Grab lief. Dort wollte er bleiben, sein Kummer ließ ihn Schlaf, Hunger, die Nächte und die Tage vergessen. Vier Tage wachte er dort, betete inbrünstig und weinte und weinte auf der Erde liegend: Da kam ihm sein erstes Gesicht.

»Am vierten Tag kam mein Großvater, nach mir zu schauen, und da ich mich widersetzte mitzugehen, nahm er mich auf den Arm und trug mich nach Hause. Unterwegs machten wir Rast. Es gab etwas zu essen und Wasser zu trinken. Während wir so dasaßen und aßen, fragte ich ihn: ›Wo ist meine Mutter? Warum haben sie sie mir weggenonmen?‹ Großvater sagte: ›Schau, mein Enkelsohn, dein Zuhause ist dir auch eine Mutter.‹ Ich wollte nichts dergleichen hören: ›Aber meine Mutter ist fort!‹ ›Deine Mutter, die meine Tochter ist, ist nur eine körperliche Erscheinung, ihr Geist lebt weiter und geht in einen anderen Kreislauf des Lebens ein, in eine andere Generation, in eine andere Zeit. Eines Tages wirst du deine Mutter wiedersehen. Deine Mutter hat dich auf die Welt gebracht, aber nun bist du auf dich selbst gestellt. Wir werden dich schon das Nötigste lehren. Wenn du traurig bist, leg dich auf die Erde, halte dich an ihr fest, und du wirst wieder zu Kräften kommen. Denn die Erde lebt und gibt Leben. Wenn du schwach bist, setz dich unter einen Baum und lehn dich an seinen Stamm. Und dann bete fürs Volk. Wenn du es sehr eilig hast, halte inne und setz dich auf einen Stein, denn auch der Stein bewegt und regt sich. Auch er lebt.‹ Jetzt begriff ich.

Seitdem ist die Erde meine Mutter. Und bis zum heutigen Tag war ich nie ohne meine Mutter. Sie ist immer für mich da. Meine leibliche Mutter aber ist gegangen.

Schon von klein auf bringt man uns bei: Wir haben drei Mütter. Die leibhaftige Mutter, die uns in diesen Kreislauf hineingeboren hat, ist die erste Mutter. Unser Zuhause ist unsere zweite Mutter. Es ist der Ort, wo wir weinen, lachen, beten und uns wohl fühlen. Die dritte Mutter ist die Erde. Wir alle werden wieder zu Erde. Aus Ehrerbietung beten wir für sie.«

Jetzt war die Zeit des Lernens für ihn gekommen. Die Lehren kreisten alle um die Mutter Erde. Sie kommen zuerst, später folgt das Wissen über die Heilige Pfeife. »Dieses Wissen macht erst einen ganzen Menschen aus dir«, erklärte ihm der Großvater, »es gibt dem Leben hier in diesem Zyklus Sinn.«

Kurz darauf kam sein Vater und wollte ihn zu sich holen. Aber sie ließen es nicht zu. Der Großvater mütterlicherseits, Quick Bear, kümmerte sich fortan um den Heranwachsenden. Seine Tanten Helen, Rebecca, seine Onkel Melvin, Frank, Norris, Francis, seine Vettern sah er auch gelegentlich. Aber der Großvater war ihm ein und alles. Er unterwies ihn, wie es die Tradition verlangte, in Sachen Medizin, Kräuterkunde, Mythologie und in den Dingen des Lebens, und er lernte besonders das, was man heute *survival* nennt. Wie man Fische fängt, Tiere in Fallen lockt, sich von Kräutern, Wildfrüchten und Wildgemüsen ernährt, allein mit seinem Körper ausgestattet, sonst weiter nichts.

Corn Creek war sein kindliches Paradies. Die Welt blieb draußen. Die Naturgewalten, die Tiere, der alte Großvater, der an die 100 Jahre alt war, die Gesprächsrunden der Alten und Medizinmänner, die großen alljährlichen Ereignisse wie Pow wows, bunte Messen, die Rosebud Fair mit den unzähligen Tipis und Planwagen, die eine große Zeltstadt bildeten, die Rodeos, die Zeremonien des Sonnentanzes und des *yuwipi* – all das prägte das fröhliche Naturkind. Die Freundschaft mit Tieren bedeutete ihm viel. Er besaß eine kleine Herde Pferde, die sein ganzer Stolz waren. Mit anderen Kindern veranstaltete er Pferderennen im Tal, aus denen er oft als Sieger hervorging. Sein bester Freund allerdings war Jack, eine Promenadenmischung, die mit ihm durch dick und dünn ging. Später hatte er auch eine Wühlnatter, die mit ihnen im Haus lebte.

Allein durchstreifte er oft die Umgebung. Sein liebstes Ausflugsziel war Cross Butte, das nahe seiner großväterlichen Blockhütte lag. Dort oben spielte er auf kindliche Art mit dem Großen Geist. Sein Großvater neckte ihn deswegen oft auf liebevolle Art, gleichzeitig aber warnte er ihn, er dürfte es mit dem Alten nicht zu arg treiben.

Was er mit Spielen meinte, erklärte er mir später auf Band. »Als ich noch ein Kind war, wanderte ich mit Leidenschaft durch die Berge, über die Prärien. Ich war auf der Suche nach einer Vision. Gewöhnlich legte ich mich flach auf die Mutter Erde und schaute in den offenen Himmel über mir. Mein Blick heftete sich an eine Wolke, die dort oben trieb. Ich konzentrierte mich so schnell und so innig, daß ich selbst bald dort oben trieb. Die allmächtigen Geister ließen mich träumen – einen Traum, den mein kindliches Gemüt nicht verstand. Sie zeigten mir Seelenräume ungeahnter Tiefe, Spielfelder von Grün, Schwarz, Weiß und Rot. Ich schwang mich zur Welt des Großen Geistes hinauf, um den letzten Grund der Wahrheit zu erkennen. Jedesmal, wenn ich in die Berge ging, legte ich mich auf den Rücken, schaute hinauf, schloß die Augen, und dann kamen sie, die Wesen aus der Welt des Großen Geistes und nahmen mich mit sich fort. Diese Reisen bestimmten mein Leben im zarten Alter, ehe mein Großvater hinüberging. Ich besuchte die unbekannten Reiche der Welt des Großen Geistes, ich schaute mich dort gründlich um, aber es gab nur das Nichts. Überall habe ich nachgesehen. Ich durchkämmte die Zeitspannen der Ewigkeit, segelte über Gebirge, über Wälder und alle Völker dieser Welt. Ja, ich flog in die Welt des Großen Geistes . . .«

Jedesmal wenn er zum Cross Butte aufbrach, fragte ihn der Großvater, ob er wieder spielen ginge. Ja! Und er marschierte los. Es zog ihn immer und immer wieder auf die windige Anhöhe, von wo aus er seine Reise antrat. »Das war lustig. Nur muß man allein sein, abseits von allem Geschehen. Denn während der Körper unten ruht, kann ein Bösgesinnter viel Schaden anrichten. Der Körper ist wie tot, man hat keinerlei Empfindungen, selbst Ameisen, die auf dem Arm herumkrabbeln, spürst du nicht. Erst wenn du zurückkommst, dann juckt es dich und du merkst die Stiche. Es ist so, als ob in dein Haus eingebrochen wurde, während du außer Haus warst.

Als Kind spielte ich oft Körperverlassen. Nicht nur im Freien, oben auf der abgeflachten Kuppe von Cross Butte, wo ich auf dem Rücken lag und den Wolken folgte, nein, auch im Haus. Mein Onkel und mein Großvater sahen dann zu, wie ich leblos auf dem Bett lag. ›Berühr ihn nicht, laß ihn in Ruhe‹, hörte ich meinen Großvater zu meinem Onkel sagen. ›Er ist jetzt auf Reise, ganz woanders.‹ Tatsächlich umgibt ein Energiefeld den Körper in solch einem Zustand, wie zum Schutz vor äußeren Einflüssen. Hüte dich, da hineinzufassen, tust du es dennoch, dann wirst du binnen kurzer Zeit sterben. Ja, als Kind hat mein Geist oft den materiellen Körper verlassen, es war für mich eine Art Spiel und Zeitvertreib.

Es ist, als ob man beinahe tot ist, denn du kommst dem Tod sehr, sehr nahe – wie damals auch, als ich die Vision der Geistformen hatte.«

Noch heute, im reifen Mannesalter spielt Archie Fire Lame Dear mit dem Schöpfer, aber auch mit dem Wetter. Das offenbarte er mir eines Morgens bestens gelaunt, während er bei mir im Schweizer

Bauernhaus am Ofen stand und sich an die Kachelwand lehnte und wärmte. Sein Vater habe ihn oft gewarnt: Spiel nicht. Höre auf damit, du mußt lernen mit dem Schöpfer in Einklang zu leben. Tu deine Kraft mit seiner zusammen. Laß diesen Wettstreit, warum forderst du ihn wieder heraus? Im Grunde, so vertraute er mir an, wolle er gar kein Medizinmann sein, auch die Pfeife wolle er nicht, daher die Widerspenstigkeit. »Aber der Schöpfer bietet sie mir an: Hier nimm sie. Doch ich weise sie immer wieder zurück.«

»Und wie spielst du mit dem Wetter?«

»Schau, heute morgen war der Himmel bedeckt, aber die Sonne war drauf und dran herauszukommen. Da wusch ich mir schnell die Haare, und als ich gerade damit fertig war, kam sie hinter den Wolken hervor. Ich eilte hinaus und ließ mein Haar in Wind und Sonne trocknen. Dann hatte ich das ungute Gefühl, als merkte der Schöpfer, daß ihn da einer zum Narren hält und ihn ausnutzt. Doch das darf nicht sein. Er schickte eine große Wolke. Aber meine Haare waren bereits trocken.«

Er sieht die Naturgewalt, die Schöpferkraft mit seiner Medizinkraft ringen. Wer ist gewitzter? Der Schöpfer oder er? Steckt da nicht eine gehörige Portion kindlicher Einbildung dahinter? So wie er mir den Fall mit fast wissenschaftlicher Detailtreue und Akribie toternst darlegte, kann ich nur annehmen, daß er eine magische Verflochtenheit von Welt, Gott und Individuum allen Naturereignissen zugrundelegt.

Die erste Ahnung, daß Cron Creek nicht die ganze Welt sei, hatte der kleine Archie, als er den ersten Weißen seines Lebens im Tag auftauchen sah. Die Freundesclique war unterwegs zu ihrem Schwimmplatz, dort wo der Corn Creek aufgestaut war. Als sie sich anschickten, den Fluß zu überqueren, fanden sie an der Stelle, wo sonst eine Brücke war, nur noch ein paar Planken vor, die übers Wasser führten, – eine recht wackelige Angelegenheit. Die anderen Jungens balancierten hurtig zum anderen Ufer, nur Archie, der kleinste von allen, blieb zurück. Endlich faßte er sich ein Herz, den anderen zu folgen, als er drüben einen Riesenkerl sitzen sah, der nicht die entfernteste Ähnlichkeit mit einem Lakota hatte. Kein Haar auf dem Kopf, dafür aber reichlich roten Haarwust im Gesicht, Hosen, die ihm bis unters Kinn reichten, eine Art Overall, wie er später herausfand. Bewachte dieser Mensch fortan die Brücke? Der Weg ins wilde Reich jenseits des Flusses und zum Badeplatz war unpassierbar geworden. Und als der Kerl freundlich lächelte und Archie ein Butterbrot anbieten wollte und Anstalten machte, auf ihn zuzukommen, packte Archie die nackte Angst: Er lief, ohne sich auch nur einmal umzuschauen, laut schreiend nach Hause.

Dort wohnte er, sagte Archie, als wir auf der Straße von Corn Creek nach Kadoka plötzlich anhielten, und er auf einige zerfallene Holzschuppen ein Stück landeinwärts zeigte. Ein wahrer Kinderschreck, jener deutsche Einwanderer namens Zimmermann, den alle im Tal Old Sim nannten.

Und eines Tages wurde er sich bewußt, welch ein alter Mann sein Großvater bereits sei. Was würde aus ihm werden, wenn er nicht mehr ist? Wer würde für ihn sorgen? Der Großvater hatte ihn vorbereitet: Die Erde ist deine Mutter, alles was zwischen Himmel und Erde geschaffen wurde, ist da, um in ehrerbietungsvoller Weise gebraucht zu werden. Deine Aufgabe ist es, die Menschen Gutes zu lehren und alles, was du im Leben lernst, weiterzugeben, denn je mehr du gibst, um so mehr wird man dir geben.

Im Frühling, Archie war 12, kam die Familie zu einem großen Treffen in Corn Creek zusammen. Alle waren guter Dinge; die vielen Onkel und Tanten, die man lange nicht gesehen hatte, die Vettern und Kusinen, mit denen man herumtollen konnte, verbreiteten gute Laune und Sonnenschein im Tal. Um so ernüchternder war der plötzliche Tod des Großvaters. Archie sah ihn vom Abort geradewegs auf ihn zusteuern. Weinend fiel er vor dem Jungen auf die Knie, und während er seine Finger fest umklammert hielt, schluchzte er laut: »Enkelsohn, meine Zeit ist gekommen. Sorge dich nicht, ich werde dich immer behüten. Wenn du Rat brauchst, dann bete, ich werde Sorge tragen, daß es dir nie an irgend etwas fehlen wird. Behüte dich, hab Mitleid mit den Menschen, hilf ihnen!« Und so starb er. Ein Onkel hatte später Mühe, den Griff zu lösen, so fest hatte der alte Quick Bear die Finger seines Enkels gedrückt.

Jetzt war das eingetreten, was Archie immer befürchtet hatte: Er war ganz allein auf sich gestellt, ohne Zuhause. Sein Vater interessierte sich nicht für ihn, die Familien seiner Onkel nahmen ihn zwar auf, aber eher aus Not als aus wirklicher Fürsorge und Liebe. Wegen des Streits, der seinetwegen zwischen einem seiner Onkel und dessen Frau entbrannt war, und wohl auch um ihn abzuschieben, steckten sie ihn mit 13, das war 1947, in die katholische Missionsschule von St. Francis auf der Rosebud Reservation. »Diese Schule besuchten 500 Jungen und Mädchen, alles Indianerkinder. Und wenn du sie heute fragst, erzählen dir alle dasselbe: Wir durften unsere eigene Sprache nicht sprechen und mußten jeden Tag zwei Stunden etwas aus dem Katechismus auswendig lernen. Das war Voraussetzung für die Taufe.

Noch heute erinnere ich mich sehr gerne an Pater Buechel, einen belgischen Priester. Um 1900 kam er zu unserem Volke, lernte Lakota und verfaßte schließlich das berühmte »Sioux Indian Dictionary«. Sehr oft besuchte er meinen Großvater, um verschiedenste Dinge von ihm zu lernen. Mir gefiel dieser Mann, er war ein guter Mensch. Schließlich taufte er mich. Dennoch ermahnte er uns immer: ›Vergeßt eure Kultur, eure Sprache, eure Zeremonien nicht! Denn wenn das geschieht, wird eure Religion sterben.‹ In der Schule aber, wenn wir draußen auf dem Hof spielten und die Priester uns erwischten, wie wir Lakota sprachen, sperrten sie uns ein und verprügelten uns. Wir Jungens waren ziemlich verunsichert. Der eine ermutigte uns: ›Halt dich an die Religion!‹ und beim anderen setzte es Prügel, sobald wir Lakota untereinander sprachen. Doch wer weiß, vielleicht war das gut so.

Vielleicht erkannte Pater Buechel, wie sehr unsere Religion bedroht war, und wollte uns vor dem Untergang warnen. Nur tat das verdammt weh: Diese Priester stürzten sich mit Lederriemen auf uns. Sie wollten uns ihre Religion einprügeln.

Im Laufe meines Lebens habe ich mich den verschiedensten christlichen Kirchen angeschlossen. Denn ich war neugierig: Was machen meine Leute in den quadratischen Kästen, welche Lieder singen sie, Lieder, die sie nicht einmal verstehen? Ich wollte es wissen und trat im Laufe von 19 Jahren sieben verschiedenen Kirchen bei. Jede Kirche taufte mich und ließ mich zu Bibelstunden zu. So lernte ich das Christentum von innen heraus kennen. Mir war durchaus bewußt, daß ich von diesen Religionen etwas lernen konnte, und um mehr zu erfahren, machte ich eine Zeitlang mit. Doch recht bald begriff ich: Diese Religionen sind nicht für mein Volk gemacht. Die Lebensphilosophie und der Lebensstil der Christen verweichlicht den Menschen und macht ihn fürs System gefügig, macht ihn hörig. Das ist der Sinn der ganzen Sache.

Und dennoch, einige der mystischen Lehren der Propheten lassen sich mit jenen von Medizinmännern von heute vergleichen – davon bin ich zusehends überzeugt. Zu Moses Zeiten ging ein Mann auf den Berg, um eine Vision zu erhalten. Das war vor Tausenden von Jahren. Siehst du, die Indianer tun das auch heute noch. Uns sind die Berge heilig. Schauen wir uns in Europa um, da thront auf jeder Bergkuppe ein Kirchlein. Visionen kann man dort nicht mehr suchen. Die Christen setzten ein quadratisches Steinhaus auf die Kuppe, damit du dich nicht mehr selbst hinaufbemühen mußt. Was aber steckt da dahinter? Da die Lehren des Christentums von Menschen in die Welt gesetzt wurden, um andere Menschen zu kontrollieren, raubten sie dem einzelnen schließlich das Verlangen, selbst dort hinaufzugehen und zu beten. Die Priester machen das schon für uns!

Um dort oben zu beten, mußt du sehr in die Religion eingedrungen sein, du mußt dich oft ein ganzes Jahr vorbereiten, um auf die Visionssuche zu gehen, denn es geht um dein Leben, dein Leben allein.«

Mit 23 Jahren zog Archie einige Zeit zu seinem Vater John Fire Lame Deer, damit dieser ihm mehr über die Religion beibringe. Sein Vater war überrascht und gleichzeitig recht glücklich, als er merkte, daß Archie schon viele Gesänge, die er ihn lehren wollte, vom Großvater gelernt hatte.

»Die heiligen Gesänge beinhalten unsere Prophezeiungen und wurden vor undenklichen Zeiten von Medizinleuten empfangen. Jeder Gesang stammt von einem Visionär, der ihn in der viertägigen Fastenzeit auf Visionssuche gehört hat. Diese Lieder sind nie abgeändert worden. Gesänge macht man nicht, auch ändert man sie nicht.

Meine Familie hat sich der Bewahrung aller Lakota-Gesänge angenommen. Mein Vater brachte mir einen Gesang bei, der 24 Stunden dauert und die Geschichte der Lakota-Nation erzählt. Eines Tages fing er an zu singen. Ich ging schließlich zu Bett, und als ich am nächsten Morgen wieder aufwachte, sang er noch immer. Ich ging zur Arbeit, kam Stunden später zurück, und noch immer sang er. In der letzten Stunde setzte ich mich zu ihm und fragte vorsichtig: ›Muß ich dieses Lied auch lernen?‹ – ›Das ist ein Lied, das von Prophezeiungen spricht. Ja, du mußt es lernen.‹ Die nächsten Tage sang er es ununterbrochen dreimal hintereinander, er schloß die Augen und sang in einem fort. Ich bemühte mich, mitzuhalten. Das ziemt sich eigentlich nicht, denn mit einem Menschen, der große Weisheit und spirituelle Kraft besitzt, soll man sich nicht messen: Denn nicht sie singen! Siehst du einen Medizinmann, der sich zurücklehnt, die Augen schließt und anfängt zu singen oder zu sprechen, dann versuche nicht, dich mit ihm zu messen, denn er ist nicht er selbst. Nicht seine Stimme ist es, die alles hervorbringt, *er* wird vielmehr gesungen, und es fließt und fließ und fließt... Wir werden nur ungeduldig und wundern uns, wie lange das noch gehen wird. Auch mir ging es so, als ich meinen Vater singen hörte. Ich brauchte eineinhalb Jahre, um nur diesen einen Gesang zu lernen. Jetzt bin ich glücklich, ich habe es geschafft. Alle anderen Gesänge sind sehr kurz. Wir singen jeden viermal. Sie erhalten unsere Religion lebendig. Andere Völker tun dies auf andere Weise, heutzutage schreiben viele ihre Weisheiten auf. Doch Spiritualität kann man nicht auf dem Papier einfangen. Sie wird sich dadurch nur selbst zerstören, weil sie so leichter mißbraucht werden kann.«

Vater und Sohn kamen einander näher, und Archies anfängliche bittere Enttäuschung, sein Grimm, daß ihn der Vater vernachlässigt hatte und später, als er vom Koreakrieg heimkehrte, nicht wie einen Sohn herzlich willkommen geheißen hatte, wich allmählichem Verständnis. Der alte Lame Deer hätte seinen Sohn nicht warnen können, er mußte alles auf die harte Tour lernen, durch Fehler.

»Weißt du, alles, was mein Vater in seinem Buch[1] erwähnt, hat er

[1] John Fire Lame Deer, Richard Erdoes: Tahcte Usthe – Medizinmann der Siguy. Frankfurt 19.

mir auch erzählt, aber so wie ein Vater eben zu seinem Sohn spricht, verstehst du? Doch gibt es viele Dinge, die ich weiß, die nirgends aufgeschrieben sind. Die allerheiligsten Dinge über Spiritualität und Heilen wird keiner jemals aufschreiben. Für uns ist es das Allerhöchste, und deshalb verschenkt man es nicht so ohne weiteres. Jedesmal wenn wir etwas von unseren Lehren preisgeben, versuchen sie die Sache zu verkehren und Geld herauszuschlagen.

Im Grunde besteht kein Unterschied zwischen meinem Vater und mir: Ich bin mein Vater! und doch nicht. Bevor er in die Geisterwelt ging, erklärte er mir: ›Du wirst mir nicht folgen, du wirst nicht in meine Fußstapfen treten, aber eins sage ich dir: Deine Fußstapfen werden dort anfangen, wo meine enden, denn du weißt alles, was ich weiß, ich hab' dir alles Erdenkliche beigebracht. Und du weißt noch mehr als ich, denn dein Großvater war dein erster Lehrer. Daher bist du heute der, der du bist. Du kannst nie wie ich sein, das werde ich gar nicht zulassen, ich möchte nur, daß du alles Wissen an deine Kinder und Enkelkinder weitergibst. Das gibt dir Sinn im Leben, das ist deine Bestimmung. Du sollst von jetzt an Lame Deer heißen. In Wirklichkeit warst du das seit deiner Geburt, aber jetzt weißt du, daß es an dir liegt, unseren Namen, unsere Überlieferungen weiterzutragen, die Religion zu stärken.‹

Wir sind alle gleich, von einem Stamm, mein Vater, mein Großvater und alle anderen Lame Deers davor, wir denken und handeln auf gleiche Art und Weise, lehren das gleiche.«

John Fire starb im Herbst 1977 in Denver in einem Veteranenhospital. Archie hatte ihn in drei Wochen 14mal besucht. Alle erkannte John, nur seinen eigenen Sohn nicht. Kurz vor seinem Tod rief er Archie zu sich: Wo er all die Zeit geblieben sei? Die Male zuvor war sein Körper kalt und leblos gewesen, doch jetzt schien er lebendig und warm zu sein, seine Augen leuchteten: »Ich will immer bei dir sein!« »Du kannst dir nicht vorstellen, welch ein gutes Gefühl es ist, die geistigen Lehren immer im Hintergrund zu wissen, von Geistern der Verstorbenen geleitet zu werden. Heute steigert sich das Gefühl, ganz besonders oft, wenn ich singe. Nicht ich singe oder spreche dann, ich werde vielmehr gesungen und gesprochen. Ich fühle deutlich, wie die Geister durch mich wirken.«

»Du bist schon wieder völlig absorbiert von diesen hochgeistigen Dingen«, meinte Archie, als wir bei Sonnenuntergang die Sandpiste in Richtung Parmelee entlangratterten und ein kleines baufälliges Holzhaus, das von einer Laterne bewacht wurde, passierten. »Was soll das, diese Kirche wurde seit Jahren nicht mehr besucht, am liebsten schösse ich mit einem Feuerpfeil auf sie«, murmelte er vor sich hin und brach plötzlich in schallendes Gelächter aus. »Über große Mysterien und das Furcht einflößende Heilige kann man nicht unentwegt sprechen. Unmöglich! Manchmal wechsle ich abrupt das Thema, was viele nicht verstehen. Sie denken, ich bin verwirrt.«

Solch einen plötzlichen Stimmungswechsel von höchst erbaulichen und geistig anregenden Gesprächen zu banalen Heiterkeiten, witzigen bis frechen Bemerkungen und allerlei übermütigem Schabernack habe ich oft mit ihm erlebt. So, als wir einmal bei mir zu Hause zu Abend aßen. Mein Mann hatte zufällig einen vierten Teller mit dazu gestellt. Als wir fertig waren, bemerkte Archie den unbenutzten Teller und meinte verschmitzt, nachdem wir uns beim Essen lange über Geister und Gespenster unterhalten hatten: »Der ist bestimmt für einen Geist?« und legte das Buch seines Vaters mit dessen Bild auf dem Umschlag neben den leeren Teller. Wir mußten schrecklich lachen.

Heiligkeit wirkt nur im Gegensatz zu Profanem. Lange Unterhaltungen über Spiritualität machen ernst, versonnen, schwermütig, schließlich gar verspannt, was uns nicht mehr empfänglich sein läßt. Und jetzt kommt der grobschlächtige Witz, der wie ein klärendes Gewitter unseren von Heiligkeit und Ehrfurcht zermürbten und in schwülen Vorstellungen verlorenen Geist befreit.

Der Wechsel von tief-religiöser Einkehr und Hingabe im Gebet, bei der Zeremonie, aber auch bei religiösen Belehrungen, zu überschwenglicher Freude, zu Clownerien, ja, bis hin zur lächerlichen Verunglimpfung der eigenen Religiosität entspricht dem alltäglichen Leben mit seinen Höhen und Tiefen, mit seiner großen Freude und seinem Glück und seiner Trauer und Ernsthaftigkeit.

Geschichten und nochmals Geschichten belebten jeden Fleck in South Dakota. »Sei froh, daß wir hier entlang tagsüber fahren«, neckte Archie, als wir zwischen White River und Rosebud unterwegs waren. Hier gäbe es nämlich Geister. Vornehmlich nachts zeigte sich auf dieser Straße das Gespenst einer Frau, die trampte, an einer bestimmten Stelle der Straße auftauchte und hinter dem Hügel, der vor uns lag, verschwand. Niemand traute sich mehr nachts dort entlangzufahren. – Es ist lange her: Archie, zwar nur leicht betrunken, aber doch hinreichend, um vor nichts mehr zurückzuschrecken, fuhr die besagte Straße entlang. Just an jener Stelle versagte der Motor, der Wagen blieb stehen. Noch schien der Mond, aber bald verdunkelten Wolken das Land. Nach Hilfe Ausschau haltend, machte er in nicht allzuweiter Ferne eine Hütte aus, auf die er, die Weinflasche unter dem Arm, zusteuerte. Auf sein Poltern hin öffnete eine Frau die Tür. Helfen könne sie nicht, der Mann sei fort. Und sie knallte ihm die Tür vor der Nase zu. Ein Schluck Mut für den Rückweg. Es ging mühsam, er rutschte aus, die Weinflasche entglitt, doch er schaffte es zurück zum Auto. Was gab es besseres, als sich auf dem Erdboden im weichen Gras zusammenzurollen, die Jacke über den Kopf zu ziehen und noch ein Schlückchen zu nehmen. Mitten in der Nacht spürte er plötzlich die Gegenwart von Leben. Hörte er nicht Flüsterstimmen, die sich über ihn unterhielten? Er führe schon das richtige Leben, alles würde sich fügen, keine Sorge! Zu faul, das zu untersuchen, auch nur den Kopf hervorzurecken, blieb er liegen. Erst als die Dämmerung einsetzte und er es immer noch um ihn herum sprechen hörte, bequemte er sich nachzuschauen. Da standen drei schwarzschwänzige Hirsche. Hellwach sprang er auf die Füße, doch sie jagten schon davon und blieben in sicherer Entfernung stehen, aus der sie ihn noch lange beobachteten. So als ob nichts gewesen wäre, setzte er sich hinter das Steuer, startete und fuhr los, da – vor ihm eine schwarze Limousine, der er sich anhängte. Es artete in eine Verfolgungsjagd aus, beide Wagen rasten mit Höchstgeschwindigkeit auf eine Brücke zu, um den Hügel voraus mit Schwung zu nehmen. Gerade auf der Brücke spuckte der Motor und starb ab. Und genauso unerwartet war auch der andere Wagen verschwunden. Später erzählte er einem Freund von diesem merkwürdigen nächtlichen Spuk und dem seltsamen Rennen, den Hirschen und jenem Blockhaus. Der Freund schaute unglaubwürdig. Das Haus stehe seit Jahren leer, und erst kürzlich sei ein schwarzes Auto eben dieser Marke dort über die Brücke hinabgestürzt, das Wrack liege noch unten, alle Insassen seien tödlich verunglückt.

Wolken bauten sich im Westen auf, als wir Rapid City verließen. Die Wand folgte uns auf dem Weg zurück nach Rosebud. Es kühlte empfindlich ab, der Wind strich in kräftigen Böen übers Land. »Dies ist eine Nacht, in der die Geister reisen«, und Archie schaute mich lange prüfend an. »Du zweifelst? Nachts kann man geistig durch die Welt reisen. Nur körperlich zu reisen ist nicht immer sinnvoll. Ein Medizinmann der Lakota hatte die Gabe, nachts umherzustreifen. Er sprach kein Englisch und verließ die Reservation nie, dennoch erzählte er alle möglichen Geschichten davon, wie die Welt außerhalb aussah: vom Baseballspielen und vom Madison Square Garden. Er war allen eine Nase voraus, und seine Geschichten klangen unglaublicher als die der anderen. Erzählte einer seine Erlebnisse, übertraf er ihn prompt durch ein noch gewaltigeres. Ja, er reiste nachts durch die Welt und schaute sich alles an.

Aber es gibt auch Geister, Schatten, die nachts umherstreunen, Unruhe stiften und sich an Lebende hängen. Betrittst du ein Haus und es überkommt dich Schüttelfrost ohne einen erkenntlichen Grund, dann stimmt etwas nicht. Geh wieder hinaus und bete für jene Heimatlosen.«

Wir befanden uns auf halber Strecke zwischen Kadoka und Belvedere, Zeit für eine weitere Geschichte. Es war zu der Zeit, als Archie noch in South Dakota lebte. Sie kamen von Rosebud, er und sein Onkel. In Belvedere hatten sie den Bus nach Rapid City verpaßt, der nächste sollte erst Stunden später fahren. Warum also warten, wenn sie auch zu Fuß bis Kadoka laufen könnten? Sie brachen auf. Die Nacht war dunkel. Um sich warm und wach zu halten, gingen sie strammen Schrittes, rauchten und plauderten in die Nacht hinein. Doch lange blieben sie nicht allein. Der Onkel bemerkte es zuerst und deutete, während er weitersprach, mit der rechten Hand über seine Schulter zurück: Dort sei einer. Archie schaute, den Kopf nur leicht nach hinten gewandt, zurück. Tatsächlich, da spazierte einer im gleichen Tempo hinter ihnen her. Sie taten, als beträfe es sie nicht und erzählten weiter. Erst als sich ein zweiter Schatten dazugesellte, erkannte der Onkel, sie müßten handeln, und stimmte ein heiliges Lied an. Mit mächtiger Stimme sang er in die Nacht hinein. Kurz darauf löste sich der äußere Schatten zur Rechten des Onkels und verließ die beiden einen rechtsdrehenden Halbkreis beschreibend, eine Weile später folgte ihm der andere auf eben die Weise. Um diese düsteren Gestalten ganz sicher los zu sein, marschierten sie noch ein Stück weiter, dann erst machten sie erleichtert eine Zigarettenpause. Archie opferte Tabak und sprach ein Gebet, und weiter ging es nach Kadoka. Es dauerte nicht lange, als sich erneut ein Schatten an die rechte Seite des Onkels heftete und der zweite auch nicht mehr lange auf sich warten ließ. Wiederum schenkten sie ihnen zunächst keine Beachtung, bis der Onkel meinte, der Tabak hätte sie wieder angelockt. Jetzt stimmten die beiden nächtlichen Wanderer gemeinsam ein Lied an, und wie zuvor verschwanden die Geister, einer nach dem anderen, in der Schwärze der Nacht. Nun beeilten sie sich aber, und sobald die ersten Lichter von Kadoka zu sehen waren, legten sie noch einen Schritt zu. Ihr erster Gang führte in den Spirituosenladen, wo sich jeder mit einer Flasche Whisky eindeckte. Ein kräftiger Schluck und sie kamen wieder zu sich. »Damals war ich noch nicht so erfahren in Dingen, die mit dem Jenseits und Geistern zu tun haben, und wie man sich ihnen gegenüber zu verhalten hat. Wir Lakota schauen diese Schatten nie geradewegs an, immer nur aus dem Augenwinkel heraus, dann werden sie dir auch nicht zur Last. Machst du Fehler, werden sie dich binnen kurzer Frist zu sich holen.«

Auch heißt es: Berühre, besonders im Traum, niemals eine Geistfigur, denn dadurch könnte einer von deiner Familie, könntest du selbst bald sterben. So hatte ihn der Großvater schon als Jungen unterwiesen. Als er einmal, zu jener Zeit trank er noch, bei Verwandten zu Besuch war und dem Geist seiner Tante begegnete, wußte er als einziger, wie man sich verhalten sollte. Von seinem Rausch am Vortag noch nicht ernüchtert, saß er mit der Familie beim Mittagstisch, als alle beim Essen hochfuhren und fluchtartig das Haus verließen. Vom Friedhof, den man vom Fenster aus im

Blick hatte, näherte sich die verstorbene Tante. Archie blieb, denn ihn konnte nichts in der Welt aus der Fassung bringen in jenen Tagen. Kaum stand sie in der Tür, grüßte sie ihn freundlich; er grüßte zurück und bat sie, Platz zu nehmen. Als er ihr Essen anbot, wehrte sie ab, der Geruch sei ihr zu stark. Archie erklärte ihr, daß er sie unter keinen Umständen berühren wolle. Ja, sie verstünde, aber warum die anderen alle geflüchtet seien? Die hätten Angst gehabt, meinte Archie, nur er fürchte sich nicht, denn sie sei ja seine Tante. Dann machte sie sich auf und glitt in Kurven zum Friedhof zurück.

Frühmorgens, wir hatten die Nacht in Cedar Butte gezeltet, brachen wir zu viert auf – Archie, die Kinder und ich – um unten am Bachufer *Kinnickinnick*, den indianischen Tabak, zu schneiden. Während wir dem Trampelpfad folgten und durch kniehohes Gras stapften, ragten uns leuchtendgrüne Riesenblätter entgegen und Zweige von gelben Büffelbeersträuchern. Wilde Pflaumen und andere Sträucher hinderten uns schließlich gänzlich am Vorwärts-kommen. Es roch nach feuchter Erde, nach frischem Wasser, modrigen Boden, genährt von sterbendem Baumgrün und altem Geäst. Archie ging voran und fand den Durchschlupf zum Bächlein. Endlich – welch eine Stimmung! – das moosgrüne Bett im kühlen, geheimnisvollen Grund. Drüben das Land seiner Vergangenheit und Zukunft, wo er geboren wurde und wo er hoffte, auch zu sterben.

Nur diesseits, auf dem Land seiner alten Tante, wollte er ernten. Sein Stück, das Land seines Großvaters Quick Bear, wollte er unberührt lassen für spätere Zeiten. Archies schwerer, massiger Körper bewegte sich geschickt und schnell. Entdeckte er einen Kinnickinnickstrauch, schlug er die Zweige rasch und geschickt ab. Im Nu hatten wir jeder ein Bündel beisammen, so sperrig, so schwer, daß wir Mühe hatten, ohne uns zu verheddern, den Hang hinauf zu gelangen.

Nachmittags schälte Archie in geduldiger Kleinarbeit die Rinde ab. Noch eine Woche, nach einem kräftigen Wettersturz oder einem Gewitter, und die Äste würden sich rot verfärbt haben. Dann ist es zu spät zum Schnitt. Sein Stuhl nahe an die seitliche Schiebetür des Campingbusses gerückt, der Boden des Wagens sein Arbeitsplatz, schabte er etliche Stunden erst die äußere Schicht, dann den inneren weißen Bast ab. Irgend etwas war. Immer wieder schielte er gen Süden. Außer einem alten, halbverfallenen Haus sah ich nur endlose grüne Weiten. »Ich sehe eine Form. Das ist die Gestalt des Alten, der vor sechs Jahren starb, er streicht um sein Haus.« Ich konnte beim besten Willen nichts erkennen. »Nein, nicht so. Geister sieht man nicht geradewegs, nur indirekt aus den Augenwinkeln, indem man so tut, als schaue man nicht in ihre Richtung.«

Zylinderartige, oben abgerundete, weiße bis gräulich transparente Formen nimmt Archie oft wahr. Obwohl sie ihn bereits vereinzelt in der Jugend aufgesucht hatten, erschienen sie ihm erst richtig klar in einer Vision Anfang der 70er Jahre. Er meint: Schaut man genau hin, kann man durch die Zylinderform hindurchsehen, zuweilen wird sie substanzieller, nimmt einen Grauton an, und diffus betrachtet erscheint sie als eine weißliche Plastik- oder Gummimasse, die ihre Ausmaße und Gestalt verändern und zwei Arme aus der amorphen Substanz herausfahren kann, die dann lebendig werden.

Archie betete mit der Pfeife, als die Vision kam. Plötzlich lag er ausgestreckt auf dem Boden und sah seinen Körper weit unter sich liegen, während *nagi*, seine Seele, unter einer Eiche schwebte. Sein Körper war nur noch Hülle, reglos, wie tot, da sah er von Westen eine dieser weißlichen Gestalten heranschweben, die schließlich, während sich Arme aus der Masse schälten und versuchten, den leblosen Körper wegzuzerren, auf lakota sprach: Deine Zeit ist gekommen, komm, laß uns nach Hause gehen! Sosehr sie auch zog und zerrte, der Körper regte sich nicht vom Fleck. Da näherten sich zwei gleichartige Wesen vom Norden her und forderten die Gestalt auf, von ihm abzulassen: Du tust unrecht, ihn fortzuführen. Er hat gerade erst mit seiner Arbeit angefangen! Wenn alles vollbracht ist, dann erst werden wir kommen, wir alle drei gemeinsam, und ihn zu uns holen, denn er ist einer von uns. Daraufhin trollten sich die drei und verflüchtigten sich laut lachend in Richtung Norden. Jetzt wurde es Zeit, in den Körper zurückzukehren. Durch den Nabel fuhr er in die materielle Hülle zurück, und ehe er völlig drinnen war, sah er seinen Vater in nachdenklicher Pose vor sich sitzen; den Kopf auf beide Hände gestützt, schaute er ihm zu. Sein geistiges Wesen drang tiefer und tiefer ins Fleisch, schlüpfte bis in die äußersten Gliedmaßen, die Schau des Vaters verblaßte, und bald saß die Körperhülle wieder wie ein Maßanzug, Finger und Fußzehen rasteten als letztes ein – ein Ruck und er war wieder bei Bewußtsein. Da sah er hoch über sich einen goldenen Adler kreisen, der kurz darauf nach Norden flog. Rasch trat er den Heimweg an, und als er zu Hause die Küchentur aufstieß, fand er seinen Vater in eben der Denkerpose vor, wie er ihn erschaut hatte. »Setz dich, mein Sohn! Kaffee?« Archie genoß den ersten Schluck. »Du hast dich verändert, mein Sohn. Jetzt weißt du, um was es geht, jetzt hast du verstanden. Ich kann dir nichts beibringen, mein Sohn, lediglich die Lieder, die Geschichten, die wir uns erzählen, und das Zeremonialwissen. Für das übrige mußt du selbst sorgen.«

Schon als er ein Kind war, tauchten diese Geistformen auf. Einmal verließ er seinen Körper und flog dabei um die Erde, wobei er unter sich durch die enorme Geschwindigkeit Farben und Formen verschwimmen sah. Bei diesem Flug begleiteten ihn die gleichen Gestalten.

Ein anderes Mal, er war betrunken und geriet in Todesgefahr, schoß die Figur, die ihn bei der großen Vision abholen wollte, rasend schnell wie ein Pfeil auf ihn zu. Erschrocken und völlig vom Alkohol benebelt torkelte er einen Augenblick und fiel dabei um. Ein Glück! Denn so entkam er, da die Figur haarscharf an ihm vorbeisauste – ins Leere hinein.

Geistererscheinungen sind im indianischen Universum konkrete, im Sinnlichen faßbare Manifestationen des Übersinnlichen. Sie beglücken, mahnen an die Eingebundenheit des Menschen in den Plan der Schöpfung, befreien, indem sie von vornherein beschränken, überprüfen die wahre Gesinnung, unterweisen, sind Botschaften, die das Leben des Empfangenden allein betreffen – einmalige Bekundungen.

Archie hatte sein Erlebnis auf Bear Butte, dem heiligen Berg der Lakota, wo die Männer auf Visionssuche gehen, als Prüfung aufgefaßt. Er schickte sich an mit seiner Tochter und einem Freund zusammen eine Pfeifenzeremonie auf halber Anhöhe durchzuführen. Unterhalb, auf dem Abhang beobachteten sie einen Indianer, der nackt bis auf den Lendenschurz sich auf Visionssuche befand. Archie hatte die Pfeife schon zusammengesteckt und auch gefüllt, als er wie beiläufig auf den Platz am Fuß des Berges schaute, wo sie das Auto abgestellt hatten. Alle drei sahen, wie sich der Wagen von selbst in Bewegung setzte, den Parkplatz verließ und die Straße hinunterrollte. Eine dunkle Gestalt, die Umrisse waren deutlich auszumachen, saß hinter dem Steuer. Archie zögerte, war hin- und hergerissen: Sollte er seinem Auto hinterhereilen, das langsam entschwand, oder sollte er die Zeremonie zu Ende führen? Plötzlich wußte er in einer Eingebung: Das ist ein Test! Wie sehr hänge ich am Materiellen, in das ich viel Arbeit und Geld gesteckt habe, und wie ehrlich halte ich es mit der Religion und den Traditionen? Und er entschied sich, die Zeremonie mit der Pfeife zu vollenden. Er meinte im nachhinein, hätte er nachgegeben und wäre dem Auto nachgelaufen, wäre ihm sicherlich etwas zugestoßen, denn die Pfeife dürfe man nicht vernachlässigen oder mißbrauchen. Urplötzlich war auch die Männergestalt am Berghang verschwunden, wohin blieb ein Rätsel, denn die Ebene unterhalb und der Berg boten kein Versteck. Archie erkannte nun: die Gestalt, mußte einer seiner Großväter gewesen sein. Das Auto war wirklich entführt worden, sie fanden es in einer Kurve hinter einem Hügel wieder. Die Prüfung war bestanden.

Denke ich an South Dakota, sehe ich Bilder von endlosen Ebenen vor mir, Hügelketten, Weiten in allen Pastellschattierungen, Täler in üppigem Grün, Reihen von Pappeln, die sich im Wind silbern wiegen. Hinzu kommen Düfte von Salbei und Minze, die der Sommerwind über die Prärien trägt. Dann die Erinnerung an die Bad Lands, die gleich einem schlafenden Riesen im Lichtkegel der untergehenden Sonne aufragen. Kleine Wolkentupfer verloren auf blaßblauen Himmelsauen. Natur, wie ich sie mir immer erträumte: eintönige Schönheit und stille Leere, nichts, wo sich der Geist festhaken kann. Und das Reisen, das zum wirklichen Erfahren – der Weg, der zum Weg selbst wird.

Als wir endlich nach Green Grass fuhren, erfüllte sich ein weiterer Wunsch von mir: den Ort, wo die Heilige Büffelkalbpfeife der

Sioux seit der Zuteilung der Reservate aufbewahrt wird, wollte ich schon lange einmal besuchen. Der Fleck macht seinem Namen alle Ehre, was die Qualität des Grases angeht: es leuchtet grüner als grün. Das übrige erregt nicht gerade das ästhetische Empfinden. Der Feldweg, der von der Hauptstraße abzweigt, die vom südlichen Eagle Butte kommt, endet auf einer Wiese. Mitten darauf steht ein heruntergekommenes Holzhaus, wo Stanley Looking Horse mit seiner Familie wohnt; irgendwo steht zweckentfremdet eine Waschmaschine, die Toilette ist ein Bretterverschlag, Pfähle, zu einem Gerüst zusammengebunden, bilden die Sommerküche, und auf dem halben Weg zur nahen Anhöhe leuchtet der rotweiß bemalte Schuppen, in dem die Pfeife, die in eine Büffelhaut gewickelt ist, aufbewahrt wird. Zwei halbe Autowracks, schmuddelige spielende Kinder und die ewig zirpenden Grillen verweisen auf das Zeitliche dieses verschlafenen Idylls.

Die Pfeife, höchstes Heiligtum der Sioux, wurde, so die Legende, vor undenklichen Zeiten von der weißen Büffelfrau gebracht, zu einer Zeit, als sich die Religionen voneinander entfernten. Keiner weiß, wie alt sie wirklich ist. Archie glaubt, die Heilige Pfeife sei – wie laut der letzten Messung – über 2900 Jahre alt, und zwar nur die jüngste (offenbar gibt es drei), die älteste, das Original, sei älter als 3000 Jahre. Anthropologen dagegen behaupten, sie stamme aus dem 15. Jahrhundert.

Die Pfeife wird von einem Pfeifenbewahrer gehütet, der das Amt an seinen ältesten Sohn überträgt. Der Bewahrer wird von den Medizinleuten bestätigt. Heute ist es Orval Looking Horse.

Der Rauch der Pfeife ist wakan, heilig. Beim Rauchen schlüpft der Geist im Rauch in den menschlichen Körper, wird mit dem Ausblasen wieder frei gelassen und steigt schließlich zum Großen Geist auf. Das ist ein Kreislauf. Der Geist des Körpers und der Große Geist werden mittels des Rauchs besänftigt und verbinden sich, wenn die Pfeife auf zeremonielle Art geraucht wird: vor einem großen Unternehmen, vor wichtigen Zeremonien und während diesen, zur Besiegelung einer Freundschaft, eines Versprechens, beim Gebet, um die bösen Geister zu vertreiben und die guten herbeizuzitieren. Alles Wissen, alle Weisheit des Lebens kommt von der Pfeife, sagen die Lakota, und darüber sprechen sollte man nur in äußerster Ehrerbietung. Die Pfeife ist so wakan, daß ein Menschenleben nicht hinreicht, sie ganz zu verstehen.

»Obwohl ich Häuptling und Medizinmann bin, viele Gesänge kenne, ein Sonnentänzer bin, alles Wesentliche über unsere Religion weiß und die Sprache, auch die geheime der Medizinmänner, beherrsche, würde ich nie behaupten, alles über unsere Religion zu wissen. Ich bin ein direkter Abkömmling der Heiligen Pfeife, 47 Jahre alt, und weiß wirklich nicht viel. Was die Religion anbelangt, so bin ich darin noch ein Kind.«

Ich war nach Green Grass gekommen, weil ich den Vater des Pfeifenhüters, Stanley Looking Horse, interviewen wollte. Im August 1980 rief er alle Medizinleute der Lakota-Nation zusammen. Er schickte jedem eine gestopfte Pfeife und fragte: Wollt ihr alle kommen und beraten, ob meine Entscheidung, die Pfeife für einige Zeit unter Verschluß zu halten, richtig ist? Die Frau von Stanley Looking Horse hatte die Vision gehabt, zwei Jahre lang einen Sonnentanz für Frauen durchzuführen und die Pfeife zu vergraben. Es kamen 32 Medizinleute zusammen, und sie beschlossen, der Vision der Träumerin zu folgen. Ehe sie die Pfeife für sieben Jahre vergruben, hielten sie drei Tage lang Zeremonien ab.

»Wir Indianer auf den Reservationen müssen uns stärken für das, was die Zukunft bringen wird. Wir vergruben die Heilige Büffelkalbpfeife, damit wir wieder erstarken und wir ehrlich miteinander reden und uns gegenseitig in Achtung begegnen können. Die Wahrheit ist schwer zu ertragen, besonders wenn es um das Begreifen spiritueller Grundsätze geht. Wir Medizinleute der sieben Ratsfeuer sind der Ansicht, daß in sieben Jahren, also 1987, sich ein starkes Volk um die Pfeife versammeln wird. Einige werden ins Jenseits gegangen, einige abgesprungen sein, doch die stärksten von uns werden zur Stelle sein. Die Pfeife verstehen braucht länger als ein ganzes Leben. Es gibt 24 Pfeifenlieder, und ich kenne keinen Medizinmann, der sie alle singen kann. Die Zeit, in der die Pfeife vergraben bleibt, müssen wir nützen, um die Lehren der Pfeife wieder zu beleben. Nur dann werden wir als indianische Nation Aussicht haben, zu überleben. Das europäische Denken, das System der Weißen ist nichts für uns. Wir können damit nichts anfangen, denn wir wissen, daß es bald vergangen sein wird. Wir müssen uns auf die Lehren der Erde besinnen, alle Pflanzen, alle Vierbeiner, alles, was Flügel hat, selbst die Insekten, alle Wesen der Gewässer, respektieren, auch die Felsen und vor allem die Erde selbst; wir müssen wieder lernen, alles, was der Schöpfer uns gegeben hat, in Ehren zu halten. Nur so wird sich die Lage zum Besseren wenden, indem wir das natürliche Gleichgewicht zur Erde wiederfinden.«

Stanley hatte meine wiederholte Bitte, ein Gespräch mit ihm über die Pfeife zu führen, immer abgelehnt. »Komm wieder, wenn du unsere Sprache gelernt hast! Über Zeremonien und das heilige Wissen sprechen wir in Lakota.« Schließlich fand er sich doch bereit, wich aber meinen Fragen geschickt aus oder zog sich mit vagen Antworten aus der Affäre.

Auf dem Band, das ich mitschnitt, ist seine dünne Stimme vollkommen überlagert von Vogelgezwitscher, Kindergeschrei und dem steten Wind der Prärie. Ich war im festen Glauben, mein Kassettenrekorder sei in Ordnung. Ich rührte nicht weiter daran. Als ich später Archie das Band noch einmal vorspielte, schmunzelte er nur: »Ja, solche unerklärlichen, unheimlichen Dinge passieren. Doch sollte man nicht versuchen, sie wissenschaftlich zu erklären, denn dadurch schadet man nur sich selbst. Laß es auf sich beruhen. Frag nicht, wo nicht gefragt werden soll.«

Das erinnerte mich an ein Foto, das mir Freunde vorbeigebracht hatten, weil sie sich von mir eine Erklärung erhofften. Es zeigte in der Mitte einen schwarzen Fleck und zu beiden Seiten einen Streifen Erde und etwas Himmel mit Wolken. Sie hatten es im Chellytal in Arizona aufgenommen, als sie die Three Turkey Ruins besuchten. In unmittelbarer Nähe, wo sie parkten, stand eine riesige Tonne, aus der ein Eselsbein mit Huf herausragte. Im nachhinein meinten sie, sie hätten sich seltsam unwohl gefühlt, es sei einfach unheimlich an diesem Ort gewesen. Sie gingen fort, nur aber um nach einiger Zeit zurückzukommen und noch ein Erinnerungsfoto zu schießen: die Tonne mit dem Bein im Vordergrund, ihr Auto, die rote Erde Arizonas, der leicht bewölkte blaue Himmel dahinter. Später beim

Entwickeln stellte sich heraus, daß dieses Foto das einzige mit einem schwarzen Fleck war, und zwar genau dort, wo die Tonne gestanden hatte.

»Ja, die schwarze Stelle entstand, weil eine »Person mit Macht« in der Nähe weilte. Das gleiche geschah mit unserer Heiligen Pfeife. Die alte Lady Elk Head ließ sie seinerzeit abfotografieren. Erst kürzlich unterhielt ich mich mit meinem Onkel darüber, wie so etwas überhaupt hatte geschehen können. Er meinte, wenn sie dabei gesessen hätte, wären die Fotos nichts geworden. So aber gab sie ihm das heilige Pfeifenbündel: ›Geh dort hinüber und tu, was du tun mußt, ich will nichts damit zu tun haben.‹ So fotografierte er unsere Heilige Pfeife. Doch der Mann mußte dies kurze Zeit darauf mit seinem Leben bezahlen. Er starb ganz unerwartet. Es hat aber auch etwas Gutes, daß die Bilder gemacht wurden, sie schützen unsere Pfeife sozusagen vor Neugierigen. Jeder kann sie nun auf Fotos begutachten.«

Archie selbst wurde auch einmal auf ähnliche Weise ermahnt, mit heiligem Wissen behutsam umzugehen. Er diktierte seiner Frau seine Lebensgeschichte auf Band und behandelte gerade besonders tiefe psychische Zustände. Kurz darauf hörten er und ein Freund sich das Band an. Später aber, als er es noch mal abspielen wollte, war alles gelöscht – beide Bänder, denn er nahm sicherheitshalber immer mit zwei Rekordern auf.

Sein Kommentar dazu: »Du siehst, Spiritualität kann man nicht einfangen. Wir haben kein Buch wie eure Bibel. Sobald du anfängst, die heiligsten Dinge aufzuzeichnen, zerstört sich das Wissen selbst. Das Christentum ist auf diese Weise zerstört und mißbraucht worden. Das ist angsterregend. Mein Vater berichtet in seinem Buch nur über sein Leben, aber das, was er durchgemacht hat, die Religion als Ganzes wird nicht dargestellt.«

Jeder Medizinmann kann seine Kraft verlieren, wenn er sie mißbraucht oder sich nicht den Traditionen entsprechend verhält. Auch andere Medizinleute können einem die Kraft nehmen. Der alte Lame Deer und ein Freund entschieden sich einmal, einem Kollegen die Medizin zu rauben, weil er sie in ihren Augen mißbraucht hatte. Er verlor tatsächlich seine Macht...

Archie hadert hin und wieder mit seinem Schicksal: Will ich wirklich die Pfeife? Sie bringt große Verantwortung und Belastung mit sich. Mit der Pfeife kann er nicht mehr herumgaukeln, er hat ihr zu folgen. Behandelt er sie schlecht oder ungebührlich, begibt er sich in Gefahr. So ist es geschehen, als er mit seiner Tochter Josephine in jenem Sommer auf Mount Rushmore in den Black Hills stieg. Er hatte sie die Pfeife tragen lassen, obwohl er sie eigentlich nicht aus der Hand hätte geben dürfen. Prompt stürzte er den Hang hinunter. Jammernd zeigte er mir später seinen geschwollenen Knöchel. Noch nie war ihm so etwas passiert, weder als Stuntman in Hollywood, noch im Krieg, noch beim Rodeoreiten – er galt als Glückskind, das die Kraft besaß, Gefahren abzuwehren. Seinen Unfall deutete er nun dahingehend, daß er die Pfeife vernachlässigt habe und deshalb bestraft wurde.

Von seinem Vater meinte er, daß er noch leben könnte, doch wollte er schließlich nicht mehr, weil seine Frau Ida kurz zuvor gestorben sei. Aber ausschlaggebender sei gewesen: Er hatte ein halbes Jahr zuvor seine Pfeife weggegeben. Sie lag beim Medizinmann Horn Chips. »Er ist gestorben«, meinte Archie, »allen Medizinleuten ein abschreckendes Beispiel... Was es heißt, abtrünnig zu werden, seine Berufung und die Traditionen zu verwerfen und die Lehren der Ältesten zu mißachten, das wollte er demonstrieren.

Weißt du, mein Vater starb als gebrochener Mann, sehr alt, mit weißem Haarschopf, gebückt an einem Stock humpelnd. Er selbst hatte die Pfeife niedergelegt, obwohl er mich Jahre zuvor gebeten hatte: ›Sohn, hüte deine Pfeife, gib sie niemals aus der Hand und lege sie nie beiseite; bete immer mit ihr. Wenn du eine Pfeife besitzt, mußt du auch deinen Lebensweg mit ihr beschreiten. Stehst du nicht dazu, weist du die Pfeife von dir, dann wirst du schneller altern. Zwar wirst du ein hohes Alter erreichen, aber sehr viel verbrauchter aussehen, als du es tatsächlich bist. Auch wirst du nur noch an Krücken gehen können.‹ Genau das passierte meinem Vater. Ich habe ein Bild von ihm, wie er mit langem weißen Haar auf einem Stock gestützt dasteht.«

Bald stellte sich auch bei mir stille Scheu vor der Pfeife ein. Für die Sioux ist Green Grass spiritueller Mittelpunkt geworden. Und in der Zukunft würde die Pfeife als Überbringer aller Weisheiten und mit ihrer lebensspendenden Kraft wieder stärker zu Ehren kommen, so glaubte es Archie vorauszusehen.

Die Sonnentänze, die ich in jenem Sommer erlebte – im kalifornischen Davis und in Yankton, Pine Ridge, Rosebud und Green Grass –, bewiesen mehr oder weniger offenkundig das Verlangen nach Vereinigung aller indianischen Stämme auf spiritueller Grundlage. Der Sonnentanz als Welterneuerungszeremonie dient dem Zusammengehörigkeitsgefühl der Gemeinschaft, kräftigt Familienbande und Freundschaften, verhilft zu neuer Kraft und ist für den einzelnen Bittsteller höchster Ausdruck von Mut und Ausdauer: durch das freiwillige Opfern des eigenen Körpers.

»Ein Mann leidet in seinem Leben gewöhnlich nie ernsthaft körperlich. Unsere Schwestern leiden bei der Geburt. Um einen Ausgleich zu schaffen, brachte man uns die Schwitzhütte und die Heilige Büffelkalbpfeife. Der indianische Mann glaubt nun, er müsse sich dafür bei seiner Schwester erkenntlich zeigen, denn sie brachte ihn zur Welt. Das einzige, was er geben kann, ist sein Schmerz, sein körperliches Leiden. Deshalb läßt er sich beim Sonnentanz in die Brust schneiden, so daß zwei Hautriemen entstehen, an denen er ein Seil, das mit dem Sonnentanzbaum verbunden ist, befestigt. Er tanzt und zerrt dann so lange, bis die Haut reißt. Die Frauen stehen hinter ihm, beten und singen. Sie wissen, warum ihre Männer die qualvollen Schmerzen auf sich nehmen. Der Sonnentanz wird manchmal auch ›Großvater aller Zeremonien‹ genannt.

Ganz am Anfang benutzten wir keinen Baum, denn wir wollten die Natur nicht verletzen. Die Männer ließen sich auf dem Rücken die Haut durchstechen und zogen mehrere daran befestigte Bisonschädel so lange nach Westen, bis die Haut riß. Kein Hügel, kein See, kein Fluß, kein Waldstück war ihnen ein Hindernis. Früher erzählte man sich, sie hätten das dem Bison, unserem Bruder abgeguckt. Wenn ein alter Bison von der Herde ausgestoßen wurde, erklomm er einen Hügel, wartete, bis die Sonne unterging und scharrte dann ihr zugewandt mit den Hufen eine Grube aus. Dann drehte er sich nach Norden, scharrte, daß die Erde aufflog. Das gleiche tat er gen Osten und gen Süden gewandt, bis er wieder nach

Westen gerichtet dastand. Da stürmte er den Hang hinunter und rannte und rannte, bis er tot zusammenbrach. Heute noch findet man viele Bisonschädel, die nach Westen ausgerichtet sind, manche davon sind versteinert.«

Seit Beginn der 70er Jahre waren auch politische Ambitionen im Spiel: AIM-Mitglieder deklarierten den Sonnentanz zum großen Gebet: für mehr politisches Selbstbewußtsein und größeren Gemeinschaftsgeist im Kampf gegen die US-Regierung. Es kam zu Kontroversen, Sonnentänze wurden abgesagt und verboten; die Alten wehrten sich gegen den Mißbrauch eines ihrer ältesten und heiligsten Rituale und seiner fehlerhaften und respektlosen Durchführung.

Tatsache ist: Ein Sonnentänzer, der sich der Selbstaufopferung unterwirft, die Qualen erduldet und womöglich eine Vision erhält, verwirklicht sich ein Stück mehr, reift geistig und kann so besser dem angloamerikanischen System der Unterdrückung trotzen und den Verführungen der materiebesessenen Welt widerstehen.

Mystiker, Schamanen, Visionäre wissen um das Geheimnis großer Strapazen und Qualen, sie setzen sich ihnen freiwillig aus. Dem Augenblick der Zerreißprobe folgt das innere Erwachen – der Schmerz weicht tiefstem Entzücken und höchster Ekstase. Bei unserem Urteil, der Sonnentanz sei barbarisch, blutige Selbstkasteiung in blindem Aberglauben, vergessen wir unsere eigenen christlichen Mystiker, die große Leiden als Weg zur Selbstbefreiung priesen. Ich denke an Franz von Assisi, der sagte: »Gehe auf das Leiden zu. Liebe das Leiden, umarme es.«

Es heißt, die Selbstkasteiungen beim Sonnentanz nehmen zu, und es wird mehr Sorge getragen, den Tanz nach alter Sitte und unter strenger Aufsicht eines Medizinmannes, dem Sonnentanzhäuptling, durchzuführen. Die Tänzer lassen sich die Haut eine Handbreit unter der Brust zweimal durchstechen, und an Stäbchen, die hindurchgefädelt werden, wird das Seil befestigt, das alle Tänzer mit dem Sonnentanzbaum, der Pappel im Zentrum des Zeremonialgrundes, verbindet. Der gleißenden Sonne zugewandt, vier Tage lang fastend, der Hitze ausgesetzt, versucht der Bittsteller am vierten Tag loszubrechen. Etliche lassen sich auch auf dem Rücken das Fleisch durchbohren und zerren Bisonschädel hinter sich her. Archie erlebte ich, wie er in Davis mehrere am Rücken befestigte Bisonschädel und ein Bisonfell, auf das sich sein kleiner sechsjähriger Sohn gesetzt hatte, hinter sich herzog. Die Visionen, die dadurch hervorgerufen werden, weisen den Lebensweg und sind verpflichtend.

Archie hatte das Versprechen gegeben, vier Jahre lang den Sonnentanz bei der DQ-Universität in Davis zu leiten und auch selbst mitzutanzen. – Es war 1980. Eine Runde, die Bisonschädel hinter sich herziehend, zurück zum Westen hatte er schon geschafft, war aber noch nicht losgerissen. Also schleppte er sich weiter bis zum Norden. Da rollt ihm aus der Tiefe der Ebene eine leuchtende Kugel entgegen, die sich bald in eine Frau verwandelt, mit langem Haar, das im Wind weht, und einem langen Gewand. Sie trägt vier Salbeibündel im Arm, und dort, wo sie Zweiglein fallen läßt, wachsen Schwitzhütten aus dem Boden. Sie lächelt und spricht: Schaue gen Norden, und du wirst sehen, daß ich da war. – Kurze Zeit darauf, der Sonnentanz war beendet, brach Unruhe aus. Alles schaute nach Norden. Die Schwitzhütte dort hatte Feuer gefangen und brannte nieder, ehe auch nur ein Mensch etwas verrichten konnte.

1982 beim Sonnentanz in Crow Dogs Paradise ließ sich zum ersten Mal eine Frau das Fleisch durchbohren. Das ist ungewöhnlich, und die Medizinleute erlauben das im allgemeinen nicht. Doch die Frau erklärte, sie habe fünf Kinder und sei der Mann und Vater in der Familie, sie täte es für ihre Kinder, und wenn ihre drei Söhne sähen, wie sie als Frau so etwas aushielte, würden sie später auch stark werden. An drei Einstichen auf beiden Armen war das Seil festgemacht, sie ging viermal vor und zurück und beim letzten Mal riß sie beide Seiten auf einmal los.

»Internationel Sun Dance in Green Grass vom 20. bis 23. August«, so lautete die Reklameaufschrift auf einem kleinen Kamm. »Propaganda für Zeremonien ist schlecht, unsere Sonnentänze werden auch nicht in Zeitungen angekündigt«, brummte Archie, »das spricht sich unter den Interessenten schon von selbst herum.« Außerdem dienen bunte Stoffstreifen, an Zweigen befestigt, als

Markierung, ein Zeichensystem, das in der Landschaft aufgeht, und wie es auch von Zigeunern in einer Welt voll fremder Weißer benutzt wird, um sich zu verständigen, – für Uneingeweihte nicht erkenntlich. So hatte ich es bei Indianern gesehen.

Frank Fools Crow leitete den Sonnentanz. Doch fühlte er sich wegen seines Alters nicht mehr richtig in der Lage, die Zeremonien durchzuführen. »Er steht unter der Fuchtel von Bill und Ted Means«, hörte ich einen sagen. Und Archie fügte hinzu: »Mir kommt es so vor, als ob der ganze Ablauf verkehrt ist, so als ob ein *heyoka* (ein heiliger Clown) die Finger im Spiel hat.« Ich verstand nicht so recht, was gemeint war, nur so viel: eine neue Generation belebte alte Traditionen, noch experimentierte sie, war nicht mit ganzem Herzen und mit allen Kräften dabei. Es wurden viele Fehler gemacht, man war unsicher, zweifelte; menstruierende Frauen scheuten sich nicht, im Lager zu leben; aber vor allem war das Durchbohren der Haut viel zu zaghaft. »Die Medizinmänner, die die Haut durchstechen, wollen ihr Gesicht wahren«, meinte Archie, »sie ritzen nur die erste Haut auf. Ein kleiner Hautstreifen reißt schnell und hinterläßt keine tiefen Wunden. In DQ wurde bis unter den Muskel, unter die dritte und vierte Hautschicht geschnitten, und du hast gesehen, wie schmerzhaft das Losbrechen ist. Oft neigt sich der Baum, weil der Tänzer so gewaltsam zieht.«

Der Sonnentanz ist ein soziales Ereignis: Man trifft nahe und entfernte Verwandte einmal im Jahr, es bleibt Zeit für Gespräche, man lernt sich kennen. Aber er ist, wie andere Zeremonien auch, ein Barometer für die spirituelle Disziplin und die Bereitschaft, sich uneigennützig und offenherzig dem Großen Mysterium anzuvertrauen. Unstimmigkeiten, Fehler bei der Durchführung und schlechte Gedanken manifestieren sich ebenso wie Eingebungen, Visionen und Erlebnisse des Heiligen, was allerdings eher als selbstverständlich angesehen wird, in unerklärbaren, übernatürlichen Ereignissen, die dann für alle sichtbar sind.

Derart war ich bereits alarmiert, als wir zum Sonnentanz nach Green Grass unterwegs waren, der zu Ehren der Heiligen Pfeife abgehalten wurde. Am ersten Tag des Tanzes, bevor wir in Eagle Butte, wo wir übernachtet hatten, aufbrachen, suchte ich den verhangenen Himmel nach einem blauen Fleckchen ab. »Erwartest du etwa Sonnenschein«, unkte Archie. Und dann fügte er noch etwas hinzu, das mich vielleicht glauben machen sollte, er könne Wetter machen. »Schau die Wolkenwand kommt von Westen, sie folgt genau unserer Route. Irgend etwas stimmt nicht!«, brummte er, während wir losfuhren. »Abwarten, wir werden sehen!«

Der Tag blieb bewölkt, und die folgenden drei Morgen waren recht diesig. Im Laufe des zweiten Tages erstrahlte der Himmel in herrlichem Blau, nur gegen Mittag trieb eine kleine Wolke von Westen heran und blieb mitten über dem Platz stehen, zog einen Kreis und verließ den Sonnentanzzirkel schließlich in Richtung Osten. Auch am dritten Tag zog eine Wolke von Westen herauf, blieb wiederum über dem Mittelpunkt des Platzes stehen, unmittelbar über dem Sonnentanzbaum, ließ ihn leicht erzittern, beschrieb abermals einen Bogen und verließ den Kreis gen Osten. Zuvor kam ein Vogel geflogen und ließ sich im Sonnendach nieder, unter dem Archie stand. Er habe ihm eine Botschaft überbracht, erzählte er mir später. Erst habe er nichts begriffen, doch als die Wolke die Pappel zum Schütteln brachte, schwante ihm nichts Gutes.

Der vierte Morgen war düster, der Himmel grau in grau, aber der Tanz begann noch vor sieben Uhr. Kurz darauf setzte ein Unwetter ein, es regnete in Strömen. Crow Dog wollte sofort abbrechen, so begossen hatte er wohl noch nie dagestanden, scherzte Archie, doch die Kusine von Stanley empfahl, den Regen durch Tanz und Gesang zu vertreiben, auch Archie drängte, die Zeremonie nicht unvollendet zu lassen. Es half. Gegen Nachmittag, als der Tanz beendet war, lachte die Sonne wieder. Alles atmete erleichtert auf und ließ sich die Büffelfleischsuppe schmekken.

Unwillkürlich kam mir in den Sinn, was ich über den alten Lame Deer gehört hatte. Es war 1966 bei einem Sonnentanz, den Frank Fools Crow und er leiteten. Viel Volk war zusammengekommen. Es war ein sehr heißer Sommertag mit strahlend blauem Himmel. Eben noch hatten Fools Crow und Lame Deer etwas miteinander besprochen, doch schien Lame Deer offenbar nicht einverstanden, was er durch ein Kopfschütteln kundtat. Jetzt ging er zum heiligen Baum in der Mitte des Zeremonialgrundes, lehnte sich an den Stamm und fing an zu beten. Dann unterbrach er den Tanz, rief alle Sonnentänzer, Männer wie Frauen, etwa 80 an der Zahl, herbei, hieß sie sich im Kreis hinsetzen und verkündete: »Aus dem Westen wird ein Mann kommen, der einen Lendenschurz trägt, und dessen Körper pechschwarz mit weißen Tupfen darauf ist. Er ist schon unterwegs. Habt keine Angst!« Und so geschah es. Wie aus dem Nichts erschien vom Westen her eben diese Gestalt, auf deren schwarz beschmiertem Gesicht unter den Augen Zickzacklinien leuchteten. Sie betrat den heiligen Kreis und umschritt den heiligen Baum in entgegengesetzter Richtung der Sonnenlaufbahn. Aus einem alten Jutesack, den er umgehängt hatte, warf er freigebig Hagelkörner unter das Volk. Woher er die hatte, blieb allen ein Rätsel. Er vollendete die Runde und verschwand, so plötzlich wie er gekommen war, westwärts in einem Tipi. Wieder betete Lame Deer, aber kaum einer beachtete ihn, alles war zu sehr mit sich selbst beschäftigt. Inzwischen war über dem Lager eine kleine dunkle Wolke aufgekommen, die in Kürze bedrohlich anschwoll. Und kaum eine Stunde später setzte ein Hagelsturm ein, der das halbe Lager verwüstete. Es donnerte, blitzte gewaltig, und Hagelkörner so groß wie Wachteleier prasselten auf die entblößten Körper der Tänzer herab. Der Erdboden war rasch von einer weißen Eisschicht überzogen. Doch so unerwartet wie das Unwetter hereingebrochen war, löste es sich auch wieder auf. Erst jetzt hielten die Leute nach Lame Deer Ausschau. Der saß unter dem Sonnendach und nahm die Aufregung gelassen hin. Ruhig trank er seinen Kaffee. Zwar suchte man nach dem Mann, der im Tipi verschwunden war, aber vergebens! Fools Crow meinte nur: »Seht, das ist das Werk eines *heyoka*!«

Das Verhältnis zwischen Archie Fire Lame Deer und mir war nicht das des herkömmlichen Ethnologen und Feldforschers zu seinem Informanten, der möglichst viel in kürzester Zeit über die fremde Kultur zu liefern hat. Nein, durch unsere gemeinsamen Reisen, durch meine Vortragsorganisation für ihn in Europa, durch unsere

Freundschaft, die sich daraus wie ganz von selbst ergab, wuchsen wir zu einem richtigen Gespann zusammen, das die Welt gemeinsam erkundete.

Gegen Ende unserer mehrmonatigen Reise durch die Vereinigten Staaten kam mir eines Nachts in Rapid City ein wunderbarer Traum. Überhaupt träumte ich damals viel, und die Träume, Botschaften gleich und Bilder einer anderen Wirklichkeit, erklärten mir all jene Fragen, die sich aus der Eindringlichkeit der jetzt von mir erlebten indianischen Welt und dem Ringen um ein Verständnis der dahinterstehenden Weltschau und Philosophie ergaben und nie zufriedenstellend beantwortet wurden. Beim Träumen überkam mich jedesmal ein köstliches Glücksgefühl: es offenbarte sich mir ein neuer Seelenraum.

Einmal wachte ich im Traum plötzlich auf. Mein Bewußtsein gab mir ein: Jetzt träumst du im Traum einen Traum der Zukunft. Ich mußte schrecklich lachen. Neben mir lachte es auch. Es war Archie. Er schnitt Grimassen, verdrehte seinen Körper wie eine Gummipuppe, tänzelte jetzt wie eine Primaballerina und mußte dabei unbändig lachen. Ja, er prustete vor Lachen, klopfte sich auf die Schenkel, wie ich es ihn in Wirklichkeit, wenn er außer Rand und Band war, oft habe tun sehen. Ich bog mich so vor Lachen, daß mir mein Bauch schon weh tat. Auch ich machte immerfort Verrenkungen und balancierte – wie ich erst jetzt zu meinem Entsetzen merkte – auf seinem Seil: Wir waren beide Traumseiltänzer. Und die Seile waren Spinnweben, die hoch oben an der Weltkugel befestigt und von Winden eines fremden Äons bewegt gefährlich hin- und herschwankten. Tief unter uns lag die Weltschöpfung. So wie die Spinnfäden erzitterten, hätte ich Angst haben müssen hinunterzufallen. Aber keine Spur! Wir erkannten die Gefahr: Ein falscher Schritt hätte den Tod bedeutet. Etwas machte uns Mut. Es war das Lachen, das herzlich teuflische Lachen über die Welt, über den Tod, dem wir ins Auge sahen, über uns selbst; – ja, erst das Lachen gab uns die nötige Balance und hielt uns dort oben, im Himmel der Welt.

Oft hatten wir über den heiligen Clown bei den Sioux, den *heyoka*, gesprochen. Er ist eine Art Medizinmann. Er scheint mir die biologische und geistige Verkörperung der Nicht-Existenz der Welt zu sein und durch sein reines Clown-Sein, das Paradoxe allen menschlichen Strebens nach Erkenntnis und Wahrheit, nach Dingfestigkeit dramatisch auszuleben. Er spielt das kosmische Spiel. Der alte Lame Deer mußte zeitweilig auch diese lächerliche Rolle annehmen. Nun fürchtete Archie, ihm werde es eines Tages ähnlich ergehen.

»Als nächstes muß ich wohl ein *heyoka* werden. Das ist einer, der alles verkehrt macht. Es ist eiskalt draußen, aber er empfindet wirklich große Hitze und verhält sich dementsprechend, indem er alle Kleider von sich wirft. Wir achten diesen Medizinmann. Ist er gut, kann er dir helfen, ist er aber schlecht, kann er dich verhexen. Auch kann er dich für Geld von einem Fluch befreien. Das ist ziemlich unheimlich.

Der *heyoka* ist ein äußerst merkwürdiger Kerl, er hat mit den Donnerwesen zu tun, kann Regen machen, kann Regen vertreiben, auch auf Befehl die Sonne scheinen lassen. Seine Stellung ist sehr *wakan*. Ich bin nicht so sehr erpicht darauf, ein *heyoka* zu werden. Aber in den nächsten 20 Jahren wird es wohl oder übel so kommen.«

Während wir immer und immer wieder darüber sprachen – dies zeigte auch, wie sehr ihn dieses Thema beschäftigte – glaubte ich seine Angst herauszuhören, sich so vor aller Welt preisgeben und lächerlich machen zu müssen. Dies Schicksal, sollte es ihn eines Tages ereilen, verbäte er sich vom Großen Geist.

»Zum *heyoka*-Dasein wird man gezwungen. Ein Mann träumt von den Donnerwesen. Und um nicht vom Blitz getroffen zu werden, muß er fortan alles verkehrt herum tun. Allein um zu überleben, stürzt er sich dankbar auf die Rolle des Tricksters. Aber auch wenn du von schwarzen Pferden träumst, wenn du morgens nicht aus dem Bett kommst und den Sonnenaufgang verschläfst, wenn du bei aufgehender Sonne nicht betest, wenn du tagsüber schläfst, insbesondere nachmittags, dann kann es leicht passieren, daß du von den Donnerwesen träumst, die sich dann über dich lustig machen, weil du kein normales Leben führst. Sie zwingen dich deine Fehler einzusehen, lassen dich dafür bezahlen.

Ein *heyoka* ist Sündenbock, heiliger Narr, Spaßmacher, Therapeut seines eigenen Ego und seiner Stammesbrüder und -schwestern und wird als armes Menschlein vom Großen Geist zum Clown auserkoren, eine Zeitlang die kosmischen Gesetze von Geben und Nehmen, von Schöpfung und Zerfall seinen Leuten theatralisch vorzuleben. »Er lehrt uns lachen und weinen in einem. Durch Traurigkeit erfahren wir das Lachen, und mit dem Lachen kommt die Trauer. Wir lernen so, uns selbst auszulachen. Jeder Mensch, der sich über sich selbst lustig machen kann, ist viel besser dran, als der, der immer bitterernst ist.« Er birgt in sich Tragik und Komik, Trauer und Freude, er versinnbildlicht die Erdgebundenheit und die Verfangenheit des Menschen im Materiellen, doch transzendiert er diese Eigenschaften sogleich wieder. Er ist ein Praktiker des göttlichen Seins, ein Philosoph, der die Welt im Hier und Jetzt durchlebt, aber auch ein armer Schlucker, auf den die Leute lauthals lachend oder mitleidig zeigen, worauf er wieder auf die Dummdreistigkeit der Leute zurückzeigt. Sie begreifen nun, daß er ihnen bloß einen Spiegel ihrer eigenen Angepaßtheit und Verblendung vorhält.

»Die Biologie eines *heyoka* ist einfach anders, entgegengesetzt. Er kann seine Hände in kochendes Wasser tauchen, ohne mit der Wimper zu zucken. Vier Jahre lang lebt er der Vision entsprechend und stellt alles auf den Kopf. Die meisten *heyoka* wollen diese Zeit möglichst schnell hinter sich bringen, denn sie werden von allen verhöhnt und geschnitten, weil sie den Menschen immerfort an der Nase herumführen und ihnen böse mitspielen.«

Das Leben mit Indianern und die Reisen mit Lame Deer wurden für mich der Inbegriff der Sinnlichkeit. Es zeigte sich mir eine andere Lebensweise. Doch was bedeutete mir das? Viel mehr, als ich hier in Worten fassen kann, viel mehr, als ich jetzt abzuschätzen weiß. Doch eins vermag ich mitzuteilen: Sich dem jeweiligen Augenblick hinzugeben, den Dingen ihren Lauf zu lassen, instinktiv zu handeln, was ansteht, in aller Ruhe, als schwämme man in einem Ozean von Zeit, zu erledigen, Geduld zu haben und abwarten zu können, den Puls der Zeit zu fühlen: das waren für mich alles Eigenschaften, die für die Güte dieser Lebensform sprachen und mir zum Vorbild wurden.

Es hieß nun von allem Abschied nehmen, von den indianischen Freunden und der offenen Prärie, wo meine Seele heimisch geworden war.

Wir fuhren durch die Bad Lands – Absicht oder Fügung? Dort bekam ich mein Abschiedsgeschenk, die vorläufig letzte Lektion. Alle Lehren von der Heiligkeit des Lebens, der Schöpfung, der Erde, die ich bislang intellektuell hingenommen hatte, offenbarten sich mir in nur wenigen Stunden als Wahrheit: Ich wußte plötzlich. Das äußere Geschehen scheint banal, verliert an Tiefenschärfe und Kraft, wenn ich es beschreibe, deshalb möchte ich vorab auf ein Bekenntnis zurückkommen, das mir der Navajo Larry Anderson einmal auf Band sprach. Ich glaube, das es gut dazu dient, das Gefühl für die Erde, das seinerzeit der Erfahrung vorausging, wiederzugeben.

»Wir stammen von der Mutter Erde ab. Alles Leben, die Luft, das Wasser, die Nahrung und das Wachstum kommen von Mutter Erde, und deshalb können wir heute leben. Es ist sehr schwer für uns Indianer zu erklären, welche Beziehung wir zu unserer Mutter, der Erde haben. Sie kann nicht sprechen, deshalb tun wir es für sie, denn wir sind ein Teil von ihr.

Schon unsere Vorfahren sagten: Was immer ihr tut, denkt an die Erde. Wenn ihr eßt, denkt an sie, wenn ihr glücklich seid, wenn ihr traurig seid, wenn ihr schlaft. Sie ist immer für euch da, auch in der Not. Wenn wir in die Geisterwelt hinübergehen, kommen wir heim zu Mutter Erde. Wir halten so den Kreislauf des Lebens in Gang und versorgen die nächste Generation mit Lebenskraft. Das ist die Lehre der Erde. Wir sterben nie, wir rücken nur voran in die Geisterwelt, um allen zukünftigen Generationen zu helfen. Vielleicht haben deswegen viele Indianer keine Angst vor dem Sterben. Für uns, die wir den traditionellen Weg gehen, gibt es weder Himmel noch Hölle. Wir kennen nur eine Heimat – die *Glücklichen Jagdgründe*. Und schon jetzt müssen wir uns darauf vorbereiten. Weil sie wissen, wohin sie gelangen, opfern viele Indianer ihr Leben. Bereits jetzt ist es wichtig, darüber zu sprechen, denn nur so kann man seine Bestimmung als Mensch erkennen.

Alles von Menschenhand Gemachte wird vergehen oder sich selbst zerstören – durch die der Erde innewohnende Kraft. Deshalb dürfen wir unser Land nicht verlassen und vernachlässigen, denn es wird letztlich alles überdauern.

Der Flecken Erde, auf dem du geboren bist, ist dir der heiligste Ort auf Erden. Du kennst dieses Stückchen wie kein anderes. Du hast dort gelebt und gebetet. Erst im Alter wirst du begreifen, was es heißt, den Kreislauf der Natur und des Lebens geistig zu vollenden. Die geistige Macht zur Vollendung ist dir von Anfang an gegeben. Jeder hat seinen eigenen heiligen Ort – wo man lebt, wo man geboren wurde, du genauso wie auch ich.

Wir beweisen der Erd-Mutter auf verschiedene Weise unsere Achtung: durch Zeremonien, durch Hingabe, durch Innenschau, Meditation und Gebet. Die Erde und das menschliche Leben sind uns heilig. Heiligkeit überall! – auf den Bergen, in den religiösen Lehren der Alten und der Weisheit des Alters, in den Herzen der Menschen ... Und wir halten daran fest.«

Die Sonne stand schon tief, und vor uns entfaltete sich ein großartigstes Naturereignis, Furcht und Ehrfurcht einflößend: eine Landschaft wie aus einer längst vergangenen Zeit, ein einziger Saurierfriedhof, so meinen die Indianer, Felszacken wie versteinerte Saurierknochen als Schattenrisse vor verblassendem Himmelsblau, Steinsäulen Stalagmiten gleich, Strukturen zum Nimmersattsehen und dennoch Strukturlosigkeit, fluoreszierendes Gestein und eine Erde in Farbtönen von Zinnober bis granatfarben. Da – ein fetter Kojote huschte vor dem Wagen über die Straße. Archie war ganz in seinem Element: »Und was für ein prächtiger Bursche. Halt an! Laß uns mal dort unten schauen!« Weich und behutsam bewegt sich sein Körper. Es liegt etwas Feierliches in der Luft. Wir sind die trampelnden Riesen, nur der Fels über uns ist noch gewaltiger, und zwischen unseren Füßen erstreckt sich eine Stadt en miniature, Straßen, Hochhausfestungen, Parks, alles ist da, aus kleinen porösen Steinchen, als wenn sie ein Modellbauer gesetzt und festgeklebt hätte. Die Grasbüschel sind die Grünflächen. So können nur Kinder denken, lächerlich, denke ich und schäme mich ein wenig. »Was schaust du so traurig?« »Hier ist einer gestorben, ich spüre das ganz deutlich!« »Wie kannst du das wissen?« »Grundsätzlich bewegen wir uns immer zu schnell. Gelegentlich kommen wir an eine Stelle, geraten an eine Person, die uns bekannt vorkommt. Wir sollten dann, wie jetzt, innehalten, in uns schauen und hineinhören. Halten wir nur ein klein wenig still, dann offenbart sich uns Vergangenes und Zukünftiges wie von selbst. Es ist so einfach!«

Er streckte den Arm aus: »Schau, eine Antilope weidet dort hinten.« »Wo?« Ich schaue. »Ach, ich dachte, du würdest sie sehen, das ist viele Jahrzehnte her.« Stundenlang durchstreifen wir das Gebiet. Archie findet Ameisensteine: »Danach habe ich schon lange gesucht. Wenn man lange genug hier ist, findet man alles mögliche, was für Zeremonien und Heilungen gebraucht wird. Unweit von hier fand ich einmal einen Blitzstein.«

Die Traditionen vieler Völker berichten, daß Personen, die vom Blitz getroffen werden, anschließend, wenn sie überleben, Schamanen werden. Archie erzählte mir dazu folgende Geschichte von einem Sioux, den einmal der Blitz traf. Die Geister wollten ihn zum Medizinmann machen, doch er lehnte ab, kaufte sich lieber Kühe, denn er wollte ein bescheidenes Farmerleben führen. Schließlich, er konnte nicht umhin, folgte er doch seiner Berufung, nahm es allerdings nicht so genau mit der Medizin. Die Geister drohten ihm Böses, wenn er weiterhin dem spirituellen Weg entsagen würde. Was kümmerte es ihn? Doch ein Blitz fuhr in ihn. So hinterließen ihm die Geister ein taubes Ohr, was ihm eine vorläufige Warnung war.

Der Blitz macht aus Menschen nicht nur Medizinleute. Schlägt er in die Erde ein, hinterläßt er einen kleinen, runden, tiefschwarzen Stein. Bei einem Ritt seinerzeit geriet Archie in ein Unwetter. Vor ihm schlug der Blitz ein, und als er zu der Stelle kam, fand er dort einen Blitzstein. Blitzsteine sind heilig.

Bis jetzt war ich ein tollpatschiges Kind gewesen, aber plötzlich überkam mich ein Gefühl, das ich vorher noch nie empfunden hatte. Weil es so neu war, brauchte ich eine Weile, bis ich erkannte, was es war: Ich sah das Tor zur Filigranwelt der Natur und ihrer Geheimnisse. Wie aber dort eintreten? Was kann man tun für die Verfeinerung der Sinne, wie erweitert man sein spirituelles Bewußtsein, wie entwickelt sich Intuition? Wie kann man seinen Körper auf geistige Abenteuer vorbereiten? Welche Techniken gibt es?

»Ich glaube, man sollte nicht von Techniken sprechen. Es ist wohl eher die besondere Art zu leben, die Menschen hin zur Spiritualität führt. Eine Lebensart, die jeder menschliche Körper von selbst kennt. Zunächst wissen wir, daß wir nur für kurze Zeit hier sind. Dann müssen wir uns um unseren Körper kümmern, damit uns ein langes und gutes Leben gegeben wird. Um diese Lebensart zu verstehen, müssen wir in engem Kontakt mit allen Lebewesen, Tieren wie Pflanzen, und der Natur überhaupt leben. Dann müssen wir alles, was wir lernen, weitergeben, damit andere Leute auch lernen. Das bewirkt Gutes, denn je mehr du weitergibst, um so mehr bekommst du zurück. Wenn du so lebst, dann folgst du dem Kreislauf aller Dinge, der Natur und deinem eigenen Kreislauf. Wenn ich vor einem Publikum spreche, hole ich mir die Kraft von diesen Leuten. Ich ziehe ihnen die positive Kraft ab, – allen, und gleichzeitig bombardiere ich sie mit meiner Kraft, so entsteht ein Kreislauf. Alles in der Welt, die Welt selbst lebt in einem fließenden Gleichgewicht. Wenn irgendwo Schlechtes wirkt, greift das Positive das Negative auf und verwandelt es in nichts als Positives.

Wir Medizinmänner arbeiten mit der positiven Kraft der Menschen. Einige Medizinmänner, die *heyoka*, die alles verkehrtherum anfangen, werden dir die positive Kraft rauben und ihre eigene negative auf dich abladen, das wird sie stärker als dich machen.

Es kommt vor, du sitzt mit einem Menschen zusammen und fühlst dich unsagbar gut. Du nimmst seine guten Gedanken in dich auf, gibst ihm von deinen und schon ist ein Kreislauf in Gang, ohne daß du es beabsichtigt hast oder dir dessen bewußt bist.

Jeder von uns hat diese gute Energie, nur geizen wir gerne damit. Gute Energie, Spiritualität und Gebete sind eins. Der Indianer geht ins Freie und betet für alle Lebewesen, für die Bäume, die Kräuter, den Adler dort oben, und in Wirklichkeit findet ein Energieaustausch zwischen ihm und der Schöpfung statt. Er nimmt alle seine positive Kraft zusammen und schleudert sie hinaus, zu den

Bäumen, den Kräutern, den Tieren, und sie antworten ihm und geben so viel von ihrer eigenen positiven Kraft, wie sie nur können. Das Bewußtsein reinigt sich ständig selbst von neuem, indem es Positives ausstrahlt und von sich gibt. Unser ganzer Körper funktioniert nach diesem Prinzip, ja, die ganze Welt. Es ist so einfach, daß es kompliziert erscheint. Und die Leute fragen mich immer, wie machst du das?«

Wie anders dagegen unsere Reisen in Europa! Hier war ich der Zauberkünstler und Meister: Koordinator für Archies Vortragsreisen in Europa. Und dabei ging es oft sehr hoch her.

In Spitzenzeiten lief mein Telefon so heiß, daß ich glaubte, die Vorzimmerdame einer Berühmtheit zu sein. Da kamen mysteriöse R-Gespräche aus Amerika, meistens zu nachtschlafender Zeit: »Es ist dringend, wo ist der Chief!« Bald, da meine Telefonrechnung in kürzester Zeit astronomische Höhen erreichte, verbat ich mir das.

Auch war ich Sorgentelefon für verschiedene Freundinnen, die sich Archie in ganz Europa angelacht hatte. Manchmal witzelte er darüber, wie herrlich es sei: in jeder Stadt, in jedem Land ein »Fräulein«, das auf ihn wartet. Einmal riefen die Constantin-Film-Studios aus München an: Auch sie hatten es eilig, dringend brauchten sie einen Mann für Indianerszenen. So und so viel pro Tag zahlten sie, da sei doch ein gewisser Lame Deer bei mir. Selbst aus dem Ostblock blieben die Gespräche nicht aus: Wo Lame Deer sei, ob er an der Grenze zur DDR festgehalten worden sei. Wir warten seit 24 Stunden auf dem Bahnhof in Gera, er kommt und kommt nicht. Was war geschehen? Er hatte sich von einer Freundin nicht pünktlich loseisen können, und nun drohte der Terminplan zu platzen. Wirklich sorgenvoll stimmten mich nur die sporadischen Anrufe seiner Frau aus Amerika, die in ärgsten Geldnöten war, Essen und Kleider für die Kinder brauchte und nicht wußte, wovon sie leben sollte.

Die zweite Welle von Anfragen schwappte mit der Post ins Haus. Der Postbote unseres verschlafenen Weilers hatte vermutlich noch nie so viel Eilbriefe und Telegramme in seinem Leben ausgetragen. Und die Briefe, die ich erhielt, mittlerweile in zwei dicken Ordnern abgeheftet, sprechen Bände: Bitten um Heilungen, Gesuche um Audienzen, Einladungen auf Gutssitze und Schlösser, Glaubensbekenntnisse, Beichten, Bekenntnisse von solchen, die sich selbst als kleine Träumer und Geisterseher ausgaben, Hymnen von Möchtegern-Indianern, rührselige Dankschreiben, Lebensdarstellungen, wo einer ernsthaft bezeugte, es müsse eine karmische Verbindung zwischen seiner Person und Lame Deer bestehen (Auslöser war der Familienname, der an ein indianisches Wort anklang).

Lame Deer erkannte sehr bald die Erwartungshaltung der vornehmlich jungen Zuhörer bei seinen Vorträgen. »In Europa über indianische Religion zu reden, ist äußerst schwierig, weil die meisten Leute nur hören, was sie hören wollen. Daher meine Bitte: Laßt uns in Ruhe, laßt unsere Religion in Frieden! Das ist die eigentliche Botschaft, die ich euch überbringen möchte, solange ich hier in Europa bin.«

Er lancierte eine regelrechte Desillusionierungskampagne, wofür er oft, aber nicht allein dafür, ins Kreuzfeuer der Kritik der indianischen Unterstützungskomitees geriet. Selten erlebte ich einen Vortrag, bei dem er den Leuten nicht erst einmal tüchtig den Kopf wusch. »Das Gefühl, das ich in Europa habe, ist: Die Leute sind von der Karl-May-Krankheit befallen. Das, was in Carlos Castanedas Büchern steht, das ist genau, was sie hören wollen. Alle suchen, jeder auf seine eigene spinnige Weise, nach dem Guru, der richtigen Religion, dem weisen Lehrer, dem Medizinmann. Und solange ihnen ihr Lehrer das erzählt, was sie hören möchten, sind sie glücklich. Was aber, wenn derselbe Lehrer etwas gegen sie sagt? Dann schneiden sie ihm sofort das Wort ab. Sie werfen ihm sein eigenes Buch nach.

Es ist wunderbar, über Indianer zu schreiben, man kann damit Geld machen. Nur ist ein Haken dabei: Ihr helft den Indianern damit nicht. Ihr vernichtet so die indianische Rasse. Selbst die amerikanische Regierung unterstützt so etwas, weil es hilft, die indianischen Nationen auszurotten. Das BIA wird ebenfalls mitziehen. Es ist blumig und schaut gut aus; es ist so als ob man Karl Mays Bücher neubearbeitet wiederauflegen würde. Was den Menschen gefällt, ist der geschmückte Indianer auf dem Schimmel, der Superindianer, das ist es, was sie wirklich sehen wollen. Doch sie sind kurzsichtig und merken nicht, daß gerade dieses Denken die Indianer hellhörig machte. Denn der Indianer schaute auf sich selbst und sagte: ›Dieser Typ ist verrückt, vollkommen übergeschnappt!‹ – und er sieht plötzlich sein eigenes Spiegelbild, er ist der Verrückte. Jetzt entscheidet er sich, etwas dagegen zu unternehmen.«

Oft empörte Lame Deer die Zartbesaiteten so sehr, weniger durch seine Reden als durch seinen aufwendigen Lebensstil und sein Auftreten als Mann von Welt, daß sie in ihm eher einen Scharlatan, Playboy, Hochstapler sahen als einen richtigen Medizinmann mit Stammbaum. Das Äußere bot allen Anlaß zu dieser Einschätzung: Sein Auftritt wirkte oft wie eine Show, und das war ihren Vorstellungen vom guten und sanften Indianer zutiefst zuwider. Er band den Leuten seine Erd- und Naturverbundenheit nicht auf die Nase, es war für ihn so selbstverständlich, daß er Naturfrömmigkeit nicht als Aushängeschild brauchte. Er stand auch nicht jenseits von Gut und Böse, er war alles andere als der unbefleckte Heilige. Wie auch? – Er war launisch, sagte den Leuten unumwunden seine Meinung, spielte mit ihrer kindlich naiven Erwartungshaltung, riß seine Zoten über Sex, schäkerte mit Frauen und war wie alle Welt hinterm Geld her, trat seine Reisen mit Hartschalenkoffer und Herald Tribune unter dem Arm an, flog kurze Distanzen, wo wir in Europa mit dem Zug gefahren wären, reiste Bahn in der ersten Klasse, ging nie ohne seinen Attachékoffer zu einem Vortrag, verspeiste mit Vorliebe mehrmals am Tag Riesensteaks anstelle Müsli und Körner, demonstrierte seine Medizin nicht bei jeder Gelegenheit und unterließ es in scheinbar passendsten Situationen mit Pfeife und Federn herumzuhantieren.

Auch dafür hatte er eine Antwort parat. »Die meisten haben es sehr eilig, nach Amerika zu kommen, und suchen nach dem Indianer mit dem größten Namen. Es gibt viele solcher Leute und inzwischen ganze Gruppen davon: Bear Tribe, Deer Tribe, Hippies, Groupies, Nachkommen der Beatniks, die Rainbow-Leute . . . Sie alle benutzen die indianische Religion.

Das sind wohlmeinende Leute, die gute Dinge sagen und verbreiten, aber sie sind keine Medizinleute. Sun Bear und Rolling Thunder beispielsweise geben sich als Medizinmänner aus, weil sie etwas zu verkaufen haben. Es ist wie ein Medizinmannshow.

Viele Indianer sind nicht damit zufrieden, einfach die Religion zu praktizieren, sie wollen selbst Medizinmann sein, weil das heutzutage sehr in Mode ist. Doch die meisten begreifen nicht, was es heißt ein Medizinmann zu sein. Man wird mit der Medizinkraft und dem Wissen um die Kraft des Schöpfers geboren. Zum Medizinmann geboren sein, heißt die Kraft erben, heißt, der Vater, der Großvater und der Urgroßvater waren alle Medizinmänner. Und man ist ein Leben lang daran gebunden, es bedeutet lebenslange Praxis. Es ist ein hartes und einsames Leben. Viele glauben, ein Mann, der auf einem Berg gebetet und dabei eine Vision hat, wird bereits zum Medizinmann. Richtig ist, er wird von seiner Vision geleitet, und sein Leben wird sich nach dem Geschauten ausrichten.

Ich selbst anerkenne nur wenige Medizinleute, obwohl es viele gibt, deren Väter und Großväter Medizinmänner waren, aber sie leben nicht den Traditionen gemäß. Unter den Rosebud-Leuten, den Brulé, respektiere ich Crow Dog, der von meinem Vater unterwiesen wurde, und Robert Stead und in Pine Ridge Ellis und seinen Sohn Godfrey Horn Chips, dann Sam Moves Camp und Fools Crow, unseren Zeremonialhäuptling für den Sonnentanz. Heutzutage geben viele vor, Zeremonien und den Sonnentanz leiten zu können. Aber ich frage: Woher kommen sie? Von wem haben sie gelernt? Was machen sie? Das sind genau die Fragen, die wir stellen müssen. Eine Medizinmann muß von seinem eigenen Volk und den traditionellen Leuten, die noch die Sprache sprechen, anerkannt werden. Das sind komische Typen, die nach Amerika kommen und zu bestimmten Medizinmännern gehen, um sie zu bitten, eine Pfeife für sie zu segnen. Ihre Pfeife wird gesegnet, und wenn sie dann nach Europa zurückkommen, erklären sie: ›Schaut her, ihr Leute, ich habe jetzt eine Pfeife, ich bin jetzt ein Medizinmann.‹ Es gibt inzwischen viele, die eine Pfeife mit sich führen, aber gar keine Medizinmänner sind. Ich nenne sie Instant-Medizinleute, und sie kriechen inzwischen aus allen Ecken hervor.«

Es hing von dem Publikum ab, vor dem er sprach. Die ganz Jungen waren schnell begeistert von der heroischen Gestalt, die

Archie mit seinen fast zwei Metern abgab, und der Art, mit der er ihnen löffelweise seine Lebensweisheiten präsentierte. Und obwohl er hart mit ihnen ins Gericht ging, waren viele doch der Ansicht, er sei die Güte in Person und hätte für alle Probleme offene Ohren. Oftmals, meist erst zu fortgeschrittener Stunde und nach Mitternacht, wenn alle entsprechend mürbe waren von den vielen Geistergeschichten, die er erzählt hatte, kamen dann Fragen nach dem Sinn des Lebens in einer Welt, die vom nuklearen Holocaust bedroht ist. Bis vor kurzem war das Interesse für Geistiges und Übernatürliches noch eher gering. Jetzt, da der Überfluß zum Brechreiz wird, und man im Anschaffen keine Befriedigung mehr findet, erkennen wir, daß es noch andere Wege zum Glücklichsein gibt als die landesübliche Ansammlung von Materie. Wir müssen die Verantwortung für die uns umgebene Natur wieder übernehmen und in Einklang mit ihr leben anstatt gegen sie, indem wir sie zu meistern versuchen. Aber wir sind hilflos, weil wir entwurzelt unser altes Wissen verloren haben, deshalb wenden wir uns anderen Kulturen, Stammeskulturen zu, in der Hoffnung, dort das zu finden, was uns abhanden gekommen ist. Die Suche nach der ursprünglichen Lebensform löst eine Welle neuer Eroberungen aus: Es geht um die Eroberung der geistigen Werte, und genausowenig, wie wir seinerzeit in der Ära der Kolonisierung die fremden Völker respektierten, genausowenig respektieren wir ihre traditionellen Religionen heute. Und jetzt erhoffen wir uns von einem Schamanen, einem Medizinmann, einem Weisheitslehrer die Endlösung: Er soll uns zeigen, wie man sein Leben trotz aller Widerwärtigkeiten sinnvoll gestaltet. Denn hat *er* nicht ein tiefes, intimes Verständnis für die Natur, besitzt *er* nicht ungeahnte geistige Kräfte und steht mit höheren, lebensspendenden Wesen in ständiger Verbindung?

»Ja«, meinte Archie, »aber wenn ihr so denkt, zerstört ihr die indianische Religion völlig, und die indianischen Vertreter, die nach Europa kommen auch. Ich sage den Menschen geradezu, was ich denke und von ihnen halte. Das ist vielleicht eine Schwäche von mir. Medizinmänner haben auch ihre Schwächen, denn sie sind auch Menschen.

Ich versuche die Leute davon abzubringen, den Indianer zu mimen, sich auf etwas einzulassen, das sie doch nie wirklich begreifen lernen. Ich möchte euch entmutigen, ein Indianer zu werden.

Hunderte von Jahren hielten wir unser Wissen zurück. Wir glaubten, die Weißen seien noch nicht reif genug, unsere geistigen Traditionen zu würdigen. Heute setzen wir auf ihr Verständnis.

Besonders die jungen Leute sind sehr ungeduldig. Viele dieser Möchte-gern-Indianer wollen ihre Visionen sofort mitnehmen. Von ihren Instant-Visionen, ausgelöst durch den Gebrauch von Drogen, halten wir nichts. Daheim auf dem Reservat gibt es Alte, die ein ganzes Leben lang für eine Vision gebetet haben. Und bei manchen bleibt sie aus, und das, obwohl sie sehr religiös sind. Es dauert sehr lange, alles, was mit der Religion und mit den Zeremonien zusammenhängt, zu erlernen – ein Leben lang. Ich mußte warten, bis ich 46 war; dann erst gaben mir die Älteren die Erlaubnis, die Schwitzhütte und die heilige Pfeife zeremoniell zu gebrauchen. Und das ist erst der Anfang.«

Oft, wenn er vermutete, er könnte es keinem recht machen und alle hätten sich gegen ihn verschworen, hatte er Anwandlungen von Größenwahn, die sich jedoch schnell wieder legten. Seine Waffe waren dann zwei Standardsätze: »Ich kaufe euch alle!« und »Ich sollte ein zweiter Hitler werden!« – geboren aus Verzweiflung und Witz, aber auch aus Abscheu vor dem Denken der Weißen und ihrem vertrackten System, wenn jemand bei seinen oftmals zu groß angelegten Kampagnen und Plänen nicht so recht mitziehen wollte.

Auch zu Hause in South Dakota kannte man seinen gelegentlichen Größenrausch. Eine Episode soll mehr Licht darauf werfen. Bei einer Zeremonie, an der viele Leute teilnahmen, wollten ihn die anderen Medizinmänner verulken. Er sollte – wie allgemein üblich – das Essen, zwei große Fleischtöpfe, segnen. Er staunte nicht schlecht, als er lediglich drei Fische und zwei Brote vorfand. Die anderen Medizinleute lachten und riefen: »Nur zu, Lame Deer, füttere die Hungrigen!« – Nicht umsonst vergleicht Archie Jesus mit einem Medizinmann, und was Jesus leistete, das sei einem Lakota-Medizinmann allemal vertraut.

In den Augen der Indianerexperten, wie für die Mitglieder von Solidaritätsgruppen zur Unterstützung bedrohter Minderheiten und für Indianerfreundeskreise stellte Lame Deer keine ernst zu nehmende Kapazität dar. Er war ihnen zu kontrovers. Ihre Einstellung war ähnlich, wie ich sie bei einer jungen Frau erlebte, als ich Archie das erste Mal sah. Er hielt in Zürich einen Vortrag, und während der Übersetzung ins Deutsche spielte er mit seinen Händen am Rednerpult herum. Meine Nachbarin bemerkte leise, daß könne unmöglich ein Medizinmann sein, der so unruhig mit seinen Fingern herumnestle! Sie nahm einen unwesentlichen Makel zum Anlaß einer grundsätzlichen Aussage, einen Urteilsspruch über ihn zu fällen. Auf ähnlichem Niveau bewegen sich die anderen Nörgler.

Mir schien er oft einfach zu vielfältig, als daß ihn die meisten wirklich hätten verstehen können. Im Grunde dachte er schlicht, aber manchmal packte es ihn, und dann sah es für die Außenstehenden oft so aus, als hätten sie es mit einem Verrückten zu tun. Die Geschichte vom größten Pow wow Europas illustriert das ein wenig.

Archie plante mit einem holländischen Halbindianer, der gewöhnlich Rockstars auf die Bühnen brachte, und einem anderen südamerikanischen Indianer gemeinsam ein großes Pow wow in Europa. Sie wollten ganz hoch hinaus, Großindustrielle und Bankiers waren als Gönner im Gespräch. Es sollte das Jahrhundertereignis werden, und man versprach sich großen finanziellen Gewinn. Sie ließen Glanzpapierprospekte drucken, die viel hergaben, mit eingeklebtem Buntfoto federgeschmückter Indianer, Visitenkarten, Briefpapier mit protzigem Briefkopf und rührten bereits kräftig die Werbetrommel. Ein Firmenwagen gehörte selbstverständlich dazu – ein amerikanischer Schlitten, klimatisiert, Vierradantrieb. Die Phantasie-Bemalung fehlte auch nicht: hinten auf der Hecktür prangte ein wahrhaft diabolisches Bild – ein Wesen, halb Vamp, halb Fledermaus mit dämonisch süßlichen Zügen, zu beiden Seiten flankiert von zwei nackten Frauen mit Libellenflügeln, die zwei Orchideen mit riesigen Blütenstempeln berührten. Die Symbolik war offensichtlich. Mit diesem Wagen fuhr das Dreiergespann nun quer durch Europa, um die geschäftlichen Verhandlungen zu führen und die Hallen und Stadien, in denen das Spektakel stattfinden sollte, aufzusuchen. Archie als Geschäftsmann, das ging vielen nicht in den Kopf. Als sie dann aber noch das Auto sahen, schlugen sie die Hände über dem Kopf zusammen: »Nein, du als Medizinmann, wie kannst du in solch einem Auto herumfahren!« Noch heute höre ich ihn lachen, als er mir erzählte, wie er ihr Bild von ihm tatkräftig zerstörte – das vom prüden, frömmelnden Medizinmann, der verklärt von seinem Podest herunter seine Weisheiten unters Volk streut und über alle Dinge erhaben ist. Aus dem Pow wow wurde natürlich nichts.

Leute vor den Kopf zu stoßen und mit ihrer Erwartungshaltung zu spielen, artete fast in einen Sport aus. Einmal war ich mit von der Partie. Ich hatte für ihn einen Vortrag im schwäbischen Markdorf organisiert und mich auf eine kleine Theaterbühne eingestellt, von der aus Archie reden sollte. Aber es kam anders, die Bühne war noch im Umbau, und die Veranstaltung sollte im Nebenhaus, also in der Wirtschaft selbst, direkt neben der Bar stattfinden. Archie fühlte sich brüskiert, weil er sich an alte Sauftouren und Schlägereien erinnerte. Man wies uns auf einem kleinen Podium, dort, wo sonst die Band spielte, zwei Barhocker an und rückte jedem von uns ein hochempfindliches Mikrophon in die Hand. Als sie dann noch das Rampenlicht einschalteten, war die Szene komplett: der Indianerstar mit seiner Dolmetscherin. Tatsächlich kamen wir uns eher wie Rockstars in einem Nachtlokal vor, – schummeriges Licht, die Bar immer im Blickfeld, blauer Dunst und die Ausdünstungen des Alkohols, der reichlich floß. Je später der Abend, um so mehr kam Archie in Fahrt. Aber anstatt über das angekündigte Thema »Indianische Religion und Spiritualität« zu sprechen, biß er sich gleich anfangs an einem Problem fest: dem Alkoholkonsum, der sein Volk ruinierte. Die Stimmung wurde zusehends schlechter, zwischendurch polterten etliche unter dem Protest, wann er denn endlich zur Sache käme, hinaus, und in der Pause lichteten sich die Reihen stark. Das junge Kollektiv, das das Theatercafé und das Restaurant bewirtschaftete, nahm schließlich auch eine feindliche Haltung ein, weil es die Angelegenheit als geschäftsschädigend betrachtete. Archie hielt bis nach Mitternacht durch und drehte sich schließlich mit seinen Ausführungen im Kreis, was ich durch eine moderierte Übersetzung und beschwichtigende eigene Kommentare wettzumachen versuchte. Wie erleichtert war ich, als die Nervenprobe für beide Seiten zu Ende war.

Fast allabendlich, über Monate hinweg, hielt Archie Vorträge über indianische Philosophie und Religion. Doch war das nur Mittel zum Zweck. Zugegeben: Er informierte über die indianische Lebensart und räumte ziemlich mit den Vorstellungen vom guten Wilden und vom geheimnisumwitterten Schamanen auf. Aber im Grunde bedeutete ihm auch das nur Lernen, gezieltes Lernen durch bewußtes Leben. Ich glaube nicht, daß es zu hochtrabend klingt, wenn ich sage, sein Sinnen und Trachten war es, die abendländische Denkhaltung zu verstehen, um letztlich den Gang der Welt besser zu begreifen. Alles andere war ihm Beiwerk, uns aber möge es als Fingerzeig dienen: das Anprangern des Mißbrauchs der indianischen Religion, was stellvertretend für alle anderen Religionen gilt, die programmatische Entmutigung der Europäer, sich mit der indianischen Religion zu beschäftigen, das unermüdliche Verweisen auf uns selbst bei der Lösung aller Probleme – die Suche hört da auf, wo sie anfängt – im Selbst.

»Wir haben im Ältestenrat darüber gesprochen, wie wir den Europäern helfen können. Ihnen ist nicht geholfen, wenn sie die indianische Religion übernehmen, sie müssen vielmehr ihre ursprüngliche Spiritualität wiederentdecken und vor allem das Beten lernen.«

Es sollte auf den alten Energiezentren gebetet werden, um diese Plätze wieder mit geistiger Kraft aufzuladen. Alle spirituellen Führer, die nach Europa kommen, sollten wir dorthin geleiten, damit sie dort beten, allein und mit uns, und so die Erdenergien von neuem freisetzen.

»Schaut hinter und unter den Felsen, tief im Wald nach, in den Fluten des Flusses, im Rauschen des Baches, und ihr werdet finden, wonach ihr sucht. Geht hinaus und haltet Augen und Ohren offen! Diejenigen, die in diesen quadratischen Kästen aus Zement wohnen und niemals ihre Füße auf die Erde gesetzt haben, kommen jetzt zu uns und bewundern die indianische Lebensart, und daß wir mit Bäumen, Pflanzen und Tieren sprechen können. Etwas solltet ihr begreifen: Die Sonne schenkt uns Energie, gibt sie an die Erde weiter, dringt tief in sie ein und belebt alles Dasein auf der Erde und läßt die Dinge wachsen. Was passiert nun, wenn alles mit Zement und Asphalt überzogen ist, wie in den Großstädten? Alle spirituelle Kraft und Energie, die von der Sonne kommt, prallt daran ab und wird zerstreut. Überall kann man das sehen. Nicht mit den Augen, aber du kannst dir das vorstellen, und plötzlich siehst du es geistig. Schau nur dort drüben, wo die Erde unbearbeitet ist, dort gelangt mehr Kraft hin als hier vorne, wo alles asphaltiert ist. Wir Indianer sehen das so. Manchmal haben wir den Drang, ins Freie zu gehen und uns in den Schmutz zu legen, und plötzlich überkommt uns das Verlangen, uns darin zu wälzen, damit zu spielen. Du spürst förmlich die Energie, die von der Erde ausgeht, sie belebt dich, die Kraft der Sonne, die in Tausenden und Abertausenden von Jahren die Erde gereinigt hat. Ihr höhlt die Mutter Erde aus, zerreißt ihr das Herz, und das aus eigennützigen Gründen. Die große Zerstörung findet überall statt, wahllos wird der Erde alles entrissen und überall werden quadratische Kästen auf sie gesetzt. Die Städte sind auf der ganzen Welt gleich. Viel zu viele Leute, die alle mit dem Aktenkoffer unter dem Arm herumhetzen, ohne zu wissen wohin, aber sie gehen im Kreis. Das ist meine Art Definition von Stadt. Dann hat niemand Geduld. Dem Wort Geduld bin ich noch nirgends begegnet. Mein Volk hatte viel Geduld, über 100 Jahre, und es wird auch noch für die kommenden 100 genügend aufbringen.«

»Und wie soll es weitergehen, glaubst du Archie, die angekündigten zukünftigen Katastrophen stellen eine Reinigung der Erde dar, die in bestimmten Abständen stattfindet?«

»Ja, ich glaube, die Erde muß gereinigt werden, die Prophezeiungen meines Volkes sprechen davon. Wenn die Menschen die Erde eigennützig gebrauchen, Chemikalien darauf verteilen, Wasser und Luft verschmutzen und versuchen, sich die Erde untertan zu machen, dann wird sie sich wehren. Die Erde ist so gewaltig, daß sie uns binnen Sekunden verschlingen kann. Wir müssen die Natur verstehen lernen und begreifen, daß sie uns zerstören kann. Unsere Religion trägt dem natürlichen Gleichgewicht Rechnung.

Die spirituelle Kraft hat derart abgenommen, die Zeit der großen Reinigung rückt immer näher. Wir werden es erleben. Ich finde es gut, daß es so kommen wird, denn meine Kinder und Enkelkinder sollen nicht in einer Welt mit quadratischen Kästen und den wenigen Reichen, die die vielen Armen beherrschen, aufwachsen. Die Welt kann nicht ewig so weitergehen, etwas muß sich ändern. Die Umwälzungen haben schon angefangen. Die Jungen wissen, es wird sich etwas ereignen, das ihren Lebensstil von Grund auf ändern wird, und sie haben Angst. Eigentlich sollte jeder nur so viel haben, wie er zum Überleben braucht. Das ist indianische Art zu denken. Wir müssen keine Güter anhäufen. Sobald du dich mit mehr umgibst, als du wirklich zum Leben brauchst, zerstört dich das, es zerstört dein Denken. Viele von uns werden die kommende Zerstörung mit ansehen. Ich als Medizinmann bin auch bereit, mit der Erde zu gehen. Wenn die Erde ihre Kraft verliert, die spirituelle Kraft, die von der Sonne kommt, dann ist die Zeit des Untergangs nahe.

Die Erde nährt sich selbst, indem sie alles Leben wieder zu sich nimmt. Wir sind nur eine kurze Zeit auf dieser Erde und sollten das Beste daraus machen, denn wir werden in einen weiteren Zyklus eingehen. Für uns gibt es keinen Tod, nur einen Wechsel der Welten. Vollbringe einen jeden Zyklus auf richtige Weise, dann wird es allen Lebewesen, der ganzen Menschheit gutgehen. Wir Indianer sagen, wenn die Erde gegangen ist, dann sind wir auch gegangen.

Wir verstehen uns lediglich als Hüter dieses Kontinents, und Teile davon können wir nicht verkaufen, sie gehören uns nicht einmal. Wir sind nur zum Aufpassen hier, und wir nehmen es genau mit dem Wachthalten. Jeder, der kommt und das Land nutzen möchte, ist willkommen. Das ist unsere Religion. Doch die Leute mißbrauchen unsere Freigiebigkeit, sahen darin unsere Schwächen und spielten uns gegeneinander aus, raubten uns die Religion.

Es ist viele Jahre her, da waren die Alten der Ansicht: Der Schöpfer liebt die Weißen scheinbar mehr als uns. Heute möchte ich das Gegenteil behaupten. Der Schöpfer hat uns unter seine Fittiche genommen und gibt uns ein: Es ist die Zeit zu überleben gekommen, es ist Zeit, die Religion zu stärken, es ist Zeit, sich wieder der Erde zuzuwenden. Die Wende wird kommen, das müssen wir hinnehmen. Diejenigen, die sich dagegen wehren, fürchten sich davor; ihnen wird es besonders schlimm ergehen, wenn die materielle Welt zerbricht.

War es 1971? – da traf ich mit sechs anderen Medizinmännern in Los Angeles zusammen. Mein Vater war auch dabei. Sie waren reisefertig und wollten mich überreden, mitzukommen, da sie allen Ernstes glaubten, die Stadt würde im Pazifik versinken. Ich sagte schlicht nein, und meine Begründung war: Wenn es geschehen soll, dann ist es der Wille des Schöpfers. Und da ich glaube, daß Menschen überall auf der Welt, wenn sie miteinander beten und einander achten, mehr Macht haben, als wir uns das ausmalen können und viele gute, spirituell orientierte Menschen in Kalifornien leben, wollte ich, sollten sie gehen, mit ihnen gehen. Die Medizinmänner reisten nach New Mexico. An jenem Tag, für den sie das Beben in Los Angeles angekündigt hatten, tat sich dort nichts, dafür aber bebte es dort, wo sie waren – in Albuquerque.«

»Bist du der Ansicht, wenn die Menschen naturverbundener wären, sich auf ihr geistiges Erbe beriefen und wieder anfingen zu beten, daß Umwälzungen und Katastrophen weniger gewalttätig ausfielen?«

»Was in Tausenden von Jahren angerichtet wurde, kann nicht so ohne weiteres ausgeglichen werden. Schaue ich hier in der Schweiz übers Land, gerade außerhalb des Dorfes, dann weiß ich: Hier war die Religion einst stark. Aber es ist Hunderte von Jahren her, daß hier einer auf dem Feld stand und betete. Ein machtvoller Ort ist für mich wie jungfräuliches Land. Nicht, daß ich dieses Land hier nicht achte, ich liebe es wie das Stück, auf dem ich geboren wurde, denn es ist ein anderer Teil von Mutter Erde. Überall auf der Welt ist mir das Land heilig, denn ich kann mich überall auf die nackte Erde stellen und beten. Wenn ich es zu Hause in der Prärie kann, dann auch hier. Das Land ist mir heilig.

Die Erde wird nicht zerstört werden, denn der Lebensbaum wird nie aufhören zu wachsen – der Lebensbaum, von dem alle Religionen der Welt kommen. Und seine Wurzeln reichen bis zum Herzen der Mutter Erde. Aus diesen Wurzeln werden neue Völker von Nationen hervorsprießen, und ihr Leben wird harmonisch mit allen Lebewesen verbunden sein, und voller Achtung und Demut werden sie über die Erde wandeln. Unsere Religion, wie du siehst, ist so schlicht, ihr aber macht ein Mysterium daraus.

Hab Geduld, aber das ist schwer, und glaub daran, daß *du* eine heilige Person bist. Du mußt dich selbst respektieren lernen, der Respekt für andere Menschen und ihre Religion kommt dann von selbst. Demütige sie nicht, verlaß dich auf dein Herz und deinen eigenen Verstand, die Gesellschaft, die dir heute Werte und Denkinhalte vorschreibt, wird vergehen. Wichtig ist, sich gegenseitig zu helfen, heute schon und nicht erst morgen, denn es geht ums Überleben. Jeder soll stark sein, denn jeder geht seinen eigenen Weg in den Tod, in den nächsten Zyklus. Keine Religion sollte für sich das Wissen um den Weg in die Geisterwelt beanspruchen. Du allein bestimmst deinen Lebensweg und damit auch den Weg in die Geisterwelt. Es ist alles ganz einfach.«

Ich: »Für das Bewußtseinsabenteuer sind mittlerweile viele offen, doch fehlt uns der klare Ausblick, wir sehen kein Ziel. Die neuen Religionen und geistigen Bewegungen sind ein einziger Supermarkt, der uns zu blindwütigem Konsum anstachelt. Sind wir wirklich so entwurzelt?«

»Man brachte euch bei, euren Verstand bis zum Perfektionismus zu gebrauchen. Wir bringen unseren Kindern bei, mit dem Herzen zu denken, so mußt du dich nie schämen, einem Menschen unter die Augen zu treten, seine Hand zu schütteln und ihn offen anzuschauen und mit ihm zu sprechen. Das ist ein gutes Gefühl.

Ihr müßt lernen, richtig zu denken. Der westliche Weg ist, das Gehirn zu gebrauchen und Bücher über Indianer zu lesen, wir dagegen denken mit einem verständnisvollen Herzen. Der Kopf allein richtet nichts aus. – Denkt voller Wärme und Mitempfinden!

Eins begreift ihr nicht wirklich: Es gibt einen grundsätzlichen Unterschied zwischen der Religion, die oberflächlich ist und lediglich Grundlagen lehrt, und der Spiritualität, die in die Tiefe geht und nur durch körperliche und geistige Übung, gemeinsam mit Beten und innerer Erfahrung zu erreichen ist.

Jeden Morgen, wenn du aufwachst und du spürst, wie du atmest, fühlst du dich voller Leben und du weißt insgeheim: Ich bin eine heilige Person. Das ist dir geschenkt worden. Und um zu zeigen, daß du es richtig verstehst, mache dich jeden Tag heil.

Ich weiß, die jungen Leute suchen nach höheren Dingen. Doch sie haben schnell die Nase voll. Die Europäer haben keine Geduld, sie wollen alles, jetzt und sofort haben. Instant, sage ich nur. Sie haben alle die Instant-Haltung.

Wenn du keine Geduld aufbringst und nicht wirklich unsere Religion begreifen lernst, dann wird alles nur an dir vorbeirauschen. Heute gefällt sie dir, aber morgen schon hast du dich anders besonnen. So machen es viele mit den Religionen Asiens, sie begeistern sich für Hinduismus, Buddhismus, Zen, beschäftigen sich ein wenig damit, und plötzlich werfen sie alles hin, als seien diese Lehren wertlos. Viele von euch suchen nach alten Weisheiten. Doch, daß ihr nur um die nächste Ecke schauen müßt, kommt euch nicht in den Sinn. Die höchste Form der Spiritualität, die ihr wie Besessene überall und nirgends sucht, ist schon jetzt in euch, nur habt ihr sie euch selbst vorenthalten – zu lange leider.

Greift nicht so gierig nach den spirituellen Lehren anderer Völker, oder ihr werdet euch nur daran verbrennen. Diese Lehren erleichtern den Völkern rund um die Welt über Jahrtausende hinweg das Überleben. Nehmt nur das, was euch weiterbringt. Vielleicht ist es nur ein Wort, das euren Lebensweg verändert, das ihr anwenden könnt. Wissen anwenden heißt, auf richtige Art zu lernen. Öffnet euch der Welt, lernt immer und überall, von allen Situationen und von allen möglichen Leuten, einerlei welchem Beruf sie nachgehen, wer sie sind. Jeder Mensch ist auf seine Art weise. Jeder kann unser Lehrer sein.

Jeder muß bereit sein zu lernen. Und sobald du etwas lernst, mußt du es weitergeben. Denn du trägst schwer daran, und im Laufe der Zeit wird die Last immer schwerer, insbesondere, wenn du alles für dich behältst. Sprich mit anderen darüber. Indianische

Religion lebt vom Kreislauf des Gebens und Nehmens und paßt sich den neuen Umständen an.«

Eine ähnliche Rede hätte Archie auch liebend gern dem Papst gehalten, für ihn – die Institution des heiligen Vaters – die Hypokrisie des Christentums in Person. So scharf brachte er das allerdings nie auf den Begriff, aber seine zynischen Kommentare sparten meist den Vatikan nicht aus, wenn er, mit Vorliebe vor europäischem Publikum, zum Rundumschlag ausholte gegen das Christentum als dem Mittel zur Unterdrückung anderer Religionen und Kulturen. Aber den Mann wollte er schon kennenlernen, der bei seinen Weltreisen überall aus dem Flugzeug stieg und den Boden küßte. Welch ein Wunderling in seinen Augen, der den Zement und nicht die Erde küßte!

Er reiste also nach Rom. Aber die Audienz beim Papst kam nicht zustande, um so eingehender schaute er sich dafür in der Hochburg des Christentums um. Schließlich verspürte er den Drang zu beten, ausgerechnet auf dem Petersplatz. Er suchte nach Erde, aber da war nur Pflaster. Schließlich fand er doch eine Stelle, wo ein paar Handvoll Erde lagen. Bevor er anfing, griff er danach, das rückte ihn wieder zurecht und stellte seine Verbindung zur Erde wieder her. Im Gebet versunken, sah er sich plötzlich selbst allein über den Platz schreiten. In der Mitte erhob sich eine Säule, an der er jetzt hinaufschaute. Da schwebte ein goldener Adler und zog seine Kreise. Jetzt sah er zu Boden und es war ihm, als schauten erste Grasspitzen zwischen den Pflastersteinen hervor. Und wie er sich jetzt auf dem Platz umschaute und zu den Gebäuden, die den Platz umgaben, hinsah, war alles mit wildem grünen Buschwerk überwachsen, und zwischen den Statuen auf den Dächern rankte Wein empor, und Affen tummelten sich dort oben und schwangen sich an Lianen von einer Figur zu anderen. Alle Mauern waren mit Wein bewachsen, die Statuen und Säulen mit Schlingpflanzen umkränzt. Die Natur hatte überhand genommen und Mauerwerk, Asphalt und Beton zurückerobert. Er wandte sich davon ab und wollte weiter gehen, da sah er die Souvenirläden, die waren hoffnungslos mit Gestrüpp und Bäumen überwuchert. Würde es einst so dort aussehen? War das eine Prophezeiung, ein Traum, eine Vision?

Schnell, angeekelt von dem Schauplatz, veranlaßte er seine Abreise aus Rom, warf alles in den Koffer und verließ die Stadt mit dem nächsten Zug, um nicht mehr zurückzukehren. Kurze Zeit später hörte er von einem kleinen Erdbeben, das in der Nähe von Rom stattgefunden hatte.

»Die Prophezeiungen meines Volkes bewahrheiten sich heute. Mein Vater sagte mir seinerzeit: du wirst in deinem Leben viele Veränderungen durchmachen, und du wirst stark dadurch werden, und mit dir das Volk. Ja, heute ist es soweit. Schade, daß mein Vater das nicht miterleben kann. Aber ich weiß, aus großer Ferne, aus einer anderen Welt, einem anderen Zyklus beobachtet er alles. Und es gibt mir Kraft, denn auch meine Großväter und all die anderen schauen zu. Welch ein gutes Gefühl!«

So wie Archie seine Vorträge oftmals beendete, möchte auch ich hier schließen – mit einem Lied, das eine Prophezeiung ist. Die vierte Strophe handelt von schwarzschwänzigen Hirsch. Das Leben des schwarzschwänzigen Hirsches steht für das heraufdämmernde Zeitalter. Der Hirsch mit dem schwarzen Schwanz kommt selten vor und ist äußerst menschenscheu. Gleich dem Adler besitzt er alle Weisheit, alles Wissen dieser Welt. Sobald du auf ihn schießt, heißt es, prallt die Kugel an ihm ab und kommt auf den Schützen zurück. Ein Wesen, das die Macht hat, den Jäger zum Gejagten zu machen, und, philosophisch betrachtet, Streben nach Erkenntnis und Erkenntnis selbst, Wissensstreben und Wissen selbst, außen und innen vereint? Der Hirsch ernährt sich nur von natürlichen Gewachsenem, nicht Verunreinigtem – Gräser, Kräuter und Borken. Alles an ihm ist rein, er verfügt über ungewöhnliche spirituelle Kräfte. Es ist ein mystisches Wesen, ein Tier, das sich in alle Formen des Lebens verwandeln kann – in Tiere, Bäume, Pflanzen, Menschen.

»Hört aufmerksam zu, während ich singe, ihr habt zwar eine andere Sprache, aber wenn ihr die Worte auf lakota nicht versteht, mit euren Gefühlen, eurem Herzen könnt ihr verstehen, denn die Religion von Morgen ist allen zugänglich – ist reiner Klang, der Klang in euch selbst, eurer eigenen Stimme.«

Am Anfang wird dein Leben sein wie das Kraut.

Du wirst vom Kraut leben.

Du wirst dich vom Kraut ernähren.

Du wirst mit dem Kraut heilen.

Dein Leben wird sich auf das Kraut konzentrieren.

Und dein Leben wird darüber hinaus gehen.

Dein Leben wird sein wie der Büffel.

Du wirst vom Büffel leben.

Du wirst Dinge so tun wie der Büffel.

Du wirst mit Stücken vom Büffel Krankheiten heilen.

*Alles vom Büffel wird dir zum Lebensunterhalt und für die heiligen
   Zeremonien dienen.*

Die Pfeife ist noch da.

Die Lehren und die Gesänge sind noch da.

Dann wird dein Leben wie das des weißen Mannes sein.

Du wirst wie der weiße Mann leben.

Du wirst wie der weiße Mann handeln.

Du wirst wie der weiße Mann reden.

Du wirst alles so tun wie der weiße Mann.

*Aber eins rate ich dir: Hüte deine Sprache, wenn du so lebst wie der
   weiße Mann. Denn verlierst du deine Sprache und deine Religion,
   während du den Weg des weißen Mannes gehst, wird dir alles
   genommen. Du wirst sein wie ein Baum ohne Wurzeln.*

Du wirst leben nach Art des schwarzschwänzigen Hirsches.

Er lebt hoch oben in den Bergen.

*Von dort kommt er, sobald der Morgenstern aufgeht, herunter und
   trinkt von den heiligen Gewässern unterhalb und segnet sie so.*

*Der schwarzschwänzige Hirsch bringt uns allmorgendlich einen
   neuen Tag.*

*Es lebt von nichts anderem als von reiner Nahrung, und so überlebt
   er.*

Vinson Brown

Ein Regenbogen im Morgengrauen

Morgendämmerung und Regenbogen sind für den Indianer von großer Bedeutung. Werden beide zur gleichen Zeit wahrgenommen, ist dies sogar noch bedeutungsvoller. Ein solcher Anblick erweckt in der Tat ein Gefühl großer Heiligkeit, ist doch die Morgendämmerung ein Versprechen, während man im Regenbogen seine Erfüllung sehen kann. Im Folgenden möchte ich einige meiner Erfahrungen mit indianischen Schamanen und Indianern berichten, die, wenngleich sie keine ausgesprochenen Schamanen waren, doch über schamanische Kräfte verfügten. Man darf nicht vergessen, daß es auch Scharlatane gibt. Es gibt Menschen, die sich selbst Schamanen nennen, es aber nicht sind, während andere wissen, daß sie es sind, was auch zutrifft; wiederum andere aber sind sich ihrer schamanischen Kräfte nicht bewußt, zu verfügen, tun dies aber. Die Menschen der beiden letzten Kategorien gehören zur Morgendämmerung und zum Regenbogen.

Der junge Guaymi, Chio Jari, der aus dem *wilden* Gebirge der Tabasara im westlichen Panama zu mir kam, um für mich zu arbeiten, gehörte zur dritten Kategorie. Damals war sein Stamm noch unbesiegt, und Chio war noch erfüllt von den alten Traditionen, vom Pfad der Wildnis und des Geistes. Ich selbst war damals, das war 1935, noch Materialist, doch er lehrte mich schon bald, daß die Wissensanmaßung des Atheisten größtenteils eine Farce ist, und das tat er, ohne dazu auch nur das leiseste Streitgespräch nötig zu haben. Als ich ihn am frühen Morgen antraf, wie er unter einem wunderschönen Wasserfall auf einem Felsen stand und sein Morgenlied sang, da erfüllte er den *Text* des Liedes mit solcher Kraft, mit solch überwältigender Schönheit, daß mein bis dahin dogmati-

113

scher Atheismus davonflog wie kleine Wölkchen vor einer heißen Sonne, wenngleich ich den Sinn nicht genau verstehen konnte. Der Geist war einfach viel zu wirklich und viel zu bedeutungsvoll, als daß mein Skeptizismus ihm hätte widerstehen können. Dazu muß man wissen, daß das Bergvolk der Guaymi damals noch unbesiegt war und daß der weiße Mann seine Kultur und seine Magie noch nicht zerstört hatte.

Natürlich gibt es weiße und dunkle Magie; darunter verstehen wir geistige Kräfte. Die weiße Magie beschert Heilung und Freude, während die dunkle Magie zu Trauer und Krankheit führen kann. Selbstverständlich glaubt der skeptische Weiße oder der Wissenschaftler, daß all dies nur auf Einbildung beruht: Wenn man böse denkt, kann man auch Böses hervorbringen, denkt man dagegen gut und heilsam, so kann man auch Gutes erwirken. Nun, er hat sicherlich teilweise recht, doch glaube ich, daß noch mehr dahintersteht. Wenn man sich nämlich in Einklang mit dem Geist setzt, so kann man, sofern dies richtig geschieht, Wunder vollbringen. Chio kannte Geheimnisse des Dschungels und des Dschungelvolkes, von denen ich früher nicht einmal geträumt hätte. Doch waren sie ihm nicht einfach durch Beobachtung und Zuhören zuteil geworden, sondern auch indem er vom Geist der Tiere lernte, etwas, das man zutiefst erfühlen muß, um es verstehen zu können.

Eines Tages machten wir uns im Morgengrauen auf, um Erkundungen durchzuführen. Nach einer Weile kamen wir an einen tiefen Canyon im Gebirge, den wir zu erforschen beschlossen. Wir kletterten hinab und gingen ihn entlang, während alles um uns herum raschelte und in der Ferne das Wasser toste. Mit unseren scharfen Macheten bahnten wir uns den Fluß entlang einen Weg, bis das Tosen – wir waren etwa eineinhalb Kilometer gelaufen –, immer lauter wurde und wir an einen wunderschönen Wasserfall gelangten. Die Front des Wasserfalls war zu steil und zu gefährlich, um sie zu erklettern, doch gelang es uns, etwa 100 Meter auf langen, hängenden Lianen oder Schlingpflanzen emporzusteigen, bis wir eine schmale Felskante erreichten, auf der wir uns vorsichtig oberhalb des Wasserfalls weiterschlängeln konnten. Nachdem wir der Felsenkante eine Meile lang gefolgt waren, versuchten wir, wieder in den Canyon hinabzusteigen, doch die Klippe war zu steil und gefährlich. Hier war es nun, daß Chio eine Pfeife aus Vogelknochen aus der Tasche zog und damit ein paar leise, zwitschernde Töne von sich gab. Unverzüglich tauchte eine Horde weißgesichtiger Affen auf, die sich über die herrlich grünen Dschungelwipfel schwangen und ungefähr zehn Meter Fuß vor uns herunterschossen, wo sie dann die Klippe zum Wasser hinuntersprangen, wobei sie die ganze Zeit über so schnalzten, wie Chio Jari es getan hatte. Wir folgten ihnen und entdeckten sowohl Risse im Gestein als auch Schlingpflanzen, mit deren Hilfe sie die Klippe hinabgeklettert waren, was wir nun auch tun konnten. Gerade diese Art verborgenen Wissens machte Chio zu einem solch wunderbaren Dschungelgefährten. Er schien die Launen und Tricks aller Urwaldbewohner zu kennen und schien auch genau zu wissen, was sie tun würden.

Derart ist auch das angeborene Wissen des Schamanen, denn sein Magie fußt nicht auf raffinierter Fingerfertigkeit und anderen Tricks, sondern auf etwas sehr Tiefgehendem und Wunderbarem, wenn er ein wirklicher Heiler und Zauberer ist. Doch der Weg zum Schamanentum ist sehr lang und sehr beschwerlich. Nur wenige junge Indianer machen sich heute die Mühe, ihn zu begehen.

Ein anderer Bekannter von mir verfügte auch über große schamanische Kräfte, und das ohne selbst Schamane zu sein. Es war Red Ite, der Sonnentanzhäuptling der Südlichen Utes. Sein Gesicht und das seiner Frau Dorothy waren zwei der wunderbarsten indianischen Antlitze, die ich jemals gesehen habe. Sie waren wie die Gesichter aus einer Zaubergeschichte der großen Berge, den Rockies, in denen sie lebten. Diese dunkelbraunen Gesichter hatten etwas äußerst Kraftvolles und Schönes, aber auch Gutes an sich, das Antlitz des Mannes war zerklüftet wie das eines großen Häuptlings, das der Frau dagegen glatt und glänzend mit der Pracht königlicher Fraulichkeit. Mit ihnen zu sprechen war als hätte man Kontakt zu einem strömenden Fluß des Wissens und der Liebe gefunden. Ihr Glaube an die Schönheit und Güte der alten indianischen Kultur war sehr stark, wie ein Strom des Lichtes in der Finsternis des Materialismus und der Korruption, welche die indianischen Völker schon seit so langer Zeit beherrschen. Hier nun also die Geschichte von Red Ite und des Sonnentanzes.

Zu Beginn des Zweiten Weltkriegs rollte der alte Sonnentanzhäuptling der Ute sämtliches Tanzzubehör zusammen und verstaute die großen Trommeln an einem sicheren Ort. Er prophezeite, daß es während des Krieges und noch einige Zeit danach für die Ute keinen Sonnentanz geben würde, daß dieser aber zurückkehren würde, wenn die Zeit dazu reif sei. Seine Prophezeiung erfüllte sich tatsächlich: Nach dem Krieg wurden die Ute derart stark vom Materialismus der weißen Zivilisation gefangengenommen, daß die meisten von ihnen wie verwandelt erschienen, so daß sie wie die Weißen wurden, ohne sich länger für die alten indianischen Bräuche zu interessieren.

Doch eines Tages in den frühen sechziger Jahren begab sich der Sonnentanzhäuptling zum Versteck der heiligen Geräte für den Sonnentanz und zog sie hervor. Nachdem er eine Weile nachgedacht und ein Gebet gesprochen hatte, holte er eine der großen Trommeln hervor und begann sie zu schlagen.

Dazu muß man wissen, daß der Sonnentanz ein heiliger Tanz der Stämme der Plains ist, bei dem die jungen Männer Opfer darbringen, um Ruhm und Größe des Stammes zu mehren, um eine Ehrenschuld zu begleichen oder um einen geliebten Menschen zu heilen.

Red Ite und zwei oder drei andere hörten den Trommelschlag, waren davon gerührt und kamen herbei, um nachzusehen, was los sei.

»Es ist an der Zeit, mit dem Sonnentanz wieder zu beginnen«, sagte der alte Mann. »Es ist an der Zeit, daß der Geist in unser Volk zurückkehrt. Lange genug ist er tot gewesen.«

»Aber diese jungen Männer und Frauen«, unterbrach ihn ein älterer Mann, »werden uns niemals helfen. Sie sind inzwischen genauso wie die Weißen geworden und glauben, daß dies der einzige Weg ist, sein Leben zu führen.«

»Du irrst dich«, sagte der Sonnentanzhäuptling. »Red Ite ist auch solch ein junger Mann, und er ist dennoch gekommen. Wir brauchen nur einen einzigen jungen Mann, um anzufangen. Das ist alles. Warum bist du gekommen, Red Ite?«

Red Ite schüttelte den Kopf. »Ich weiß nicht, aber ich vermute, es war wahrscheinlich das dumpfe Trommeln. Es war, als würde es nach mir rufen. Ich hatte das Gefühl, ich müßte kommen.«

Der erste Sonnentanz war ein ziemlich zerfahrenes und oberflächliches Unternehmen. Es waren nur drei Tänzer da und der Sonnentanzhäuptling, der sie dabei dirigierte, wie sie auf den Pfahl in der Mitte, auf dem der Büffelschädel steckte, zutanzten und wieder zurück. Die meisten Ute im Reservat lachten über den Tanz oder kamen nur mal eben kurz vorbei, um sich das anzuschauen.

Red Ite empfand es als eine Strapaze, der er sich niemals unterworfen hätte, wenn er vorher geahnt hätte, was passieren würde. Vier Tage und vier Nächte lang mußte er tanzen, ohne jede Speise und mit sehr wenig Wasser. Nur wenn er völlig erschöpft war, durfte er sich hinlegen und schlafen. Doch er hatte dem alten Mann zuliebe zugestimmt, und so blieb er mit grimmiger Entschlossenheit dabei. Das, was ihm dabei mehr gab als alles andere, war der Fortgehen-Gesang, den die wenigen Frauen sangen, die darin eingewilligt hatten, beim Tanz zu helfen. Lange Weidenruten, die mit grünem Laub bedeckt waren, festhaltend sangen sie ein wunderschönes Lied, das sich anhörte wie der Wind in den Weiden und nach und nach lauter wurde und dann wieder leiser, bis es in der Ferne verhallte. Das Lied wurde zwischen den einzelnen Tanzabschnitten gesungen und versagte nie dabei, Red Ites mattwerdenen Geist aufzupeitschen.

Wie auch immer, als der Tanz beendet war, teilte der erschöpfte Eddie dem Sonnentanzhäuptling mit, daß er im nächsten Jahr wohl nicht wieder zu dem Tanz kommen würde. Es war einfach zuviel für ihn!

»Du wirst kommen«, erwiderte der alte Mann. »Das gehört zur Rückkehr unseres Geistes. Du wirst kommen.«

Als es dann im kommenden Jahr an die Vorbereitungen des Sonnentanzes ging, an das Einsammeln des Holzes und an die Suche nach dem Heiligen Pfahl, rebellierte es in Red Ite. In seinem

Inneren sagte er zu sich: »Das ist einfach zuviel von mir verlangt! Letztes Jahr wäre ich beinahe gestorben!«

Doch sobald die älteren Sonnentänzer sich um die Trommel scharten und mit dem Probetrommeln begangen, da schlug das tiefe Rollen in Red Ites Herz eine Saite an und rief nach ihm. Etwas, das stärker war als er selbst, zwang ihn dazu, dem Schlagen der Trommeln zu folgen und selbst daran teilzunehmen. Nun standen fünf Männer um die Trommel herum und schlugen sie, fünf, die am Sonnentanz teilnehmen würden. Der Ruf hatte sie erreicht, doch die Mehrzahl der Ute, vor allem die jungen Männer, die sich zum Tanz hätten melden sollen, gingen weiterhin ihren Vergnügen und eigenen Geschäften nach. Sie waren einfach nicht interessiert. Einige lachten die Trommler sogar aus. »Olles Indianerzeug!« höhnten sie. »Wir leben doch jetzt in einer neuen Zeit!«

Wieder tanzte Red Ite den Sonnentanz vor einer sehr kleinen Menschenmenge, die zum Tanzplatz gekommen war. Als er die vier Tage hinter sich gebracht hatte, sah er, wie einige der älteren Tänzer mit federndem Schritt den Platz verließen. Da wandte er sich an den Sonnentanzhäuptling und fragte: »Was habe ich bloß falsch gemacht? Warum bin ich nur so erschöpft und die da nicht?«

Der alte Sonnentanzhäuptling lachte. »Das hättest du mich eigentlich schon letztes Jahr fragen sollen«, sagte er. »Aber jetzt will ich es dir sagen. Du mußt den Geist einfangen, vor allem in der vierten Nacht, um Mitternacht dann wenn der Geist mit aller Macht kommt. Du mußt mit ganzem Herzen den Geist um Hilfe anflehen. Außerdem möchte ich, daß du dieses Jahr etwas ganz Besonderes für mich tust. Ich möchte, daß du die drei verlorenen Tanzgesänge wiederfindest. Sie sind fort, und ich kann sie nicht finden. Wenn wir diese drei Gesänge wiederfinden und benutzen, wird die Kraft erst richtig zu unserem Volk zurückkehren. Dann wirst du sehen, wie es die anderen zum Tanz ziehen wird, sogar gegen ihren eigenen Willen, denn der Geist wird zu uns zurückkehren wie ein heftiger Wind!«

Wann immer er während der folgenden zwölf Monate Zeit dazu fand, bestieg Eddie sein kleines rotes Auto und besuchte verschiedene Nachbarstämme, die ebenfalls den Sonnentanz kannten, in der

Hoffnung, daß er auf dieser Weise die verlorenen Ute-Gesänge wiederfinden würde. Nur Shoshone und Arapacho, Cheyenne und Crow und Sioux hatten ihm nichts zu bieten. So kehrte er von seinen Reisen müde nach Hause zurück, und erzählte seiner Mutter von seiner Suche und seiner Verzweiflung.

Ihr Gesicht erhellte sich in einem schönen Lächeln, und sie antwortete: »Warum hast du deine Mutter nicht gefragt? Ich hätte dir raten können! Du mußt zu den nördlichen Ute gehen, oben im nördlichen Utah und dort deinen Paten aufsuchen, den Mann, den ich am meisten verehre, da er mir bei deiner Geburt zur Seite stand. Ich bin sicher, daß er die verschollenen Gesänge kennt.«

Red Ite umarmte sie und sagte schlicht: »Danke!«, aber es kündete von mehr als bloßer Liebe. Sie war eine wunderbare Mutter.

Wieder fuhr er mit seinem roten Wagen gen Norden, diesmal jedoch zu den nördlichen Ute, die durch das Gesetz der Weißen schon viele Jahrzehnte von ihrem Schwesterstamm, den südlichen Ute, abgeschnitten worden waren. Als er über einen Paß kam und hinunter in ein mit Beifußsträuchern übersätes Tal im nördlichen Ute-Reservat kam, sah er, daß das Dorf unter ihm schwärmte wie ein Bienenstock. Männer, Frauen und Kinder strömten alle herbei, um ihn zu begrüßen. Als er näher kam, lachten sie und riefen: »Red Ite! Wir wußten, daß du kommen würdest!«

Als Red Ite das kleine Haus des alten Mannes, seines Paten, erreichte, weinte der Greis und umarmte ihn. »Ich habe ihnen gesagt, daß du in einem roten Wagen über den Hügel dort kommen würdest«, sagte er zu seinem Patensohn, und Red Ite wußte: irgendwie hatte der Geist über viele Meilen hinweg gesprochen und seine Geschichte erzählt.

Red Ite hatte ein Tonbandgerät dabei, mit dem er die noch fehlenden drei Gesänge für den Sonnentanz aufnahm. Während er dies tat, begriff er, was das aufgeregte Geschnatter der Ute, die um ihn herumstanden, zu bedeuten hatte: Dies war ein überaus wichtiger Tag, aber auch ein großes unvorhergesehenes Ereignis für sein Volk.

Im dritten Sommer nahm Red Ite erneut am Sonnentanz teil und fragte den Sonnentanzhäuptling: »Wie finde ich den Geist, damit ich in der letzten Nacht des Tanzes mit eben dieser Macht in mir tanzen kann?«

Der alte Mann gab sein helles Lachen von sich, legte dabei aber seine Hand auf solch freundliche Weise auf Red Ites Schulter, daß Eddie eine Welle der Entzückung in seinem Herzen wahrnahm.

»Du hast die heiligen Gesänge gebracht, die verlorengegangen waren. Nun mußt du tief in deinem Herzen einen eigenen Gebetsgesang singen«, riet ihm der alte Sonnentanzhäuptling. »Es ist ein Gebet an den Großen Geist, damit er dir Kraft beschert und dir einen Boten schickt, der deine Glieder mit Macht und Reinheit erfüllt, auf daß du am Ende des Tanzes mit einem noch stärkeren Geist tanzen kannst als zu Anfang. Vielleicht bricht der Gesang aus dir hervor, vielleicht bleibt er auch in dir, doch danach wird er immer bei dir sein.«

Also nahm Red Ite wieder am Sonnentanz teil, nun schon den dritten Sommer, doch schien es ihm, als würden die Trommeln tiefer schlagen und als habe das Schlagen eine tiefere Bedeutung als jemals zuvor, wie ihr erregendes Dröhnen über die Hügel hallte und seine Füße sich so leicht anfühlten wie Federn, während er tanzte. In seinem Inneren sang er sein eigenes, besonderes Gebetslied, und er wußte, das der Große Geist ihm zuhörte. So ging der Tanz weiter und weiter, mit seltenen Ruhepausen, während die Frauen sangen. Die Trommeln gaben ein beständiges Dröhnen von sich, und der Fortgehen-Gesang der Frauen, zu dem diese die Weidenstränge wedelten, um das Kommen und Gehen des Windes zu versinnbildlichen, klang ihm schöner als je zuvor. Als die vierte Mitternacht nahte, war er bereit. Mit einem großen Aufwallen der Kraft spürte er, wie sich der Geist in seinem Inneren erhob, und er tanzte freudig, leichtfüßig und ohne jeden Schmerz oder Müdigkeit, genau wie zu Beginn des Tanzes.

Nachdem der Tanz beendet war, kam der alte Sonnentanzhäuptling auf Red Ite zu und sagte: »Nun, da der Geist zu dir gekommen ist, Red Ite, hast du die Macht und bist vorbereitet, Sonnentanzhäuptling deines Volkes zu werden. Ich bin zu alt, und wir brauchen einen neuen Anführer. Sieh mal, wie viele Teilnehmer wir in diesem

Jahr mehr haben! Es wird ein Sommer kommen, da sich der ganze Stamm uns anschließen wird, und dann wird der Geist wie ein starker Bär sein, der unter den Ute noch kräftiger werden wird.«

Red Ite fand keine Worte. Nie hatte er sich selbst als Sonnentanzhäuptling gesehen, doch dem alten Mann konnte er nicht widerstehen. Und schon scharten sich die anderen Tänzer um ihn, lächelten und schüttelten ihm die Hand. Wieder schien er den Fortgehen-Gesang zu hören, den Gesang vom Wind, wie er sich in die Berge zurückzieht, wie er auf der Suche nach dem Geist ist, den Gesang von seinem Eintreffen – und er klang so wunderschön, daß er beinahe in Tränen ausgebrochen wäre.

Als ich Red Ite im Reservat der südlichen Ute besuchte, um seinen Sonnentanz mitanzusehen, war dies mein dritter Besuch bei ihm, allerdings der erste, bei dem ich den eigentlichen Tanz zu sehen bekam. Ich war ihm zutiefst dankbar für seine Freundschaft und konnte es arrangieren, mit einigen Jungens einer Naturfreundegruppe, die mich begleiteten, in der Nähe mein Lager auszuschlagen. Der Tanzplatz befand sich ungefähr vier Kilometer vor der Stadt auf einem großen Feld, und man hatte im Umkreis von knapp zwei Kilometern das ganze Gebiet mit Seilen abgesperrt, damit die indianische Polizei sorgfältig jeden überprüfen konnte, der zum Tanz kam.

»Das müssen wir tun«, erklärte Red Ite, »damit niemand mit Alkohol, Drogen, Kameras oder Tonbandgeräten zum Tanz kommt, weil all das den Geist verderben kann. Indem wir diese Sorgfalt walten lassen, sorgen wir dafür, daß der Große Geist den Tanz segnet und uns von seiner Kraft gibt.«

Es war ein wunderbares Erlebnis, dem Tanz zuzusehen, vor allem in der Nacht, wenn die dunklen Gesichter im flackernden Licht des großen Feuers glänzten und das Donnern der Trommeln in die Dunkelheit hinaushallte. Diesmal anders als in jenen frühen Zeiten, als man beim Sonnentanz nur eine Handvoll Leute beobachten konnte, waren gleich Dutzende mit ihren Kissen und Decken herbeigekommen, damit sie bequem zusehen oder sogar während des Tanzes schlafen konnten. Ich selbst spürte einen gewaltigen Geist, der über allem lag, denn es war der wunderbarste Tanz, den ich jemals erlebt hatte.

Ich glaube, die große Sorgfalt, mit der man Alkohol und Drogen ausgeschlossen hatte, war auch ein Grund dafür, weshalb er so kraftvoll sein konnte, denn ich habe auch andere Sonnentänzer gesehen, bei denen man in jeder Latrine Schnapsflaschen liegen sah und viele nach Alkohol rochen, während das respektlose Gerede den Mangel an Geist dokumentierte. Hier jedoch, beim großen Sonnentanz der südlichen Ute, verhielten sich alles respektvoll und aufmerksam, und es gab nicht den geringsten Hinweis dafür, daß getrunken wurde.

Oben auf dem großen Mittelpfahl steckte ein Büffelschädel mit zwei gefährlich aussehenden schwarzen Hörnern, die sich zu beiden Seiten nach außen drehten. Die Tänzer trugen lange Umhänge oder Kleider aus Hirschhaut, und die Gruppe Frauen am Feuer hielten ihre Weidenruten in den Händen und schwenkten sie oft im Takt der großen Trommeln. Im Laufe der Tage und Nächte nahm das Schlagen der riesigen Trommeln immer mehr den Rhythmus meines Herzens an, und ich spürte den Geist der alten Indianer überall um mich herum in der Dunkelheit und in den vielen leuchtenden Funken, die vom Feuer aufstoben.

Die Ute – Sonnentänzer fügten sich keine Brustnarben zu, wie es die Tänzer der Cheyenne und Sioux zu tun pflegen, doch hatten sie Vogelknochenpfeifen im Mund, auf denen sie gelegentlich schrill bliesen. Der Tanz selbst war ein Stampfen – hin auf den Heiligen Pfahl mit dem Heiligen Büffelschädel und wieder zurück – im rhythmischen Einklang mit den Trommeln und umgeben von dem ganzen Zauber der Nacht.

Kurz vor Mitternacht – es war in der vierten Nacht, schlugen die Trommeln mit größerer Macht als je zuvor, und die Tänzer bewegten sich mit solcher Lebhaftigkeit auf den Pfahl zu und wieder zurück, daß all ihre Müdigkeit, all ihr Hunger und Durst vergessen und sie völlig wiederhergestellt schienen. Es war ein erstaunlicher Anblick, und als die Tanztrommeln genau um Mitternacht aufhörten, wußten wir alle, daß der Geist aus der Dunkelheit gekommen war, herab von den großen Bergen, von den Ebenen, aus den

Wildbächen, um die südlichen Ute mit ihrer uralten Kraft zu erfüllen. Als die Trommeln verstummten und die Indianerfrauen, in ihre prachtvollsten Kleider aus Hirschleder gehüllt, mit Perlenstickerei und Federn geschmückt, ihre langen Weidenruten hoben und damit zu schwenken begannen, da stießen alle ein langes, seltsames Seufzen aus, und man konnte hören, wie der Wind vom Gebirge herunterkam und zusehends kräftiger blies, während die Weidenstränge hin und her bewegt wurden. Die geballten Stimmen der weidenschwingenden Frauen kamen dem echten Windgesang so nahe, daß sie uns kaum noch menschlich erschienen – so wunderschön klang es.

Als die Frauen geendet hatten, verließen die Tänzer in einer Linie den Platz, und ihre bronzenen Gesichter erinnerten an die Zeiten der Ureinwohner Amerikas, lange bevor der weiße Mann kam. Es gab eine Pause, alles war wie verzaubert und es herrschte eine völlige Stille, bevor sie den Tanz wieder aufnahmen. Und in dieser Stille erscholl plötzlich eine grobe Stimme aus der Dunkelheit. Es war die Stimme eines jungen Weißen, der auf das Feuer zukam.

Ich kann mich nicht mehr genau daran erinnern, was er sagte, denn ich war viel zu schockiert, doch es war etwas Grobschlächtiges, Verletzendes und Törichtes, denn er machte sich über den Tanz lustig und fragte, warum Männer denn Kleider tragen sollten, wie es die Tanzenden taten.

In dem Schweigen, das auf seine Worte folgte, erwartete ich, daß die indianische Polizei herbeistürzen und ihn wegen seiner Unverfrorenheit festnehmen würde. Doch niemand rührte sich, und es war auch nicht nötig. Es war als schösse eine riesige unsichtbare Hand plötzlich aus dem Himmel hervor und ergriff den Narren. Er wurde etwa einen halben Meter vom Boden emporgerissen und plötzlich auf die Erde geschleudert, wo er wie ein schlaffer Lumpen, aus der Nase blutend, liegenblieb.

Dann folgten Rufe und Schreie des Staunens und der Furcht. Jetzt erst kam die Polizei herbei und schleppte ihn wie einen schlaffen Sack Getreide davon.

Am nächsten Morgen, als der Tanz vorüber war und Red Ite ein wenig geschlafen hatte, suchte ich ihn auf. Er lächelte mich an.

»Hast du gesehen, was letzte Nacht passiert ist?« fragte er.

»Ja«, erwiderte ich, »die Kraft ist auf dein Volk gekommen! Nun wird es sie wieder haben, wie in den alten Zeiten. Es wird ein neues Volk werden.« Und ich schüttelte seine Hand, während er nickte und lächelte, doch in seinem Gesicht war etwas zutiefst Geistiges, etwas, das nach dem Himmel griff und ihn berührte.

Unter Indianern und anderen Naturvölkern der Welt hat es viele Arten von Schamanen gegeben; und es gibt sie noch immer. Manche von ihnen sind Opportunisten, manche sind Scharlatane und andere haben einfach Böses im Sinn und benutzen ihre Kräfte zu selbstsüchtigen Zwecken. Ich brauche nur lange genug mit einem Schamanen zusammenzusitzen und mich mit ihm zu unterhalten, dann kann ich nach einer Weile in der Regel sagen, zu welcher Art er gehört. Jene, die schlecht über andere Schamanen reden oder aufschneiden, sich dominant oder allzusehr von der Richtigkeit ihres Tuns überzeugt geben, meide ich. Ich habe nicht das Gefühl, daß sie den wahren Geist besitzen. Von jenen aber, die im wahrsten Sinne des Wortes demütig handeln, dabei aber große Weisheit beweisen und wenig oder überhaupt nicht über andere herziehen, von jenen also habe ich den Eindruck, daß sie eine Botschaft für die Welt besitzen. Irgendwie stehen sie im Einklang mit Erde und Himmel, mit Regenbogen und Morgendämmerung, und meistens haben sie eine lange und strenge Ausbildung durchlaufen, die nur wenige andere Männer oder Frauen über sich ergehen lassen würden.

Für mich sind die wahrhaft großen Schamanen wie alle anderen Menschen auch sehr menschenfreundlich. Darin gleichen sie den besten chinesischen Ärzten, die, indem sie Akupunktur und Kräuter verwenden, den ganzen Körper einschließlich Geist und Seele eines Patienten behandeln, anstatt nur Teile davon, wie es die meisten amerikanischen und europäischen Ärzte tun. Diese Ganzheit schließt beim wahrhaft großen Medizinmann, der das Wirken des großen Geistes in allem erkennt, das gesamte Universum mit ein. Ich glaube nicht, daß alle chinesischen Ärzte dieses vollständige Gefühl der Ganzheit besitzen, doch mit Sicherheit behandeln die Besten von ihnen den ganzen Körper, den Geist und die Seele, was sie Chi nennen. Die wahre chinesische Akupunktur geht mit großer

Feinfühligkeit vor und bedient sich der Ganzheit des Seins auf eine Weise, welche von amerikanischen und russischen Ärzten nicht verstanden wird, denn sie haben versucht, sie lediglich über Körper und den Verstand anzugehen. Die chinesischen Ärzte meinen, daß Chi jeden Teil des Körpers belebt und daß man es nicht außer acht lassen darf, wenn man Akupunktur auf richtige Art nutzen will; ähnlich gehen auch die großen indianischen Doktoren und Schamanen vor, die heilen, die zwar keine Akupunktur kennen, aber dennoch bei ihren Heilweisen von einer Verbindung von Körper, Geist und Seele ausgehen.

Beispielsweise erzählte mir ein sehr zuverlässiger Freund in Panama, ein alter Dschungelkenner, der sehr viel Erfahrung mit dem großen Gebirgsstamm der Guaymi hat, wie er einmal eine außergewöhnliche Heilung durch einen hervorragenden Guaymi-Schamanen miterlebte. Der Patient, ein Indianer, war von dem spitzen Horn eines Bullen in der Leistengegend aufgeschlitzt worden, und aus der langen, offenen Wunde schoß das Blut nur so hervor. Der Schamane sammelte mit extremer Schnelligkeit eine Menge großer Dschungelblätter, von denen manche bis zu fast einem Meter lang waren, dann nahm er eine Schale, in der er einige Heilkräuter mit warmen Wasser vermengt hatte. Von dieser Mischung nahm er etwas in den Mund und versprühte es zunächst über den Blättern und dann über der Wunde. Wieder arbeitete er mit großer Schnelligkeit und stopfte einige der Blätter in die Wunde, häufte andere sorgfältig darauf und befestigte den Blätterverband mit breiten Hängelianen, die wie eine Mullbinde alles an Ort und Stelle hielten. Bemerkenswert ist, daß er sich gar nicht darum bemühte, die verletzte Arterie zusammenzubinden. Und mein Freund, auf dessen Ehrlichkeit ich mich verlassen konnte, berichtete, daß der Verband am nächsten Tag abgenommen wurde, um die Wunde zu begutachten, und man sah, wie alles schön verheilte und es offensichtlich war, daß die beiden Teile der Arterie wieder fest miteinander verbunden waren. Dieses scheinbare Wunder war ein inneres Wunder in dem Sinne, daß der menschliche Körper zu gewaltigen Dingen fähig ist, sobald ihn der entsprechende Geist unterstützt, wie es die chinesischen Ärzte ausdrücken. Der Guaymi-Schamane muß die beiden Enden der Arterie zusammengelegt haben, und der Körper hat diese in kürzester Zeit in geradezu wunderbarer Weise zusammenwachsen lassen, hautpsächlich weil der Patient eindeutig an die Kraft des Schamanen glaubte; Körper und Geist müssen zusammen all ihre Kraft darauf verwandt haben, diesen Glauben zu rechtfertigen und den Körper wieder zur Ganzheit zu führen.

So wird die Heilung nicht durch die üblichen Medikamente und Antibiotika vollbracht, die schädliche Nebenwirkungen auf den Körper haben können, sondern durch natürliche Kräuter und durch den Glauben.

Der nordindianische Schamane, der mich mit seinen Kräften am meisten beeindruckt hat, ist Frank Fools Crow, ein Medizinmann der Oglala Sioux. Er ist inzwischen sehr alt, in seinen Neunzigern, doch als ich ihm in den 60er Jahren etliche Male begegnete, war er sehr lebhaft und immer zum Lachen aufgelegt, auch wenn er nur sehr wenig Englisch sprach. Er sagte mir, was ich zu tun hätte, um mich durch Meditation und Gebete auf eine Visionssuche vorzubereiten, und zwar erst mal mit kleineren Visionssuchen in Kalifornien, bevor ich nach South Dakota zurückkehrte. Ich tat alles, was er mir empfohlen hatte, und als ich 1967 zu ihm nach Kyle zurückkam, war ich vorbereitet. Die vollständige Geschichte dieser Visionssuche habe ich in meinem Buch *Voices of Earth and Sky* erzählt. Hier dagegen möchte ich vor allem über seine Heilbefähigung als Schamane sprechen.

Yuwipi ist eine Heilzeremonie der Sioux, die in der Regel von einem praktizierenden Schamanen geleitet wird und zu der häufig viele Menschen kommen, die geheilt werden wollen.

Wie der chinesische Arzt bereitet sich auch der indianische Schamane, sofern er gut ist, auf die Behandlung seiner Patienten dadurch vor, daß er jeden Menschen als Einheit sieht, die aus Körper, Geist und Seele besteht, wobei das Spirituelle meist als wichtigster Teil angesehen wird; denn sobald eine Person von Geist erfüllt und in Harmonie mit sich selbst ist, lassen sich Heilungswunder allein durch die Tatsache erzielen, daß ein entsprechend motivierter Körper angehalten wird, sich selbst zu heilen. Natürlich kennt ein guter indianischer Doktor viele Kräuter mit heilenden Eigenschaften, und vor kurzem haben einige weiße amerikanische Ärzte Interesse bekommen, sich näher mit diesen Kräutern zu beschäftigen. Im Dschungel Panamas erfuhr ich, daß die Guaymi-Schamanen der westlichen Berge ein Kraut besäßen, welches schmerzfreie Geburt ermögliche; nur – so erfuhr ich auch, weigerten sie sich, dieses und andere heilige Kräuter den weißen Ärzten zu zeigen. Wahrscheinlich ist dies bei den Indianern Nordamerikas ebenfalls der Fall gewesen, denn die Indianer glauben, daß der weiße Mann die Kräuter oft falsch benutzt und vor allem ohne die richtige geistige Vorbereitung.

Bei der Yuwipi-Zeremonie, die Fools Crow in Kyle, South Dakota, abhielt, erschienen ungefähr 25 bis 30 Leute einschließlich mir selber und drei Jungen meiner Naturfreunde-Gruppe. Man bat uns, während der Zeremonie bei Bedarf für die Gesundung anderer und unserer selbst zu beten. Fools Crow war in Hirschleder gekleidet und gab in dieser Nacht eine eindrucksvolle Figur ab, wie er im großen Wohnzimmer seines Blockhauses, ungefähr vier Kilometer vom Ort entfernt, vor uns stand. Im Haar trug er eine Adlerfeder, und auf dem Boden hatte er ein Büffelfell ausgebreitet, auf dem er die heiligen Gerätschaften des Medizinmannes angeordnet hatte, wozu verschiedene Arten von Federn und Steinen von wunderbarer Farbe gehörten, mehrere Knochenflöten und Rasseln sowie eine kleine Trommel. Die Trommel reichte er seinem Schwiegersohn Enos Lone Hill, der sie während der Zeremonie gelegentlich schlug. Kerzen spendeten Licht, und es war äußerst beeindruckend, die vielen dunklen indianischen Gesichter im Flackern des Kerzenlichts zu sehen. Es waren auch ein Kind und eine Frau dabei, die beide sehr krank waren, und diesen beiden machte man es mit Fellen und Kissen besonders bequem, damit sie die Zeremonie beobachten konnten, ohne dabei aufrecht stehen oder auf einer harten Bank oder einem Stuhl sitzen zu müssen.

Enos Lone Hill verkündete, daß wir alle unsere guten Gedanken der Heilung und der Reinheit des Geistes zusammennehmen müßten, weil die Zeremonie sonst an Kraft verlieren und nicht so wirkungsvoll sein würde. Er sagte, daß wir später während der Zeremonie kleine tanzende blaue Lichter wahrnehmen würden, die sich in der Dunkelheit durch den Raum bewegten, und diese würden sehr »washtay« oder gut und heilig sein, sofern sie blau blieben; verfärbte sich jedoch auch nur eins davon gelb, so sei dies ein Zeichen von etwas Bösem im Raum und schadete der Zeremonie, denn das hieße, einer der Anwesenden hätte ein schlechtes Herz. Er erklärte, das gelbe Licht käme dann zu der betreffenden Person und beleuchte sein Gesicht. Kurz darauf, mit Einbruch der Dunkelheit, wurde Fools Crow mit Lederriemen gefesselt, so daß er sich nicht mehr bewegen konnte, während wir anderen uns einander in zwei großen Kreisen die Hände gaben. Sollte einer von uns die Hand fortziehen, so ermahnte er uns, so sollte der andere sofort rufen, denn dies würde anzeigen, daß der Heilige Kreis unterbrochen sei. Während all dieser komplizierten Vorbereitungen für die Zeremonie konnte ich nur mit Bewunderung vermerken, wie das Gefühl für das Mysteriöse und Wunderbare langsam einem Höhepunkt entgegenwuchs. Und ich sah auch, wie sich Fools Crows Gesicht in das eines anderen Wesens verwandelte, das aber dennoch irgendwie schön und voller Leben war. Der Sinn der Zeremonie bestand also darin, die Teilnehmer auf etwas Magisches, etwas stark Geistiges einzustimmen, so daß alle, die es bedurften, geheilt wurden.

Kaum erloschen die Lichter, da begann die kleine Trommel zu schlagen, was mir persönlich als wunderbare Ergänzung der Zeremonie erschien, weil dadurch ein geheimnisvoller Rhythmus entstand, der den ganzen Raum durchströmte, während wir uns in unseren heiligen Kreisen die Hände hielten und erwartungsvoll lauschten. Einer fing an zu singen, und ich vermute, es war Fools Crows Stimme, obwohl sie so ätherisch und anders klang als alles, was ich bisher von ihm gehört hatte, daß ich mir nicht sicher war. Wenngleich er auf sioux sang, war die Wirkung der Sprache auf mich gewaltig. Mir war, als versetzte es mich in jene uralte Zeit lange vor dem Eintreffen des weißen Mannes – in eine geheimnisvolle Welt der Magie und der Wunder. Als die Stimme sich immer weiter steigerte, setzten die Rasseln ein und begannen schließlich rasselnd durch den Raum zu schweben. Ich hatte mit eigenen Augen gesehen, wie fest man Fools Crow mit Riemen verschnürt hatte. Als eine Rassel dicht an meinem Gesicht vorbeischwebte, spürte ich den Zugwind an meiner Nase und hörte dann, wie sie sich zur Decke empor bewegte, die mindestens zwei Meter hoch war.

Doch die Rasseln, – so seltsam und magisch sie auch wirkten, wie sie sich durch die Dunkelheit schwangen –, waren nichts verglichen mit den kleinen blauen Lichtern, als diese auftraten. Diese feenhaften Lichter schwebten durch die Dunkelheit wie fairy-like Irrlichter, die von Elfen getragen wurden, und manchmal kamen sie mir so nahe, daß ich das Gefühl hatte, ich brauche nur mit meiner Nase nach vorne zu gehen, um eins davon zu berühren. Jedes von ihnen war von einem matten Scheinen umgeben, und wenn es sich einem dunklem und grübelnden indianischen Gesicht näherte, war der Effekt äußerst dramatisch, – als befände ich mich in einer Höhle vergangener Zeiten, umgeben von Völkern früherer Epochen. Ich war äußerst erleichtert, daß wir in dieser Nacht kein gelbes Licht zu sehen bekamen, sondern nur blaue. Weder während der Zeremonie noch danach konnte ich auch nur die geringsten Anzeichen für irgendwelche winzigen Drähte bemerken, mit denen man die Lichter heimlich durch den Raum hätte bewegen können.

Nun begann der letzte Teil des Gesangs; eine Stimme durchlief viele Tonarten und schien mich an ferne Orte des Wunderbaren und der Geheimnisse zu führen, wo alles Übel der Welt in einem Land der Herrlichkeit zurückgelassen wurde. Ich spürte, wie allein dieser eine Gesang eine wunderbare Heilwirkung auf die kranken Leute im Raum haben mußte, wie er auch ohne Heilkräuter ihrem Geist die Kraft verlieh, den kranken Körper zu heilen.

Als das Trommeln aufhörte und im ganzen Zimmer wieder die Lichter angingen, erblickte ich die glücklichen Gesichter vieler Menschen in zwei großen Kreisen der Harmonie, alle einander an den Händen haltend, denn niemand hatte den Kreis unterbrochen; und Fools Crow stand, von seinen Fesseln völlig befreit, neben seinem Büffelfell, auf dem die Rasseln und Federn ruhig und bewegungslos lagen.

Wir waren alle eingeladen, zum Abendessen zu bleiben, und

während es zubereitet wurde, ging Fools Crow von einem Kranken zum anderen, um mit ihnen zu sprechen und ihm oder ihr kleine, in Hirschleder eingewickelte Kräuterbündel zu überreichen, wobei er ihnen Ratschläge erteilte, wie diese Medikamente zu benutzen seien. Zu dieser Yuwipi-Zeremonie war niemand mit gebrochenen Gliedmaßen gekommen, um sich heilen zu lassen. Hin und wieder, so berichtete mir Enos Lone Hill, der Trommler und Schwiegersohn, heilte Fools Crow auch verletzte Gliedmaßen sowie Erkrankungen des Blutes und des Gehirns.

Was ich hier vor allem betonen möchte, ist der vollkommene, harmonische Ablauf dieser Zeremonie, bei der jeder der Anwesenden seinem Körper, seinem Geist und seiner Seele scheinbar etwas Gutes tut. Fools Crow wirkte völlig entspannt und im Einklang mit uns allen. Doch berichtete man mir auch, daß nur wenige Wochen zuvor bei einer anderen Yuwipi-Zeremonie ein junger Mann mit bösen Gedanken gekommen sei, der die gelben Lichter habe erscheinen lassen, und daß dieser Mann eine Woche darauf Selbstmord beging. Diese Zeremonien scheinen offensichtlich keineswegs immer so perfekt und friedlich abzulaufen wie jene, an der ich teilnahm.

Ich habe auch andere Medizinmänner erlebt: darunter Crow Dog von Rosebud, ein Häuptling und Heiler der Peyote-Lärche, Selo Black Crow aus Wanblee, South Dakota, dann noch Swift Turtle, ein Schamane der Miwok-Seneca, zwei Schamanen des Pomo-Stammes in Kalifornien und einer vom Volk der Yurok im nordwestlichen Kalifornien. Die allerschönste Schamanenausrüstung und das wunderschönste heilige Medizinbündel besaß Old Coyote von den Cree. Alle waren außerordentlich interessante Menschen, und ebenso interessant war es, sich mit ihnen zu unterhalten, am meisten allerdings habe ich von Fools Crow über Schamanentum gelernt.

Das letzte, was mir Fools Crow noch sagte, war: »Von uns Heilern gibt es heute nur noch wenige, denn viele Indianer haben die Kraft vergessen. Wir dagegen gehen den Weg des Geistes, und eines Tages wird dieser auf mächtige Weise zu allen Völkern zurückkehren.«

ÅKE HULTKRANTZ
Geistige Verwandtschaft

Wie sieht die Beziehung zwischen Wissenschaftler und Schamanen aus? Die Antwort hängt natürlich von vielen Faktoren ab, etwa von den beteiligten Persönlichkeiten, von den Umständen, welche die Verbindung – oder überhaupt keine Verbindung – zwischen ihnen hervorgebracht haben und vom Profil der jeweiligen Kultur. Mit Sicherheit gibt es auf diese Frage keine allgemeingültige Antwort.

Der folgende Versuch, eine solche Beziehung zu skizzieren, bezieht sich auf einen indianischen Stamm Nordamerikas und konzentriert sich dabei auf eine herausragende indianische Persönlichkeit. Hätte man einen anderen Medizinmann gewählt, so hätte dies die gesamte Perspektive geändert. Der Grund, weshalb ich diesen bestimmten Mann anderen vorgezogen habe, liegt zum Teil darin, daß ich während wiederholter Besuche in den Jahren 1948 bis 1958 mit ihm zusammengearbeitet habe, daß er mich im Verlauf unserer langen Bekanntschaft adoptierte und daß er dieses Jahr (1984) einhundert Jahre alt wird – zwar immer noch unter uns ist, aber psychisch leider nicht mehr anwesend. An oberster und wichtigster Stelle steht allerdings, daß er eine solch bemerkenswerte Persönlichkeit ist und war.

1

Die Mehrheit der heutigen Wind-River-Schoschonen im westlichen Wyoming besteht aus den früher berittenen Plains-Schoschonen, die im letzten Jahrhundert wegen ihrer militärischen Glanzleistungen unter ihrem hervorragenden Anführer Häuptling Washakie bekannt geworden sind.[1] Aufgrund ihrer geographisch-politischen Lage in den westlichen Plains und Halbwüsten direkt unterhalb der Rocky Mountains und aufgrund ihrer Kämpfe gegen eindringende Stämme der Plains-Indianer – Blackfoot, Atsina, Crow, Cheyenne, Arapaho, Lakota (Sioux) – verbündeten sich die Schoschonen mit den Weißen, und es war der Klugheit Washakies zuzuschreiben, daß sie das warme und wildreiche Land entlang des Wind-River als Reservat zugesprochen bekamen. Die Schoschonen-Jagdgründe waren auch Trappergebiete, wo französische und englische Pelzjäger sich mit Schoschonen-Frauen verbanden. Auch Spanier aus den mexikanischen Landesteilen (zu denen bis zum Jahre 1848 das südwestliche Wyoming und Utah, die Heimatgebiete der Schoschonen gehörten) strömten gen Norden. Einer dieser Spanier, Juan oder Joe Truhillo, heiratete eine Schoschonen-Frau, namens Black Hair *(tu:pambi')*, die Enkelin eines legendären Häuptlings. Sie hatten zahlreiche Kinder, eines davon war John Trehero (oder Truhillo), der Medizinmann.

Da die meisten Schoschonen heterogenen Ursprungs sind, hatte die Tatsache, daß Johns Vater Weißer war, nur wenig Einfluß auf seine gesellschaftliche Stellung und sein kulturelles Erbe. Es läßt sich nur schwer feststellen, ob er von seinem allem Anschein nach recht flatterhaften Vater, der bereits um das Jahr 1896 starb, bleibende Eindrücke vermittelt bekam. Zwei andere Personen spielten eine größere Rolle bei seiner Erziehung: Seine Mutter machte ihn mit der kulturellen Überlieferung der Schoschonen vertraut, und ihr Ruhm als Medizinfrau beflügelte seinen eigenen Ehrgeiz. Leider war ihr Interesse an ihrem Sohn nicht sonderlich groß. Die zweite wichtige Person war der angesehene Missionar John Roberts, der seinen jungen Schoschonen-Schüler im Christentum unterwies und zugleich sein Englisch aufpolierte. Das Christentum, wie John Trehero es empfand, stand jedoch stets in Verbindung zu seiner Schoschonen-Religion – wobei nie klar wurde, ob es die eigene Religion in angemessenen Dosen ergänzte, oder ob es eine andere Form des Glaubens und des Rituals war, die mit der traditionellen Religion nicht recht zu vereinbaren war.

Wenn wir John Glauben schenken dürfen, so erhielt er seine erste religiöse Vision und seinen ersten Schutzgeist als junger Mann.

Nun, die Schilderung seiner Lebensgeschichte war schon immer recht vage und seine Erinnerung an Lebensdaten keineswegs immer zuverlässig. Doch wird eine seiner frühen Visionen auch von anderen Leuten bestätigt. Er befand sich zusammen mit einer Gruppe von Schoschonen in den Bergen. Dort wurden sie von einem Gewitter überrascht, und plötzlich schlug der Blitz in ihrer Mitte ein. John Trehero fiel leblos zu Boden. Die anderen kehrten ohne ihn ins Reservat zurück, da sie ihn für tot hielten. Doch später tauchte er wieder unter ihnen auf und verkündete, daß er nun die Kraft des Blitzes empfangen habe.

Im Laufe der Zeit hatte er zahlreiche visionäre Begegnungen mit Geistern und machte sich ein ganzes Spektrum übernatürlicher Kräfte zu eigen. Diese waren alle auf unterschiedliche Dinge spezialisiert, und er hatte sie alle von Geistern in Tierverkleidung empfangen, wie dies unter nordamerikanischen Indianern weitverbreitet ist. Blitzschläge, nächtliche Träume und tranceähnliche Erfahrungen während der jährlich stattfindenden Sonnentänze waren die Vermittler der Geister, denn offenbar haben keine organisierten Visionssuchen stattgefunden.[3] Mit seiner ersten Vision wurden John Heilerkräfte zuteil, zumindest behauptet er dies; er war im wahrsten Sinne des Wortes *Puhagan*, ein Medizinmann. Da zu seiner Eigenschaft als Heiler auch mildere Bewußtseinszustände visionärer Trance gehörten, und da er zudem als Hellseher und als Regenmacher für den Sonnentanz bekannt wurde, darf man ihn als Schamanen bezeichnen.[4]

Als Medizinmann war John nicht über Klatsch oder Mißtrauen erhaben oder davor gefeit. Die Schoschonen weisen eine deutliche Tendenz zur Cliquenwirtschaft auf, und was die eine Gruppe glaubte und tat, war für die anderen Gruppen nicht immer akzeptabel. Darüber hinaus hatte John Trehero eine charmante, unbeschwerte Art, die einigen allzu unbeschwert erschien; man beschuldigte ihn, bei ernsten, heiligen Treffen viel zu ausgelassen zu sein. Er war ein Schürzenjäger, der ständig auf der Suche nach angenehmen Abenteuern war; es gibt viele amüsante Geschichten über diesen Teil seines Lebens. Er hatte eine liebe, äußerst treue Frau, hübsch und die Güte in Person; ihr Tod im Jahre 1963 war für ihn ein schwerer Schlag. Auf vielen Gebieten war sie ihm an Wissen überlegen und wurde in verschiedenen Lagern respektiert.

John war gewiß eine komplizierte Person, manchmal sehr fromm, manchmal aber auch obszön und tricksterähnlich. Es läßt sich jedoch nicht leugnen, daß er eine starke Persönlichkeit hatte und Willen und Macht ausstrahlte, die ihn bei jeder Gelegenheit zum Mittelpunkt des Geschehens machte. Faszinierend und charmant, wie er war, hatte er viele Bewunderer, vor allem unter den Crow, und als Medizinmann erzielte er beachtliche Heilerfolge.

Durch einen Halbbruder, der bei den benachbarten Crow im Norden, im südlichen Montana, lebte, lernte Joe einige einflußreiche Crow-Familien kennen, und im Laufe der Zeit zog die Crow seinen Schoschonen-Verwandten in der Regel vor. Die Crow wollten den Sonnentanz wieder einführen, die Hauptzeremonie der Plains-Indianer, die sie um das Jahr 1875 abgeschafft und danach vergessen hatten. Sie ließen sich von John dabei helfen, im Jahre 1941 eine Schoschonen-Version des Rituals im Reservat der Crow durchzuführen. Diese Version zeichnete sich durch viele Neuerfindungen aus, welche John, so behauptete er, in Visionen offenbart worden waren. Dieser Sonnentanz, der unter den Crow noch heute praktiziert wird, ließ John bei diesem Volk zu einer großen Persönlichkeit werden, und sein Ansehen verbreitete sich über die westlichen Plains. Seine Rolle als kultureller Erneuerer wurde sogar in mehreren anthropologischen Aufsätzen behandelt.[5]

2

Bei meiner ersten Begegnung mit diesem Medizinmann an einem Sommertag des Jahres 1948 sprachen wir über seine Inspiration sowie über eines seiner Lieblingsthemen: den Sonnentanz. Es bestand kein Zweifel an seiner inneren Ruhe und Gelassenheit, als er seine Berufsvisionen oder heiligen Träume beschrieb. »Die Kraft kommt wie ein Licht, vor allem wenn ich leide«, sagte er. Doch dann ganz plötzlich und, wie ich später erfahren mußte, typisch für John Trehero, verlieh er mir lachend einen Spitznamen und erläuterte ihn in Zusammenhang mit einigen meiner Gesichtszüge. Und dann kehrte er wieder sehr schnell zum Thema zurück: »Nur ein gutherziger Mensch erhält die Kraft. Doch kann es gefährlich sein, wenn man zuviel Kraft bekommt.« Das war seine ehrliche Überzeugung. Als viele Jahre später seine Frau Deborah ihm auf dem Sterbebett ihre eigenen Medizinkräfte übertragen wollte, jagte ihm dies Angst ein, und er übertrug sie sofort weiter an eine mit beiden befreundete Crow-Frau. John war sich bewußt, daß er ohnehin schon viel zu viele gefährliche Kräfte besaß, auf die er achten mußte, Kräfte, die ihm von verschiedenen Geistern anvertraut waren.

Ich selbst reagierte auf Johns Schilderung seiner Kraft mit Sympathie. Seine Beschreibung paßte zu dem, was mir zu diesem Thema aus anderen Kulturen und Zeitaltern bekannt war. Als er mir später Einzelheiten seiner vielen Visionen schilderte, wurde das Bild noch schärfer und genauer. Für John waren diese Visionen und Träume selbstverständlich unmittelbare geistige Offenbarungen; für mich stellten sie spezifische kulturell geprägte Symbole des *Sensus numinis* dar, die den *Homo religiosus* charakterisieren. John hatte schon sehr bald das Gefühl, daß wir jenseits des Schleiers kultureller Unterschiede in unserer Weltanschauung doch die gleichen spirituellen Interessen hätten.

Er griff dieses Thema bei unserer ersten Begegnung auf, als er über den Sonnentanz sprach. »Ich habe«, sagte er, »den Sonnentanz getanzt, seit ich achtzehn bin. Ich glaube an den Sonnentanz, weil man mich so erzogen hat. Ebenso glaube ich an die Bibel. Jesus hat Bilder auf den Klippen hinterlassen (Felszeichnungen), damit wir an ihn glauben. Es gibt einen Schöpfer, *tam apö* oder ›Unseren Vater‹. Wir lernen ihn durch Geistträume kennen. Der weiße Mann hat seine Worte aufgeschrieben, wir Indianer erfahren sie von Geistern. Die junge Generation weiß nichts davon, sie nimmt die Lebensweise der Weißen an.« Hier haben wir es mit einer Glaubensform zu tun, wie sie unter den Schoschonen, aber auch unter vielen westlichen Stämmen verbreitet ist: Die geistigen Botschaften können die Menschheit auf zweierlei Weise erreichen, die beide legitim sind.[6] Christentum und traditionelle Religion sind gleichwertig, im Prinzip lehren sie dasselbe. Diese Überzeugung brachte John dazu mit

Gelassenheit hinzunehmen, daß viele jüngere Schoschonen die überlieferte Religion zugunsten des weiter verbreiteten Glaubens, nämlich des Christentums ablegten. John kam immer wieder auf dieses Thema zurück. Ich glaube, daß sein doppeltes Erbe, die Religion seiner Mutter und die Religion seines christlichen Lehrers, es ihm erleichterte, so zu denken.

Tatsächlich ist dies auch eine mögliche Denkweise für den Wissenschaftler der von einer anderen Dimension der Wirklichkeit überzeugt ist, gleichgültig ob er nun an die Gleichheit der Religionen glaubt oder nicht. Das Grundpostulat würde dann lauten, daß Religionen die vergeblichen Bemühungen des Menschen ausdrücken, diese andere Realität in den Griff zu bekommen, die er jenseits seiner Sinneswahrnehmungen erfahren hat.

Im Laufe unserer Zusammenarbeit von Lehrer-Berater und Schüler-Chronist vertiefte sich unsere Freundschaft und lief auf natürliche Weise darauf hinaus, daß John mich adoptierte. Bald stellten sich vier Hauptthemen heraus, welche Johns spirituelle Interessen charakterisierten und die glücklicherweise auch meinem Anliegen entsprachen, denn als Feldforscher glaube ich an das Privileg des Fragenden, die Gesprächsthemen selbst zu bestimmen.[7] Diese Themen waren das Herbeirufen von Visionen mit darauffolgenden Heilséancen, die Berichte aus dem Zyklus von Schoschonen-Mythen und anderen mündlichen Überlieferungen, die Sonnentanz-Zeremonien und die Hierarchie der Geister. Alle diese vier Themen bezogen sich auf Bereiche, in denen John über beachtliches Wissen verfügte, wo er das Ausmaß seiner charismatischen Persönlichkeit demonstrieren konnte oder wo er persönlichen Erfolg und gesellschaftliche Anerkennung aufzuweisen hatte.

Vielleicht sollte es hier erwähnt werden, daß John mit seinen Talenten prahlen mußte: als Ausgleich für den Klatsch und die Intrigen, welche in vielen Schoschonen-Gruppen gegen ihn im Gange waren. Der Kritik seiner traditionalistischen Gegner begegnete er mit heftiger Gegenkritik an ihren Vorstellungen, Taten und Fähigkeiten; der-und-der taugte nichts, war kein guter Familienvater oder nicht vertrauenswürdig. Manchmal wirkte Johns Eigenlob allzu anmaßend, doch muß man sich vor Augen halten, daß in der Vergangenheit ähnliche Selbstbeweihräucherungen zum typischen Verhaltensmuster der alten Plains-Indianer gehörten.

Wenn man sich mit Schamanenpersönlichkeiten wie John Trehero beschäftigt, muß man sich darüber im klaren sein, daß er kein konformistischer Mensch im allgemeinen Sinne war, sondern vielmehr ein Erneuerer und ein unkonventioneller Künstler. Wenn es um Ritualregeln und um seit altersher erprobtes Zeremonialverhalten ging, konnte er sehr entschieden und autoritär sein, andererseits konnte er aber auch traditionelle Muster auf revolutionäre Weise abändern, wenn er in Träumen und Visionen geistige Anweisungen erhielt, dies zu tun. Das ist beispielsweise auch der Grund dafür, weshalb sich die Sonnentänze, die er als Zeremonienmeister anführte, von anderen Sonnentänzen unterschieden. Als Medizinmann und Schamane war John Trehero ein Experte in Sachen religiöser Erfahrung, doch war er keineswegs immer ein zuverlässiger Lehrer der traditionellen Religionen – sein Schwager Cyrus Shongutsie, ein zurückhaltender Mensch, der kein Medizinmann war, wußte viel mehr über dieses Thema und war in diesem Punkt wesentlich zuverlässiger.

Dieser Unterschied zwischen dem Schamanen und dem Ritualisten und Historiker ist oft übersehen worden. Wir werden nun sehen, wie John die vier Hauptthemen, die soeben erwähnt wurden, entwickelte. Unsere Gespräche handelten verständlicherweise hauptsächlich davon. Zwar konnten wir auch über andere Themen reden, doch pflegten diese meinen Gesprächspartner nur selten zu fesseln.

3

Die visionären Erfahrungen dieses vielseitigen Medizinmannes waren Legion. Das ist auch keineswegs überraschend, man bedenkt, daß es sich bei ihnen ausnahmslos um Nachtträume oder Erlebnisse beim Sonnentanz handelte, von der ursprünglichen Blitzschlagvision einmal abgesehen. In ihrer Echtheit wurden sie durch die medizinischen Fähigkeiten bestätigt, mit welchen sie John versahen.

So erzählte er mir, daß er sich im Jahre 1981 in den Bergen aufhielt und dort einen Traum hatte. In diesem Traum kam jemand (ein Geist) auf ihn zu und rief seinen Namen. Der Geist wies ihn an, einer bestimmten Person zu Hause zu helfen, für diesen Mann zu beten und ihn auf diese Weise zu heilen. Anfänglich glaubte John, daß es sich dabei um einen ganz normalen Traum handelte. Als er jedoch am nächsten Tag nach Hause zurückkehrte, suchte ihn der Sohn eines Kranken auf und drängte ihn, ihm zum Heim seines Vaters zu folgen und diesem zu helfen. John suchte den Kranken auf, betete und sagte: »Ich kann lediglich für dich beten, mehr habe ich dir nicht zu bieten.« Dann kehrte er nach Hause zurück, holte seine Pfeife hervor, ließ heiligen Rauch aufsteigen und betete erneut für den Kranken. Dessen Gesundheitszustand hatte sich am nächsten Tag schon erheblich verbessert, eine Entwicklung, die sich weiter fortsetzte.

Dies ist ein sehr einfaches Beispiel einer Vision und Heilung, und es ist charakteristisch für John Trehero – er verabscheute das Zeremonielle bei den Medizinséancen. Der größte Teil seiner Träume und Geistervisionen bescherte ihm heilende Kräfte. »Alle Kräfte sind gut zum Heilen«, sagte John zu mir, wenngleich er zugab, daß man sie auch für andere Zwecke verwenden könnte.

So gab es manche Träume, in denen geistige Wesen Dinge prophezeiten, die dann auch eintraten. Beispielsweise träumte John einmal während meines Aufenthaltes bei ihm von zwei Geistern – die zuerst als Menschen, dann als Adler erschienen –, welche ihm einen entsetzlichen Krieg verkündeten, der im Osten ausbrechen sollte. Dieser Traum wiederholte sich, und John fragte mich, ob ich schon vom Ausbruch dieses Krieges erfahren hätte. Im nachhinein betrachtet konnte sich dieser Traum auf jeden östlichen Krieg um diese Zeit herum beziehen, – oder auch auf gar keinen. John träumte auch von Menschen, die er bald sehen würde, und meistens wurden diese Träume auch wahr; doch von wenigen Ausnahmen abgesehen, handelte es sich dabei meistens um Leute aus der Nachbarschaft, deren Erscheinen ohnehin nichts Ungewöhnliches war. Alles in allem war ich von Johns prophetischer Begabung wenig beeindruckt.

Andererseits galt John vielen Schoschonen zufolge als geschickter Regenmacher. Sowohl John als auch andere erzählten mir davon, daß er beim Sonnentanz um Regen bitten könnte, worauf die erschöpften Tänzer kurz darauf von einem Gewitter oder Regenschauern erfrischt wurden. Doch läßt sich der Kern dieser Information natürlich nur sehr schwer greifbar machen.

Johns Visionen wurden nicht nur um ihrer selbst willen als übernatürliche Offenbarungen geschätzt, sondern wurden stets in bezug zu ihren praktischen Auswirkungen gesetzt. Oft fiel es mir schwer, Einzelheiten über Johns Visionen zu erfahren. Seine Schilderungen waren vage und widersprüchlich, er erschien sogar unwillig, mich an diesen heiligen Mysterien teilhaben zu lassen, wie das bei den meisten Medizinmännern der Fall ist. Statt dessen lenkte er meine Aufmerksamkeit auf seine erfolgreichen Heilungen und Divinationen – seinen eigenen Beschreibungen zufolge waren diese stets erfolgreich –, auf die Dankbarkeit seiner Klienten und ihrer Verwandten und darauf, wie sich diese Dankbarkeit in wunderbaren Geschenken ausdrückte. Die Einzelheiten, welche er offenbarte, veranschaulichten jedoch recht überzeugend, daß diese Visionen innerhalb seines Bezugrahmens hinreichenden Beweis für das Wirken von Geistern lieferten. Oder anders ausgedrückt: Sein Überzeugtsein von der Gegenwart des Geistigen verwirklichte sich selbst in der Gestalt des Schutzgeistes.

Johns Schilderungen der Geistererscheinungen und der übernatürlichen Kraft – beides sah er als identisch an und bezeichnete es als *puha* – stimmten mit seinen inneren Gefühlen überein, aber auch mit der Erfahrung des zerbrechlichen, flüchtigen Gespinstes des visionären Traums. »Kraft ist wie Quecksilber«, sagte John, »du kannst sie nicht festhalten, und doch ist sie da, um zu dir zu sprechen.« Oder: »*Puha* hat seine Kraft überall, und kommt wie Dampf aus einem Teekessel; aber du siehst keinen Teekessel, nur den Dampf, vorausgesetzt das *puha* arbeitet richtig.« Die Essenz der übernatürlichen Kraft ist die Elektrizität, die sich im Blitzschlag findet, im *engagu'ce*: oder »roten Licht« , und »alle *puha* erhalten ihre Kraft durch den Blitz.« »Alle Medizinmänner nehmen Elektrizität auf. Das ist die wichtigste Medizin für die ganze Welt. Ohne sie kommen wir nicht aus. Und der weiße Arzt benutzt auch Elektrizität, um die Kranken zu retten: Röntgenstrahlen, Licht und vieles mehr«. Ist das *puha* aktiv, so nimmt es der Medizinmann in seiner Brust wahr; gleichzeitig kann er es aber auch außerhalb seines Körpers sehen und hören – konnte John nicht erklären, nur warum dem so war.

Obwohl die Kraft im Prinzip unsichtbar ist, kann sie sich dennoch in Form eines Wesens manifestieren, meistens als Tier oder als Vogel, doch kann sich diese Gestalt ebenso verändern wie der Traum selbst. Einmal, als John in einer Vision vom Blitzgeist aufgesucht wurde, sah dieser einmal aus wie Wasser, dann wie ein Mensch, dann wiederum wie ein Tier, bis er schließlich verblaßte. »Das alles scheint wie im Traum«, sagte John, »aber in Wirklichkeit bist du hellwach.« In seinen Visionen erlebte John seine Schutzgeister als sehr klein. So sah der Adler beispielsweise so klein aus wie der Nagel seines kleinen Fingers, der Büffel war nicht viel größer als eine kleine Münze. Diese Mikropsie ist für Visionen und Träume typisch.

Für einen Wissenschaftler, der mit Fällen außergewöhnlicher Erfahrungen dieser Art vertraut ist, sollte die Schilderung eigentlich einigermaßen klar sein. Der starke Glaube an das Übernatürliche entspricht einer Gewißheit um die Gegenwart dieser übernatürlichen Kraft in heiligen Situationen. Die Kraft ist weitgehend ungreifbar, kann aber gelegentlich visualisiert werden, und bezieht dann ihre Gestalt teilweise aus Elementen der Tradition, teilweise aber auch von den psychischen Funktionen, durch welche die Erscheinung sichtbar wird. Dieser Prozeß erklärt die Kraft nicht etwa als geistige Täuschung, er erhellt vielmehr die Mittel, durch welche die Kraft zur übernatürlichen Intuition formalisiert beziehungsweise strukturiert wird.

Das Vorgehen bei der Heilung – das Heraussaugen des Krankheitsobjektes, das Fortwedeln der Krankheit mit Federn, das Auflegen von Händen usw. – braucht dem kritischen Forscher kein Kopfzerbrechen zu machen. Diese Vorgehensweisen demonstrieren offenkundig die Überzeugung des Medizinmannes – und natürlich auch die der Zuschauer –, daß das Böse den Patienten verläßt. Das Konzept des Prozesses ist kulturell vorbelastet. Was nun die Ergebnisse dieser Heilmethoden angehen, so wissen wir inzwischen, daß die therapeutischen Aktivitäten eines westlichen Arztes zu 70% oder mehr mit Suggestionen und mit dem Glauben an die Heilung verbunden sind. Hier finden akademisch ausgebildete Ärzte und Schamanen einen gemeinsamen Nenner, und tatsächlich arbeiten sie an vielen Orten, beispielsweise in Amerika, in Krankenhäusern zusammen.[9]

Darüber hinaus wurde ich selbst einmal von John Trehero geheilt. Dieses Erlebnis habe ich früher an anderer Stelle bereits berichtet.[10] Trotz meiner gemischten Gefühle von Neugier, Skeptizismus und Gutgläubigkeit, wie sie sich bei dieser Art von Operationen ja meist so katastrophal auswirken, gelang es John dennoch, mich für mehrere Jahre vom Rheumatismus zu befreien. Die Heilsitzung fand in einem echt schamanischen Umfeld statt, wobei John mit Federn die Krankheit aus meinen betroffenen Körperteilen zog und mir die rechte Hand auflegte. Tatsächlich vertrieb die Hand nicht nur den Schmerz, sie strahlte auch eine Kraft aus, die auf irgendeine Weise von meinem Körper aufgenommen wurde. Sowohl John als auch seine Frau waren sich sicher, daß sie während der Séance einen Bibergeist gesehen hatten – den Schutzgeist vom Dienst.

Für das, was geschah, habe ich keine Erklärung. John war anscheinend stark inspiriert, und sein Selbstvertrauen befand sich auf einem hohen Pegel. An diesem Zeitpunkt verdichtete sich die Nähe zwischen uns zu einer ausgesprochen geistigen Beziehung und Verwandtschaft: Ich akzeptierte seine geistigen Vorgaben, und er diente mir willig als mein Medizinmann, unabhängig von unseren jeweiligen kulturellen Barrieren.

4

Wenngleich John in seinen Gesprächen immer wieder voller Stolz
und Eitelkeit, ehrlicher Überzeugtheit und Selbstsicherheit auf
seine geistigen Fähigkeiten des Heilens und Hellsehens zurückkehrte, verwandte er doch auch viel Zeit darauf, eine andere Begabung unter Beweis zu stellen, nämlich das Erzählen mythischer
Geschichten der Schoschonen. Er war ein genialer Erzähler: Mit
dramatischem Schwung, Feingefühl und prächtiger Mimik erschuf
er auf wunderbare Weise die Gestalten und Ereignisse des Mythen-
zyklus. Tatsächlich war es das – nämlich das Erzählen dieser
Geschichten, was John bei jeder unserer Begegnungen am allerlieb-
sten tat. Er glaubte, daß ich zu Hause viel Spaß damit haben würde,
sie meinerseits meinen Freunden zu erzählen.[11]

Mein Interesse an diesen Geschichten war zum Teil gewiß volks-
kundlicher Art, doch am wichtigsten war es mir, festzustellen, was
John selbst von den mythologischen Personen hielt. Da war beispielsweise Wolf als Schöpfer und Höchstes Wesen dargestellt;
welche Beziehung herrschte zwischen ihm und dem Höchsten
Wesen der Alltagsreligion, Unserem Vater? Und wieso konnte er als
etwas dümmlich dargestellt werden? Dann war da Kojote, der
Trickster, der närrische Streiche vollbrachte; wie konnte dieser
zugleich ein Kulturheroe sein? War er, alles in allem betrachtet, eine
religiöse Figur oder nur eine Gaunergestalt aus fiktiven Berichten?
Wie ich bereits in anderem Zusammenhang aufzeigen konnte,
gelten die Mythen als wahre Geschichten, als wahre Schilderungen
der Vergangenheit, jener formgebenden Zeiten zu Beginn der Welt,
und Wolf, Kojote und die anderen Tiergestalten sind Symbole der
ursprünglichen übernatürlichen Kräfte und Mächte. Zur gleichen
Zeit wurden sie jedoch abgetrennt von der Weiterentwicklung der
Schoschonen-Religion, wodurch sie einen großen Teil ihrer religiösen Bedeutung einbüßten. So entstanden jene aufregenden oder
amüsanten Erzählungen, mit denen man sich die Winterabende
vertrieb.[12]

Für mich sind diese Gestalten lediglich Figuren der Unterhaltung, auch wenn sie sich ursprünglich auf das Höchste Wesen und

seinen Kreis von Hilfsgeistern bezogen haben mögen. Als er mit dem Problem der Bedeutung dieser Gestalten konfrontiert wurde, zeigte John große Verwirrung, seine Stammesgenossen übrigens auch. Einerseits waren diese Geschichten für ihn einfach nur Geschichten, nichts anderes; andererseits fand er jedoch, daß sie wahr klangen und deshalb als »wahre Geschichten« eingestuft werden konnten. Johns Schlußfolgerung lautete, daß diese Geschichten zwar vielleicht »viel eher als Menschengeschichte denn als etwas anderes« eingeschätzt werden konnten, Gott dennoch Wolf und Kojote erschaffen haben mußte, denn diese sind »eine Art Geister, welche Gott geschickt hat, um die Welt zu erschaffen.«[13]

Auch unter anderen wissenden Schoschonen lösten diese Geschichten Verwirrung aus. Allerdings stellte sich dieses Problem, wie bei John übrigens auch, nur dann, wenn man die Menschen darauf aufmerksam machte. Wie John meinte, denken die Schoschonen nicht über solche Dinge nach und diskutieren auch nicht darüber. Hier befand sich eine deutliche Demarkationslinie zwischen dem Denken des Indianers und dem des westlichen Wissenschaftlers. John und ich, wir konnten beide voller Freude den unterhaltsamen Episoden aus der Mythologie der Schoschonen zuhören, doch ihm stand nicht der Sinn danach, die darin verborgenen latenten Botschaften auf gleiche Weise zu analysieren, wie ich es tat. Vielleicht hatte er ja recht; vielleicht überbewertete ich Sachen, die gar nicht mehr bedeutungsvoll waren.

5

Der Sonnentanz ist die Hauptzeremonie der Plains-Indianer, und bei manchen Stämmen, etwa bei den Wind-River-Schoschonen, hat er heutzutage fast die gesamte überlieferte Religion absorbiert. Der Hauptteil des Tanzes, der aus dreitägigem Tanzen, aus Gebetsritualen und Heilungen besteht, ist zu einer Manifestation der ethnischen Einheit und Solidarität des Stammes geworden. Für die jungen Männer stellt er zudem eine Herausforderung an ihre körperliche Kraft und an ihr Durchhaltevermögen dar, denn sie müssen mitten in der Sonnenglut barfuß auf sandigem Boden tanzen und dürfen weder Speisen noch Getränke zu sich nehmen, solange die Zeremonie andauert. Es handelt sich um einen »Dem-Durst-widerstehen-Tanz« wie die Schoschonen es nennen. Die Hauptgründe für die Durchführung der Zeremonie sind die Danksagung an das Höchste Wesen für das beendete Jahr, die Gebete für ein neues Jahr mit reicher Nahrung, Gesundheit und Glück, sowie Gebete für die Heilung der Kranken. Die Zeremonie findet im Sommer statt, wenn sich die Natur erneuert hat.

John Trehero war einer der großen Sonnentanzführer. Daher verwundert es auch wenig, daß er in unseren Gesprächen immer wieder auf dieses Thema zurückgriff. Er wußte zu erzählen, wie ihm einmal oben in den Bergen im Traum ein Adler erschienen war und ihm befahl, am nächsten Morgen ein Bad zu nehmen. Das tat er, und daraufhin träumte er lange Zeit von diesem Adler. Schließlich befahl ihm der Adler, einen Sonnentanz zu arrangieren. Dieser erwies sich als sehr erfolgreich, und seitdem leitete John Sonnentänze. Auch einige der Lieder, welche beim Sonnentanz Verwendung finden, hatte er erträumt. Wie schon vermerkt, war John die treibende Kraft beim Transfer des Schoschonen-Tanzes ins Reservat der Crow.

Während des Sonnentanzes erhielt John zahlreiche seiner Visionen. Von Durst, Hunger und Tanz erschöpft, sank er in einer Art Trance oder Schlaf zu Boden und bekam das, was er »Kraftträume« oder *puhanavuǔieip* von übernatürlichen Wesen nannte. So hatte er beispielsweise während des Sonnentanzes, den er 1955 leitete, in der zweiten Nacht einen Traum von einem alten Mann und einer alten Frau, welche ihm Fleisch und Wasser brachten. Er interpretierte diesen Traum als Prophezeiung dafür, daß er die Zeremonie bis zum Schluß durchstehen würde. Bei anderer Gelegenheit, als er sich vom anstrengenden Tanzen und durch den Flüssigkeitsentzug völlig ausgetrocknet fühlte, träumte er davon, daß er in ein kleines Tal kam, wo zwei Büffel, ein Bulle und eine Kuh, an einem Bach grasten. »Da kommt unser Sohn«, sagten sie und führten John zu dem Bach, wo er seinen Durst löschen konnte. Dann sagten die Büffel: »Von nun an wirst du beim Sonnentanz jedesmal in der zweiten Nacht Wasser haben.« Diese Prophezeiung ist Wirklichkeit geworden, denn in jeder zweiten Sonnentanznacht pflegte John von nun an in seinem Traum Wasser zu sich zu nehmen.

Solche Traumerfahrungen stärken gewiß den Glauben an die Zeremonie und machen sie erträglicher. Es mag Forscher geben, die solche Erlebnisse als paranormal bezeichnen, doch meine ich nicht, daß dem so sein muß. Derlei Wunscherfüllungsvisionen sind in ihrem jeweiligen Kontext ganz natürlich und verlangen nur selten nach einer metaphysischen Ausdeutung.

Während des Sonnentanzes heilte John Patienten, indem er ihre Krankheiten mit einem Flügelfächer wegwedelte. Der Flügel ist dem Glauben der Schoschonen zufolge mit Kraft erfüllt, und wenn sie nachläßt, so wird er »aufgeladen«, indem man ihn gegen den Sonnentanzpfahl streicht, dem Symbol des Höchsten Wesens.[14] Wird ein Mensch von den Flügeln berührt, so bedeutet dies sowohl das Herausziehen der Krankheit als auch Aufladen mit Kraft. Die Parallelen zu Heilungssitzungen mancher christlicher Religionsgemeinschaften sind offensichtlich.

Der Sonnentanz als solcher läßt sich als Selbstaufopferung des Menschen an den Höchsten Geist deuten, als ein Mittel, um zwischen dem Übernatürlichen und dem Menschen Harmonie herzustellen. Johns Glaube an den Sonnentanz entspricht voll und ganz dem christlichen Glauben an die heilige Messe, – zwei Zeremonien, die in vielerlei Hinsicht ähnliche Funktionen erfüllen.

6

Wenngleich er ein praktischer Mensch war, ein Mann der Tat, um Radin zu zitieren, war John Trehero doch zugleich auch ein theologischer Denker. Während den meisten Schoschonen die Geister als ziemlich chaotischer und unordentlicher Haufen erschienen, in diesem Punkt die vornehmlich egalitäre gesellschaftliche Organisation des Stammes widerspiegelnd, hatte John dagegen ein hierarchisch aufgebautes System entwickelt, in dem die Geister nach Kraft und Rangstufe eingeteilt waren. Unterhalb von Unserem Vater plazierte er einen »Hauptgeist«, der eine bestimmte Kategorie von Geistern beherrschte; so herrschte beispielsweise der Hauptgeist der Adler über sämtliche Adlergeiste, die den Menschen in Visionen erschienen. Darüber hinaus waren die Hauptgeister und ihre Gefolgsgeister nach Kraft und Würde eingestuft, so daß die Blitzmedizin an oberster Stelle stand, gefolgt von der Bären- und Adlermedizin, dann kam die Bibermedizin, die Büffelmedizin und so weiter.

Unter den Indianerstämmen der Plains hat es schon immer spekulative Tendenzen gegeben, und John Trehero läßt sich zu den Vertretern dessen zählen, was man einmal als »schamanische Spekulation«[15] bezeichnet hat. Solche Spekulationen sind selten über die Ebene systematischer quantitativer Analysen hinausgelangt, und ebenso selten wurden sie von der überwiegenden Mehrzahl der Stammesmitglieder als richtig anerkannt. In dieser Hinsicht bildete Johns Theologie keine Ausnahme – tatsächlich begegnete mir kein einziger Mensch, der ihr ernsthaft Beachtung schenkte. Für John stellte dieses System jedoch eine Möglichkeit dar, sein Wissen und seine Erfahrungen des Übernatürlichen auf sinnvolle Weise zu ordnen und zu strukturieren.

Für den Wissenschaftler, der um die Natur religiöser Erfahrungen weiß, erscheinen Johns Bemühungen um eine Intellektualisierung ihrer Struktur als durchaus verständlich. Das Erkennen des Geheimnisvollen wird innerhalb des bekannten Bezugsrahmens eingeordnet, der seine Elemente wiederum aus kultureller Überlieferung, gesellschaftlicher Organisiertheit und ökologischem Umfeld bezieht. Im Gegensatz zur Mehrheit seiner Stammesgenossen hatte John den kühnen Versuch unternommen, Chaos und Unordnung in ein kohärentes System der Ordnung und der Bedeutung zu überführen. Wie bei vielen anderen Unternehmungen stellte er auch hierbei schöpferisches Talent zur Schau. Seine Pendants in der Alten Welt, die christlichen Theologen beispielsweise, haben zwar andere Lösungen gefunden, unterscheiden sich in ihren Zielen und Bestrebungen jedoch nicht von seinen.

7

Die Beziehung, die sich zwischen John Trehero und mir entwik-
kelte, war in dem Sinne spirituell, daß wir beide das Universum sowohl von einer »natürlichen« als auch von einer spiritualistischen
Warte zu betrachten pflegten. Vielleicht konnte ich nicht die For-
mulierungen eines spirituellen Universums akzeptieren, die John
mir anbot, doch nahm ich teil an seiner Suche nach einer Interpretation.

Obwohl ich mit dieser Einstellung unter Wissenschaftlern keineswegs allein da stehe, hätten doch wohl die meisten Ethnologen
etwas dagegen vorzubringen. Wenn sie nicht gänzlich von marxisti-
schen Vorstellungen beherrscht werden, so hat doch zumindest der
pseudomarxistische Durkheimianismus eine materialistische, so-
ziologische und psychologische Erklärung der menschlichen Geisteswelt befürwortet, in der, um es mir den Worten eines Ethnologen auszudrücken, die Religion nicht etwa eine Erklärung darstellt,
sondern vielmehr die eigentliche Frage aufwirft. Dies ist auch der
Grund dafür, weshalb diese Wissenschaftler sich für die Religion
auch nur als ideologischen Trugschluß interessieren, welcher gesellschaftliche Werte und Normen hervorbringt und gesellschaftliche
Strukturen und menschliche Verhaltensmuster abstützt. Bei diesen
Betrachtungsweisen spielt die Religion als Quelle existentieller
Orientierung, als Lebenssinngebung und Lebensform keine Rolle.[16]

Freilich ist die Meinung des Wissenschaftlers in diesen Dingen
eine Funktion seiner eigenen persönlichen Einstellung zur Religion
oder zur Möglichkeit alternativer Wirklichkeit. Es gibt jedoch,
zumindest ist dies bei mir persönlich der Fall, die feste wissenschaftliche Überzeugung, daß wir nur dann in die tiefsten Schichten der
Religion vorstoßen können, wenn wir sie als Kraft sui generis, als
unabhängige Entität begreifen, die sich nicht auf Soziologie oder
Psychologie allein reduzieren läßt. Die Welt des Schamanen läßt
sich nur dann begreifen, wenn man diese schlichte Tatsache aner-
kennt. Das Universum des Schamanen auf das Produkt soziologi-
scher Regeln oder psychologischer Prozesse zu reduzieren, ist
vergleichbar dem Bild vom Menschen als bloßem Ergebnis der

Interaktion von Nervensystemen: auf diese Weise beobachten wir zwar die Maschine, verlieren dabei aber das Bewußte aus dem Auge. Folglich sollte der Schamane zuallererst als *Homo religiosus* verstanden werden, wenngleich sich sein Tun eher auf magische als auf rein religiöse Handlungen richtet. Es war John Treheros Anerkennung der religiösen Wirklichkeit, welche die Grundvoraussetzungen für seinen Ehrgeiz darstellte, Medizinmann zu werden – ein »Beruf«, der in seiner Gesellschaftsform sowohl natürlich als auch wünschenswert ist. Ohne seinen Glauben an eine andere Welt, an Geister und übernatürliche Kräfte wäre dieser Ehrgeiz nicht entstanden.

Schamanismus bedeutet, daß die spezifisch magischen Bestandteile eines religiösen Systems die Vorherrschaft haben. Wenngleich die Unterscheidung zwischen Magie und Religion ein sehr schwieriges, dunkles Problem darstellt, ist es theoretisch dennoch möglich, auf der psychologischen Ebene zwischen beiden eine Grenzlinie zu ziehen, wobei die religiöse Einstellung sich auf das Anflehen übernatürlicher Kräfte und Mächte bezieht, und auf dem Sichunterwerfen beruht, während der Mensch in der Magie seinen Willen, seine Wünsche und seine eigene (angeborene oder erworbene) Kraft beziehungsweise Macht dem Übernatürlichen aufzwingt.[17] Vom Medizinmann John wurde erwartet, daß er die Grenzen der übernatürlichen Welt auf aktive Weise überschritt, sich selbst den übernatürlichen Wesen aufzwang, böse Krankheitsgeister vertrieb, Kraft und Macht von den symbolischen Vertretern des Höchsten Wesens holte, etwa aus Federn, dem Sonnentanzpfahl und der Ritualpfeife. Natürlich ließe sich einwenden, daß auch in anderen Bereichen eine ähnlich radikale Einflußnahme auf das Übernatürliche bekannt ist, beispielsweise in der christlichen Kirche, wo Exorzismen, Handauflegen und rituelle Weihungen stattgefunden haben. Doch handelt der Priester vornehmlich als Diener Gottes, während der Schamane von Beruf Magier ist, der das Übernatürliche zwingt, ja sogar mit Gewalt dagegen angeht. In anderen Kulturen dringen die Schamanen ins Reich der Toten ein und kämpfen gegen seine Bewohner, wenn sie versuchen, die gefangene Seele des Patienten zu befreien; der Schoschonen-Schamane der vierziger Jahre dieses Jahrhunderts verwendete zwar solche Methoden nicht, dennoch war es sein Ziel, die geistigen Gegner zu überwinden.

Wenn wir einmal derlei kulturelle Sonderheiten beiseitelassen, so kommen wir zu dem Schluß, daß John Treheros Hauptaufgaben als Medizinmann, durch geistige Hilfe zu heilen, Ereignisse vorauszusagen oder durch Clairvoyance verlorene Gegenstände oder verschollene Personen aufzuspüren, der westlichen Kultur wohlbekannt sind. Einige Menschen zweifeln solche Fähigkeiten an, andere akzeptieren sie. Es war unser beider positive (aber zumindest in meinem Fall auch kritische) Einstellung zu Dingen dieser Art, welche John Trehero und mich in einer spirituellen Beziehung miteinander verband.

Anmerkungen

[1] Siehe beispielsweise Åke Hultkrantz, Tribal Divisions within the Eastern Shoshoni of Wyoming, Proceedings of the 32nd International Congress of Americanists, Copenhagen 1958, S. 148–154; ders., Shoshoni Indians on the Plains: An Appraisal of the Documentary Evidence, Zeitschrift für Ethnologie 93: 1–2 (1968), S. 49–72; Grace R. Hebard, Washakie, Cleveland 1930: The Arthur H. Clark Company.

[2] Åke Hultkrantz, Belief and Worship in Native North America, Syracuse, N. Y., 1981: Syracuse University Press, S. 28 ff.

[3] Die Visionssuche, wie sie so ausgezeichnet beschrieben wurde in: Ruth Benedict, The Concept of the Guardian Spirit in North America, Memoirs of the American Anthropological Association, Nr. 29, 1923, wurde von den Shoshoni in den ersten Jahrzehnten dieses Jahrhunderts aufgegeben.

[4] Über den Schamanen siehe z. B.: Åke Hultkrantz, A Definition of Shamanism, Temenos 9 (1973), S. 25–37, und ders., Ecological and Phenomenological Aspects of Shamanism, S. 27–58 in: Shamanism in Siberia, hrsg. v. Vilmos Diószegi und Mihaly Hoppál, Budapest 1978: Akadémiai Kiadó.

[5] Siehe Fred Voget, Individual Motivation in the Diffusion of the Wind River Shoshone Sundance to the Crow Indians, American Anthropologist 50:4 (1948), S. 634–646; ders., A Shoshone Innovator, American Anthropologist 52:1 (1950), S. 53–63.

[6] Vgl. Hultkrantz, Belief and Worship, S. 227.

[7] Åke Hultkrantz, Some Aspects of Religio-Ethnographical Field-Work, Ethnos, Supplement to Vol. 31 (1966), S. 65–82.

[8] Diese Einschätzungen habe ich 1981 in meinen Gifford Vorlesungen entwickelt. Siehe: Åke Hultkrantz, Syllabus of Gifford Lectures 1981–82, The Veils of

Religion, First Series: The Forms of Religion. Aberdeen 1981: University of Aberdeen.

[9] Diese Art der Heilungsaktivität ist auch als »transkulturell« bezeichnet worden, siehe: Don Handelman, Transcultural Shamanic Healing: A Washo Example, Ethnos 32 (1967), S. 149–166.

[10] Åke Hultkrantz, Ritual und Geheimnis: Über die Kunst der Medizinmänner, oder: Was der Herr Professor verschwieg, S. 87 f., in: Der Wissenschaftler und das Irrationale (S. 73–97), hrsg. v. Hans Peter Duerr, Frankfurt am Main 1981: Syndikat.

[11] Vgl. Åke Hultkrantz, A Shoshoni Storyteller, Temenos 19 (1983), S. 44–54.

[12] Hultkrantz, Belief and Worship, S. 41 ff.

[13] Åke Hultkrantz, Religious Aspects of the Wind River Shoshoni Folk Literature, S. 561, in: Culture in History, Essays in Honor of Paul Radin (S. 552–569), hrsg. v. Stanley Diamond, New York 1960: Columbia University Press.

[14] Hultkrantz, Belief and Worship, S. 251 f.

[15] Ein weiteres Beispiel findet sich in: James R. Walker, Lakota Belief and Ritual, hrsg. v. Raymond J. DeMallie und Elaine A. Jahner, Lincoln 1980: University of Nebraska Press.

[16] Es gibt allerdings auch einige Ausnahmen, etwa Sir E. E. Evans-Pritchard. Vgl. sein gefeiertes Werk Nuer Religion, Oxford 1956: Clarendon Press; s. S. 322.

[17] Meine Sicht der Magie habe ich dargestellt in meinem Artikel: Divinationsformer: en klassifikation, S. 65 f., in Nordisk Folktro, Studier tillägnade Carl-Herman Tillhagen (S. 49–70), hrsg. v. Bengt af Klintberg et al., Stockholm 1976: Nordiska Museet.

Zweiter Teil

Schamanen als Lehrer
Forscher als Schüler

DAVID E. JONES
Die Lehrer

In den frühen 70er Jahren, nachdem meine Studie über die indianischen Comanchen-Schamanin Sanapia (Jones 1972) erschienen war,
hatte ich oft die Gelegenheit, vor verschiedenen Gruppen zu sprechen, die sich für Schamanismus interessierten. Diese Vortragsver-
anstaltungen erwiesen sich stets als sehr anregend, und ich genoß in
vollen Zügen die Stunden offizieller und inoffizieller Gespräche,
von denen diese Gelehrtenzusammenkünfte durchdrungen waren.
Doch mußte ich schon bald feststellen, daß meine persönliche
Erfahrung mit Schamanen oft im starken Widerspruch zu dem Bild
stand, das viele jener Leute hatten, welche sich zwar leidenschaftlich
für das Thema interessierten und auch sehr viel darüber gelesen
hatten, persönlich jedoch noch nie einem Schamanen begegnet
waren. Sie sprachen von Black Elk, Lame Deer, Sanapia und
Castanedas Don Juan in gedämpftem, ehrfürchtigem Ton, der von
etwas Zerbrechlichem, Ätherischem und irgendwie Mystischem zu
künden schien. Nach einer Weile pflegte ich mich immer dann,
wenn die Gespräche während dieser Sitzungen zu erlahmen drohten, damit zu amüsieren, daß ich mir Sanapia vorstellte, wie sie mit
ihren dreihundert Pfund ältlicher und stürmischer Comanchen-
Weiblichkeit am Vortragstisch saß. In den folgenden Jahren, als ich
immer mehr Schamanenpersönlichkeiten kennenlernte, bevölkerte
ich diese Zusammenkünfte in meiner Imagination mit ihnen allen
und es schauderte mich innerlich vor Freude beim Gedanken daran,
wie verblüfft die typischen vorurteilsgefangenen »Schamanen-
Fans« doch ausgesehen hätten.

Ich möchte hier nicht unhöflich sein. Der Schamane stellt in der
ethnologischen Literatur tatsächlich eine sehr anziehende und dra-

matische Gestalt dar, und ich kann gut verstehen, wie Menschen, die keine Schamanen persönlich kennen, zu jenem romantisierten Bild gelangen, das ich bei jenen beobachten konnte, welche Vorträge über dieses Thema besuchten. Meine Erfahrung hat mich jedoch gelehrt, daß sanftgetönte, verschwommene Bilder und mystische Gefühle ganz sicherlich nicht den Stoff darstellen, aus dem die Schamanen gemacht sind. Wie es Mitsugi Saotome, seines Zeichens Aikido-Meister (Aikido = der Weg der Harmonie mit dem Universellen), ausdrückt, führt eine solche Neigung dazu, »sich im Echo des Namens Gottes zu verlieren«. Sanapias Hauptdemonstration des Kerns schamanischen Lebens bestand darin, sich tapfer »dem Gespenst zu stellen«, um es dann mit einem gewaltigen Schrei zu verjagen.

Im folgenden will ich als erstes die vier Personen vorstellen, deren Leben und Persönlichkeit die Grundlage meiner Ausführungen sein soll. Eine dieser Personen, Sanapia, ist eine klassische Schamanin. Die zweite Person ist ein professioneller Sensitiver, und die beiden anderen sind legitimierte Meister der traditionellen östlichen Kampfkünste. Sie alle sind Schamanen in dem Sinne, daß sie einzigartige Schauspieler sind. Jeder von ihnen ist eine Institution für sich, anstatt Mitglied einer anderen zu sein. Alle beschäftigen sie sich mit Gesundheit, wenngleich jeder von ihnen diesen Begriff anders füllt, und jeder ist davon überzeugt, daß Gesundheit und Gesundung mit einer Kombination dessen zu tun haben, was ich selbst als psychosoziale, physische und spirituelle Dimensionen bezeichnen würde. Darüber hinaus ist jeder von ihnen der Überzeugung, daß er seine eigentliche Macht aus einem nichtstofflichem Reich, einer Welt der Visionen bezieht. Sie alle akzeptieren die Wirklichkeit und Gültigkeit ihrer Visionen als wichtige, lebensbestimmende Erfahrungen.

Diese Menschen waren wichtige Lehrer und Mentoren für mich. Ich habe außerdem beobachten können, daß ihre Hauptaufgabe darin besteht, eine Vielzahl von Beziehungen einzugehen, die in der einen oder anderen Form zum Typus »Lehrer/Schüler« gehören. Aus diesem Grunde werde ich die Bezeichnungen »Lehrer/Schüler« benutzen, um sie selbst und jene zu identifizieren, die in einer Beziehung zu ihnen stehen.

Ich will versuchen, ein allgemeines Persönlichkeitsprofil der Lehrer zu beschreiben. Dieses Profil scheint, unabhängig von Alter-, Geschlechts- und Kulturunterschieden, stets das gleiche zu sein. Und schließlich möchte ich meine persönlichen Reaktionen auf diese Menschen schildern.

Das Persönlichkeitsprofil fußt ausschließlich auf meiner Erfahrung und meiner Interaktion mit den Lehrern und ist anekdotischer Natur. Es hat nie zu meiner Vorgehensweise gehört, die Lehrer förmlichen Tests zu unterziehen. Ein solches Vorgehen hätte zwischen ihnen und mir Blockaden aufgebaut. Ich wollte mich ihnen so weit wie möglich nähern, zugleich aber auch genügend professionelle Distanz bewahren, um zu kontextuellen Aussagen zu gelangen, welche sowohl meiner akademischen Disziplin (der Kulturanthropologie) dienlich sein konnten als auch dem nichtspezialisierten Leser meiner Arbeit neue Einsichten vermitteln würden. Das Thema der »richtigen Distanz« stellt eines der immer wiederkehrenden Probleme in meiner Beziehung zu den Lehrern dar. In einer ihrer Traditionen wird der Lehrer mit einem Feuer verglichen. Nähert man sich ihm zu sehr, wird man verbrannt und geblendet. Hält man zu großen Abstand, erhält man nur wenig Wärme und Licht.

In dem Textabschnitt, in dem ich mich mit der Persönlichkeit des Lehrers beschäftige, werde ich folgende Regeln befolgen: Jede Bemerkung, welche ich über ihre gemeinsamen Charakterzüge mache, gilt entweder für alle Lehrer oder, sollte dies nicht der Fall sein, zumindest für drei der vier geschilderten Personen. Schließlich werde ich nur jene Aspekte des Lehrerprofils kommentieren, welche die jeweilige Persönlichkeit in untypisch starker Ausgeprägtheit aufweist. So gehe ich beispielsweise davon aus, daß alle Menschen nach gesellschaftlicher Anerkennung ihres Tuns suchen. Einen solchen Charakterzug werde ich jedoch nicht erwähnen, es sei denn, die Lehrer unterscheiden sich von den Mitgliedern ihrer Kontextgruppe durch eine ungewöhnlich dynamische Demonstration dieser Eigenschaft.

Ich werde mit einem kurzen Porträt von Sanapia, der Comanchin, beginnen, weil sie die erste Lehrerin war, die ich kennenlernte, und weil die Zeit mit ihr auf solch mächtige Weise mein berufliches Streben von der konventionellen Ethnologie auf ein lebenslanges Fasziniertsein von den Methoden, Persönlichkeiten und Botschaften der Lehrer umlenkte.

Die Lehrer

SANAPIA

Ihr Name war Mary Poafbypitty (ausgesprochen: Poffa-bitty). *Sanapia* (*sana*: klebrig; *pia*: Mutter) war ein Name, den sie ihrer Großmutter mütterlicherseits gab, die zusammen mit Marys Mutter eine große Rolle in ihrer Kindheit gespielt hatte. Mit Poafbypittys Genehmigung nannte ich sie *Sanapia*, wenn ich über sie schrieb, – sowohl als Geste persönlicher Zuneigung gegenüber Mary, meiner »Alten Freundin« oder »Klebrigen Mutter«, als auch, um ihre geliebte Großmutter zu ehren.

Mary starb im Jahr 1979. Die Jahre, die auf die Veröffentlichung von *Sanapia: Comanche Medicine Woman* folgten, waren für sie gut. Das Buch gefiel ihr, und es verlieh ihr einen gewissen Bekanntheitsgrad innerhalb ihres Stammes. Weitaus wichtiger war jedoch die Tatsache, daß es andere Menschen dazu zu bewegen vermochte, ihren Medizinpfad zu studieren. Sie liebte diese Aufmerksamkeit und spielte für alle, die »reinen Herzens« zu ihr kamen, die gütigwilde Großmutter. Zu jenen, welche ihre Aufnahmeprüfung nicht bestanden, – und zwar bestand man ihn oder fiel sofort durch, sobald sie einen erblickt hatte–, war sie entweder furchterregend gewalttätig (»Hast du schon mal von meinen Cowboykämpfen gehört? Ich befördere große Männer durch Fenster und Wände hinaus!«) oder vollkommen abweisend (»Ich spiele meine Dumme-Indianerin-Nummer.« oder » Ich ... nicht sprechen ... Englisch.«)

Einige Jahre vor ihrem Tod verbesserte sich ihre finanzielle Lage enorm, denn sie war dazu übergegangen, eine natürliche Wasserquelle auf ihrem Grundstück zu nutzen. Sie entdeckte, daß »weiße Leute« gerne Quellwasser tranken. Dies führte zu einer Einkommenssteigerung von mehreren tausend Dollar im Jahr – tatsächlich eine Verdoppelung ihres Einkommens. Mit diesem neuen Reichtum baute sie sich ein Blockhaus, das ihre alte baufällige Holzhütte ersetzte: der Schauplatz für viele Interviews, auf denen unser Buch *Sanapia: Comanche Medicine Woman* beruht.

Mary war die letzte der traditionellen Adler-Doktoren der Comanchen. Zweifellos war sie eine *puhakut* oder »eine, die Macht hat«. Ihre Macht, zu heilen, die Zukunft vorherzusehen, mit Gespenstern zu kämpfen, rührte von ihrem geistigen Rapport mit dem Medizinadler her. Ihr Schutzgeist war die Verkörperung von Licht, männlicher Kraft, Tag, Weisheit, Heilung und Güte. Er war ein kriegerischer Feind des Bösen, und Mary sah ihre eigene Rolle stets im Rahmen von »Gut und Böse« und im Gegensatz zu »Gesundheit und Krankheit«.

Ich bin mir bis jetzt immer noch nicht darüber im klaren, welchen Einfluß sie auf mein Leben ausgeübt hat. Sie gehört zu jenen Leuten, welche Träume bevölkern. Es ist beinahe zwanzig Jahre her, daß zwischen uns alles begann, und noch immer erlebe ich sie in Träumen und Tagträumen, in Flashbacks und plötzlichen Einsichten. Am überraschendsten ist für mich dabei die Tatsache, daß dies meist Erinnerungen an Ereignisse sind, die ich »vergessen« habe. Die Comanchen würden sagen, daß ich von Mary heimgesucht werde. Ich kenne das Ritual, wie diese gespenstische Verbindung unterbrochen werden kann; es war eine von Marys Aufgaben, als sie noch lebte. Doch spüre ich, daß ich diese Heimsuchungen brauche. Sie helfen mir dabei, die Fülle an Informationen zu erinnern, welche Mary mir vermittelte, denn vieles davon ist mir entgangen. Inzwischen ist mir klargeworden, daß ich entweder nicht alt genug, nicht weise genug oder nicht aufmerksam genug war, um während der ersten intensiven Jahre unseres Austausches Marys Dimensionen voll auszuloten.

Es hat jedoch den Anschein, als habe mich Mary im Hinblick auf eine Zukunft unterwiesen, die sie selbst niemals sehen sollte. Mein Artikel »Face the Ghost« (1980) gibt eins von vielen Beispielen für diesen seltsamen Effekt wieder. Er beschreibt eine lange unterdrückte Erinnerung an die Geschehnisse eines Tages mit ihr, als ich ihren Glauben an Gespenster in Frage stellte. Selbst heute noch zucke ich bei dem Gedanken an diese Unhöflichkeit zusammen. Ich hatte dieses Ereignis vergessen, als ich an der Universität Kurse in Methodologie und Theorie gab. In diesen Kursen lehrte ich meine Studenten, bei der ethnographischen Feldforschung ihre Antwortgeber niemals in Frage zu stellen. »Verhalten Sie sich passiv und seien Sie offen«, verkündete ich ständig. Als die Erinnerung plötzlich wieder an die Oberfläche kam, hatte dies eine gewaltige Wirkung auf mich. Es handelte sich dabei um einen Tagtraum, in dem plötzlich jener heiße, staubige Sommertag in Oklahoma von vor Jahren hereinkam, an dem Mary neben mir auf der Veranda ihres alten Hauses saß. Ich konnte ihre Stimme deutlich hören und erlebte aufs neue den Schock, den sie bei mir verursachte, als sie mir mit der Antwort auf meine Infragestellung der Realität von Gespenstern bewies, daß sie viel, viel diffiziler und komplexer war, als ich Sie mir jemals vorgestellt hatte, und daß sie einen Zugang zu meinem Geist besaß, worauf mir das Herz sofort in die Hose fiel. Der folgende Ausschnitt aus »Face the Goast« beschreibt diese Erfahrung ein wenig.

»Nun, David, *du* würdest vielleicht sagen, daß Gespenster wie Erinnerungen sind. Diese Gespenster sind zwar auch so, wie die Weißen sie sich vorstellen, aber sie sind auch mehr. Die alten Leute wußten das.« Plötzlich fiel mir der Ausdruck »Erinnerungen bewirken Einsamkeit« ein. Er begann in meinem Kopf widerzuhallen, und für einen jener kurzen, aber ewig dauernden Augenblicke lang konnte ich an nichts anderes mehr denken. Ich erinnerte mich, wie ich auf der Veranda einer alten Indianerin sitze; ich kann noch immer ihr Gesicht sehen; ich sehe das formlose »Squaw-Kleid«, welches Frauen ihres Alters üblicherweise trugen (es war golden, mit dunklen Blumen); ich blicke nach vorne und erkenne die baumlosen Ebenen und den kahlen Horizont, und alles, was ich denken kann, ist: »Erinnerungen bewirken Einsamkeit, Erinnerungen bewirken Einsamkeit, Erinnerungen bewirken Einsamkeit, Erinnerungen bewirken Einsamkeit«. Ich mußte fliehen. Irgend etwas sagte mir, daß ich – sollte Mary jetzt noch etwas sagen, – in echte

Schwierigkeiten geraten würde. Was das für Schwierigkeiten sein würden, wußte ich nicht. Ich hatte das Gefühl, daß sie einen Zugang zu einem Teil von mir entdeckt hatte, den ich verborgen halten wollte; aber vor allem hatte ich das sichere Gefühl, daß sie ganz genau wußte, was sie da tat. Ich brachte eine hastige Entschuldigung vor und behauptete, ich müsse frische Batterien für mein Tonbandgerät holen gehen; dann verließ ich eilig die Veranda. Mary ging ins Haus. Ich hörte, wie die Mückennetztür zuschlug. Ich lief zu dem Bach hinter ihrem Haus und spritzte mir Wasser ins Gesicht. So schnell der intensive emotionale Zustand gekommen war, so schnell wich er auch wieder; dann kehrte ich zum Haus zurück und setzte mein Interview mit Sanapia fort.

Manchmal frage ich mich, ob ich ihre Kommentare zu der Zeit, als sie sie aussprach, hätte verstehen können. Irgendwie bezweifle ich das. Noch seltsamer ist, daß der Kern der »Erinnerung« jenes Sommertages vor vielen Jahren in unmittelbarer Beziehung zu persönlichen Ereignissen in meinem Leben fünfzehn Jahre nach dem »Erinnerungen-bewirken-Einsamkeit«-Ereignis stand. Manchmal frage ich mich sogar, ob diese »erinnerten« Sequenzen wirklich passiert sind. War es damals, daß Mary zu mir sprach, oder ist es heute? Aber die Frage nach dem, was »*wirklich* passiert ist«, führt ebenfalls zu jenen Problemen, mit denen ich bei meinem Versuchen, die Welt der Lehrer aufs Rigoroseste zu erforschen, stets aufs neue konfrontiert werde.

ALBERT BOWES

Albert Bowes ist ein professioneller Sensitiver und ein geweihter Geistlicher. Er wurde in der Tradition spiritistischer Medien ausgebildet, hat aber seitdem die dogmatischen Einschränkungen dieser Richtung hinter sich gelassen und ist inzwischen völlig unabhängig. Albert ist der poduktivste Sensitive, mit dem ich bisher zu tun hatte. In Forschungssituationen gibt Albert die größte Menge nützlicher Informationen mit dem geringsten Anteil unnützer Schnörkel von sich. Darüber hinaus hat er während der zwölf Jahre unserer

Zusammenarbeit im Laufe einer Vielzahl von Testsituationen eine Trefferquote von achzig Prozent beibehalten können. Er hat im großen Umfang mit mir bei Archäologie-Experimenten zusammengearbeitet (Jones, 1979). Darüber hinaus hat er auch Psychologen bei der Behandlung autistischer Kinder unterstützt, ebenso Chirurgen, Chiropraktiker, komatöse Patienten und die Polizei. Die Tatsache, daß diese Institutionen ihn immer wieder um Rat angehen, ist ein Beweis für die hervorragende Arbeit, die er als Sensitiver leistet.

Albert kommt eine besondere Stellung in meinem Leben zu, und dies nicht nur wegen seiner Freundschaft zu mir und seiner unschätzbaren Unterstützung meiner Forschungsarbeit, sondern auch wegen der Vielzahl von Voraussagen, die er über mein persönliches Leben gemacht hat. Wenn ich die präzisen Voraussagen, die er in Hinblick auf mich ausgesprochen hat, alle auflisten wollte, so würde das viele Seiten füllen. Bezieht man das Wort »Testsituation« auf mich allein, so beträgt seine Trefferquote sogar neunzig Prozent oder noch mehr. Ich glaube, daß Albert mehr über mich weiß als irgendein anderer Mensch, und dieses Wissen über meine Vergangenheit und Zukunft hat er bei zahlreichen Gelegenheiten unter Beweis gestellt. Dies gehört zu seiner Definition von Freundschaft. Die erstaunlichen Erkenntnisse, welche gute Sensitive offenbaren, wirft eine Frage auf, die man mir im Zusammenhang mit meiner Arbeit mit Sensitiven und Schamanen häufig stellt. »Können die wirklich Ihre Gedanken, Ihren Geist lesen?« Ja! Ich habe so lange mit Schamanen und Sensitiven zusammengearbeitet und sie aus nächster Nähe erlebt, daß die Antwort auf diese Frage für mich nicht den geringsten Zweifel aufwirft. Eine weitere häufig gestellte Frage lautet: »Ist es Ihnen denn nicht unangenehm, zu wissen, daß die Ihre Gedanken lesen können?« Nein. Tatsächlich ist es so, daß ich eine Art Erleichterung verspüre, wenn ich erst einmal feststelle, daß sie es wirklich können. Dies war eine der interessantesten Erfahrungen bei meiner Arbeit mit den Lehrern. Es hat mir gezeigt, wie viele Menschen im Alltag lügen. Wenn man einen Menschen jedoch nicht belügen kann, so nimmt einem dies eine Last ab, nämlich die Last, das »Image« des eigenen, künstlich erzeugten gesellschaftlichen Selbst aufrechthalten zu müssen. Es hat mich verstehen lassen, warum sich Menschen von Individuen angezogen fühlen, welche diese Fähigkeit auf sehr überzeugende Weise demonstrieren können. Das hebt ihre Freundschaft oft auf eine Ebene ganz besonderer Art. Wenn diese Menschen einen »schauen/durchschauen« können, so können sie dies auch mit anderen Leuten tun, und sie haben schon viele andere geschaut/durchschaut; in Alberts Fall sogar Tausende von anderen. Daß Albert mein Freund ist, stellt also auch einen Kommentar zu meiner relativen Qualität als Persönlichkeit dar. Egal wie dunkel und finster man sich in den verborgenen Ecken des eigenen Geistes manchmal fühlen mag, sagt einem der sensitive Freund doch durch seine Freundschaft, daß man relativ normal ist. Manche Menschen jedoch kann Albert nicht akzeptieren, so wie es Sanapia auch nicht konnte. Wie Sanapia auch, kann Albert sehr heftig auf bestimmte Individuen reagieren.

Der Sachverhalt des »Gedankenlesens« wird von Albert nicht ohne weiteres akzeptiert. Er sagt:

Die Gedanken eines Menschen zu lesen, das heißt Spanner zu sein oder noch Schlimmeres. Wenn du die Wahl hast, dich von einem Spanner beobachten zu lassen oder von einem gedankenlesenden Sensitiven, so entscheide dich für den Spanner. Gedanken zu lesen ist beleidigend. Es verletzt die intimste Privatsphäre. Ich erhalte mein Wissen aus einer höheren Quelle... Gott, Himmel, Liebe, eine geistige Welt. Die Arbeit mit Wissenschaftlern wie dir, die Experimente von der Art des Doppelblindversuchs durchführen, hat mir beispielsweise schon vor langer Zeit gezeigt, daß das Gedankenlesen nicht die Hauptquelle meines Wissens ist. Ich glaube zwar, daß ich dies gelegentlich tun kann, aber es ist nicht sehr wichtig für mich.

Als ich meine Arbeit mit Albert begann, griff ich dabei auf einen Teil meiner Studien mit Sanapia zurück. In der Rolle des Lehrlings hatte ich viel von Sanapia gelernt. Als ich entdeckte, daß Albert auch ein Lehrer ist, verbrachte ich ein Jahr mit ihm, in dessen Verlauf er mich als Trancemedium ausbildete, nachdem die Phase meiner paranormalen Archäologie-Experimente mit ihm beendet war. Meine Absicht dabei war es, die Lehrmethoden eines professionellen Sensitiven zu studieren. In der Intimität dieser Privatsitzungen mit Albert bewies er mir sein unheimliches Wissen über meine Vergangenheit und Zukunft. Ich beobachtete außerdem, daß Albert für jene, mit denen er sich im Rapport empfand, ein natürlicher Lehrer wurde, und daß er dazu fähig war, seine Schüler an den Rand der Unsicherheit zu bringen – ein sehr wichtiger Punkt auf dem Weg, »Sensitiver zu werden«, zumindest innerhalb seines Lehrsystems. So leitete er beispielsweise einmal ein »Geistreise-Experiment«, bei dem ich im Geiste ein nahe gelegenes Hotel aufsuchen mußte. Ich mußte meine Reiseerlebnisse schildern, einschließlich dessen, was ich im Hotel wahrnahm – die Farbe der Wände, die Anordnung der Räume, besondere Dekorationen und so weiter. Nachdem ich ihm darüber berichtet hatte, hielten wir es schriftlich fest. Nun fuhr mich Albert zu dem Hotel und konfrontierte mich mit meiner überraschend hohen Trefferquote. Ich hatte die Farbgestaltung des Hotels beschrieben, die Zahl der Stockwerke, das Verhältnis von Zimmern, Küche, Speisesaal, Aufenthaltsraum und Empfangsschalter zueinander, aber auch einige äußerst ungewöhnliche Merkmale der Türen und Fenster im Speisesaal. Nun begann er mich auf seltsam herausfordernde Weise danach zu fragen, wie ich das vollbracht hätte.

»Bist du schon jemals hiergewesen?«

»Nein.«

»Siehst du, wie genau du warst?«

»Ja.«

»Wie hast du das gemacht? Erkläre es mir.«

Es fiel mir schwer zu antworten. Er fuhr fort: »Warum kannst du es nicht zugeben? Warum willst du nicht antworten?« Dies bewirkte bei mir eine innere Verspanntheit. Ich war wie geistig festgefahren, ich konnte einfach nicht antworten. Gelegentlich öffnete ich den Mund, brachte aber kein Wort hervor; und die ganze Zeit fragte Albert mit immer lauter werdender Stimme: »Warum kannst du mir nicht antworten? Findest du das denn nicht selbstverständlich? Warum kannst du es nicht sagen?« Er wollte, daß ich es aussprach und vor der Tatsache kapitulierte, einen paranormalen

Persönlichkeitsaspekt zu besitzen. Damals wollte es mir nicht gelingen, und ich kann es auch heute noch nicht. Ich kann meine Erfahrung zwar nicht leugnen, kann aber auch nicht eingestehen, was Albert von mir verlangte. Diese Art des Einfrierens der inneren Prozesse scheint ein immerwiederkehrendes Echo im Laufe meines Studiums der Lehrer zu sein. Das Ereignis mit Sanapia, welches ich beschrieben habe, gehörte ebenfalls zu dieser Kategorie. Es hatte den gleichen Beigeschmack.

Mitsugi Saotome

Saotome sensei (Professor Saotome) ist ein Meister oder *shihan* der japanischen Kampfkunst des Aikido. Er lebte mit dem Begründer des Aikido, Großmeister Morehei Ueshiba, als *uchi deshi* (Schüler des inneren Kreises) fünfzehn Jahre lang zusammen. Abgesehen davon, daß er über einige äußerst ehrfurchtgebietende Fähigkeiten im Aikido verfügt, ist Meister Saotome auch ein gefeierter Maler und Kalligraph. Darüber hinaus bewirkt Meister Saotome Heilungen durch seine Fähigkeit, sein *ki* (innere Kraft) in seine »Patienten« hineinzuprojizieren. Ich habe in einer Publikation Saotome als Samurai des zwanzigsten Jahrhunderts bezeichnet (1982). Er selbst betrachtet sich als Mann des *Budo* (der Weg des Kriegers). In seinen Schriften (1985), seinen körperlichen Vorführungen und in seiner Zeichenkunst stellt er ein kraftvolles, anziehendes und empfindsames Abbild der Weltsicht des geistigen Kriegers dar.

Seine körperlichen Vorführungen der Schwertkunst sind allesüberragend und entziehen sich fast jeder Beschreibung. Daß er geschmeidig ist, schnell und aufmerksam, und daß er die Art eines gegen ihn gerichteten Angriffes vorhersehen kann, ist wenig, wenn man es mit den eigentlichen Auswirkungen seiner Kunst vergleicht. Ich habe mitangesehen, wie Meister Saotome, als ich ihn mit einem Abwärtshieb meines Schwerts angriff, vor mir »verschwand«, um drei Fuß zu meiner Rechten »wieder zu erscheinen«, das Schwert auf meine Kehle gerichtet. Ich habe gesehen, wie fortgeschrittene Schüler nach seinem Kopf hieben, während er unbeweglich dastand, und wie ihre Schwerter, wie von einer magnetischen Kraft abgestoßen, von seinem Körper abprallten. Das Ereignis des »zurückgeworfenen Schwerts« wurde von vielen Leuten beobachtet, sowohl von Schülern als auch von Zuschauern. Ein wichtiger Punkt bei dieser Demonstration war, daß nur die fortgeschrittenen Schüler berichteten, daß sie gesehen hätten, was passierte. Die »Anfänger« sahen nur, wie jemand den Meister mit dem Schwert verfehlte.

Saotome sensei hat die Fähigkeit, zur gleichen Zeit ungewöhnlich ruhig und ungewöhnlich energetisch zu sein. Auf ähnliche Weise scheint er gleichzeitig total gegenwärtig und total abwesend zu sein. Natürlich muß die Sprache versagen, wenn man versucht, ein Individuum zu beschreiben, das seine Kunst außerhalb konventioneller sprachlicher Kategorien demonstriert. Ich habe ein Foto von Saotome sensei gesehen, das einen typischen Aspekt seines Charakters porträtiert. Es ist ein mit relativ großer Brennweite aufgenommenes Foto, auf dem alle Schüler, welche im *Dojo* (Übungshalle) ihre Aikido-Techniken üben, durch die Bewegungen verzerrt sind. Saotome sensei jedoch steht mitten im Raum in vollkommener Ruhe, folglich auch in vollkommener Schärfe. Dieses Foto ist für mich ein äußerst vielsagendes Abbild dieses modernen Samurai.

Er besitzt auch die Fähigkeit, das Gefühl in einem Raum zu verändern. Ich habe das Glück gehabt, viele charismatische Menschen kennenzulernen, doch Saotome sensei hat den größten Einfluß auf den ihn umgebenden Raum, den ich jemals beobachten konnte. Dieser Effekt ist so verblüffend, daß ich oft mitten in meinen Aikido-Übungen in einem Raum, in dem ich schon seit Jahren übte, abbrach und einen Augenblick nicht genau wußte, wo ich mich eigentlich befand. Dabei hatte sich in dem Raum selbst nichts geändert – nur daß Saotome in diesem Augenblick anwesend war. Ich habe mitangesehen, wie er dasselbe mit Zimmern in meinem eigenen Haus machte. Der Effekt ist immer der gleiche: Der Raum erscheint plötzlich größer und heller, und die »Luftqualität« wirkt weniger dicht und ist klarer und dünner. Im fortgeschrittenen Aikido ist dies ein Indikator für die »geistige Schwerkraft« des Individuums.

Saotome sensei kann seine Umgebung auf äußerst machtvolle Weise beeinflussen. Er kann Schwerter abblocken, und er kann das Gefühl, für die Atmosphäre eines Raumes dadurch bestimmen, daß er sich einfach nur darin aufhält. Er betont auch äußerst deutlich, daß dies keine wunderbare Fähigkeit seinerseits ist, sondern vielmehr das Ergebnis seiner ständigen Übung, seines Trainings und seiner Meditation im Laufe von mehreren Jahrzehnten. So begriff ich beispielsweise Jahre später, daß sein »Erscheinen« und sein »Verschwinden« vor einem Schwertangriff auf seiner hochentwickelten Fähigkeit beruhte, sich in die natürlichen blinden Flecken im Gesichtsfeld seines »Gegners« hineinzubewegen und diese wieder zu verlassen. Seine Fähigkeit, Schwerter zurückzuwerfen, bleibt für mich jedoch nach wie vor ein Geheimnis.

Dies ist die Botschaft, die er seinen Schülern vermittelt:

Behalte einen klaren Kopf, wenn du das einschätzt, was du mich tun siehst. Betrachte mich nicht durch die verschleierten Augen eines Mystikers. Du bist Gott! Du bist Buddha! Du bist Jesus! Entferne die Schichten, die dich blind für das machen, was du wirklich bist, und zwar durch ständiges Üben und sehr viel Schweiß. Du bist der Mittelpunkt des Universums. Alle Kraft liegt im Inneren. Entdecke dich selbst und deine Kraft und benutze sie, um die Qualität allen Lebens zu beschützen und zu verteidigen.

Meister Saotome ist ein sehr kraftvoller Mann mit einer ebenso kraftvollen Botschaft.

CHAN POI

Sifu Chan (Lehrer Chan) ist der Großmeister des Wah Lum Kung Fu. Er wurde in einem kleinen Dorf in Kwantung, China, geboren und begann sein Kung Fu-Training im Wah Lum Tempel dieses Dorfes. Nachdem viele seiner Familienmitglieder der kommunistischen Revolution zum Opfer gefallen waren, floh Sifu Chan nach Hongkong. Dort wurde er von seinen Kung Fu-»Onkeln« und seinen »Brüdern« aufgezogen. Als junger Mann durchstreifte er als Seemann bei der Handelsmarine Südostasien. Vor dreizehn Jahren kam er in die Vereinigten Staaten, wo er sich durch sein großes Wissen um die traditionellen Kampfkünste als einer der wenigen Meister dieser Disziplin einen Platz verschaffte. Vor einigen Jahren errichtete er einen Kung Fu-Tempel in Florida, außerhalb der Stadt Orlando. Dieser Tempel ist eine Replik der Familientempel seiner Kindheit, wo alle Dorfaktivitäten stattfanden, einschließlich des Kung Fu-Trainings. Er hat mir erzählt, daß er diesen Tempel auf Grund eines Versprechens erbaut hat, das er seinem Meister Lee Kwan Shan gegeben hatte, und daß er seinen Meister »in den Schatten« wiedertreffen und für die Einhaltung seines Gelübdes zur Rechenschaft gezogen werden würde. Sifu Kwan Chan praktiziert auch die Kung Fu-Medizin, welche verschiedene Disziplinen miteinander verbindet, so etwa die Kräuterkunde, die Akupunktur, Massage und einige vermutlich magische Praktiken (z. B. der Verzehr von Hirschlaufsehnen, um kräftige Beine zu erhalten). Außerdem ist er auch ein versierter Löwentänzer. Diese Figur scheint mir die Persönlichkeit von Sifu Chan am besten auszudrücken. Der Löwentanz wird während der Festlichkeiten des Chinesischen Neujahrs sowie bei der Eröffnung neuer Geschäfte abgehalten. Dabei wird der Löwe als rastloser und höchst energetischer Herr und Meister seines Herzensverlangens dargestellt, welches in der Regel nach irgendeiner Form von Wohlstand trachtet. Doch stehen Reichtum und Wohlstand nicht im Vordergrund, da der Tanz vor allem das freudige Suchen des Löwen betont.

Wenn man Chan Poi begegnet, so gewinnt man den Eindruck eines Menschen, der mit schier grenzenloser Energie erfüllt ist. Seine Energie ist so groß, daß sie oft jene, die täglich mit ihm zu tun haben, erschöpft. Er ist überschwenglich und nicht kleinzukriegen. Niemals läßt er sich besiegen. Freudig nimmt er alle Herausforderungen an. Zugleich ist er aber auch einer der sanftesten Menschen, denen ich jemals begegnet bin, zu einer Weichheit und Seidigkeit fähig, die ebenso beeindruckend ist wie seine ungewöhnlich dynamische und elektrische Energie.

Chan Poi kann aus einer Entfernung von zwölf Fuß eine Kerze

ausblasen. Er kann auf einer Neonröhre gehen, ohne sie zu zerbrechen, und er kann auf einem Pappbecher balancieren, ohne diesen zu zertrümmern. Jenen, die seine Schüler werden und ihm eine gewisse Zeitlang »folgen«, zeigt er auch verschiedene paranormale Fähigkeiten. Darüber hinaus hat er als Großmeister Jünger angenommen, deren Leben er durch energisch übermittelte Ratschläge zu kontrollieren hofft. Für Sifu Chan ist das Geheimnis all seiner Kraft und all seines Erfolges das Kung Fu. Sifu Chan sagt:

»Kung Fu« bedeutet harte Arbeit über lange Zeiträume. Disziplin! Konzentration der Aufmerksamkeit, des Willens und des Geistes! Geduld! Arbeit! Arbeit! Arbeit! Dies sind die Tugenden der Kampfkünste. Immer wiederkommen und niemals, niemals aufgeben! Das ist mein einziges Geheimnis.

Sifu Chan glaubt, daß der Körper den Geist weitaus effektiver unterweisen und belehren kann als der Geist den Körper. Es spielt keine Rolle, wenn man die Philosophie oder seine Trainingsmethode nicht versteht, man muß es einfach *tun*. Mit der Zeit wird der Schüler es schon begreifen. Sifu Chan meint, daß diese Form des Begreifens und Verstehens allen Ideen und Vorstellungen, die einem ein anderer Mensch vermitteln mag, haushoch überlegen ist. Jeder Lehrer, dem ich begegnet bin, kennt seine eigene Version des Leitsatzes »Reden ist billig«. Einmal hörte ich mit an, wie ein neuer Schüler ihm eine Frage über die Interpretation einer Kung Fu-Körperbewewegung stellt. Statt dessen erzählte Sifu Chan ihm von der Zeit, da er selbst mit dem Kung Fu-Training begonnen hatte. Chan hatte seinem Meister eine Frage gestellt, und der große Mann hatte ihn zu Boden geschlagen. Als der junge Chan sich wieder aufrappelte, sagte der Lehrer: »Pro Frage ein Schmerz. Hast du eine Frage?« Natürlich hatte er keine mehr. Nachdem er diese Geschichte erzählt hatte, starrte Sifu Chan den neuen Schüler intensiv an, worauf dieser sich nervös verbeugte und fortging. Chan wandte sich an mich und sagte: »Nun findet er vielleicht eine viel bessere Antwort, als ich sie ihm hätte geben können. Vielleicht findet er nämlich seine eigene.«

Das Persönlichkeitsprofil des Lehrers

Hoher Energiepegel

Jeder der Lehrer ist ein Kraftwerk. Man kann dies Charisma nennen. Man kann es auch Gegenwart nennen. Es ist einer jener Züge, die man nur schwer schildern kann, die doch einfach überwältigend sind. Während meiner Zeit mit Sanapia hatte ich Freunde zu Besuch, die daran interessiert waren, sie kennenzulernen. Es kam mir in den Sinn, daß ich meine Freunde einfach zu einem Indianerlager oder einem ihrer Treffen mitbringen und ihnen auftragen konnte, selbst herauszufinden, wer von den dort Anwesenden Sanapia sein mochte. Natürlich warfen sie mir fragende Blicke zu, doch ich bestand darauf, daß sie mich nicht brauchten, um sie zu identifizieren. Aufgrund Sanapias unglaublicher »Gegenwart« gingen die Besucher niemals fehl.

Ich mußte schon sehr früh bei meiner Arbeit mit den Lehrern feststellen, daß ich mit ihnen nichts anfangen konnte, wenn ich müde war. War dies nämlich der Fall, so fühlte ich mich von ihrer Gegenwart und Energie überwältigt, und anstatt etwas von ihnen zu lernen, erdrückte mich der Effekt dessen, was Saotome »spirituelle Schwerkraft« nennt. Ich habe schon immer den Verdacht gehabt, daß dies einer der Gründe dafür ist, daß die Lehrer häufig von einer Art Turbulenz umgeben sind, wenn man sie bei der sozialen Interaktion mit Gruppen von Schülern beobachtet. Ich glaube, das Gefühl des Chaos, das man bei solchen Gelegenheiten wahrnimmt, beruht auf dem Kampf im Inneren der Schüler, sich nicht überwältigen zu lassen, obwohl dieselben Schüler auf einer oberflächlichen Ebene behaupten würden, daß sie irgendeine Art von Intimität oder ein Aufgesogenwerden durch den Lehrer wünschen. Die Nähe zu einem großen Lehrer mag für manche Menschen wie eine wunderbare Sache erscheinen. Natürlich fühlt sich die Motte von der Flamme angezogen. Doch ebenso natürlich bringt die Flamme die Motte auch um.

Großes Denken

Die Lehrer verfügen alle über eine organisatorische Perspektive, die über ihr unmittelbares Umfeld hinausreicht. Sanapia, die provinziellste der Lehrer, meinte, über die Stammesgrenzen der Comanchen oder überhaupt aller Stämme in Oklahoma hinaus zu tun zu haben. Ihre Heilertätigkeit führte sie zu Stammesgemeinschaften in New Mexico, Arizona, Kansas, Texas und Colorado; und für ihre Stammesgenossen machte sie dies zu einer »Weltreisenden«. Was Reverend Bowes, Sifu Chan und Saotome sensei angeht, so versucht jeder von ihnen, im Weltmaßstab zu arbeiten. Es ist ganz einfach so, daß sie ihr Leben in großen Stücken leben und große Happen »aus ihrer Erfahrung beißen«. Es scheint nicht in ihrer Natur zu liegen, sich mit bescheidenen Unternehmen kleinen Maßstabs zufrieden zu geben. Sie interessieren sich offensichtlich für die Organisation menschlicher Energie als Mittel, sich selbst an alle Orte auszudehnen. »Das Universum ist groß«, sagt Saotome sensei lächelnd.

Sinn für Humor

Eines der Vorurteile, welches ich bei meinen Begegnungen mit den Lehrern überwinden mußte, war die Einstellung, daß Humor kein Bestandteil des »spirituellen Weges« sei. Ich setzte den Humor mit Trivialität gleich. Schließlich war es ja wohl kaum angemessen, beim Nachdenken über die eigene Stellung im Universum plötzlich einen guten Witz zu reißen! Doch ich irrte mich. Die Lehrer lieben das Lachen, und eine ihrer ständigen Aussagen lautet, daß man alles nicht so ernst nehmen sollte. Einer der ersten englischen Ausdrücke, die ich von Meister Saotome hörte, als er in die Vereinigten Staaten kam, lautete: »Entspann dich. Der Mensch ist kein Gorilla.« Wenn ich an die »lustigen Leute« denke, die Leute mit wunderbarem Sinn für Humor, die ich kennengelernt habe, so fallen mir sofort die Lehrer ein. Ihr Humor ist selten nur schlau und raffiniert. Meistens ist er breit und lärmend, oft auch sehr körperlicher Art. Sie besitzen großes mimisches Talent.

Dominant, hart und unberechenbar

Ein Hauptcharakteristikum sind auch die Widersprüche im Verhalten der Lehrer: Einen Augenblick sind sie Clowns, im nächsten tobende Diktatoren. Oft scheinen die Lehrer zu glauben, daß das einzige, was man im Leben zu tun hat, darin besteht, ihren Interessen oder Anweisungen zu dienen. Auch hier greift die Analogie des Feuers: Feuer kann sanfte Wärme bescheren, es kann einem aber auch das Haus bis auf die Grundfesten niederbrennen. An einem Tag dein Freund, am nächsten ein Fremder. An einem Tag gütig, am nächsten ein Schinder. Es ist typisch für die Lehrer, daß man ihr Verhalten von einem Tag zum anderen nur sehr schwer vorhersehen kann.

Naiv, unschuldig, rein

Diese kompliziertesten aller Menschen strahlen zugleich eine kindliche Unschuld aus. Diese Unschuld oder »Reinheit« hat nichts mit moralischer Reinheit zu tun, vielmehr mit reinem und einspitzigem Tun, egal worum es sich handeln mag. Vielleicht meine ich hier eine Art von Reinheit, wie man sie in dem Ausdruck »Reinheit eines Metalls« benutzt. Sie ist durch und durch sie selbst. Saotome sensei ist zu hundert Prozent Saotome sensei. Sanapia war nur sie selbst. Es ist merkwürdig, daß dieser Zustand einerseits so selten zu sein scheint und doch einen solch großen Teil der Persönlichkeit des Lehrers bestimmt. Warum ist es so schwierig, der zu sein, der man ist?

Belastet

Alle Lehrer haben sich über die Last beklagt, zu sein, was und wer sie sind. Sifu Chan sagte einmal in bezug auf das Bild, das seine Schüler von ihm haben: »Sie gehen mit meinem Blut um, als wäre es Wasser.« Saotome sensei meinte einmal über seine Rolle als »Meister«, daß er ein solches Leben nicht einmal einem Hund wünschen würde. Sanapia erklärte, daß der Grund, weshalb es so wenige »echte Doktoren« gebe, darin bestehe, daß nur wenige Menschen bereit seien, die Belastungen auf sich zu nehmen, die mit dieser Rolle einhergehen. Wenn ich ganz ehrlich bin, so wünsche ich mir, nachdem ich ein halbes Erwachsenenleben lang gesehen habe, wie die Lehrer mit ihrer Last ringen müssen, niemals, Meister, Schamane oder Guru zu werden. Es ist ein unglaublich hartes und schwieriges Leben.

Einsam und distanziert

Alle Lehrer verstehen es ausgezeichnet, mit Menschen klarzukommen – wann immer sie wollen, können sie sich von bewundernden Schülern umringen lassen. Ich habe aber auch feststellen können, daß sie in der Regel nur sehr wenige enge Freunde haben und daß sie einigermaßen regelmäßig ihr Gefühl der Einsamkeit und Isoliertheit ausdrücken. Ich glaube, daß ihr Bedürfnis nach Geselligkeit, verbunden mit dem Zwang, sich von persönlichen Bindungen freizuhalten, der Grund dafür ist, daß sie die Haltung der Distanziertheit zu einer hohen Kunst entwickelt haben. Die abweisende Pose ist ein Schutzmechanismus.

Das Gefühl der Niederlage und des Aufgebens

Ich habe jeden der Lehrer von Zeit zu Zeit erklären hören, daß er seine Tätigkeit aufgeben möchte. Meistens entspringt dies einer Kombination aus Ermüdung und Depression, die auf dem Mangel an Verstehen beruht, welchen die Lehrer erfahren müssen. Diese Drohung, ihre Arbeit an den Nagel zu hängen, ist meistens nur kurzlebig. Sifu Chan spricht davon, sich zur Ruhe zu setzen und nur noch einige wenige Privatschüler anzunehmen. Reverend Bowes beschreibt, wie er morgens aufwacht und das Gefühl hat, daß er nie mehr sensitiv sein kann. Saotome sensei drückte diesen Gemüts-

171

zustand einmal dadurch aus, daß er sein Gesicht in einer Entfernung von 10 cm vor eine Wand hielt, mit dem Zeigefinger kräftig gegen die Wand schlug und dabei im gespielten Zorn wiederholte: »Aikido, Aikido, Aikido, Aikido.« Sanapia meinte mehrmals, daß sie, wenn es allein nach ihr ginge, auf der Stelle mit dem Heilen aufhören würde – doch, so erklärte sie, »mein Volk braucht mich«.

Die frustrierten Eltern

Sehr häufig verwenden die Lehrer das Bild vom Verhältnis der Eltern zu ihren Kindern, um ihre Beziehung zu anderen Menschen zu beschreiben. Natürlich sind sie der Elternteil, während man selbst das Kind ist. Darüber hinaus sehen sie sich selbst als die weisen, liebevollen Eltern von solchen Kindern, die sich weigern zu gehorchen – zumindest so oft, wie sie es eigentlich sollten. Manchmal wird das Elternbild schon durch den Titel ausgedrückt, den der Lehrer trägt. *Sifu* (chinesisch) und *sensei* (japanisch) bedeutet »Lehrer«, doch legen beide Ausdrücke auch die Assoziation »Vater« oder »älterer männlicher Verwandter« nahe. Als Reverend Bowes vergeblich versuchte, einer Gruppe klarzumachen, wie es sich anfühlt, sensitiv zu sein, platzte er frustriert heraus: »Für mich seid ihr wie Kinder!«

Lautes Denken

Die meisten Menschen versuchen, natürlich in unterschiedlichem Ausmaß, erst nachzudenken, bevor sie sprechen. Eine der Eigenschaften, die ich bei den Lehrern beobachten konnte, ist die, daß zwischen Denken und Sprechen bei ihnen nur eine kleine Zeitpause zu existieren scheint. Dies bewirkt, daß sie manchmal unerträglich offen und ehrlich wirken, bei anderen Gelegenheiten aber auch widersprüchlich. Manchmal fühle ich mich an ihrer Statt peinlich berührt, weil sie sich beim Denken-Sprechen nur wenig an die übliche Selbstkontrolle halten, die den meisten von uns aufgezwungen wird. Dies macht sie sehr angreifbar. Es läßt sie verwirrt und verunsichert erscheinen. Doch sprechen sie oft ganz wörtlich das aus, was sie denken, und wenn man dies erst einmal verstanden hat, so kann man ihr gesprochenes Wort als das Geschenk eines Menschen begreifen, der einen dazu einlädt, ohne eine Unzahl persönlicher Vorbereitungsformalitäten unmittelbar an seine innerste Herdstatt zu treten.

Ehrlichkeit

Vor meiner Erfahrung mit den Lehrern war ich der Auffassung, daß Ehrlichkeit ein wünschenswerter Zug in zwischenmenschlichen Beziehungen sei. Das meine ich zwar immer noch, doch haben die Lehrer mir gezeigt, daß es eine Stufe der Ehrlichkeit gibt, die beinahe unerträglich ist. Damit meine ich nicht einmal die offene, unverblümte Aussage, die der Lehrer direkt an einen Schüler richtet, sondern eher eine nachhaltige Unlust oder Unfähigkeit, Gefühle zu verbergen, die zu verbergen der »normale Anstand« doch zu fordern scheint. Absolute, nackte Ehrlichkeit von einem Erwachsenen zum anderen ist atemberaubend. Offengestanden versuche ich, wann immer möglich, die Lehrerstufe der Ehrlichkeit zu vermeiden. Sie kann so schmerzvoll sein, daß man sie nicht mehr akzeptieren kann. Dennoch hatte ich das Gefühl, daß eine der Rollen, die ich bei der Unterstützung der Lehrer spielte, darin bestand, Empfänger ihrer Ehrlichkeit zu sein. Diese Ehrlichkeit offenbarte mir mein Selbst und offenbarte mir ihr Selbst. Ich erinnere mich an ein Erlebnis mit einem der Lehrer, als dieser gerade die schmerzvolle Auflösung einer Liebesbeziehung durchmachen mußte. Um dem Erscheinen des Lehrers auf meiner Türmatte zu entgehen, ging ich lieber vorsorglich angeln. Ich hätte es besser wissen müssen. Der Lehrer stöberte mich auf und verfolgte mich den Fluß entlang, während ich meine Köder auswarf. Die schiere Ehrlichkeit des völlig unverblümt ausgedrückten Schmerzes des Lehrers war so schwer zu ertragen, daß ich immer und immer schneller das Flußufer entlang lief, in dem unmöglichen Versuch, dem Lehrer zu entkommen. Schließlich wurde mir die Lächerlichkeit der Situation klar, und ich blieb stehen, rammte meine Angel in den Boden und rüstete mich, einen der Preise dafür zu zahlen, daß ich die Freundschaft eines Lehrers genießen durfte.

Respekt für ihre Lehrer

Keiner der Lehrer steht völlig allein da, und keiner ist abgeschnitten vom Gefühl einer langen, glorreichen Vergangenheit. Ihre unmittelbaren eigenen Lehrer werden stets verehrt und als Quelle der Autorität und des Ursprungs ihres gegenwärtigen Lebens benutzt. Alles, was der Lehrer als Lehrer tut, geschieht aufgrund irgendeines tiefgründigen Gelübdes, das ihm sein eigener Lehrer abverlangt hat. Ihrerseits versuchen die Lehrer, vielversprechende Schüler in einen gelübdeähnlichen Vertrag zu verwickeln, der auf Treue, Ehre, fiktiver Verwandtschaft oder einer potentiell bedrohlichen magischen Verbindung über Raum und Zeit hinaus beruht.

Das Gefühl, eine Mission und ein Ziel zu haben

Aufgrund ihrer machtvollen Beziehung zu ihren eigenen Mentoren stellen die Lehrer das starke Gefühl zur Schau, einen persönlichen Auftrag zu haben. Sie sind Menschen, die etwas Wichtiges aufrechterhalten oder erreichen müssen. Einer der Gründe, weshalb mich solche Individuen immer wieder angezogen haben, ist der, daß ich mich in der Nähe von Menschen, die »einen Auftrag im Leben« haben, die sich voll und ganz auf ein bestimmtes Ziel konzentrieren, erheitert fühle. Sie haben die Anziehungskraft eines Don Quijote. Es ist möglich, daß sie niemals siegen werden, doch können sie es sich selbst nicht erlauben, den Versuch aufzugeben.

Großzügigkeit

Bei meinen Versuchen, die Lehrer zu beschreiben, habe ich sehr oft das Wort »entwaffnend« gebraucht. Eine der Weisen, wie sie einen entwaffnen können, sind spontane Akte der Großzügigkeit. So besuchte ich beispielsweise einmal einen der Lehrer nur wenige Stunden, nachdem ich erfahren hatte, daß mein Vater in einer mehrere hundert Kilometer entfernten Stadt schwer erkrankt war. Sobald ich dies erzählt hatte, griff der Lehrer in seine Tasche und reichte mir zweihundert Dollar für mein Flugticket. Warum er damals so viel Geld in seiner Tasche hatte, ist eines der süßen Geheimnisse, die das Leben mit den Lehrern häufig durchdringen. Denn in der Regel war es eher so, daß eben dieser Mann mich um Kleingeld anzupumpen pflegte, um sich eine Tasse Kaffee kaufen zu können.

Intelligenz, Originalität, Kreativität

Die Lehrer sind hochintelligent. Ihre Intelligenz wird durch eine unverwechselbare Originalität und Kreativität gekennzeichnet. Sie sind Individuen, die »einwärtsgerichtet« sind. Sie scheinen über eine große innere Reaktionsfähigkeit zu verfügen. Ich konnte bemerken, daß eine ihrer Hauptaufgaben darin besteht, Probleme ihrer Anhänger zu lösen. »Was soll ich tun?« ist die häufigste Frage, die an den Lehrer gerichtet wird. Der Wert des Lehrergeistes unter diesen Umständen besteht darin, daß er durch seine Kreativität das Denkmuster durchbrechen kann, das den Nicht-Lehrer oft blind für eine Lösung seines Problems macht. Der Geist der Lehrer war für mich persönlich immer einer ihrer Anziehungspunkte. Vielleicht konnte ich durch meine Jahre akademischer Ausbildung die Macht und Subtilität ihres Denkens angemessen würdigen, während sie umgekehrt in mir jemanden sahen, der diese Facette ihrer Funktion wahrnehmen und verstehen konnte.

Mittelpunkt der Aufmerksamkeit

In jeder Gruppe müssen die Lehrer Mittelpunkt der Aufmerksamkeit sein. Sie sind Lehrer und Showbusiness-Typen, und man kann ihren gesamten Lebensstil als Mechanismus deuten, mit dem sie die Aufmerksamkeit ihres Publikums fesseln. Die Lehrer leben nicht in einer Demokratie. Man ist ihnen nicht ebenbürtig, und normalerweise interessieren sie sich nicht sonderlich für die Meinung ihrer Schüler. Deshalb benutzen sie ihr Charisma, ihre Intelligenz, ihre Erfahrung und ihren Witz, um stets die Bühnenmitte für sich zu beanspruchen. Sie scheinen zu glauben, daß es ihr Recht und ihre Verpflichtung ist, in allen gesellschaftlichen Beziehungen zu dominieren. Wenn sie dies aus irgendwelchen Gründen nicht tun können, zeigen sie meistens Entzugssymptome.

Das Beantworten nichtgestellter Fragen

Dieser Aspekt der Lehrerpersönlichkeit fiel mir zuerst bei der Arbeit mit Poafbypitty auf. Je länger ich sie kannte, um so häufiger geschah es, daß sie meine Fragen schon beantwortete, bevor ich sie überhaupt gestellt hatte. Die nicht-gestellte Frage, welche sie beantwortete, war jedoch stets von einem besonderen Typ. In der Regel bezogen sich diese Fragen nicht auf mein offizielles Studium ihrer Methoden oder ihrer Lebensgeschichte, sondern waren vielmehr relativ persönlicher Art. Zunächst glaubte ich, daß dies eine besondere Eigenart von Sanapias Beziehung zu mir sei. Doch machte ich die Entdeckung, daß viele Leute diesen Aspekt von Sanapias »Macht« beschrieben. Als ich später andere Lehrer kennenlernte, machte ich dieselbe Feststellung in ihrem Verhältnis zu mir, wie auch zu ihren Schülern, Patienten, Klienten und Anhängern. Ich versuchte diese Reaktion sogar dadurch zu provozieren, daß ich mich in ihrer Gegenwart ganz bewußt auf eine bestimmte Frage konzentrierte. Doch bissen sie niemals an: Stets bekam ich nur eine Antwort oder einen Kommentar zu der wirklich wichtigen und nicht bewußt gestellten Frage.

Dieser Aspekt ihrer Persönlichkeit erklärt auch, wie ich meine, die Augenblicke scheinbar willkürlicher und spontaner Gedankensprünge während ihrer Interaktion mit Schülergruppen. Wenn die Schüler nach einem weitschweifigen Vortrag des Lehrers ihre Aufzeichnungen miteinander verglichen, so stellten sie häufig fest, daß Teile des Diskurses sich auf ganz spezifische und persönliche Fragen bestimmter Schüler bezogen. Mit anderen Worten: Was wie ein abschweifender Monolog vor einer versammelten Gruppe erschien, war tatsächlich eine Serie höchst persönlicher Interaktionen während einer Gruppensitzung.

Das Erzeugen ungewöhnlich starker Gefühlsreaktionen

Ich bemerkte das flüchtige, kaum greifbare emotionale Klima, welches der Lehrer hervorbringen kann, zum ersten Mal bei meiner Arbeit mit Sanapia. Für mich selbst begann ich es als das »Hexen-/Heiligensyndrom« zu bezeichnen. So wurde Sanapia beispielsweise von jenen, welche sie kannten, niemals mit neutralen Bezeichnungen bedacht. Entweder war sie die Bewirkerin von Wundern und eine Heilerin, oder sie galt als Hexe.

Dies stellt für Menschen, die mit Lehrern zusammenarbeiten, eine mögliche Fallgrube dar. Es ist sehr leicht, zusammen mit dem Lehrer polarisiert zu werden. Als es bei den Versammlungen und Festen im Comanchenlager deutlich sichtbar wurde, daß ich mit Sanapia zu tun hatte, hatte ich mich nach Auffassung der Comanchen offensichtlich für die »Heiligen«-Interpretation dieser Lehrerin entschieden. Das bedeutete natürlich, daß ich für jene, die im »Hexen«-Lager waren, den Komplizen oder Helfershelfer der Hexe darstellte. Wenn man eng mit einem Lehrer zusammenarbeitet, kann die Möglichkeit, innerhalb der gesamten Gemeinschaft neutral zu agieren, dadurch beeinträchtigt werden.

Ich bin ebenfalls von diesem Aspekt ihrer Natur beeinflußt worden. Die Lehrer sind wunderbare Charaktere und die besten Freunde. Ich fühle mich die meiste Zeit sehr wohl in ihrer Gegenwart und suche diese, wann immer es mir möglich ist. Ich würde jedem von ihnen mein Leben anvertrauen, wie auch das Leben meiner Frau und Kinder. Würden sie mir in irgendeiner Sache ihr Wort geben, würde ich dies als Wahrheit akzeptieren. All dies sage ich nicht etwa aus der Kniefall-Reaktion des Jüngers heraus, denn ich habe zu keinem von ihnen ein Jünger-Verhältnis. Es sind ganz einfach die Jahre meiner Erfahrung, die mich zu diesen Beobachtungen geführt haben.

Aus diesem Grund kann ich die Lehrer auch nicht »verwissenschaftlichen«. Die wissenschaftliche Methode, Philosophie, Forschungsmuster, Erklärungen und so weiter – all dies ist eine höchst komplizierte Auflistung von Betrachtungsweisen, bei der es vielerlei Meinungen gibt, aber ich bin der Auffassung, daß eine Facette der wissenschaftlichen Aneignung darin besteht, im Idealfall irgendeine Form von Neutralität anzustreben. Neutralität jedoch ist eines jener Worte beziehungsweise einer jener Zustände, womit über die Lehrer überhaupt nichts ausgesagt werden kann. Meiner Erfahrung nach erscheint der »gute Wissenschaftler« dem Lehrer als Langeweiler, und als solcher hat er nur wenig von der Kraft des Lehrers verdient und erhält auch entsprechend wenig. Der Lehrer seinerseits ist für den »guten Wissenschaftler« oft eine Enttäuschung und nur als weiterer Beweis des »guten Wissenschaftlers« gut, daß jene, die das Studium der Lehrer empfehlen, irregeleitet oder unwissend sind. Um den Lehrer zu erleben, um ihn zu erfahren, muß man ihn mit seinem ganzen Leben aufnehmen, nicht nur aus wissenschaftlicher Neugier für das Experiment, das nur einen mechanischen Aspekt eines eleganten Problemlösungsmechanismus darstellt, der zutiefst vom kognitiven und perzeptiven Stil des Westens beeinflußt ist. Ich hoffe, daß meine Aussage nicht allzu vereinfacht erscheint, wenn ich behaupte, daß eine westliche Frage auch stets eine westliche Antwort bekommen wird.

Ich suche ein so vollständiges Verhältnis zu den Lehrern, wie ich es nur erreichen kann, ohne mich selbst dabei zu verlieren. Dies schließt die normale wissenschaftliche Methode von vorneherein aus. Man hat mir nahegelegt, daß mein Widerstand gegen die völlige Aufgabe einen Zustand bewirkt, der mich für die Wahrheit des Lehrers blind macht. Doch haben wir eben alle unsere Grenzen. Ich interessiere mich nicht genügend für das Problem des Lebens nach dem Tode, um mich deswegen umzubringen. Einer der Reize bei meiner Arbeit mit den Lehrern besteht darin, festzustellen, wie sehr ich mich dem Feuer des Lehrers nähern kann, ohne von ihm verzehrt zu werden. Dies ist eine Art psychologischen und intellektuellen Stierkampfs, ein Grand-Prix-Rennen oder eine Gipfelbesteigung. Wie weit kann ich mich der Kante nähern? Die Aussicht am Ziel ist einmalig und wunderschön, doch tut man auch nur einen falschen Schritt, schon ist man tot. Die Lehrer haben mir beigebracht, daß ich den Tod nicht will. Ich mag mich selbst ganz gern, und ich suche nur danach, die Wertschätzung meines Lebens auszuweiten. Die Lehrer stellen einen Aspekt dieser Ausdehnung dar.

Das Wahrnehmen erweiterter Dimensionen

Für die meisten Leute wird der Mensch von einer Hautschicht begrenzt. Das Individuum wird in der Regel als Produkt des Zusammenspiels von Gesellschaft, Familie und persönlichen Erfahrungen gesehen, und wenngleich man dem Glauben an eine Seele oder einem dem Körper innewohnenden Geist gelegentlich einen Lippendienst erweist, spielt diese Dimension in den Alltagsbegegnungen der Menschen doch meistens keine sonderlich große Rolle. Für die Lehrer hingegen leitet sich einer der wichtigsten Aspekte dessen, was man ist, von ihrer weitaus umfassenderen Vorstellung vom Individuum ab. Es gehört bei ihnen zur Routine, zusätzliche bedeutsame Aspekte der jeweiligen Personen wahrzunehmen. Einer dieser Aspekte wird im Westen in der Regel als »Aura« bezeichnet. Manchmal nennt der Lehrer ihn »das Licht«, manchmal »Schwingung«, manchmal »Gefühl«. Alle glauben sie daran, daß der Mensch sich viel weiter in Zeit und Raum ausdehnt, als er selbst es in der Regel meint. Man ist nicht auf die eigene Hauthülle beschränkt, man ist nicht nur Akteur an diesem bestimmten Ort und zu diesem bestimmten Zeitpunkt.

Ich glaube, daß einer der Gründe dafür, daß die Lehrer eine solch wichtige Rolle beim Lösen von Problemen spielen, darin liegt, daß sie dazu fähig sind, von dem beteiligten Individuum mehr Informationen über das Problem zu erhalten, weil sie ihre »Netze« der Informationssuche weiter auswerfen als die meisten Menschen. Zwar sehen sie nicht jedes Mal die Aura als Informationsträger, doch indem sie sie mit »geistigen Augen« suchen, erweitern sie das Spektrum unterschwelliger Informationen, welche den Nicht-Lehrern kaum zur Verfügung stehen, weil diese gar nicht erst versuchen, danach Ausschau zu halten. Im Laufe zahlreicher Jahre der Beobachtung von Lehrern konnte ich bemerken, daß viele der verblüffend genauen Beobachtungen, die sie über Menschen und Situationen machen, nicht unbedingt auf irgendeiner unerklärlichen Psi-Fähigkeit oder einer übernatürlichen Begabung beruhen, sondern darauf, daß sie sich selbst beispielsweise durch das Idiom der Aura einfach mehr Suchkanäle gestatten. Dies gilt ebenso, wenn der Lehrer nach seinem »Geistführer« oder »Schutzgeist« nach dem Reich der Vorfahren sucht, oder wenn er nach irgendeiner Gottheit Ausschau hält.

Ausgeprägter Sinn für Geheimnisse

Die Lehrer »enthüllen nicht alles«. Ich glaube, daß sie selbst dann, wenn sie alles enthüllen, große Sorge tragen, daß dies nicht bekannt wird. Das verleiht ihnen stets eine Persönlichkeitsfacette, die verborgenes Wissen oder noch nicht offenbarte Information andeutet. Jeder der Lehrer hat sein eigenes Repertoire an »Mimik«, »Blicken« und Körpersprache und Handbewegungen, durch welche er den Eindruck vermittelt, daß es über ein bestimmtes Thema noch sehr viel mehr zu sagen gäbe. Natürlich stellt die Tendenz, anzudeuten, daß es noch viel mehr zu erfahren gibt, eine Methode dar, mit der sie dein Interesse und deine Aufmerksamkeit zu fesseln verstehen.

Schauspielerei

Ich habe weiter oben die Unschuld und den Reinheitsaspekt der Lehrer erwähnt. Dies läßt sich auch anders ausdrücken, nämlich als relative Hemmungslosigkeit oder als gewaltige Fähigkeit zu spontanen Handlungen. Gleichzeitig gilt allerdings auch, daß die Lehrer die Tendenz haben, sich selbst zu bestimmten Zwecken Rollenspielen zu unterwerfen. Sie verwickeln ihre Schüler in Theater, in eine Art Miniatur-Psychodrama. Ich habe festgestellt, daß niemand um des Effekts willen gesellschaftliche Szenen so gut arrangieren und seine Rolle auf solch komplexe Weise spielen kann wie die Lehrer. Das Ausmaß, das diese Inszenierungen, Rollenspiele und so weiter oft annehmen, geht weit über jede Norm hinaus und kann geradezu verblüffend wirken. Ich habe auch mitangesehen, wie zwei von ihnen ihre Schüler aufzogen, indem sie ihnen sagten, daß sie gelegentlich Spiele mit ihnen spielten. Doch aufgrund der Kraft dieser Beziehung zueinander werden solche Spiele nur selten im vorhinein entlarvt, dies geschieht vielmehr immer erst hinterher, nachdem der Lehrer dem Schüler bewiesen hat, was zu beweisen war.

Einer der Lehrer beschrieb einmal die folgende Szene, die von seinem eigenen Lehrer manipuliert wurde. Dies geschah vor einigen Jahren in Japan, als die älteren Schüler dem Großmeister einen förmlichen Besuch abstatteten. Zur Besuchergruppe gehörten zahlreiche hochrangige Schüler sowie ein Anfänger. Als die Schüler gerade mit dem Großmeister Tee tranken, erschien ein Betrunkener an der Tür und stolperte in die Versammlung, wobei er den Großmeister auf joviale, aber betrunkene und respektlose Weise in ein Gespräch verwickelte. Der Großmeister wirkte nicht weiter erregt, doch die älteren Schüler verloren die Fassung und starrten den Betrunkenen mißbilligend an. Als einer der älteren Schüler gerade aufstehen und den Betrunkenen mit Gewalt hinauswerfen wollte, erhob sich der Anfänger schnell, legte dem Trunkenbold den Arm um die Schultern und fragte ihn, wo er das Zeug her hätte, das er getrunken hatte. Der Anfänger forderte den Betrunkenen dazu auf, mit ihm saufen zu gehen, und gemeinsam verließen sie den Raum.

181

Nun entschuldigten sich die älteren Schüler wortreich bei dem Großmeister und schimpften über das Verhalten eines derartigen Flegels. Noch während sie sprachen, erschienen der »Betrunkene« und der Anfänger wieder in der Tür. Doch war der »Betrunkene« nun plötzlich wieder nüchtern, während er höflich seinen Lehrer ansprach. Daraufhin stellte der Großmeister den »Betrunkenen« als seinen besten Schüler vor und dankte ihm für seine Schauspielerei. Dann richtete er seinen Blick auf die zutiefst beschämten älteren Schüler und sagte: »Ihr seid nichts als Abschaum! Der da«, er zeigte auf den Anfänger, »ist euer wirklicher Lehrer.«

Nachdem ich die Lehrer so lange habe »spielen« sehen, stelle ich nun fest, daß ich genauestens darauf achte, mir der Nuancen und Eigenarten ihrer Beziehung zu mir äußerst bewußt zu werden. Das ist nicht gerade Paranoia, sondern vielmehr eine leichte Spannung zwischen den Lehrern und mir, um festzustellen, ob die Lehrer mich »auf dem linken Bein erwischen« können und ob ich es vermeiden kann, erwischt zu werden. Ich glaube, daß wir inzwischen bei einem Patt angelangt sind. Ich bin ebensooft erwischt worden, wie ich das Drama verhindern konnte, weil ich es auf mich zukommen sah.

Sinnlich, emotional, irdisch

Die Lehrer sind robuste und vitale Persönlichkeiten. Im Besitz guter körperlicher Gesundheit genießen sie die Freuden des Fleisches. Es sind keine Menschen, die Angst davor haben, sich zu befriedigen. Sie trauen sich, es zu tun. Die Menschen in ihrer Umgebung wirken dagegen immer relativ unter Druck und zaghaft. Die Lehrer genießen Sex, Essen und Musik, das Lachen und das Sammeln von Erfahrungen. Es macht ihnen großen Spaß, zu reisen, neue Erfahrungen zu machen und neue Menschen kennenzulernen. Die Lehrer sind keine zölibatären Verleugner des Sinnlichen. Manchmal habe ich das Gefühl, daß das ganze harte Training und Leben, welches sie in ihre Position als Lehrer gebracht hat, hauptsächlich von ihrer leidenschaftlichen Liebe zum Leben und von ihrem ständigen Verlangen, das Leben auszudehnen und lebendiger zu machen, angetrieben wurde. Ich finde ihre irdische Lebhaftigkeit sehr anziehend.

Mir ist oft der Gedanke gekommen, daß eine der Aufgaben der Lehrer darin besteht, einen Mikrokosmos der Erfahrungen zu repräsentieren, die dem Menschen möglich sind. Sie können mit den Engeln fliegen und sich mit den Schweinen im Schlamm suhlen, ohne in den Wolken oder im Dreck klebenzubleiben. Sie sind die naturhaftesten Menschen, die zudem auch Einsichten in die hochentwickeltsten und zivilisiertesten Möglichkeiten des Menschen schlechthin bieten. Mir ist auch aufgefallen, daß sie sehr viel mehr Zeit darauf verwenden, irdisch und robust zu sein, als »mystisch involviert«. Ich glaube, daß die Lehrer sagen würden, daß ihre vitale Lebensweise ein Reflex oder eine Nebenwirkung ihres »spirituellen Involviertseins« ist.

Die Auswirkungen der Lehrer auf mich

Ich kann der Frage nicht entkommen: »Wie habe ich eine traditionelle Comanchen-Schamanin kennengelernt, einen hochbegabten Sensitiven und zwei Meister östlicher Kampfkünste?« Ich habe keinen von ihnen gesucht. Sanapia lernte ich »zufällig« kennen. »Zufällig« kam ich auch eines Nachmittags in einer verschlafenen Stadt in Florida vor Albert Bowes' Haustür an. Und obwohl ich normalerweise keine Kampfsportvorstellungen besuche, endete ich bei einer ebensolchen Vorstellung in dem selben Raum wie Sifu Chan. Was nun Saotome, den Aikido-Meister, angeht, so wählte er nach seiner Übersiedlung in die Vereinigten Staaten seine Bleibe nur wenige Stunden von mir entfernt. Auch Sifu Chan kam, als er China verließ und seinen Tempel errichtete, in die Stadt, in der ich lebte. Es gibt noch einige andere Beispiele für solche Ereignisse, die ich hier nicht alle aufzählen kann. Ob ich irgendwie gesucht wurde? Wie hätte das sein können? Es scheint mir, daß ich nur sehr wenig zu bieten habe, ich weiß aber auch, weil man es mir nämlich bei vielen verschiedenen Gelegenheiten immer wieder gesagt hat, daß ich ein geradezu phänomenales Glück gehabt habe, langjährige positive Begegnungen mit Lehrern zu erleben – und daß ich mich in keiner Weise direkt darum bemüht habe. Warum denn dann? Und wie? Was ist ein Zufall? Ich hoffe nur, daß dieses mein »Glück« wirklich nur ein äußerst dramatischer Zufall ist, denn sollte dem nicht so sein...

Die Lehrer haben mich dazu gebracht, den Sinn meines Lebens, meine Aufgabe im Leben zu hinterfragen. Das ist nichts Vorherbestimmtes. Viele von ihnen sagten mir, daß sie an irgendeinem Punkt im Leben das Gefühl hatten, vor einer echten Wahl zu stehen. Sie wurden zu ihrem gegenwärtigen Zustand nicht gezwungen. Die wirkliche Macht und Kraft besteht darin, daß sie sich für ihr Leben entschieden und dafür Stolz und Verantwortung angenommen haben. Ich erinnere mich noch an jenen Tag vor vielen Jahren, als ich, als Universitätsprofessor in den mittleren Jahren, plötzlich meine Aufgabe erkannte und meine Wahl traf. Ich holte gerade meinen Büroschlüssel aus der Tasche, als mein Blick auf das Schild an meiner Tür fiel, auf das Schild, das ich schon Tausende von Malen zuvor gesehen hatte: »David E. Jones, Ph. D.«. Ich bemerkte, daß darauf nicht »Anthropologe« stand, sondern »Ph. D.«, also Doktor der Philosophie. Es war, als hätte ich es noch nie zuvor im Leben gesehen. Dann fiel mir eine recht vereinfachende, aber zutreffende Definition der Philosophie ein: »Die Suche nach der Weisheit«, und plötzlich fühlte ich mich selbst aufs neue definiert. Ich war kein Anthropologieprofessor, sondern ein Weisheitssucher, dessen Hauptforschungs- und Mitteilungsgebiet die Anthropologie war, der Zustand des Menschen, die *condition humaine*. Ich war ein »Professor der Weisheit«. Ich war ein Lehrer. Mein Job, mein Lebenswerk bestand darin, anderen Mitteilung von der Weisheit zu machen, die sich, wie ich glaube, im Abenteuer, Mensch zu sein, finden läßt. Das lag nicht etwa daran, daß ich der Meinung gewesen wäre, dies besonders gut zu können, sondern weil ich glaubte, daß es angesichts meiner Natur und meiner Talente die bestmögliche Art war, mein Leben zu nutzen. Ich hatte eine Aufgabe. Ich hatte ein Ziel. Diese Worte können nicht wirklich das Gefühl vermitteln, welches sie anzeigen. Ich hätte mich auch dafür entscheiden können, meine Energie auf meine Karriere als Professor oder auf die Hochschulpolitik zu lenken, doch wäre dies eine weniger effiziente Wahl gewesen.

Den Lehrern eignet ein Adel, der meiner Überzeugung nach teilweise aus ihrer inneren Sicherheit herrührt, daß ihr Leben nützlich ist. Aber ich habe versucht, meine persönliche Aufgabe aufzuwerten, und meiner Arbeit als Lehrer Würde, Eleganz und Adel zu verleihen. Tatsächlich war dies gar nicht einmal besonders schwierig, nachdem ich erst die innere Gewißheit darüber erlangt hatte, was ich wirklich war und was ich wirklich wollte. Es ist ein Gemeinplatz, daß Angst und Sorge weichen, wenn man sich erst einmal dazu entschlossen hat, nach eigener Wahl zu leben und zu sterben. Inzwischen bin ich unfähig, mein Lehrer-Selbst zu verleugnen. Diese »Unfähigkeit des Leugnens« ist ein weiterer Aspekt der Wahlmöglichkeit, die in mir die Lehrer durch das Beispiel ihres Lebens offenbart haben.

Die Lehrer haben mir ein erheblich gesteigertes Gespür für das Wunderbare im Menschen gegeben, ein Gefühl der Erregung angesichts der Zukunft, eine tiefe Demut, was meine Errungenschaften als Mensch angeht, und ein gesteigertes Gefühl des Stolzes und der Ehre aufgrund meines bloßen Existierens. Sie haben mich die Macht der Einsamkeit gelehrt und haben mir wundervolle Ziele gesetzt, denen ich nachstreben kann. Sie haben mich gelehrt, daß »Vollkommenheit allein für die Götter reserviert ist«, und daß »jeder einen After hat«. Aufgrund der Begegnung mit ihnen kann ich mir meine eigenen Unzulänglichkeiten leichter verzeihen und meinerseits anderen Menschen gegenüber mitfühlender, toleranter und verzeihender sein. Sie haben mich gelehrt, dem bloßen ichbezogenen Spirituellen und Mystischen zu mißtrauen und statt dessen die reine, schiere Erfahrung zu genießen. Ich habe von ihnen nicht gelernt, an Götter zu glauben, an das Leben nach dem Tode oder an die Realität geistiger Dimensionen abseits meines Alltagslebens. Man hat mir beigebracht, Ehrfurcht angesichts der Gewalt und Großartigkeit des Lebens zu empfinden, und daß alle scheinbar wunderbaren Fähigkeiten und Wahrnehmungen im Angesicht der nackten Tatsache der Existenz einfach da sind, um von jenen entdeckt zu werden, die dies wollen, und von jenen, die es wagen.

Bibliographie

Jones, David E.

1972: *Sanapia: Comanche Medicine Woman*, Holt, Rinehart, and Winston, Inc.: New York.

1979: *Visions of Time*, The Theosophical Publishing House: Wheaton, Illinois.

1980: »Face The Ghost«, *Phoenix: New Directions in the Study of Man*, Volume IV, Nr. 1 und 2.

1982: »Saotome: 20th Century Samurai«, *Phoenix Journal of Transpersonal Anthropology*, Volume VI, Nr. 1 und 2.

1984: *Sanapia: Comanche Medicine Woman* (2nd Edition), Waveland Press: Prospect Heights, Illinois.

Saotome, Mitsugi

1984: *Aikido and The Harmony of Nature*, SEDIREP: Boulogne Billancourt: France.

Douglas Sharon
Der gescheiterte Schamanenschüler

Einführung

Im Juli des Jahres 1970 begann ich mit Unterstützung eines Nicht-graduierten-Stipendiums der University of California, Los Angeles, eine anthropologische Studie der Glaubenssätze und Praktiken eines peruanischen Schamanen, der in der nördlichen Küstenstadt Trujillo lebte. Vor dieser Untersuchung hatte ich bereits fast ein Jahrzehnt in Trujillo gelebt und einen ortsansässigen *curandero* oder Schamanen kennengelernt: Eduardo Calderon. Und so gelangte ich zu dem Schluß, daß die Forschungsmethode, nämlich Eduardos Schüler zu werden, am wirksamsten sein müßte. Aufgrund der Tatsache, daß der Schamane dies begeistert begrüßte, faßte ich großes Vertrauen, daß die Sache gelingen würde.

Vom Standpunkt des Anthropologen her erwies sich mein methodischer Ansatz als äußerst erfolgreich. Im Laufe der vierzehn Jahre, die seit Beginn meiner Lehre vergangen sind, wurden drei Bücher und ein Dokumentarfilm produziert. Folglich wurde das ursprüngliche Ziel der Lehre, nämlich die ethnographische Dokumentation, erreicht. Doch bisher verdeckte der Forschungsschwerpunkt meiner ethnographischen Bestrebungen die Tatsache, daß das Lehrer-Schüler-Verhältnis eine Eigendynamik entwickelte.

Ziel des vorliegenden Aufsatzes ist es, von meiner Lehrlingszeit jene persönlichen Aspekte zu berichten, welche über die übliche Beziehung zwischen Anthropologe und Informant hinausgehen. Es ist wohlgemerkt ein Versuch in der Hoffnung, auf diese Weise vielleicht mithelfen zu können, die Kluft zwischen der Welt des Anthropologen und der des Schamanen zu überbrücken. Denn ich glaube, daß wir letztendlich auf derselben Suche sind: uns selbst zu erkennen.

Um für meine subjektiven Erfahrungen einen Bezugsrahmen zu haben, ist es angebracht, eine Zusammenfassung des anthropologischen Wissens über den nordperuanischen Schamanismus zu geben. Die Schamanen dieser Region sind die modernen Wächter einer einheimischen magisch-religiösen Tradition, die auf die Anfänge der Zivilisation der Mittelanden um 1400 vor Christus zurückgeht. Zu dieser Tradition gehört der Gebrauch eines Meskalinkaktus (San Pedro oder *Trichocerius pachanoi*) und einer *mesa*, eines Altars. Beide dienen in synkretistischen indianisch-christlichen Nachtritualen der Heilung von *dano* oder »Hexerei« einem Volkssyndrom, das ein breites Spektrum psychosozialer Probleme einschließt, die von den Konflikten und Spannungen des Alltagslebens herrühren. Die räumliche Anordnung der Gegenstände auf der *mesa* wird durch einen symbolischen Kodex »ausgeglichenen Dualismus« strukturiert, der ein kulturelles Muster vorgibt, an dem sich Ritual und Therapie orientieren. Der entscheidende Punkt wird beim Ritual dann erreicht, wenn der Heiler die Ursache der Erkrankung des Patienten seherisch erkennt. Seine Fähigkeit dazu wird bestimmt durch seine *vision* oder *vista*, seiner »Schau«, dem Kernmerkmal des Schamanen, das ihn von gewöhnlich Sterblichen unterscheidet.

Im Laufe unserer Beziehung erlebte ich schon früh einige deutliche Demonstrationen dafür, daß Eduardo eine starke intuitive Fähigkeit oder das sogenannte »zweite Gesicht« besitzt, mit der die schamanische Tradition verbunden wird. Dies geschah in Sitzungen, bei denen Eduardo korrekt hellzusehen vermochte (siehe Sharon 1978: S. 16–17). Als wir über diese Fähigkeit sprachen, erklärte mir Eduardo, daß er Menschen, Orte und Ereignisse, welche im Leben seiner Patienten mit traumatischen Geschehnissen zusammenhingen, »sehen« könnte; und er fügte hinzu, in seinen Visionen seien auch symbolische Motive und Assoziationen eingeschlossen. Er war der starken Überzeugung, *vista* sei kein übernatürliches Phänomen, es handle sich dabei vielmehr um eine Wahrnehmungsgabe, die allen Menschen eigen sei. Ob sich diese Anlage jedoch entwickle oder nicht, das sei eine Frage des persönlichen Schicksals. Training und Übung – entweder im Alleingang oder als Lehrling – könnten zwar zu Ergebnissen führen, garantierten aber an sich noch keinen Erfolg.

Bis gegen Ende meiner ersten beiden Arbeitsaufenthalte bei Eduardo (Juli/August 1970 und September/Oktober 1971) hatte ich seine *vista* im Laufe von acht Heilsitzungen und einer Vielzahl von Tageskonsultationen beobachtet. Ich hatte auch beobachtet, wie seine verbalisierten Visionen von seinen Gehilfen und Patienten und manchmal sogar von den sie begleitenden Verwandten und Freunden miterlebt wurden. Bei solchen Gelegenheiten wandte er sich oft an mich – inzwischen arbeitete ich als einer seiner Gehilfen –, um mich zu fragen, ob ich »sehen« könne. Abgesehen davon, daß ich nichts »sehen« konnte, erlebte ich niemals mehr als die allerschwächsten optischen Eindrücke – das Resultat der Einnahme des halluzinogenen Kaktus, von dem alle Beteiligten etwas zu sich nehmen mußten.

So war also die Lage am Abend des 27. Oktober 1971, als ich meine zweite Feldforschung beendete. Meine Filme waren aufgebraucht, ebenso meine Tonbänder (bis auf eins), und ich hatte meine Aufzeichnungen auf den neuesten Stand gebracht. Meine Pflicht als Anthropologe hatte ich erfüllt und glaubte nun das Recht zu haben, mir Zeit für mich selbst zu nehmen.

Ich teilte mir in Eduardos Heim ein Zimmer mit Dave Brill, einem Fotografen von National Geographic. Ich hatte mir eine Meskalintablette beschafft, und Dave willigte ein, als mein »Führer« zu fungieren, sollte dies erforderlich werden. Eduardo hatte Gäste, die im Eßzimmer übernachteten, also warteten wir, bis es im Haus still geworden war. Das Folgende ist eine Transkription der Tonbandaufzeichnungen, die ich im nachhinein zur Gedächtnisstütze über die Nacht vom 27. auf den 28. Oktober machte.

Letzte Nacht um 11.15 Uhr nahm ich eine Meskalinkapsel. Nach einem Spaziergang am Strand kehrten Dave und ich in unser Zimmer zurück und entzündeten eine Kerze. Etwa eine Stunde lang bemerkte ich nichts Ungewöhnliches.

Irgendwann zwischen Mitternacht und ein Uhr morgens zog Dave eine Komödienschau ab, die mich zum Lachen brachte. Während ich lachte, schloß ich die Augen, worauf ich Farbblitze wahrnahm. Es war, als wäre das Gelächter erhellt und koloriert.

Langsam, ohne zu begreifen wann, begann ich eine ganze Parade von Farben wahrzunehmen. Sie erschienen mir als vollkommen natürlich. Als ich die Kerze betrachtete, war mir, als würde ich sie zum erstenmal sehen. Sie sah klarer aus. Es war eine ganz gewöhnliche Flamme, sie schien nichts Ungewöhnliches an sich zu haben. Dennoch starrte ich sie an und war von ihr fasziniert. An diesem Punkt bemerkte ich, daß sich die Zeit verlangsamte. Ich blickte auf die Uhr, nachdem, wie ich glaubte, eine Stunde vergangen war, und stellte fest, daß es in Wirklichkeit nur fünfzehn Minuten waren.

Während ich den brennenden Kerzendocht im Wachs beobachtete, schien es mir, als sei der Docht hungrig und gierig und würde mit unersättlichem Appetit Wachs auffressen. Dies schien mir irgendwie ein Symbol der männlichen und weiblichen Kräfte der Natur zu sein, wobei das Männliche die Flamme war, welche das Weibliche verschlang, während das Weibliche das geschehen ließ.

Dann begann ich zuzusehen, wie die Seiten der Kerze abschmolzen. Plötzlich erschien mir das geschmolzene Wachs in der Kerze wie das Wasser der Hochlandlagune, die wir einen Monat zuvor besucht hatten, um dort an einem rituellen Bad teilzunehmen, das von den *curanderos* der Gegend abgehalten wurde. Das Wasser der Lagune vermehrte sich proportional zu der Art und Weise, wie die Kerzenränder, die ich nun als Gebirge sah – als scheinbar feste Berge – erodierten oder sich in die Tiefen der Lagune ergossen. Zu diesem Zeitpunkt war mir äußerst klar, welche Bedeutung die heilige Lagune eigentlich hatte. Mir schien, hier würden derart reale Manifestationen der Naturkräfte am Werk sein und ich würde unmittelbarer Zeuge dieses Prozesses von Verfall und Wachstum sein. Ich hatte das Gefühl, daß das Lagunenritual und die Idee von heiligen Lagunen einen Sinn bekamen und sehr viel mit dem zu tun hatten, wie das Universum funktioniert. Das brachte mich auf den Gedanken, der Baderitus sei wie eine Umkehr des Schöpfungsprozesses, beinahe wie eine Rückkehr in den Mutterleib. In die Tiefen des Kerzenwachses zu blicken war, als schaute man in eine Lagune, auf den Grund der Lagune, und als blickte man auf der anderen Seite wieder hinaus – so als wenn dort unten etwas passierte oder sich in die entgegengesetzte Richtung bewegte. Später erfuhr ich, daß ich einen Grundbestandteil der Anden-Kosmologie wahrgenommen hatte, der sich auf den Titicaca-See bezieht, dem Ort des Schöpfungsmythos (siehe Earls und Silverblatt, 1976, bes. Abb. 1–3, was dieses Konzept betrifft, wie auch die Analogie der »Kleinschen Flasche« in der modernen Mathematik). Mir war, als befände ich mich im Brennpunkt der Schöpfung innerhalb des Universums und als ob die *mesa*, die nächtlichen Sitzungen irgendwie in diesem Brennpunkt der Schöpfung auf eine Weise, welche sich den Regeln und der Vorstellung des rationalen Verstandes entzieht, einzufangen verstünde. Ich begann zu begreifen, daß die Nachtsitzung ein einwärtsdrehender Prozeß ist, eher eine nach innen als eine nach außen gerichtete Entfaltung. Dies schien das dunkle Ende des Spektrums zu sein, das Empfangende oder das Negative. Es schien, als ginge es bei einer Heilsitzung nur darum, durch einen Zyklus der Dunkelheit oder Ruhe oder Passivität oder durch die dunkle Seite der Schöpfung zu gehen – einen vollständigen Zyklus zu durchlaufen, um schließlich als ganzes Wesen wieder hervorzukommen und durch den Prozeß neuerschaffen oder wiedergeboren zu werden.

Ich erinnere mich, wie ich zu Dave davon sprach, und mich dieser Gedanke dazu führte, meine Umgebung zu beobachten. Ich bemerkte die Wände um mich herum: die Lehmziegelmauern. Indem ich sie ansah, konnte ich auch das Leben in ihnen erkennen: sie pulsierten. Sie enthielten goldene Mikroorganismen, die wie Insekten aussahen und vor Leben knisterten. Die Wand war voll von allen möglichen Aktivitäten. Sie war lebendig, und mir kam es zum erstenmal so vor, als sei das ganze Zimmer eine einzige große

Manifestation der Erde. Die Einzelheiten der Wand waren vollkommen klar zu erkennen. Die Mauer pulsierte von dem Leben der Organismen, aus welchen sie sich zusammensetzte, und ihre seelische Struktur war völlig ersichtlich.

Dann widmete ich mich wieder der Kerze und tauchte ein Stöckchen in die Tiefen, um das Wachs umzurühren und den Docht wieder richtig brennen zu lassen; dies erschien mir, als würde ich in einen zehn Meter tiefen Brunnen blicken. Der Kerzenteller war tief, und das Wachs befand sich weit unten. Das kleine Stöckchen war wie ein zehn Meter langer Pfahl. Als ich beobachtete, wie die Seiten der Kerze abschmolzen, konnte ich kleine Insekten und Organismen erkennen – pulsierendes Leben an den Rändern.

Zu diesem Zeitpunkt – es war ungefähr zwei Uhr morgens – spürte ich plötzlich, wie ich gehemmt war und das immer stärker wurde. Ständig hörte ich Leute, die sich draußen rührten und aufstanden, um ins Bad zu gehen; und ich weiß auch noch, daß die Person dort draußen eine Besucherin war, die sich immer noch in Eduardos Haus aufhält, und daß er nicht sehr glücklich über ihre Anwesenheit ist, ihr aber zur Gastfreundschaft verpflichtet ist, weil sie eine *comadre* ist. Ich war sicher, daß sie dort draußen war und sich über die brennende Kerze wunderte und ins Zimmer spähen wollte. Ich konnte ihre Neugier beinahe fühlen, und es war mir unangenehm.

Irgendwann blies ich dann die Kerze aus. Und als ich das getan hatte, umhüllte mich die Finsternis, quoll zu einer wirbelnden Masse, die ich am besten als das dunkle Universum bezeichnen kann, welches sich vor meinen Augen drehte. Das Ausmaß an Aktivität war gewaltig, wie gering war dagegen die ruhige, gelassene, sanfte Bewegung der Kerze und das Licht, das sie abstrahlte. Dies hier war wie ein Bombardement mit schwarzem Licht, das von grellweißen Blitzen durchzuckt wurde. Es war unheilvoll und böse. Ich war ein wenig verängstigt, hatte aber das Gefühl, noch die Kontrolle zu haben, und lehnte mich zurück, um alles zu beobachten.

Doch dann fühlte ich den Zwang, die Kerze wieder zu entzünden. Ich spürte instinktiv, daß man sich vor dieser Art finsterer

Erfahrung schützen mußte. Sie war bedrohlich und unheilverkündend, und ich spürte, daß sie sehr schnell zu etwas Bösem werden könnte, und wenn ich los ließ und mich davon packen ließ, es mich verschlingen und wegtragen würde. Dann könnte ich die Kontrolle über mich selbst verlieren.

Ich merkte, wie ich die Kerze wieder entzündete und – fast wie ein Schmetterling oder eine Motte – der Flamme entgegenflog. Das fröhliche Leuchten hatte etwas Beruhigendes an sich. Als ich den Docht genauer anschaute, konnte ich seinen Kern erkennen, der nun gespalten war und wie Kohle brannte. Es schien eine freundliche Schlange zu sein, die die Geheimnisse des Universums ausplapperte, und dennoch war sie von der Flamme umhüllt. Das war das Geheimnis: als würde sie die Flamme, die sie umgab, »aussprechen«. Gelegentlich war diese rotglühende Kohle auch der San Pedro-Kaktus. Ich konnte den Kaktus in feinen, fließenden Einzelheiten erkennen, und ich erinnere mich noch daran, wie er sich mehrmals in einen freundlichen Drachenkopf verwandelte. Vor allem aber war er hellrot und pulsierte sehr sanft. Das war recht entspannend. Verschiedene Male blies ich die Kerze aus, entweder ungewollt oder weil ich mich von dem gehemmt fühlte, was ich für Leute hielt, die draußen vor dem Zimmer hin und her gingen. Und jedesmal kam die Finsternis. Und mit jedem Mal wurde sie angsteinflößender und stärker.

Inzwischen merkte ich, daß Dave schläfrig wurde. Doch war er noch nicht richtig eingeschlafen. Als die Dunkelheit zunahm und wir in das schwarze, unheildrohende Universum mit den weißen Blitzen, den wilden Schlangen, den knirschenden Zähnen, den wirbelnden Atomen und Sonnen zurückkehrten, glaubte ich Dave zurufen zu müssen, daß wir auf jeden Fall wachbleiben müßten und nicht einschlafen dürften, da es irgendwie unheildrohend und gefährlich wäre, in diese Düsternis abzugleiten. Ich erinnere mich, wie ich meine Stimme hörte und sie so klang, als käme sie aus weiter Ferne. Sie zitterte, war ängstlich. Es schien, als würde ich aus mir selbst hinausgleiten, als würde ich mein Ich-Bewußtsein verlieren, als könnte ich mühelos in die dunkle Leere hinausgezerrt werden, die dort draußen wartete. Draußen in dieser Leere waren außer den

Erscheinungen vor meinen Augen keinerlei Aktivitäten zu beobachten. Es war dunkel und scheinbar leer, und doch nicht leer. Es war erfüllt von irgendeiner Art wallender Gegenwart – nicht von einem Lebewesen, vielmehr von etwas Dunklem und Geheimnisvollem, etwas wie Leere, wie das Nichts, der Anfang der Schöpfung, wer wollte das schon wissen? Was immer es auch war, es flößte mir Angst ein, und ich hatte das Bedürfnis, mich an das »Ich« zu klammern, an mich selbst, an Douglas Sharon, und mich ständig bei Bewußtsein zu halten, um mir nicht zu gestatten, in das Nichts abzugleiten. Ich spürte, daß es sich um etwas handelte, dem man, wie eine Manifestation der Dunkelheit – oder der Mächte des Bösen, wenn man so will – widerstehen mußte, und daß ich es nicht zulassen dürfte, von ihm überwältigt zu werden. Ich sah mich selbst – und dies war eine blitzartige Erkenntnis – als befände ich mich in einer Heilsitzung. Ich durchlief den vollständigen Kreislauf und mußte die Wache halten – die »Dämmerungspatrouille«, wie ich es zu nennen begann. Ich spürte, daß ich mich bei Bewußtsein halten, daß ich mein Ich-Gefühl nicht verlieren durfte und bis zum Morgengrauen durchhalten mußte.

Ich erinnere mich, wie ich an diesem Punkt außerordentlich lange versuchte, die Streichhölzer zu finden, die direkt neben meinem Ellenbogen lagen, aber den Anschein hatten, als wären sie sehr weit entfernt. Ich erinnere mich auch, wie ich mit Daves Band rang, während ich die Spule festhielt. Es fühlte sich an, als wäre es zehn Meter hoch. Ich erinnere mich sogar noch daran, daß ich das Wort »Makropsie« benutzte, das ich in der Literatur gelesen hatte. Die Gegenstände, die ich berührte, fühlten sich zehnmal größer an, als sie in Wirklichkeit waren. Es war ehrfurchtsgebietend. Es war und blieb immer noch sehr schwierig, die Streichhölzer zu finden und die Kerze schließlich wieder anzuzünden.

Als diese wieder entzündet war, kehrte ich in die Ruhe der Flamme zurück und wurde von dieser besänftigt. Ich fühlte mich beschützt, als ich in ihre Tiefen blickte. Ich weiß nicht, wann dies begonnen hatte, doch inzwischen lief eine schier unglaubliche Farbenschau ab, die Farben kreisten und wirbelten in jedem nur erdenklichen Ton und dies äußerst schnell – in der Kerze und außerhalb der Kerze, um mich herum, und überall dort, wo ich hinsah. Als ich ein Stöckchen in das heiße Wachs tunkte, um den Docht aufzurichten, und es dann wieder hervorzog, bemerkte ich kleine Lichtfunken und Fasern am Ende des Stöckchens, das in meiner Hand glühte. Meine Hände kribbelten und schienen voller Elektrizität zu sein.

Wieder merkte ich, daß Dave im Begriff war einzuschlafen. Als ich mit ansah, wie er einschlief, lief sein Gesicht purpurn an, und er sah aus, als würde er sterben. Ich weckte ihn, um ihm zu sagen, daß ich nicht wollte, daß er einschlief, weil ich befürchtete, daß er dann sterben würde. Ich erinnere, wie ich in diesem Moment sein Gesicht betrachtete und sehr genau hinsah. Zuerst waren da Funken goldenen Lichts um seine Augen und sein Haar. Als nächstes erinnere ich mich daran, wie ich die eine Hälfte seines Gesichts als Totenmaske, die andere dagegen als jung, gesund und vibrierend sah. Die Totenmaskenseite war purpurn und angeschwollen. Ich konnte sehen, wie die beiden Gesichtshälften mich direkt anstarrten. Das war zwar gespenstisch, aber auch vielsagend.

Ganz vage erinnere ich mich daran, daß es gegen drei Uhr morgens gewesen sein muß. Ich weiß noch, wie ich auf die Uhr schaute. Und das Erstaunliche daran war, daß mir die Zeit bewußt war. Ich schien die Stunden zu zählen. Ich erkannte in mir den Anthropologen, der zu analysieren versuchte, während er gleichzeitig am Geschehen beteiligt war. Ich erinnere mich an Daves Fragen. Er erkundigte sich bei mir, was eigentlich los sei. Manchmal wirkte er beruhigend auf mich. Bei anderen Gelegenheiten wiederum hatte ich das Gefühl, daß er mich veralberte. Er spielte den Anthropologen. Das erinnerte mich an mich selber, an das, was ich bei der Feldforschung zu tun hatte, um zu versuchen, Leuten Informationen zu entlocken. Es machte mich wütend, Anthropologe zu sein, und zu versuchen, ohne jedes echte Verständnis, ohne jedes echte Gefühl, von der falschen Warte aus in eine Sache eindringen zu wollen. Ich empfand diesen Prozeß des Eindringens als Beleidigung. Ich wollte es nicht tun, und doch war mir bewußt, daß ich es die ganze Zeit über tat. Es war eine seltsame Erfahrung. Mir war, als würde ich Nachtwache halten so wie ein x-beliebiger *curandero*, nur daß ich mich dabei beobachtete, wie es eben ein Anthropologe üblicherweise tut. Im einen Augenblick war ich erzürnt darüber, Anthropologe zu sein, im nächsten dagegen stolz darauf, *curandero* zu sein und diese Nachtwache zu halten.

Während dieser Selbstanalyse – so erinnere ich mich daran – erzählte ich Dave, daß ich die *curanderos* und ihre Funktion in Peru begriff – zumindest damals, als ich es in Worte faßte. Ich sah sie als große Teiche des Lichts, des Magnetismus, der Kraft, die Satelliten schienen aus den Fugen geraten und defekt zu sein, und sie wirbelten in die Umlaufbahn dieser größten Sterne oder Strudel hinein, um sich wieder zu fassen und daraufhin erneut davonzuwirbeln. Solange sie da waren, waren sie auch dazu bereit, sich dieser Umlaufbahn anzupassen. Mir schien, daß der Schlüssel zum erfolgreichen *curandero* darin bestand, wie eine dieser pulsierenden Sonnen oder eines dieser Magnetfelder zu funktionieren und sich das Bewußtsein um diese Funktion zu bewahren. Und all das war völlig natürlich, so wie eine Sonne in einer Galaxie funktioniert oder wie Planeten sich um unsere Sonne drehen. Der Schlüssel zu dem ganzen Prozeß war es, bewußt zu bleiben, die eigene Identität zu wahren. Man mußte darum kämpfen, bewußt zu bleiben und dazu fähig zu sein, sich an den ganzen Prozeß zu erinnern, um ihn zum eigenen Vorteil und zum Nutzen anderer zu gebrauchen. Nun war mir klar, weshalb ein *curandero* Sitzungen abhielt. Es war ein Prozeß, bei dem man mit der dunklen Seite des Lebens oder der eigenen Persönlichkeit konfrontiert wurde und einen Prozeß von Tod und Wiedergeburt durchlief, wozu es gehörte, bis zur Morgendämmerung durchzuhalten.

Diese Idee blieb hängen. Sie blieb noch hängen, als die Kerze wieder ausging und ich von der Dunkelheit umhüllt wurde. Diesmal bewegte sich die Finsternis noch schneller, war noch bedrohlicher und noch viel mächtiger. Ich verlor beinahe mein ganzes Körpergefühl, ich fühlte mich entkörpert, als würde ich einfach nur dort hängen. Ich erinnere mich an einen Fragenkomplex, der blitzartig in meinem Verstand ablief: Sollte ich loslassen, alles hinter mir lassen? Sterben und herausfinden, welches Geheimnis hinter dem Leben oder dem Tod stand? Oder sollte ich weitermachen, festhalten, mich an dieses Ego festhalten, kämpfen, durchhalten, dabeibleiben, die Nachtwache nicht aufgeben? Dies waren für mich Augenblicke großen Zweifels.

An diesem Punkt wurde alles besonders bedrohlich. Ich hatte das Gefühl, als würde etwas an meinen Füßen zerren. Irgend etwas lauerte dort draußen, um mich fortzuzerren, wie ein riesiger Staubsauger. Dort draußen war alles finster und leer. Ich konnte überhaupt nichts sehen. Aber ich konnte spüren, wie dort etwas lauerte.

Ich erinnere mich daran, wie ich merkte, daß es vier Uhr wurde und wie sich die Kräfte um mich herum zusammenballten. Gelegentlich war der Ozean zu hören, als würde er durch einen langen Tunnel tosen. Oder es erscholl Hundegeheul, und ich wurde mir für kurze Zeit meiner Umgebung wieder bewußt. Diese Wahrnehmungen drängten sich meinem Bewußtsein lange genug auf, um mir klarzumachen, daß mein Körper an allem, was hier geschah, beteiligt war.

Geräusche im ganzen Zimmer, wie von Mäusen, halfen dabei, mich zurückzuholen. Es waren kleine Alltäglichkeiten wie diese, die mich daran erinnerten, daß ich die Nachtwache durchstehen mußte und daß ich mich nicht von jener bedrohlichen Gegenwart verschlingen lassen durfte, worum es sich dabei auch immer handeln mochte.

Mehrmals mußte ich den Arm ausstrecken und Dave aufwecken, weil ich merkte, daß er eingeschlafen war; ich konnte seinen schweren Atem hören. Ich weiß noch, wie ich das Bedürfnis nach einem Bezugspunkt verspürte, danach, mit jemanden zu sprechen, mich mitzuteilen, und ihn zusammen mit mir wachzuhalten und nicht zuzulassen, daß er abglitt.

Ich erinnere mich, wie ich erneut die Kerze anzündete, um zu jener Flamme der Sicherheit zurückzukehren, zu jenem »Mittelpunkt des Universums«, wo alles lebte und pulsierte, wo Hoffnung war, wo ich Kraft für mein Sein finden und diese im Angesicht der »Gegenwart«, jener Finsternis dort draußen aufrechthalten konnte. Ich weiß noch, wie ich über Paranoia nachdachte und mich fragte, ob ich meine Erfahrung nicht beschnitt mit diesem Spiel von Gut und Böse, Licht und Finsternis, mit dieser falschen Dichotomie, dieser Aufteilung des Universums in zwei Hälften, die gar nicht wirklich existierten, da das Ganze schließlich eins war. Ich erinnere mich an lichte Augenblicke, da ich mich selbst beobachtete und stoisch über mich selbst lachen mußte, weil ich mich in diesem Dilemma befand. Manchmal war es tragikomisch. Doch wenn die Dunkelheit kam, wurde es beängstigend, wirklich und wahrhaft beängstigend. Ich mußte mich sehr anstrengen und mir mein Selbst-Bewußtsein wieder erkämpfen. Dann, als es vorbei war, hatte ich wieder diese lichten Augenblicke, was den Gesamtprozeß betraf. Es erschien mir als unsinnig, die Welt der Menschen und der Natur in zwei Hälften zu sehen. Und doch tat ich dies und erkannte auch, daß ich so sein sollte – die Welt auf diese Weise wahrzunehmen. Ich suchte nach einem möglichen Sinn, der sich aus diesem Prozeß ergeben könnte; und die Vorstellung von der Dualität schien mir (in jenen Augenblicken des Zweifels beim Nahen der Dämmerung) eine Art von Stabilität zu bieten.

Ich weiß noch, wie mir klar wurde, daß es fünf Uhr war, und wie die ersten schwachen Strahlen der Morgendämmerung durch eine Ritze im Dach hereinzuscheinen begannen. Ich weiß noch, wie schwach dieses Licht war. Da war es nun, während ich darauf wartete und danach Ausschau hielt. Mir war, als ob die Wache von fünf bis sechs Uhr die längste und schwerste sein würde. Nicht unbedingt die körperlich schwierigste, aber eine, die meine Geduld am stärksten auf die Probe stellen und die in mir das Bedürfnis erwecken würde, einfach nur loszulassen, den Kampf aufzugeben, mich selbst zu fragen: »Warum?«

Mir wurde eine Verbindung von Kräften dort im Raum und im Universum bewußt, eben genau wie das Flattern von Flügeln, und gelegentlich war es dies. Draußen im Hof lebten eine Ente und ein Huhn, die nun herumzuflattern begannen. Es waren die Geräusche des sich rührenden Lebens, doch klang es sehr wirr. Das Leben kämpfte und hatte sich noch nicht richtig manifestiert. Es war noch formlos. Es war wie die aufgehende Sonne, die ihren Weg hoch an den Himmel noch mühsam auskundschaften muß. Ich spürte diesen Kampf.

Ich erinnere mich an gräuliche Bilder. Die Farben waren noch immer da. Noch immer wirbelten sie umher. Doch mittlerweile hatte alles eine vage Grautönung angenommen. Es war nicht mehr alles entweder nur dunkel oder schwarz, beziehungweise hell oder weiß. Der Gesamttenor der Erfahrung erschöpfte sich nicht mehr allein in dem scharfen, schmerzlichen Kontrast von Licht und Dunkel. Jetzt gab es eine Konfusion der Kräfte und ein vorherrschendes Grau. Der ganze Verlauf der Morgendämmerung schien etwas Unvermeidliches, doch kaum Begreifbares zu haben. Er schien mit dem Gären des Lebens verwandt zu sein, mit Schöpfung und Geburt. Oder es bedeutete den Tod und keine Geburt. Es war eine Zeit voller Zweifel und Unbestimmtheit, und ich wäre beinahe eingedöst. Es galt Wache zu halten, so wie der *curandero* seine Wache hält. Das war klar. Es war nicht immer so klar gewesen, aber mit jedem Zweifel, mit jeder Prüfung, mit jedem Durchstoßen der Dunkelheit wurde es zusehends klarer. Jetzt war es also klar, und diese Klarheit verstärkte sich ständig. Mit dem Nahen der Dämmerung schien sie zuzunehmen. Zur gleichen Zeit war da aber auch noch dieser Kampf der noch nicht manifesten Kräfte, die sich durchzusetzen versuchten, es möglicherweise aber nicht schaffen würden.

Ich erinnere mich, wie die Geräusche der Alltagswelt immer mehr in mein Bewußtsein eindrangen. Das erste menschliche Geräusch, das ich vernahm, war das Baby, Francisco Antonio, das am Morgen weinte. Ganz plötzlich begriff ich, daß Leben da war und sich selber ausdrückte. Es hatte sich manifestiert. Und für mich war es, wie Zeuge einer Geburt zu sein.

Der Morgen nahte, es war zehn vor sechs, dann fünf vor sechs und schließlich sechs Uhr. Um sechs Uhr war es Zeit für mich, aufzustehen und mich mit kaltem Wasser in die Wirklichkeit zurückzuschrecken, so wie Eduardo es nach Sitzungen mit einer Technik tut, die er *refresco* oder »Erfrischung« nennt. Ich erinnere mich, wie ich genau dies tat. Ich vollzog das ganze Ritual des Aufstehens, des Einsammelns meiner Sachen und des Hinausgehens, um mich zu waschen und zu rasieren.

Als ich hinauskam, fiel mir ein, daß ein Teil der dunklen nächtlichen Gegenwart mit den Bewegungen des unwillkommenen Gastes im Haus zu tun gehabt haben könnte. Ich erinnerte mich wieder daran, wie meine Sorge, sie könnte lauschen, mich dazu bewegt hatte, beim ersten Mal die Kerze auszublasen, und wie dies die Manifestation der dunklen Gegenwart ausgelöst hatte. In diesem Augenblick war die menschliche Verbindung zwischen dem dunklen Universum und seiner Möglichkeit, sich im Alltagsleben als Zauberei zu manifestieren, äußerst real. Ich dachte, daß Eduardos Gast die menschliche Konzentration der dunklen Gegenwart war, und ich erwartete irgend etwas Schädliches, Böses von ihr.

Ich bin sicher, daß das Vorangegangene mich nun in jene Situation brachte, welche ich im Hinterhof erlebte. Als ich hinauskam, blickte ich auf den Boden, und einige der Abdrücke in der Erde sahen aus wie Skelette, die erst zusammenkamen und sich dann auflösten. Dann blickte ich zur Linken des Brunnens und glaubte, eine kleine Klapperschlange in grellgrünen und -roten Farbtönen in der Nähe des Brunnens zu erkennen. Mein erster Gedanke war: »Das muß das *daño* sein, welches diese Frau heute nacht hier draußen gepflanzt hat. Das hatte sie also vor. Nun ist es hier, und ich kann es sehen. Dagegen muß irgend etwas unternommen werden.«

Ich holte Dave aus dem Bett und bat ihn, mit mir hinauszugehen und sich anzusehen, was in der Nähe des Brunnes lag. Er aber sah nur ein Stück Entenkot!

Noch heute kann ich mich noch ganz genau daran erinnern, daß ich etwas sah, was ich für eine Klapperschlange hielt – eine kleine grün-rote Klapperschlange. Ich dachte, sie läge da und würde jeden Moment angreifen und zubeißen. Während ich mich wusch, warf ich dem Ding andauernd verstohlene Blicke zu. Dave wollte mit dem Fuß etwas Erde darüber schaufeln. Ich weiß noch, wie ich sagte: »Dave, tritt nicht hinein.« Es hatte den Anschein, als wäre dort irgendeine Art magischer Kreis: der ganze Boden in unmittelbarer Umgebung schien trocken, während der Rest des Bodenstücks feucht war. Ich hatte das Gefühl, daß das *daño* Dave packen würde, wenn er darauf trat. Ich warnte ihn davor, und so ging er schließlich wieder ins Bett.

Als ich genauer hinsah, stellte ich fest, daß die »Schlange« tot war.

Ihr Körper war gebrochen, ihr Kopf zur einen Seite hin verdreht, und aus der Wunde strömte hellrotes Blut. Sie lag da, umgeben von den Überresten eines Eis, aus welchem sie, offensichtlich tödlich verwundet, geschlüpft war.

Als ich in den Haupthof zurückkam, traf ich dort auf Maria und Eduardo. Sie arbeiteten an einer Keramik-Bestellung. Ich rief Maria beiseite, weil ich der Meinung war, sie müsse das *daño* sehen können. Ich dachte, daß irgend etwas unternommen werden müßte. Sollte ich es Eduardo bringen, damit er es anschauen und »sehen« konnte, was sein Gehilfe »sah«. Dann könnte er dieses Übel beseitigen. Ich sagte zu Maria: »Dieses Haus muß gereinigt werden.«

Ich weiß noch, wie ich zum Eßzimmer hinüberschaute und sah, daß die Person, die ich für die Ursache des gegenwärtigen Übels hielt, noch schlief. Und urplötzlich schien sie mir nur noch so menschlich und fehlbar wie wir alle und gar nicht mehr als das inkarnierte Böse – sie war einfach ein Mensch, wie wir alle.

Zugleich hatte ich aber auch das Gefühl, das sogenannte *daño* müsse zu Eduardo gebracht werden, damit dieser es anschauen und »sehen« konnte. Er musterte es und erklärte ganz beiläufig, es sei ein Stück Kot. Ich konnte darin immer noch die Klapperschlange »sehen«. Dann sagte Eduardo: »Werft es weg.« Und die Kinder brachten es hinaus und beseitigten es.

Es gab eine sehr logische Erklärung. In der Nacht hatte sich ein schwarzer Hund in das Entengehege geschlichen. Dort hatte er eines der Enteneier aufgefressen und es in die Nähe des Brunnens wieder hervorgewürgt. Man sprach noch kurz darüber, daß dies ein böses Omen sei, doch dann ließ man den Fall auf sich beruhen, weil das Ereignis eine logische, vernünftige Erklärung hatte. Es stellte sich heraus, daß ich der einzige war, der das *daño* »sah«.

Es war eine seltsame Situation. Ich wußte, daß ich noch immer unter dem Einfluß von Meskalin stand und nicht erwarten konnte, daß auch jeder andere die subjektiven visuellen Effekte meiner Gehirnchemie wahrnahm. Nichtsdestotrotz war ich völlig davon überzeugt, daß die Schlangenvision irgendeine böse Absicht symbolisierte, die Eduardo in der einen oder anderen Form hätte klar erkennen müssen. Schließlich hatte er oft genug betont – und vorgeführt –, daß *vista* nicht vom Meskalin abhing. Wenngleich die Droge für Patienten oder Gehilfen als temporärer Katalysator dienen konnte, bedurfte die *vista* eines echten *curandero* keiner chemischen Stimulantien.

Ich konnte es nicht glauben! Wieso konnte Eduardo die Situation nicht »sehen«? Das Erbrochene eines Hundes? Eine wirklich allzu perfekte Erklärung! Dennoch war dies Eduardos beiläufige, aber endgültige Bemerkung zu diesem Fall. Ich kam zu dem Schluß, daß der halluzinierende Anthropologe seine Visionen besser für sich behalten sollte!

Der Morgen verstrich und ich fühlte mich ruhig und gelassen, müde, aber nicht ausgelaugt, auf friedliche Weise philosophisch und nachdenklich. Alles war so eindeutig. Die Wirklichkeit ergab so viel Sinn! Überall war Leben und es nahm den spontanen, natürlichen Lauf, den es immer genommen hatte, und der sich mit rationalen Begriffen oft nur allzu schwer erklären läßt. Es lebte überall um mich herum, und ich nahm es mit einem neuen Gefühl der Ehrfurcht wahr.

Gegen acht Uhr waren die Bilder weitgehend verschwunden. Doch hatte ich das Gefühl, als säße ich zurückgelehnt da, weit entfernt von allem. Ich fühlte mich auf merkwürdige Weise abgelöst und dennoch zutiefst von allem betroffen und nahm daran teil. Zum ersten Mal verstand ich die Welt des *curandero*. Ich fühlte mich stolz und ich jubelte innerlich. Vor allem aber empfand ich Ehrfurcht und Demut. Ich erkannte, daß es sich um meine ganz persönliche Erfahrung gehandelt hatte. Es war mein Weg gewesen, diese Lebensweise so wahrzunehmen. Doch meine Visionssuche hatte mich dem Verständnis des Schamanismus und meiner selbst einen Schritt nähergebracht!«

Die Analyse

Bei der Analyse meiner Erfahrung erkennt man viele Standardelemente, wie sie auch beim experimentellen Gebrauch von Meskalin dokumentiert worden sind: eine lebhafte Bildlichkeit, verzögertes Zeitempfinden, Makropsie (Vergrößerung von Gegenständen), plötzliche Gemütswandlungen, Ichauflösung und so weiter. Außerdem tritt auf: »innengewandte Reflexion mit einem Gefühl tiefer, manchmal schmerzhafter Einsicht in sich selbst oder in das Wesen des Menschen und des Universums« (Grinspoon und Bakalar 1979, S. 13) und »im allgemeinen, Erfahrung einer Welt, die die Ketten normaler kategorischer Einordnung abgeschüttelt hat, das zu einem intensiviertem Interesse am Selbst und der Welt wie auch zu einer Reihe von Reaktionen führt, die von extremer Angst bis zu extremer Freude reichen können.« (Masters und Houston 1966, S. 5)

Drogenforscher beschreiben auch Fälle von, wie sie es ausdrücken, »Transformation des Bewußtseins«, wo die Person an »symbolischen Schauspielen« teilnimmt. Diese Dramen »können so überaus bedeutungsvoll und metaphorisch sein, daß sie den Charakter von Symbolen, Mythen und Allegorien annehmen«. Der Mensch kann auf dieser Stufe »den Ichverlust als tatsächlichen Tod und als Wiedergeburt erfahren«. »Die vielfältigen Grade mystischer Ekstase kulminieren in ... einem ewigen Augenblick, (wo) alle Widersprüche miteinander versöhnt werden.« (Grinspoon und Bakalar 1979, S. 13)

Nach über fünfzehn Jahren experimenteller Forschung mit Meskalin und LSD kommen Masters und Houston (1966, S. 142–150) zu vier Stufen oder Ebenen der psychodelischen Erfahrung. Diese »Tiefenlotungen« des »Abstiegs« der Psyche werden nicht immer in derselben Reihenfolge erlebt, und es manifestieren sich auch nicht immer alle vier bei jedem Menschen. Die fraglichen Stufen sind: die »sinnliche«, bei der die einzigartige ästhetische Stimulierung der fünf Sinnesorgane im Vordergrund steht; die »erinnern-analytische«, die durch introspektive Selbstanalyse gekennzeichnet ist; die »symbolische«, in der mythische Dramen oder Übergangsriten aktiviert werden; und schließlich die »integrative«, die aus einer religiösen oder mystischen Wahrnehmung nicht-differenzierter Einheit besteht, welche in psychologische Integration und Selbsttransformation mündet.

Meiner Meinung nach neigten die Ergebnisse, die ich persönlich mit Meskalin erzielte, mehr in Richtung emotional geladener intellektueller Nachdenklichkeit als in Richtung mystischer Ekstase. Wenn ich die Typologie von Masters und Houston anwende, so glaube ich, daß meine Erfahrung zum größten Teil auf der symbolischen Ebene stattfand und sich um einen Mythos der Polarität rankte, um eines der elf mythischen Muster, welche sie auf der entsprechenden Stufe der psychedelischen Erfahrung entdeckten. Dies deckt sich gut mit den Ergebnissen von Gutierrez-Noriega und Cruz Sánchez (1947), deren San-Pedro-Experimente mit vierunddreißig Versuchspersonen zu der Erkenntnis führten, daß sie »unser Denken am häufigsten in symbolischen Bildern ausdrückt«.

Das sinnliche Stadium manifestierte sich bei mir eindeutig, doch nur nicht in vollem Umfang: so trat beispielsweise keine Synästhesie (das Hören von Farben, das Sehen von Klängen usw.) auf. Die erinnernd-analytische Stufe manifestierte sich durch meine Kritik an meiner Rolle als Anthropologe, doch war völlig oberflächlich im Vergleich zu der tiefgehenden psychologischen Selbstuntersuchung, wie sie für dieses Stadium in seiner größten Entwicklungsform typisch ist und die zu einer tiefergehenden persönlichen Beteiligung an der symbolischen Ebene (im Gegensatz zu ihrer Beobachtung) führt, als ich sie erlebte. Und schließlich läßt sich mein »friedliches philosophisches« Gefühl gegen Ende der Sitzung wohl kaum als mystische Wahrnehmung der Einheit deuten, wie sie für das integrale Stadium charakteristisch ist, das ohnehin sehr selten auftritt und nur bei einer Minderheit von Versuchspersonen beobachtet wurde.

Obwohl mir auf mehreren Ebenen die Tiefe fehlte, bin ich der Meinung, daß meine symbolische Reise nach Innen in einer sehr profunden und zutiefst befriedigenden Erfahrung gipfelte. Es steht außer Zweifel, daß sie mir unschätzbare Einsichten in die Welt des *curandero* vermittelte. Ich glaube, daß dies der Fall war, weil ich den Ratschlägen der Befürworter des strukturierten Gebrauchs von

Halluzinogenen folgte, indem ich sowohl einen Führer miteinbezog als auch für die entsprechende psychische Verfassung (Stimmung, Persönlichkeit, Erwartungshaltung) und äußere Umgebung (räumlich, sozial und kulturell) sorgte.

Wie die vorangehende Schilderung beweist, war Dave für mich ein lebenswichtiger Bezugspunkt in den Augenblicken, da ich der Anschauung eines Außenstehenden bedurfte, der den Prozeß, welchen ich durchlief, beobachtete. Eduardo war auf sehr reale Weise ein weiterer Führer für mich: Indem er mich eine kulturell abgeleitete Philosophie des »ausgewogenen Dualismus« lehrte, bescherte er mir einen geistigen Rahmen (set), der mich mit dem kulturellen Kontext Perus (setting) und seiner reichhaltigen Symboltradition verband.

Wie ich bei Eduardo feststellen konnte, und wie es sich bei späteren Forschungen mit acht weiteren Schamanen bestätigte, wie die dualistische Ideologie auf bildliche Weise durch die räumliche Anordnung schamanischer Kraftgegenstände auf der *mesa* ausgedrückt, die im buchstäblichen Sinne eine Dialektik von »Gut kontra Böse« verkörpert. So werden die Kraftgegenstände stets nach einem Muster ausgelegt, wobei Gegenstände, die dem »Guten« zugeschrieben werden, auf die rechte Seite kommen, während die mit dem »Bösen« verbundenen Objektive auf die linke Seite gelegt werden; zwischen beiden Seiten befindet sich ein neutrales Feld oder das »Mittelfeld«. Da die *mesa* als Anker für Visionen dient, durchlaufen ganznächtliche Heilungsrituale systematisch die Stunden einer »metaphysischen Uhr« (siehe Sharon 1978, S. 106–111), wodurch ein dialektischer Prozeß einsetzt, welcher die Kräfte von Gut und Böse durch das ausgleichende oder vermittelnde Handeln im Mittelfeld in einem sinnvollen Miteinander vereint. Diesen Prozeß überwacht der Schamane ständig, um zu garantieren, daß weder das Gute noch das Böse das Spiel der Gegensätze allein beherrscht. Die Harmonie oder der »ausgewogene Dualismus«, welche durch das Ritual erreicht wird, wird dann in menschliches Handeln umgesetzt, um dem Patienten symbolisch zu zeigen, wie er leichter die spezifische Form der Hexerei oder der psychosozialen Spannungen in seinem Leben bewältigen kann.

Erst kürzlich hat Joralemon (1984a), der von 1980 bis 1981 intensiv mit einem Nordküstenschamanen arbeitete, überzeugend dargelegt, daß die Dialektik, welche die Strukturierung der *mesa*-Gegenstände und der Rituale bestimmt, aus der Vermittlung lebensspendender und lebensvernichtender Kräfte besteht. Er sagt: »Die *mesa* ist – so wie sie der Schamane versteht, ein Spielbrett, ein symbolisches Paradigma, vor dessen Hintergrund das Ritual gespielt wird. Sie versinnbildlicht den Kampf zwischen lebensspendenden und lebensvernichtenden Kräften, zwischen links und rechts. Doch dieser Kampf, diese Opposition, wird zu einem Übergang, einer Lösung, in dem der Schamane seine Beherrschung von *beidem*, dem Linken wie dem Rechten behauptet.« Tatsächlich ist der Schamane »eine ausgleichende Kraft im Wettstreit gegensätzlicher Gewalten«, während das Ritual, »welches die *mesa* mit konkreten Symbolen darstellt, ein Balanceakt ist, der von einem Individuum durchgeführt wird, das dem Wettstreit dadurch überlegen ist, daß es beide Seiten beherrscht. Auf diese Weise wird aus Kampf und Opposition ein Übergangsstadium, welches zur Heilung führt.« (Joralemon 1984a, S. 10)

Joralemon (1984b) demonstriert auch, wie die *mesa* als »visionäre Landkarte« eingesetzt wird, und die Visionen des Schamanen widerspiegelt und ihm dabei hilft, sie zu kontrollieren. Indem er sich auf Erkenntnisse der umfangreichen Literatur über Gehirnforschung und Psychopharmakologie stützt, weist er daraufhin, daß die Altarsymbolik mit folgendem übereinstimmt: »1. mit dem emotionalen Ton der Gehirnhälften; 2. mit den neurologischen Effekten des Meskalin im San Pedro Kaktus; 3. mit den kontralateralen Funktionen der Gehirnhälften. Jedes einzelne dieser Momente läßt uns auf eben die Art von Links/rechts-, Negativ/positiv-Kontraste schließen, welche die Artefakte der *mesa* übermitteln.« (Joralemon 1984b, S. 30)

Das Vorangegangene macht deutlich, daß die hier beschriebene Philosophie meine persönliche Nachtsitzung sehr stark beeinflußte. Die lebhaften Halluzinationen, für welche die Droge bekannt ist, werden für ein Ergebnis der einzigartigen Stimulierung der »visuellen visuo-psychischen Gebiete der Hirnrinde« gehalten. (Klüver

1966, S. 4) In meinem Fall manifestierte sich das abstrakte Konzept der Dialektik von »Gut kontra Böse« oder von »Leben kontra Tod« visuell und psychisch als Kontrast zwischen Licht (mit der entzündeten Kerze als Ankerpunkt) und Dunkelheit (ohne entzündete Kerze), begleitet von der entsprechenden Bildlichkeit und Symbolik von Positivem und Negativen. Was die Vorgehensweise betrifft, so stellte ich fest, daß ich Eduardos Beispiel folgte, nämlich die metaphysische Zeit zu beachten, indem ich eine ganznächtliche Wache abhielt, um zu verhindern, daß einer der gegensätzlichen Pole den anderen dominierte – und ich hielt sie im Gleichgewicht. Als die Dämmerung nahte, dominierte das neutrale Grau über die Extreme von Licht und Finsternis, und das Leben wurde erneuert. Ich stellte auch fest, daß ich die Inhalte des peruanischen Volksglaubens hinsichtlich der Hexerei so stark verinnerlicht hatte, daß ich die sogenannte dunkle Gegenwart auf ein menschliches Medium projizierte, nämlich auf Eduardos unwillkommenen Gast. Als ich die Schlange in der Dämmerung neben dem Brunnen erblickte, war ich davon überzeugt, daß ich das zweite Gesicht eines *curandero* erlangte und tatsächlich einen asozialen Akt der Magie »geschaut« hätte. Die Entdeckung, daß dies nur eine Halluzination war, minderte nicht meine Zufriedenheit über die Einsicht in die Dynamik des peruanischen Schamanismus, welche mir in dieser erinnerungswürdigen Nacht zuteil wurde.

Doch sollte ich schon bald erfahren, daß hinter der Schlangenepisode weitaus mehr steckte, als man bei oberflächlicher Betrachtung vermuten würde!

Am Abend nach meiner ganznächtlichen Sitzung bat ich Eduardo darum, für mich ein verkürztes Divinationsritual durchzuführen, um mich auf meine Rückkehr in die Vereinigten Staaten vorzubereiten. Solche Rituale sind durchaus üblich und werden routinemäßig zu allen Tageszeiten durchgeführt.

Zu Beginn des Rituals begannen alle Hunde in der Nachbarschaft wie mit einer Stimme zu heulen. Inzwischen wußte ich genug von der örtlichen Überlieferung, ich hatte das Material bei Eduardo gesammelt, um zu begreifen, daß dies als Omen angesehen wurde, welches die Gegenwart von Geistern vorhersagte, die entweder nur von einer Beerdigung oder von einer Heilsitzung angezogen werden – beides Ereignisse, welche das Reich der Geister berühren. Eduardo ging hinaus und sprühte dreimal Zuckerrohrschnaps in die Luft, eine Technik des Exorzismus, welche zum Vertreiben von Geistern verwendet wird.

Ich hatte Eduardo nicht über die vorangegangene Nacht erzählt. Doch als wir wieder drinnen waren, prophezeite er folgendes:

»Du bist gerade in das Dreieck des wahren Wissens um das Vollständige, das Vollkommene eingetreten. Dein Verstand löst sich von seinen Fesseln. Dein Körper tritt gerade in die Dualität des Geistes ein. Um dahin zu kommen, muß man sich innerhalb der Spirale [für Eduardo das Symbol der »Entfaltung des anderen Ich«] des Anfangs, der Genesis, des Urpunkts unentwegt fortbewegen. Du wirst viele Visionen haben. Deine Augen öffnen sich grade für das Licht. Es werden dir viele Visionen beschert. Der »Zauber« öffnet sich dir auf verschiedene Weise. Sehr reichlich. Sehr reichlich.

Da ist ein riesiger Berg, mit Schnee bedeckt. Er hat die Gestalt einer umgekehrten Schneckenschale [für Eduardo eine Symbolform der Spirale]. Ich sehe dich auf einem Pinto reiten. Du gibst ihm die Sporen, und das Pferd gehorcht dir, während es den Gipfel erklettert. Es rutscht aus, stürzt beinahe, bekommt jedoch wieder Halt. Endlich erreichst du die erste Stufe. Vor dir liegen die zweite und die dritte Stufe. Oben auf dem Gipfel des Berges sehe ich jemanden sitzen. Auf der dritten Stufe ist eine dicke Person, die aussieht wie ich oder wie Don Florentino [der *curandero*, der in der Hochlandlagune das rituelle Bad leitete], oder eine Person wie Buddha, alt, aber immer noch kräftig, mit prachtvollem Kinnbart. Und er sagt zu dir: ›Komm. In meiner Hand halte ich Weisheit...‹

Ich sehe ein großes rotes Auge und in der Mitte einen Kreis, der sich in Farben, Farben, Farben dreht. Du bist in das Auge hineingestürzt; du bist vollständig in das Auge hineingesprungen. Und du hast begonnen zu fliegen, zu fliegen, zu fliegen. Und dein Körper hat sich in vier Teile aufgeteilt, vier Douglase schießen in die vier verschiedenen Richtungen davon ... [eine kosmologische Bezugnahme auf die heiligen vier Himmelsrichtungen des indianischen Kosmos.]

Du bist in einen großen Springbrunnen gefallen, der Blumen und Kräuter enthält; es ist die Shimbe Lagune [die heilige Hochlandlagune, wo Don Florentino das Baderitual durchführte]. Und hinter dir befinden sich drei große Stäbe [drei Felder der Mesa], die zum Meer hin angerichtet sind. Und die Wellen des Meeres spülen gegen dich und öffnen sich zu Schaum, Schaum, Schaum. Und du tauchst nackt aus dem Wasser auf. Und du erhebst dich und sprühst Trankgaben in die vier Winde [dieselbe Symbolik wie die vier Wege]. Und dann sitzt du meditierend da, wie die Yogis. Du sitzt und beginnst zu sprechen. Du schließt die Augen und beginnst zu sprechen und sagst allen die Zukunft voraus.«

Es war mir klar, daß Eduardos intuitive Fähigkeit immer noch so gut wie zuvor war! Mit Sicherheit hat er meine Visionssuche erkannt.

Nach der Divination hatten Eduardo und ich Gelegenheit, uns allein zu unterhalten. Ich konnte immer noch nicht glauben, daß er am Morgen die Schlange neben dem Brunnen nicht gesehen hatte. Sie war mir doch als so wirklich erschienen.

Ohne irgendwelche Einzelheiten zu nennen, erzählte ich Eduardo, daß ich eine schlaflose Nacht verbracht und das Gefühl gehabt hätte, daß dies von jemanden verschuldet worden sei, der Zauberei versuchte. Ich fügte hinzu, ich sei davon überzeugt gewesen, daß der scheinbare Entenkot oder das Erbrochene des Hundes, der das Entenei gefressen hatte (hier bemerkte ich zum ersten Mal, daß die Versionen der anderen einander widersprachen), die Manifestation jener Zauberei gewesen sei, die ich die ganze Nacht über gespürt hätte.

Eduardo lachte glucksend und sagte mir, das ich recht hätte, wobei er beide Augenbrauen hob, um das Gesagte zu unterstreichen. Er fuhr fort und erklärte mir, daß einige Nachbarn, die nicht gut auf ihn zu sprechen seien, ein Ei mit einem Fluch »präpariert« hätten und es neben den Brunnen geworfen hätten, im Einklang mit dem Volksglauben, daß sich magische Krankheit durch psychische

Infektion übertragen läßt. Eduardo hatte das Ei entdeckt und die Stelle rituell besprüht, ganz ähnlich wie er wegen der Geister Zuckerrohrschnaps gesprüht hatte, die von den Hunden wahrgenommen waren. Dies hat den Fluch zerstört. Am Morgen, als ich die Überreste des vernichteten Fluchs »schaute«, war Eduardo der Meinung gewesen, daß es keinen Grund gab, die Familie zu beunruhigen, zumal das Unheil ja bereits neutralisiert worden war. Also hatte er so getan, als sei nichts dran an dem bösen Ei und hatte die Kinder in gleichgültigem Ton aufgefordert, es wegzuwerfen.

Eduardo erinnerte mich daran, daß er soeben geweissagt habe, daß ich die erste Stufe der *vista* erreicht hätte. Dies sei es auch gewesen, was die Geister zur Divination hingezogen habe. Jedes neue Eindringen in ihr Reich trifft auf Widerstand. Er hatte sie vertreiben müssen, um das Ritual ohne Störung durchführen zu können.

Noch nie im Leben habe ich jemanden gesehen, der so erfreut war! Eduardo war fast außer sich über das, was ich erreicht hatte. Den ganzen Tag über hatte er seine Gefühle gezügelt und nur darauf gewartet, daß ich selbst die Initiative ergriff.

Plötzlich wurde mir die poetische Bildlichkeit von Eduardos Weissagung schlagartig klar. Meine Überzeugung war richtig gewesen, ich hatte an diesem Morgen *tatsächlich* »gesehen«. Mit anderen Worten, die meskalininduzierte Stimulierung der pychischen Bereiche meiner Hirnrinde hatten ein graphisches Symbolbild jener intensiven negativen Emotionen erschaffen, die auf das Ei konzentriert worden waren und welche ich die ganze Nacht über wahrgenommen hatte. In diesem Augenblick erkannte ich den Unterschied zwischen dem bloßen Betrachten eines Gegenstandes und seiner »Schau« mit dem geistigen Auge.

Seit jener ereignisreichen Nacht sind nun dreizehn Jahre vergangen. In der Zwischenzeit habe ich an über fünfundzwanzig weiteren Sitzungen teilgenommen. Ich habe keine ähnliche Erfahrung mehr gemacht. Bis heute hat sich Eduardos begeisterte Prophezeiung nicht erfüllt; die *vista* des *curandero* hat sich mir entzogen.

Bibliographie

Earls, John, und Irene Silverblatt
  1976: La Realidad Física y Social en la Cosmologia Andina. *42nd International Congress of Americanists*, vol. 4, S. 299–325. Paris.
Grinspoon, Lester, und James B. Bakalar
  1979: *Psychedelic Drugs Reconsidered*. New York: Basic Books.
Gutierrez-Noriega und Guillermo Cruz-Sánchez
  1947: Alteraciones mentales producidas por la Opuntia cylindrica. *Revista de Neuro-Psiguiatría* 10, S. 422–468.
Joralemon, Donald
  1984a: Symbolic Space and Ritual Time in a Peruvian Nealing Ceremony. *San Diego Museum of Man Ethnic Technology Notes*, no. 19.
  1984b: Altar Symbolism in Peruvian Ritual Healing. *Journal of Latin American Lore*, vol. 10, no. 2 (in Druck).
Klüver, Heinrich
  1966: *Mescal and Mechanisms of Hallucinations*. Chicago: University of Chicago Press.
Masters, R. E. L., and Jean Houston
  1966: *The Varieties of Psychedelic Experience*. New York: Dell Publishing Co.
Sharon, Douglas
  1978: *Wizard of the Four Winds: A Shaman's Story*. New York: Free Press.

PREM DAS

Die singende Erde

Im Laufe unserer Pilgerfahrt nach Wiricuta hatte ich mit Don Jose, Eligio und den anderen Huichol von Colorin eine für mich äußerst wertvolle Beziehung aufgebaut. Sie gewährten mir ohne jede Einschränkung ihre Freundschaft und teilten alles mit mir, von Tortillas bis zu den heilige Bräuchen ihrer alten spirituellen Tradition. Als ich hinauf zur Stelle blickte, wo sich Don Joses Dorf befand, erweckte die in mir Erinnerungen an die Pilgerfahrt und die Rückkehrzeremonie. Diese durchfluteten meinen Geist und ließen mir das Herz warm werden.

Wir überquerten den Fluß. Eligio befestigte das Kanu am Stamm einer kleinen Eiche, und wir begannen mit dem langen Marsch. Wohl war mir dabei nicht, denn ich erinnerte mich daran, wie schwierig der Aufstieg das erste Mal war, als ich nach Colorin gewandert war, welches etwa fünftausend Meter über uns zwischen den Berggipfeln ruhte. Ich hoffte, ich würde mit der Zeit die notwendige Kraft und Ausdauer entwickeln, um den Pfad hinauf zu Don Joses Dorf gehen zu können, ohne mich dabei völlig zu verausgaben.

Als wir den staubigen Pfad entlanggingen, den sich dicht unter uns windenden Flusses immer im Blickfeld, hielt ich dies für den rechten Zeitpunkt, Eligio einige Fragen über den *mara'acame* zu stellen. Er schien meinen Fragen und meinem Bedürfnis nach genauerem Verständnis sehr wohlwollend zu begegnen. Seit unserer Reise nach Wiricuta, die für uns beide Einweihungscharakter gehabt hatte, hatte sich zwischen uns ein Gefühl warmherziger Brüderlichkeit entwickelt.

»Was bedeutet euer Wort *mara'acame*?« fragte ich beim Gehen.

Eligio blickte mich lächelnd an und sagte: »Da ich selbst kein *mara'acame* bin, kann ich dir auch nicht sagen, was es wirklich bedeutet. Ich glaube, man muß erst einer sein, bevor man das wissen kann.« Er blieb einen Augenblick stehen und schwieg. Wir lauschten den Hintergrundgeräuschen des Dschungels. Irgendwo in weiter Ferne konnten wir Papageien hören, die die Rufe anderer Vögel nachahmten.

»Diese Papageien wiederholen, was sie hören, ohne zu wissen, was sie sagen!« rief er kopfschüttelnd. Eligio blickte mich an und sagte: »Ich will dir sagen, was ich über die *mara'acame* gehört habe, nur können wir uns über die tiefere Bedeutung dieser Dinge nicht sicher sein, solange wir uns nicht selbst durch die Ausbildung vervollständigt haben.«

In langsamem Tempo machten wir uns wieder an den Aufstieg und folgten dem Flußpfad.

»*Mara'acame* ist unser Wort für Schamane, und es bedeutet Hirschperson«, erklärte Eligio. »Der *mara'acame* ist jemand, der erfolgreich den *Kauyumari*, den Heiligen Hirschgeist, verfolgt hat. Vom Hirschgeist kann ein *mara'acame* etwas über die Götter und die Göttinnen lernen. Der Hirschgeist versetzt den *mara'acame* in direkten Kontakt mit diesen Schöpfern unserer Welt.«

Völlig unerwartet glitt ich auf einem Stein aus und wäre beinahe hingestürzt. Eligio lachte und riet mir, genauer darauf zu achten, wohin ich meinen Fuß setzte. Meine Aufmerksamkeit hatte sich vom Gehen auf Eligios Schilderungen verlagert: ich war völlig gefangen von dem, was er über den *mara'acame* sagte.

»Warum gehen wir nicht hinunter zum Fluß, um zu schwimmen«, schlug er vor und zeigt auf eine Weggabelung, die zu dem kaum hundert Meter entfernten Fluß führte. Aufgrund der starken Nachmittagssonne willigte ich nur zu gern ein.

Nach dem Schwimmen setzten wir uns in den Schatten eines *Capomal*baums, um über den *mara'acame* zu sprechen.

»Ein *mara'acame*«, sagte Eligio ohne jede weitere Aufforderung, »ist zuallererst einmal ein Heiler. Das ist die Hauptarbeit und Hauptverantwortung des *mara'acame*. Indem er in das *nierica* späht, findet er den Hirschgeist, der ihn dann in Kontakt mit den

Göttern und Göttinnen versetzt. Sie sind es, die ihm die Ursache einer bestimmten Krankheit enthüllen und ihm dann, vorausgesetzt es ist angemessen, auch die Behandlungsweise offenbaren. Der *mara'acame* kann sogar soweit gehen und durch das *nierica* hindurch reisen, um nach Geistern der Kräften zu suchen, die ihm bei der Heilung behilflich sein könnten.«

Ehrlich gesagt wußte ich nicht, was ich von diesen Göttern und Göttinnen halten sollte: Waren es wirkliche Wesenheiten? Oder waren es Aspekte des unbewußten, durch Mythen, heilige Pflanzen wie Peyote und Legenden zum Leben erweckte? Ich beschloß, ihn nicht danach zu fragen, denn ich wollte meinen neugewonnenen Bruder nicht verletzen.

Statt dessen fragte ich ihn: »Als wir im Zug nach Wiricuta unterwegs waren, hast du mir von Zauberern erzählt. Inwieweit unterscheiden die sich von den *mara'acame*?«

Eligio hob einen Stein auf und warf ihn in den Fluß. »Ein *mara'acame* hat recht ungewöhnliche Kräfte und Fähigkeiten«, erwiderte er. »Der Zauberer auch. Nur liegt der Unterschied darin, wie sie sie nutzen. Der *mara'acame* setzt seine besonderen Begabungen für das Heilen ein. Zauberer dagegen versuchen, das zu bekommen, was sie haben wollen, egal welche Folgen das für andere Menschen haben mag.«

»Dann sind die Zauberer also schlecht?«

»Nein«, erwiderte Eligio, »nicht alle. Manche von ihnen vermeiden es, Dinge zu tun, die anderen Schaden könnten. Statt dessen sind sie stolz darauf, ihr Leben so zu beeinflussen, daß sie bekommen, was sie wollen, ohne jemandem dabei wehzutun.«

Ich holte mehrere Apfelsinen aus meinem Beutel und bot Eligio eine davon an. Er bedankte sich äußerst höflich. Während wir die Orangen schälten, fragte ich: »Gibt es unter den Huichol auch weibliche *mara'acame*, oder sind *mara'acame* immer Männer?« Ehe Eligio antworten konnte, sprang eine Schildkröte von einem Felsen in den Fluß. Das überraschte mich, denn vor ihrem Sprung hatte ich die Schildkröte gar nicht bemerkt.

»Ja, unter den Huichol gibt es auch weibliche *mara'acame*. Übrigens ist Don Joses älteste Tochter, Dona Andrea, eine *mara'a-*

came. Vielleicht erinnerst du dich an sie. Sie war es, die in Colorin das Ritualfeuer bewachte, als wir von der Pilgerfahrt zurückkamen.«

Ich dachte einen Augenblick darüber nach. »War das die mit der kurzen Peitsche?« fragte ich.

Eligio nickte und lachte.

»Sie war es, die mich mit dieser kleinen Peitsche geschlagen hat!« rief ich. Während der Rückkehrzeremonie war Dona Andrea mehrere Male zu mir gekommen und hatte von mir verlangt, daß ich ebenso tanzte wie alle anderen. Sie sprach kein Spanisch mit mir, sondern Huichol, und ich konnte kein Wort von dem, was sie sagte, verstehen. Ich erinnerte mich daran, wie ich dastand, verwirrt und verlegen, als sie anfing, mich mit ihrer kleinen Peitsche auf den Hintern zu schlagen. Die tanzenden Huichol hatten über meine mißliche Lage geradezu hysterisch gelacht. Schließlich rief mir jemand auf spanisch zu: »Tanz!« Sofort fing ich an, auf den Boden zu stampfen und die Tanzbewegungen so gut ich konnte zu imitieren. Dona Andrea hatte zufrieden gelächelt und war zu ihrer Hauptaufgabe zurückgekehrt, nämlich für Großvaters Feuer zu sorgen.

»Erinnerst du dich also an Dona Andrea?« meinte Eligio grinsend. »Sie ist eine *mara'acame*.«

»Wie alt ist sie?« fragte ich.

»Ich bin nicht sicher, aber ich schätze, ungefähr fünfzig.«

»Gibt es unter den Huichol viele weibliche *mara'acame*?«

»Sie ist die einzige, die ich kenne, aber ich habe von anderen gehört, die noch weiter oben in den Bergen wohnen sollen.«

»Sind die meisten *mara'acame* alt, so wie Don Jose und Dona Andrea?«

»Die meisten schon«, entgegnete Eligio, »aber es gibt auch einige, die in ihren späten Zwanzigern oder frühen Dreißigern als Heiler anfangen zu praktizieren. Ihnen liegt es eben von Geburt an im Blut.«

»Was meinst du damit?«

Einen Augenblick lang wirkte Eligio verwirrt.

»Vielleicht schicken die Götter und Göttinnen sie mit einem

besonderem Segen in unsere Welt«, erklärte er mit einem verschmitzten Ausdruck. »Wir haben kleine Kinder erlebt, die sich zeremoniell Trommeln, Rasseln, Federn zum Heilen oder andere Kraftgegenstände genommen haben und mit diesen schamanischen Instrumenten so gespielt haben, als wüßten sie ganz genau, was sie da tun.

Machen wir uns wieder auf den Weg. Wir haben noch weit zu gehen, und davon führt der größte Teil der Strecke bergauf. Wir können uns weiter unterhalten, wenn wir zum Ort des Fuchses, *kauraitecuah*, kommen.«

Der Fluß lag tief unter uns, wie eine grüne Schlange lief er im Zickzack durch die Berge. Vom Ort des Fuchses aus blickten wir auf ihn hinab. Das war auf halber Strecke nach Colorin, Don Joses Dorf. Von hier aus sollte es nur noch eine Stunde steil bergauf gehen, bis wir das Dorf, oder die »Rancho«, wie sie es eigentlich nannten, erreichen würden.

Für mich war der Marsch bisher sehr anstrengend gewesen. Ich war müde, denn es hatte etliche Stunden gedauert, um so weit zu kommen, und ich schwitzte stark. Gelegentlich fegte eine kühle Brise vorbei, die für mich die Hitze des Spätnachmittags erträglicher machte. Der Ort des Fuchses war mir ein höchst willkommener Ruheplatz.

Eligio schien nichts gegen meine Fragerei zu haben. Vielleicht tat ich ihm auch leid. Er mußte den Eindruck haben, ich sei schwach, so wie ich mich bergauf gequält hatte.

Seit unserem Bad im Fluß dachte ich über das *Nierica* nach. Ich hatte gehofft, Eligio würde mir davon erzählen, bevor wir Don Joses Dorf erreichten. Nachdem ich mit ihm über seine neuesten Garnmalereien geplaudert hatte, die *mara'acame* beim Heilen darstellen, fragte ich ihn: »Wo ist das *nierica* und woher weiß der *mara'acame*, wo er es finden kann?«

Eligio ließ sich mit der Antwort Zeit; er schien auf irgend etwas zu warten. Einen Augenblick lang dachte ich schon, er wollte meine Frage nicht beantworten.

»Mein Wissen stammt aus den Ritualgesängen«, erwiderte er

schleppend. »Unser Volk hält zu verschiedenen Zeiten das ganze Jahr über Zeremonien ab. Während dieser Zeremonien singen die *mara'acame* die ganze Nacht und teilen den anderen durch ihren Gesang ihr Wissen und ihre Weisheit mit. Das *nierica* wird in diesen Gesängen, die uns sehr heilig sind, häufig erwähnt.« Sein Gesichtsausdruck war ernst. Als ich ihm in die dunklen Augen schaute, wurde mir klar, wie stark er sich konzentrierte. Er wandte sich von mir ab und dem Panorama vor uns zu.

»Das *nierica* ist für den *mara'acame* bei seiner Ausübung als Heiler lebenswichtig«, fuhr er fort. »Indem er hineinblickt, wird er von Visionen geführt, die ihm enthüllen, wie er vorgehen soll.«

»Wie findet er das *nierica*?«

»Das ist nicht leicht. Unser Hauptzugang zum *nierica* ist der erfolgreiche Abschluß einer Lehrzeit. Das kann viele Jahre dauern. Der erste Schritt besteht darin, einen genialen Lehrer so wie Don Jose, zu finden, der einem auf dem Weg weiterhelfen kann.«

Ich nickte zustimmend. »Seit unserer Pilgerreise nach Wiricuta mit Don Jose und seit der Rückkehrzeremonie im Dorf hat sich mein Leben verändert«, sagte ich. »Es fällt mir schwer, diese Veränderung zu beschreiben. Es ist als würde sich eine Kraft tief in meinem Inneren rühren und allmählich erwachen. Es ist, als hätte ein Teil von mir lange Zeit geschlafen. Ich spüre, daß ich vor etwas äußerst Tiefgründigem stehe. Es bezaubert mich und befiehlt mir, vorwärtszugehen. Aus diesem Grund bin ich nach Mexico zurückgekehrt, um die Ausbildung bei dir und Don Jose fortzusetzen.«

Eligio sah mich an und lächelte dabei mitfühlend. »Ich weiß genau, was du meinst«, erwiderte er ermutigend. »In den vergangenen Monaten haben mir meine Träume klargemacht, daß wir noch eine ganze Weile gemeinsam diesen Pfad gehen werden. Wir sind beide Lehrlinge, die auf dem Weg zur persönlichen Vervollständigung sind. Du sollst wissen, daß ich dir helfen werde, so gut ich nur kann.«

Seine Worte bewegten mich zutiefst. Ihre Ehrlichkeit und ihr Mitgefühl überbrückten unsere rassischen und kulturellen Unterschiede, und schufen ein noch viel stärkeres Band zwischen uns als bisher.

»Weißt du was?« fragte Eligio plötzlich. »Don Jose war sehr beeindruckt von deinen Erzählungen über das Fliegen zum anderen Ende der Welt. [Im Jahre 1970 nach Indien]. Vor gar nicht langer Zeit hat er mich gefragt, ob ich nicht auch Lust hätte, dorthin zu fliegen.«

»Wozu denn?«

»Ich hatte keinerlei Vorstellung, deshalb habe ich ihn das auch gefragt. Weißt du, was er geantwortet hat?«

»Keine Ahnung.«

»Wegen einer Frau.«

Wir brachen in Gelächter aus. Unser Lehrer, ein Meister-*Mara'acame* wollte unbedingt einmal mit einer Frau vom anderen Ende der Welt zusammenkommen. Ich erinnerte daran, wie Don Jose uns häufig mit unseren Freundinnen aufzog. Nach der Rückkehrzeremonie in seinem Dorf legte er uns beiden nahe, daß wir, wenn wir die volle Lehrzeit durchlaufen wollten, unseren gegenwärtigen Status beibehalten müßten, ich selbst als Junggeselle, Eligio als treuer Gatte seiner beiden Frauen. Er versicherte uns, dies sei sehr wichtig. Nachdem er das ganz ernst gesagt hatte, zog er uns mit hanebüchenen Witzen auf, was für romantische Abenteuer wir doch alle verpassen würden, sollten wir die volle Lehrzeit durchstehen.

Eligio starrte hinaus auf das großartige Bergpanorama. Er stand am Rand eines Felsenvorsprungs, ohne sich vor dem darunter befindlichen Abgrund zu fürchten. Die Würde und der Mut, welche seine Körperhaltung ausstrahlte, beeindruckten mich. Nachdem er einige Minuten lang seinen Blick auf die fernen Berggipfel gerichtet hatte, und dann hinunter auf den Fluß, drehte er sich um und setzte sich. »Das *nierica* ist nahe«, sagte er. »Ich spüre es. Ich vermute, daß sich das Tor sehr bald öffnen wird, und zwar für uns beide.«

Ich war mir immer noch nicht sicher, was *nierica* eigentlich bedeutete oder was Eligio mir mitzuteilen versuchte. Ich fürchtete mich ein wenig, weil ich nicht wußte, um was für ein Tor es sich handelte oder wohin es uns führen würde. Die Art und Weise, wie Eligio dies gesagt hatte, so unerwartet und mit solch einer Gewißheit, war richtig unheimlich.

Eligio blickte mir in die Augen. Er erkannte, daß ich verwirrt und etwas beunruhigt war. Er begann wieder leise zu sprechen. »Der Legende zufolge ist das *nierica* wie ein geheimer Gang zwischen den Welten. Auf dieser Seite befindet sich unsere vertraute Welt, auf der anderen Seite das Reich der Götter und Göttinnen. Geschickte *mara'acame* können in das *nierica* hineinblicken und dort, als würden sie durch ein Fenster sehen, Dinge erkennen, die sich ein gewöhnlicher Mensch nicht einmal vorstellen kann. Visionäre Offenbarungen von ehrfurchtgebietender Vielfalt betören den Betrachter des *nierica*. In unseren heiligen Gesängen und Legenden gibt es viele faszinierende Berichte, die frühere *mara'acame* der nachfolgenden Generation als Erbe weitergegeben haben.«

Als sich in meinem Geist gerade eine Frage herausbildete, beantwortete Eligio sie schon, bevor ich sie stellen konnte.

»Ein *mara'acame* kann unter bestimmten Umständen durch das *Nierica* reisen und dabei sein Körperbewußtsein zurücklassen«, sagte er. »Dann kann er in ferne Länder reisen und Menschen aufsuchen, die nicht den geringsten Verdacht hegen, daß sie beobachtet werden, es sei denn, es sind selbst *mara'acame*. Ich weiß, daß dir das unglaublich vorkommen mag, aber ich versichere dir, für einen Mara'acame und Zauberer ist das so alltäglich und selbstverständlich wie das Gehen.«

Als wir uns dem Dorf näherten, bellten die Hunde.

Huichol-Kinder, die auf dem erdigen Patio spielten, bemerkten uns und verkündeten voller Freude laut umherlaufend unsere Ankunft. Die letzten Strahlen des Tageslichts erhellten noch teilweise das Bergdorf, und das Dutzend einzelstehender Hütten warf lange Schatten.

Als wir ankamen, fühlte ich mich ein bißchen unsicher, aber dennoch befriedigt nach dem langen Berganstieg. Am Dorfeingang, kamen wir an kleinen Bäumen vorbei, die in der Nähe von einigen strohgedeckten Hütten standen. Im Geäst der Bäume sah man Hühner, die sich dort für die Nacht niedergelassen hatten. Flakkerndes Kerzenlicht erhellte die Eingänge einiger Hütten, und die sich darin bewegenden Schatten wiesen auf ihre Bewohner hin.

Als Eligio und ich den Zentralpatio überquerten und auf die Gemeinschaftsküche zusteuerten, hatte ich das Gefühl, nach Hause zurückzukehren. In ferner Vergangenheit, so überlegte ich, hatten meine Vorfahren in ähnlichen Dörfern gelebt. Diese natürliche Dorfumgebung schien mir in den Knochen zu stecken. Die Rückkehr nach Colorin stimulierte die Tiefen meines Unbewußten oder die einer gewissen genetischen Erinnerung, und so ahnte ich eine prätechnologische Geschichte, die eine gewaltige Zeitspanne umfaßte.

Don Jose trat aus der Küchentür hinaus auf den Patio. Er hob die Arme und rief: »Enkel!« Als ich sein strahlendes Lächeln erblickte, wallten in mir die Gefühle auf. Seine Augen waren von Licht erfüllt, und sein Gesichtsausdruck war voller Jubel. Tränen der Freude rollten uns nur so über die Wangen, als wir einander zur Begrüßung umarmten. Eligio grüßte Don Jose, indem er ihm mit anmutiger Geste den Handrücken küßte und ein paar Worte auf huichol sprach. Kurz darauf waren wir von Don Joses Familie umringt, die uns fröhlich willkommenhieß; ich war schier überwältigt vor Glück.

Nachdem wir in der Gemeinschaftsküche eine Mahlzeit miteinander geteilt hatten, luden Don Jose und seine Frau Josefa Eligio und mich in ihre Hütte ein. Beim Abendessen nahmen wir die Gelegenheit war, einander zu erzählen, was wir seit unserer letzten Begegnung erlebt hatten. Don Jose machte Witze darüber, wie enttäuscht er doch sei, daß wir ihm noch immer keine Freundin vom anderen Ende der Welt mitgebracht hätten.

Ihr Heim war eine kleine Hütte aus Lehmziegeln, mit einem grasgedeckten Dach; der Fußboden bestand aus festgestampfter Erde. Wir traten durch einen schmalen Eingang ein und setzen uns auf niedrige Bambusschemel. Don Jose setzte sich uns gegenüber auf sein Bett, ebenfalls aus Bambus und ohne Matratze, dafür aber mit einer Grasmatte und einer Decke versehen. Josefa betrat als letzte die Hütte. Sie entzündete eine Kerze und nahm neben ihrem Mann auf dem Bett Platz.

»Wißt ihr, was ich letzte Nacht geträumt habe?« fragte uns Don Jose und wackelte mit dem Kopf auf und ab.

Eligio und ich blickten einander fragend an. Wir hatte keine Ahnung.

»Ich habe geträumt, daß ihr beide den Pfad zu meinem Dorf empormarschiert: mir träumte, ihr seid zurückgekehrt«, sagte er nicht ohne Selbstvertrauen und sah dabei seine Frau an.

»Er hat es uns allen heute morgen erzählt, noch vor dem Frühstück«, ergänzte Josefa.

Ich betrachtete Josefas Augen. Sie strahlten ganz einzigartig in einem Licht und mit einer Kraft so wie die ihres Mannes. Sie sah jünger aus als Don Jose, und ihre Gegenwart war so eindrucksvoll, daß man sie nicht übergehen konnte.

»Meine Träume haben mir auch gesagt, warum ihr beide zurückgekehrt seid«, fuhr er offen fort. »Ihr wollt euer *Nierica* finden, und ihr wollt lernen, wie man heilt.« Nachdem er dies gesagt hatte, ließ er einen lauten Furz fahren und lachte. Wir mußten uns alle krümmen vor Lachen.

Als wir uns wieder beruhigt hatten, blickte Don Jose zuerst mich an, dann die anderen, und sagte: »Das ist eine ernste Sache.« Dann furzte er erneut und grinste verschmitzt. Wir brüllten vor Lachen.

»Bevor ihr euch heute nacht schlafen legt«, fuhr Don Jose fort, »wollte ich, daß ihr noch in meine Hütte kommt, damit ich eure Lebenskraft, *Kupuri* einstimmen kann.« Er winkte seiner Frau. Die griff in das Regal, nahm einen kleinen rechteckigen Korb heraus und reichte ihn Don Jose. Es war sein Medizinbündel oder *Takwatsi*, das verschiedene Kraftgegenstände enthielt, die zum Heilen dienten. Er öffnete den Korb und holte eine Gebetsfeder, *Muvieri* hervor. Ich erkannte sie sofort; das war dieselbe, mit der er mich an den Heiligen Quellen unserer Mütter auf dem Weg nach Wiricuta gesegnet hatte.

»Zieh das Hemd aus und setz dich hierhin«, befahl er und zeigte dabei auf den Erdboden. Er baute sich vor mir auf, die *Muvieri* in der Hand.

»Du wirst gar nichts spüren«, sagte er, wie um mir die Angst zu nehmen. Der Ton seiner Stimme und seine Art, mich zu beruhigen, erinnerten mich an das, was auch ein Arzt sagen würde, bevor er eine Spritze gibt.

Mehrere Minuten lang stand er schweigend da und starrte gegen die Wand. Wieder einmal schien er, wie auch bei den Heiligen Quellen, in eine Art Trancezustand eingetreten zu sein. Als ich ihm in die Augen blickte, nahm ich eine bodenlose Tiefe wahr, gleichzeitig aber auch eine starke und in sich ruhende Energie. Plötzlich setzte sich sein Körper in Bewegung und er führte die *Muvieri*-Federn in kreisenden Bewegungen um meinen eigenen Körper.

Ich schloß die Augen. In periodischen Abständen fuhr mir Don Joses *Muvieri* sanft übers Gesicht. Es war ein ungemein schönes Gefühl und versetzte mich in einen Zustand tiefer Entspannung. Die Hintergrundgeräusche, bellende Hunde und zirpende Grillen, schienen zu verblassen. Ab und an bewegte sich die Luft dicht vor meinem Gesicht, meiner Brust, hinter meinem Rücken und entlang meiner Arme. Ich wußte, daß dies von den schnellen Bewegungen der *Muvieri*-Federn herrührte, die dicht an meinem Körper vorbeistrichen.

Als ich die Federn nicht mehr spürte, öffnete ich die Augen. Don Jose stand stumm und schweigend vor mir, die Federn vor sich haltend blickte er durch sie hindurch auf meine Brust. Langsam hob er die Federn hoch, bis er, immer noch durch sie hindurch, mir in die Augen blicken konnte. Ich war recht befangen; er jedoch zeigte keinerlei Anzeichen von Gefühlswallungen oder nahm mich irgendwie zur Kenntnis. Sein Gesichtsausdruck war unpersönlich und distanziert. Ganz langsam bewegte er die *Muvieri*-Federn und richtete sie, seinen Blick daran geheftet, auf verschiedene Punkte meines Körpers, aber auch auf solche daneben. Einen Augenblick lang war ich verdutzt, als er tuckernde Geräusche von sich gab, die mit den schnellen Bewegungen der Federn einhergingen. Jede Bewegung und jeder Lippenlaut waren auf bestimmte Punkte meines Körpers gerichtet oder auf Punkte im Raum, der ihn umgab.

Wieder schloß ich die Augen, und ein tiefes Gefühl von Frieden und innerer Wärme erfüllte mich langsam. Die leichte Angst, die ich vorher hatte, verschwand völlig. Es war nicht mehr wichtig, darüber nachzudenken, was sich hier abspielte. Meine Zeitwahrnehmung verlangsamte sich, und dabei geriet ich in einen entzückten Zustand völliger Zufriedenheit.

Weit in der Ferne hörte ich nach wie vor klopfende Geräusche. Sanfte Federn streichelten meine Wangen und bewegten sich dann zu meinem Scheitel, zu meiner Brustmitte, zu meinen Armen und bis zu meinen Handgelenken hinab. Dann, von einem Punkt oberhalb meines Kopfes ausgehend, begannen die *Muvieri*-Federn mich gegen den Uhrzeigersinn zu umkreisen. Ich spürte, wie die Federn um mich herumwedelten, in Spiralen nach unten glitten und gelegentlich meine Haut streiften. Diese Prozedur wurde dreimal wiederholt, immer vom Kopf aus abwärts dem Uhrzeigersinn entgegen und um meinen Körper herum bis auf die Erde.

Als ich die Augen öffnete, war es wie das Erwachen aus einem erfrischenden Schlaf. Ich wußte intuitiv, daß Don Jose fertig war und es an der Zeit war, zurückzukehren.

»Wie fühlst du dich?« fragte er, immer noch vor mir stehend und lächelnd.

Ich fühlte mich so gut, daß ich Don Jose und die anderen einfach nur anlächelte. Es war eine tiefgreifende Erfahrung, und mir fiel einfach nichts ein. Nachdem ich einige Minuten schweigend dagesessen hatte, stand ich auf und sagte einfach: »Danke!«

»Keine Ursache«, erwiderte er und hob mit bejahender Geste die Arme.

Ich erinnerte mich daran, daß es ortsüblich war, einen *Mara'acame* für seine Dienste stets zu bezahlen. Ich holte eine Hundertpeso-Note aus meiner Brieftasche und bot sie Don Jose an.

»Das genügt nicht«, erwiderte er.

Verlegen bot ich ihm statt dessen eine Fünfhundertpeso-Note an.

»Das ist immer noch nicht genug«, sagte er heftig. »Du hast nicht genug Geld in deiner Brieftasche, um mich zu bezahlen.«

Er schüttelte den Kopf, lächelte und stampfte auf den Boden. Wieder einmal machte er seine Witze; sein Sinn für Humor schien keine Grenzen zu kennen.

»Wenn du ein *Mara'acame* werden willst«, fuhr er ernst fort, »wirst du dich deiner Krankheit stellen müssen.«

»Bin ich etwa krank?«

»Nein, das nicht. Doch du wirst es bald werden. Wenn du dein

Nierica finden willst, wirst du eine Krankheit durchmachen müssen wie alle anderen Lehrlinge auch.« Ich warf Eligio einen Blick zu, und dieser unterstrich mit einem Nicken Don Joses Feststellung.

»Zieh dein Hemd wieder an«, sagte Don Jose, »und setz dich hin.« Während ich es tat, machte er einige Schritte zurück und nahm wieder auf seinem Bambusbett Platz.

»Du bist zurückgekehrt«, begann er, »um fortzuführen, was du begonnen hast. Das ist gut, Enkel.« Er lächelte. »Nur wenn du dich selbst vervollständigen willst, dann mußt du auch den ganzen Weg gehen.« Er hielt einen Moment inne und sah mir direkt in die Augen. »Ich werde dir so gut helfen, wie ich kann, nur verlange ich etwas dafür: Vollende deine Lehrzeit. Zwar begeben sich viele Menschen auf diesen Pfad, aber sie geben auf, wenn das Fortkommen zu schwierig wird. Du wirst etliche Krankheiten durchmachen, manche Dinge werden dir Angst einjagen, und es werden dir Kräfte offenbart werden, die zu benutzen du möglicherweise versucht sein wirst. Und vor allem wirst du Frauen treffen, die dich anziehen werden.«

Eligio brach in Gelächter aus. Don Jose musterte erst ihn, und dann sagte er zu mir: »Er hat zwei Ehefrauen und hundertmal mehr Ärger als du. Er hat beschlossen, die Lehrzeit fortzuführen. Wir können höchstens spekulieren, wie viele zusätzliche Ehefrauen er noch haben möchte, bevor er vollständig wird!«

Josefa sah Eligio entsetzt an. Unser Gelächter erfüllte die kleine Hütte.

In dieser Nacht einzuschlafen war leicht und angenehm. Der lange Marsch hoch nach Colorin hatte mich erschöpft, und obwohl meine Bettrolle unmittelbar auf einer unebenen Bambusplattform lag, fühlte ich mich bequem und entspannt. Man hatte mir in einem *Caraton*, einer erhöhten Plattform von Wänden umgeben, allerdings ohne Dach, eine Schlafgelegenheit zugewiesen. Ich legte mich auf den Rücken und blickte zu dem faszinierenden Panorama unzähliger heller Sterne empor, die den Nachthimmel ausfüllten. Neben mir lagen zwei junge Huichol-Kinder, die bereits schliefen: Toro und Silverio, beides Enkelkinder von Don Jose.

Eine tiefe Stille durchdrang die Nacht. Gelegentlich unterbrachen bellende Hunde oder das Heulen eines fernen Kojoten den stummen Zauber und ließen mein Bewußtsein vorübergehend wieder emporsteigen.

Mehrere Stunden vor Sonnenaufgang wachte ich urplötzlich auf. Der Wind klang gespenstisch, wie er durch die Bambuswände strich, die mich umgaben. Ich fühlte mich immer noch recht müde, warf und wand mich hin und her, bis ich in einen traumähnlichen Zustand fiel.

Der *Caraton* begann zu vibrieren. Ich verlor das Bewußtsein für meine Umgebung und fiel in einen dunklen Gang hinein, der spiralförmig nach unten führte, tief ins Innere der Erde. Mir war, als ob ich in Felsritzen und unterirdische Höhlen hinabsteigen würde, wo es dunkel und abweisend war. Eine unbekannte Kraft bewegte mich durch den dunklen unterirdischen Gang; es war, als würde ich auf einem reißenden Strom dahintreiben, der mich tiefer und tiefer in die Unterwelt brachte.

Als ich mir sicher war, daß meine Situation völlig hoffnungslos war und ich nicht mehr zurückkehren konnte, tauchte plötzlich ein grelles Licht auf. Die Lichtkugel kam zwischen den riesigen Geweihhörnern eines kleinen braunen Hirsches hervor, der mich intensiv betrachtete. Mein Herz hüpfte vor Freude, wie ich diesen unbeschreiblich schönen Hirsch sah, der so etwas wie die Sonne zwischen den Hörnern mitbrachte. Seine Wärme umhüllte mich und belebte mein Leben neu. Wir wechselten keine Worte und doch wußte ich, daß sich dieser kleine Hirsch meiner Dankbarkeit für seine Anwesenheit durchaus bewußt war.

Als der Hirsch sein langes Geweih leicht bewegte, verwandelte sich die Sonne dazwischen in ein sich drehendes Kaleidoskop leuchtender Farben. Aus dem Mittelpunkt des Wirbels schossen bunte Lichter hervor; der Hirsch verschwand, und der strahlende Lichterwirbel wurde größer und größer. Ich begann menschliche Gestalten wahrzunehmen, die sich umherbewegten; ihre Körper schienen durchsichtig im grellen Licht, das tief aus der Mitte des vielfarbigen Wirbels hervortrat. Ganz plötzlich erschien Don Joses Gesicht; ich konnte sehen, wie er lächelte und seine *Muvieri*-Feder zwischen uns hin- und herschwenkte. Don Joses Vision überlagerte ein Panorama von Gebirgszügen, die mit ausgetrockneten Wäldern überzogen waren. Mit einem Wedeln seiner Federn verschwanden die Berge, und das Meeresufer erschien. Vom Meer her zogen große, dunkle Wolken auf, die vor eigenem Leben bebten. Wieder erschienen die Gebirgszüge, nur schwebten diesmal die schwangeren Wolken darüber. Schillernder Regen ergoß sich aus den Wolken auf die dürstenden Wälder hinab. Mit einem weiteren Wedeln von Don Joses Federn erblickte ich plötzlich Lichtungen an den Berghängen. Regen fiel auf diese Lichtungen, und verborgene Samen brachen aus der Erde hervor und verwandelten sich auf magische Weise in reife Maispflanzen. Die hohen Maispflanzen füllten die ehemaligen Lichtungen aus und tanzten anmutig und majestätisch in der sanften Brise.

Don Joses *Muvieri*-Federn bewegten sich im Rhythmus der tanzenden Maispflanzen des Winds und der oben vorbeiziehenden Wolken. Bald hörte ich einen mächtigen Gesang, der von Don Jose kam. Dieser Gesang stieg in alle Richtungen auf, um seine tiefe Zuneigung für jedes Element zu verkünden, das in den Visionen enthalten war, die wir soeben untereinander ausgetauscht hatten. Der Gesang richtete meine Aufmerksamkeit stärker auf Don Joses Gesicht, und als ich es sah, stellte ich fest, daß er voller Liebe und Ehrfurcht für das Geschenk des Lebens weinte.

GERHARD KUNZE
Die kleine Geisterfrau

Wie kommt ein Physiker zu den Schamanen? Es muß wohl eine
Kette merkwürdiger Zufälle gewesen sein, die ihn dorthin gebracht
hat. Von Haus aus Physiker, hatte ich mich nach dem Studium
zunächst mit den Auswirkungen radioaktiver Strahlung auf organi-
sche Moleküle befaßt, war dann aber vom deutschen Wissenschafts-
betrieb derart enttäuscht, daß ich beschloß, nach nützlicheren
Anwendungsmöglichkeiten der Physik für die Probleme der
Menschheit zu suchen. So arbeitete ich fast acht Jahre lang als
Entwicklungshelfer in Mexiko, Obervolta, Nikaragua und dann
wieder in Mexiko und baute Bewässerungsanlagen, Windräder,
Sonnenkollektoren, Biogasanlagen und vieles mehr. In der Zeit las
ich viel über andere Kulturen, insbesondere über die Indianer
Mexikos, blieb dabei aber immer ein streng rationaler Mensch, dem
alles Mystische und Magische suspekt vorkam. Berichte über uner-
klärliche Ereignisse hielt ich für Schwindel oder Ausdruck von
Aberglauben.

Doch die große Wende in meinem Geistesleben kam bald. Ende
1980 rief mich ein mexikanischer Freund, ein Ethnologe, zu sich,
weil er mir jemanden vorstellen wollte: Pedro de Haro, damals
Tatuani (Häuptling) eines Huichol-Stammes, der in die Großstadt
Guadalajara gekommen war, weil er jemanden suchte, der ihm ein
Windrad bauen sollte. Er war ein Mann Anfang 60, korpulent mit
grauen Haaren, der in seinem buntbestickten weißen Baumwollan-
zug und seinen Federn am Hut aussah wie ein Wesen aus dem
Märchenbuch. Ich hatte schon vorher von diesem Pedro gehört und
gelesen. Er ist, obwohl nur Mestize, ein bekannter Freiheitsheld
seines Volkes. Seine Eltern waren Händler.

Als beide starben, hielten sie sich gerade in dem entlegenen Huichol-Gebirge auf und ließen Sohn Pedro, damals etwa acht Jahre alt, allein zurück. Daraufhin adoptierte ihn die berühmte Schamanenfamilie der Chibarras und zog ihn auf. Einziges Erbstück seiner Eltern war ausgerechnet eine mexikanische Verfassung. Und da sie ihm Lesen beigebracht hatten, las er dieses Buch so oft, bis er es auswendig konnte.

Die Huichol hatten damals nur wenig Kontakt mit den Weißen, da das Gebirge jeden stärkeren Verkehr behinderte. Weder die Spanier noch später die Mexikaner hatten die Huichol jemals auf Dauer unterwerfen können. Und so leben sie noch heute als Bergbauern, die aber auch auf die Jagd und das Sammeln von Waldfrüchten angewiesen sind. Christianisieren ließen sie sich nie, und obwohl ihre Religion nur in den Grundideen der aztekischen gleicht, betrachten sie sich selbst stolz als die letzten Nachfahren der Azteken.

Anfang der 50er Jahre begann die Zivilisation auch in diesen entlegenen Winkel der Welt vorzudringen: Der mexikanische Staat wollte die Huichol enteignen, um ihr Gebiet wirtschaftlich »vernünftiger« zu nutzen. Von allen Huichol wußte allein Pedro, der die Verfassung in- und auswendig kannte, daß ein solches Vorgehen des Staates nicht erlaubt war. Durch sein politisches Genie und nicht zuletzt durch seine Fähigkeit, andere Menschen wie Schachfiguren in seinem Spiel einzusetzen, gelang es ihm, diesen Plan zu verhindern. Zuletzt mobilisierte er eine eigene Truppe von Freiheitskämpfern; das gab schließlich den Ausschlag: Noch heute meiden Polizei und Militär das Huichol-Gebiet.

Ich lebte ein Jahr lang, kurze Unterbrechungen ausgenommen, fast wie ein Sohn der Familie auf Pedros Hof und versuchte, die phantastischen, fast nie zu verwirklichenden Pläne Pedros von einer eigenen Stammesindustrie in die Tat umzusetzen. Dabei erlebte ich viele für mich bis dahin unglaubliche Dinge. Pedro ist nämlich nicht nur ein an neuen Energiequellen und Methoden der Arbeitserleichterung interessierter Politiker, welcher immer noch sein altes Haudegenimage pflegt, indem er sein Haus nie ohne Maschinenpistole verläßt, sondern er ist auch Mara'akame (Schamane).

Wichtigste Funktion der Mara'akame ist es, bei allen religiösen Zeremonien zu singen, manchmal bis zu 48 Stunden lang und mit nur ganz kurzen Pausen. Beim Singen haben sie Visionen, entweder von der Zukunft oder vom Jagdglück, manche sprechen auch mit Geistern und erbitten Regen oder die Heilung eines Kranken.

Die meisten Mara'akame haben sich spezialisiert. So heilt einer nur Kinder – wohlgemerkt nicht durch Naturmedizin, sondern durch Magie, Gebet und Opfer –, ein anderer wiederum ist nur Regenmacher. Das Faszinierende daran ist: sie haben Erfolg! Da der Mara'akame dem Kranken meist schwierige Bußübungen auferlegt – eine lange Wallfahrt zu Fuß wäre eine solche –, kommt der Patient heute meist erst zu ihm, hat ihn der weiße Arzt bereits aufgegeben. Dennoch werden viele schwere Krankheiten geheilt!

Die Huichol glauben, die Regenzeit kommt erst, wenn ein Mara'akame singt. Der Regen setzt gewöhnlich zwischen Anfang Mai und Ende Juni ein. Aber bereits im Januar verkündet der »Regensänger« den Zeitpunkt der Zeremonie. Bis zu diesem Tag regnet es kein Tröpfchen. Ist der Höhepunkt der Feier erreicht, geht auch der erste Wolkenbruch der Saison nieder. Zumindest in den letzten zehn Jahren, so versicherten mir Zeugen, war es immer so.

Pedros Gebiet ist die Vorhersage zukünftiger Ereignisse und die Heilung gewisser Krankheiten. So erzählte er mir einige Tage vor dem Attentat auf den Präsidenten der Vereinigten Staaten, Reagan, die Urgroßmutter Erde sei ihm erschienen und habe ihn wissen lassen, sie werde es nicht dulden, daß dieser Verrückte die Welt mit seinen Atombomben zerstöre. In den nächsten Tagen wolle sie ihm einen Denkzettel verpassen. Und höre er dann immer noch nicht mit seiner aggressiven Politik auf, werde sie ihn töten. Den Denkzettel hat er tatsächlich bekommen, ob sie ihn noch umbringt, bleibt abzuwarten ...

Doch ich wollte in allem nur Zufälle sehen. Daß Geister so wirklich wie Personen sind, diese Idee leuchtete mir ganz und gar nicht ein. Allenfalls war ich noch gewillt, gewisse parapsychologische Phänomene hinzunehmen. Aber Geister, die mit einem reden? – Nein!

Pedro riet mir daraufhin, die erste Übung des angehenden Mara'akame zu machen: Fünf Tage lang sollte ich ohne Essen und Trinken allein durch die Wildnis wandern, meinem eigenen Tod begegnen und die Angst davor verlieren. Ich schob dieses Experiment monatelang vor mich hin. Eines Tages, auf einem Ausflug in die Wildnis, hatte ich eine Erscheinung: eine halbdurchsichtige Person – ein Geist! Ich hätte es als Wachtraum oder Phantasiebild abtun können, dann wäre wohl nichts weiter passiert. Aber ich beschloß es so zu deuten, wie Pedro es in diesem Falle getan hätte: Ein Geist hatte mich eingeladen, das Fasten zu beginnen. Fünf Tage ohne Wasser in der mexikanischen Hitze sind normalerweise tödlich. Allein daß ich diese Strapaze überlebte, ist ein Wunder. Mir widerfuhren auf diesem Marsch noch viel wunderbarere Dinge. Hier habe ich nicht den Platz, diese Erlebnisse ausführlich zu schildern. Außerdem habe ich es schon an anderer Stelle getan.[1]

Diese fünf Tage veränderten mein Leben von Grund auf. Nein, an Gott, wie man das so sagt, glaube ich jetzt nicht. Vielmehr vermute ich: Es gibt einen Geist hinter allen Dingen. Ein solcher Geist hat kein Aussehen, denn er ist immateriell. Doch ist nicht auszuschließen, daß er sich gelegentlich einem Menschen als Traumbild zeigt. Selbst wenn er weder sicht- noch hörbar ist, kann ich ihm Fragen stellen, und er antwortet mir auf seine ihm eigene Art durch Zufälle. Ich weiß: Er kümmert sich um mich und liebt mich mehr als mein bester Freund. Dieser Geist begleitet mich seither dauernd und führte mich schon durch die verwickeltsten Situationen. Das ist mir viel wichtiger als alle kleinen schamanischen Zaubereien. Plötzlich hat mein Leben einen Sinn bekommen!

Pedro hat mich nach dem Fasten aufgefordert, meine »Wurzeln« zu suchen und mich nicht weiter in die Huichol-Religion zu vertiefen. Gott liebt alle Menschen und zeigt sich jedem so, wie er ihn begreifen kann. Dafür muß man nicht die Kultur wechseln.

Anschließend lebte ich trotzdem noch zwei Jahre bei einem anderen Huichol-Stamm, den Tuapuri, und lernte dort andere Mara'akame und Hexer kennen. Ohne mich in Details zu verlie-

---

[1] Gerhard Kunze: Ihr baut die Windmühlen, den Wind rufen wir.

ren, möchte ich hier nun das Weltbild des Mara'akame, soweit ich es selbst verstehen und übernehmen konnte, kurz skizzieren.

Das Wissen des Mara'akame

Es gibt drei Stufen des Wissens, die streng getrennt sind:
1. Das allgemeine Wissen soll jedem zugänglich sein;
2. das systematische Wissen – davon sprechen nur Lehrer und Schüler – bleibt der Öffentlichkeit verborgen;
3. das innere Erleben des Geistes – oder der Weg zu den Wurzeln – ist die Sache eines jeden Einzelnen.

Das allgemeine Wissen

Schon hier gibt es die ersten Verständnisschwierigkeiten für den Wissenschaftler: Allgemeines Wissen wird nämlich nicht als Sammlung von Erfahrungen und deren Interpretationen gespeichert, sondern in Form von Mythen. Ein Mythos ist einer physikalischen Formel vergleichbar. Eine Vielzahl von Vorgängen des Lebens beschreibt er gleichzeitig, und zwar in einer abstrahierten Form. Ein guter Mythos läßt nicht nur eine, sondern viele Deutungen zu. Eine ist genauso richtig wie die andere, nur die wortwörtliche Auslegung ist meist verkürzt.

Vom Mara'akame wird verlangt, möglichst viel zu wissen. Daher dauert seine Ausbildung 20 bis 30 Jahre. Wesentliche Wissensgebiete sind die Geschichte des Volkes, der Sinn religiöser Zeremonien, der Umgang mit Pflanzen und Tieren und nicht zuletzt die Psychologie des Menschen.

Besonderen Wert wird auf die Anwendung des Wissens gelegt; nicht nur logische Überlegung, auch Intuition spielt dabei eine Rolle. Jeweils auftauchende Bilder- und Gedankenassoziationen helfen eine Situation zu beurteilen. Das entspricht in etwa den Erkenntnissen des Psychoanalyse. Das Unbewußte weiß manchmal mehr über das Umfeld eines Menschen als sein Ich. Im Gegensatz zu unserer Kultur, wo Botschaften aus dem Unterbewußten gewöhnlich als irreal angesehen und verdrängt werden, fördert das tägliche gegenseitige Erzählen von Mythen die Bewußtwerdung und die Klarheit solcher Botschaften. Denn wer das tägliche Leben als eine Verwirklichung von Mythen sieht, für den sind auch Träume und Wachträume, innere Stimmen oder Geistwesen durchaus sinnvoll. Mythen sind letztlich nichts anderes als die kollektiven Träume eines Volkes. Zusammen mit den individuellen Träumen ergibt sich daraus die spirituelle Interpretation des Lebens.

Wer den richtigen Bezug zwischen Mythos und objektiver Erfahrung herzustellen weiß, gelangt häufig zu verblüffenden Einsichten oder gar Prophezeiungen. Von einem außenstehenden Beobachter werden sie mitunter als übernatürliche Fähigkeiten ausgelegt.

Diese Vorgehensweise ist aber kein Patentrezept. Hier liegt gerade der Unterschied zum wissenschaftlichen Denken. Wissenschaft fordert Reproduzierbarkeit, welche grob betrachtet davon ausgeht, daß jeder x-beliebige Mensch, der sich an vorgegebene, einmal festgelegte Regeln hält, zum gleichen Resultat kommen muß. Für einen Huichol wäre eine solche Forderung unannehmbar: Jeder Mensch hat bei ihnen eine einmalige Begabung, und diese gilt es zu entdecken und zu fördern.

Das systematische Wissen

Wissen allein reicht nicht aus. Erfahrungen und Kenntnisse müssen geordnet werden. Dabei helfen dem werdenden Mara'akame ältere Lehrer. Betont werden muß: Diese älteren Mara'akame übernehmen nie die Rolle von »allwissenden Gurus«. Die Demokratie (für die Huichol eine selbstverständliche, weil natürliche Gesellschaftsform) bleibt auch hier erhalten: Schüler und Lehrer begegnen sich fast auf gleicher Ebene und bezeugen einander Respekt. Arroganz und Großsprecherei gelten als schwere soziale Vergehen. Nie soll sich ein Einzelner über das Volk erheben, es sei denn, er wird von der Volksversammlung für eine beschränkte Zeit dazu aufgefordert. Man darf nicht einmal selbst für ein Amt kandidieren.

Niemand ernennt sich daher selbst zum Mara'akame oder Lehrer. Auch ein Lehrer erklärt seinen Schüler nicht zum fertigen Mara'akame. Überhaupt hat jeder Schüler mehrere Lehrer. Mara'akame ist, wer vom Großteil des Volkes als solcher angesehen wird. Mara'akame sein heißt nicht nur ein großes Wissen und magische Fähigkeiten besitzen, sondern vor allem ein voll entwickelter Mensch ohne »gespaltene Seele« sein. Was das bedeutet, werde ich später zu erklären versuchen. Der typische Mara'akame ist ein fröhlicher, herzlicher, einfacher Mensch, der mit beiden Beinen mitten im Leben steht. Es gibt Huichol, die nicht ausgelernt haben, aber dennoch Magie ausüben. Von sich selbst sagen sie, sie hätten ihre Seele einem bösen Geist verpfändet. Das sind die Hexer, die Magie aber keineswegs immer zu bösen Zwecken verwenden.

Gegen die Existenz von Geistern habe ich mich anfangs aufs heftigste gewehrt. Gewisse magische Ereignisse führte ich auf parapsychologische Effekte zurück. Aber eine Reihe von Erfahrungen zwangen mich, diesen Standpunkt zu überdenken.

Es ist schon einige Jahre her, als ich im Januar im VW-Bus durch die Berge von Chiapas im Süden Mexikos fuhr, wo es noch traditionell lebende Indianer gibt. Es war nachts, und meine Sicht auf die schmale Bergstraße, die sich auf fast 3000 m Höhe dahinwand, wurde durchs Scheinwerferlicht huschende Nebelfetzen, vermischt mit Schneeregenflocken, sehr behindert. Plötzlich tauchte am Straßenrand ein alter Mann auf und deutete mir an, er wolle mitgenommen werden. Ich hatte den Wagen aber schon randvoll mit autostoppenden Indianern. Also fuhr ich weiter. Ich sah noch, wie der Alte mir drohte, dann verschluckte ihn die Dunkelheit. Vor der nächsten Kurve wollte ich leicht bremsen, aber das Bremspedal ließ sich widerstandslos durchtreten, so als wäre der Bremsschlauch gerissen. Ich erwischte gerade noch rechtzeitig die Handbremse. Ich versuchte es mit Pumpen des Pedals – nichts! Die Fußbremse war einfach tot. Mühselig, die Handbremse dauernd in der Hand, fuhr ich weiter. Als wir schon die Lichter von San Cristobal, der nächsten Stadt sahen, stieg ich gewohnheitsmäßig auf die Bremse – sie ging wieder. Der Mechaniker der autorisierten VW-Werkstätte, die ich am kommenden Tag aufsuchte, um die Bremsen überprüfen zu lassen, kam nach einer gewissenhaften Untersuchung zum Schluß: »Ihre Bremsen sind vollkommen in Ordnung.« Da erzählte ich ihm die Geschichte der vergangenen Nacht. Er lachte nur: »Ach, solche Zaubereien gibt's hier in der Gegend häufig...«

Die mexikanischen Indianer machen sich einen besonderen Spaß daraus, Autos zu verzaubern. Erst kürzlich passierte mir folgendes: Wieder war es Nacht, und es regnete in Strömen. Ich fuhr mit dem Jeep in Richtung Huichol-Gebiet. Als ich die Stammesgrenze erreichte – sie ist mit einem Steinmäuerchen gekennzeichnet –, war das Gatter offen, und ich wollte, ohne anzuhalten durchfahren. Als der Wagen mit den Vorderrädern durchs Tor war, starb der Motor ab und der Wagen blieb stehen. Ich startete neu und wollte wieder anfahren, aber es war, als gäbe es irgendein unsichtbares Hindernis. Der Wagen ruckte ein Stück vorwärts, und der Motor starb wieder. Ich schaltete auf den Zwischengang, den man im Jeep für extreme Steigungen hat, obwohl der Weg fast eben war. Mir schwante nichts Gutes. Solche Zaubereien hatte ich schon Dutzende von Malen erlebt. Es gruselt mich auch gar nicht mehr dabei, eher empfinde ich sie als lästig. Der Wagen sprang zwar an und fuhr auch los, aber er plagte sich arg. Sobald er rollte, wollte ich vom Zwischengang auf den ersten Gang schalten. Als ich aufs Kupplungspedal trat, brach es ab! Im gleichen Moment röhrte der Motor auf: die Dichtung, die das Auspuffrohr oben mit dem Motor verbindet, war zerbrochen. Mir blieb nichts anderes übrig, als im Zwischengang schleichend und ohne Schalldämpfer bis zu meinem Ziel weiterzufahren. Am nächsten Morgen kam ich an der selben Stelle vorbei und entdeckte ein totes Eichhörnchen, das an einem Faden über der Straße hing. Dieser Zauber ist bei den Huichol-Hexern sehr beliebt. Man tötet ein Tier und befiehlt seiner Seele, sie möge sich am ersten, der bei seinem Kadaver vorbeikommt, rächen. Den gleichen Zauber hatte ich schon einige Jahre zuvor erlebt. Damals hing ein toter Wolf über der Straße. Glücklicherweise war ich der zweite, der vorbeikam. Am Vortag waren sechs italienische Ethnologiestudenten unter dem Wolf hindurchgefahren. Und bei ihnen war nicht nur der Wagen völlig zusammengebrochen, sondern einer der Fahrgäste brach sich beim

Aussteigen einen Knöchel und ein weiterer beim anschließenden Fußmarsch ein Bein.

Bei diesen Zaubereien ist es schwierig festzustellen, ob der *Wille* des Zauberers durch Telekinese die Autos funktionsuntüchtig macht. Gerade bei den letzten Beispielen wußte der Zauberer nicht, wer wann an dieser Stelle vorbeikommen werde. Außerdem versteht ein Huichol-Hexer bestimmt nichts von Automechanik, so daß er kaum absichtlich ein Teil kaputtmachen kann.

Den deutlichsten Hinweis auf die Existenz selbständig wirkender Geister erhielt ich folgendermaßen. Von der Geistererscheinung, die mich bewogen hatte, das fünftägige Fasten zu beginnen, habe ich bereits gesprochen. Da sich mir das Bild, das ich für eine Art Wachtraum, eine Projektion meines eigenen Hirns hielt, ungemein klar und deutlich eingeprägt hat, zeichnete ich es aus der Erinnerung und veröffentlichte es in dem schon erwähnten Buch. Auf der Frankfurter Buchmesse, wo das Buch auslag, wurde ich einer alten Hopi-Frau vorgestellt, die dort zu Gast war. Sie blätterte in dem Buch, obwohl sie kein Deutsch konnte, und sah sich die Bilder an. Ich hatte ihr noch nichts von meinen spirituellen Abenteuern berichtet. Beim Bild des Geistes sah sie mich verwundert an und fragte: »Woher kennst Du sie?« Ich erzählte ihr von meiner Erscheinung, ohne aber auf alle Einzelheiten einzugehen. Daraufhin erklärte sie mir, dies sei der »White Eagle Ghost«. Wolle ein junger Hopi Schamane werden, gehe er allein in die Wüste, dort erscheine ihm genau dieser Geist und unterweise ihn in den ersten Übungen. Es mag den Leser nicht erstaunen, daß mir in diesem Moment ein kalter Schauer über den Rücken lief.

Was ich bei jenem fünftägigen Fasten erlebte, deutete klar auf einen von mir unabhängigen »äußeren« Geist hin. Da mir die indianische Geisteswelt zu unübersichtlich war, interpretierte ich jene merkwürdigen Ereignisse aus christlicher Sicht. Und es gelang mir seither oft durch das genaue Beobachten von Zufälligkeiten, durch absichtsloses Aufschlagen der Bibel oder gelegentlich durch innere Stimmen beim Gebet mit diesem Geist direkt zu sprechen.

Ich sehe keinen Widerspruch zwischen den Aussagen der Bibel und der indianischen Deutung von Geistererscheinungen. Auch die

Huichol glauben an einen einzigen Urgott, der, um die Welt zu schaffen, Gegensätze erzeugen mußte: Geist und Materie, das absolute Unveränderliche und das lebendig Veränderliche. Spaltet man von diesen vier Elementen die Materie ab, so bleiben drei Manifestationen Gottes übrig, die erstaunlicherweise mit der christlichen Dreifaltigkeit übereinstimmen: der Geist, das Absolute als der Vater und das lebendig Veränderliche als der Sohn. Die vier Grundelemente zerteilten sich immerfort weiter, so daß die Welt in ihrer heutigen Vielfalt entstand. Die vier ursprünglichen Aspekte, auch vier Seelen genannt, bestimmen ein jedes Ding dieser Welt. Alle zusammen genommen nennt man auch »die Person, die hinter dem Ding steht«.

Nur schenkt man dem Urgott wenig Beachtung und opfert lieber seinen heutigen vielfältigen Erscheinungsformen. Aber wenn ein Huichol das Feuer anbetet, meint er tatsächlich die Person, die hinter dem Feuer steht, also jene Idee des Weltgeistes, der er das Feuer zu verdanken hat. Und diese Idee gewordene Person kann ihm gelegentlich auch erscheinen. Selbst in der Bibel erscheinen Geister als Engel Gottes. Allerdings muß man vorsichtig sein: Diese Erscheinungen sind nicht identisch mit dem Geist an sich. Auch Jesus sagt: »Niemand hat den Vater gesehen...«.

Dagegen sollte es den Christen nachdenklich stimmen, wenn er im Markusevangelium (16, 17–18) liest: »Die Zeichen aber, die da folgen werden denen, die da glauben, sind die: In meinem Namen werden sie Teufel austreiben, mit neuen Zungen reden, Schlangen vertreiben, und so sie etwas Giftiges trinken, wird's ihnen nicht schaden; auf die Kranken werden sie die Hände legen, so wird's besser mit ihnen werden.«

Wesentliche Voraussetzung für das Gespräch mit dem Geist an sich ist, frei von allen Ängsten, Sorgen und Lüsten zu sein. Das ist die Kunst, die der Mara'akameschüler von seinen Lehrern erlernt. Erreicht wird sie durch harte Selbstkontrolle. Gegen die Eßlust hilft 40tägiges Fasten, gegen die Fleischeslust monatelange Enthaltsamkeit, gegen die Bequemlichkeit schläft man so, wie man sich auf dem Boden gebettet hat, ohne sich zu bewegen, selbst wenn man sich ausgerechnet auf einen spitzen Stein gelegt hat. Und so gibt es gegen jedes Laster, das unsere Willensfreiheit einschränkt, eine oder mehrere Übungen. Am wichtigsten aber ist die erste Übung: Verliere die Angst vor dem Tod, indem du dich freiwillig in Todesnähe begibst. Ich tat es, ich begab mich fünf Tage allein und ohne Wasser in die Wildnis. So lernst du: Es gibt eine Schwelle, bis zu der die Todesangst zunimmt, aber danach erscheint dir das Sterben so selbstverständlich und schön, daß der Tod seinen Schrecken ein für allemal verliert. Ohne Todesangst fühlt man sich zu einem neuen Leben erwacht. Wirklich frei ist nur der Mensch, der alle Ängste, Sorgen und Triebe seinem Willen unterordnen kann. In diesem Zustand innerer Ruhe und Fröhlichkeit tauchen wir in den Geist, das geistige Leben ein. Schildern christliche Einsiedler oder Mystiker ihre Gotteserfahrungen, dann sprechen sie auch von innerem Frieden. Gott liebt die Ruhe, sagen sie. Leider bietet die christliche Kirche heute keine Anleitungen mehr, diese Ruhe zu erlangen. Im Gegenteil: Das kleinliche Festhalten an Geboten ohne einen Wandel des inneren Weltverständnisses führt zu seelischen Spannungen. Zwar gibt man vor, an Gott zu glauben, aber wer hat ihn schon wirklich erfahren?

Das innere Erleben oder die Suche nach den Wurzeln

Dieses Thema wird von einem Huichol-Lehrer höchstens gestreift, denn es brächte sonst nur Streit und beeinträchtigte die Ausgeglichenheit des Mara'akame. Man spricht nicht darüber. Wer weiß, was gemeint ist, braucht nichts mehr darüber zu hören. Wer es nicht weiß, glaubt meistens auch nicht daran.

Das innere Erleben ist eine Angelegenheit zwischen Mara'akame und Geisterwelt. In Ekstase besucht er die Welt der Geister. Voraussetzung dafür ist eine gefestigte Persönlichkeit, die harmonisch in ihre Umwelt eingebettet ist. Wer das nicht hat, aber dennoch den Versuch macht, hinüberzureisen, läuft Gefahr, aus der anderen Welt nicht zurückzukehren – im Klartext heißt das: verrückt zu werden. Für geglückte Reisen gibt es auch Beispiele in unserer Kultur. C. G. Jung berichtet darüber in seinen »Erinnerungen, Träume, Gedanken«. Auch er betont, welchen Rückhalt ihm sein harmonisches Familienleben und seine befriedigende Arbeit bei seinen Experimenten boten. Leicht wäre er sonst dem Wahnsinn verfallen. Jung meinte, auch Nietzsche habe sich darin versucht, allerdings mit weniger glücklichem Ausgang. Er endete bekanntlich in geistiger Umnachtung.

Pedro erklärte mir, wie ich meine eigenen Wurzeln finden könne: Ich solle mich nicht bemühen, Huichol zu werden, sondern fragen, wer ich sei, aus welcher Kultur ich käme und was dort zu finden sei. Es gebe doch viele große Denker in meiner eigenen Kultur. So kam ich auf die christlichen Mystiker, mit denen mich mehr als mit Indianern verbindet. Ziel einer geistigen Höherentwicklung kann nur der »ganze Mensch« sein, der nicht irgendwo am Weg eine seiner vier Seelen zurückläßt. Dazu muß man seine ganze Umgebung, selbst unangenehme Menschen verstehen und lieben lernen. Ein Mitteleuropäer, der viel lieber Indianer wäre, tut sich dabei schwer. Der »ganze Mensch« ist ruhig und fröhlich. Hat ein Mensch dagegen eine seiner Seelen verloren – oder ist seine Seele gespalten–, entwickelt er nur einen Teil seiner Persönlichkeit, weil er auch nur einen Teil seiner Umwelt annimmt. Viele Krankheiten entstehen, so meinen die Mara'akame, weil die Seele gespalten ist. Der »ganze Mensch« wird kaum krank. Heilt ein Mara'akame, bemüht er sich, den verlorengegangenen Seelenteil des Kranken aufzufinden.

Auch ohne die Hilfe eines Mara'akame kann man einer Seele im Traum begegnen. Es gibt Träumende, die plötzlich sich selbst wie einem Fremden gegenüberstehen.

Einem angehend »ganzen Menschen« (vollkommen ist wohl niemand), der sich auch von inneren und äußeren Zwängen befreien kann, steht bei einer Reise in die andere Welt nichts mehr im Wege. Man erreicht einen Zustand, in dem man bewußt träumt. Zwar behält man seinen freien Willen und seine Urteilsfähigkeit, doch das, was man sieht, hört und spürt, ist nicht der geistigen Kontrolle unterworfen. Man glaubt sich wirklich in eine andere Welt versetzt.

Es ist aber grundfalsch, diese Reise als einfachen ekstatischen

Traum hinzustellen. Man sieht Geister, die auch in der realen Welt Spuren hinterlassen. Unwillkürlich beginnt man, mit den Geistern zu sprechen. Dinge, von denen man vorher nichts wußte, werden jetzt in einer pathetischen, exaltierten Sprache vorgetregen (siehe C. G. Jungs »Septem Sermones ad Mortus« und auch Nietzsches »Zarathustra«), häufig auch in wohlgereimten, gut rhythmisierten Versen. Läßt sich daraus schließen, man kommt leichter in Ekstase, wenn man sich irgendeinem Rhythmus hingibt? Schamenen verwenden häufig eine Trommel, Mara'akame singen, ich persönlich bevorzuge es, mir einen Rhythmus zu denken.

Gleich bei meiner ersten Reise mußte ich mit Schrecken feststellen, daß mein Tun weit mehr war als bloßes Träumen. Ich war allein in meiner Wiener Wohnung, es war spät abends. Den ganzen Tag hatte ich schon eine innere Erregung gespürt und glaubte darin meine Bereitschaft zu sehen, eine Reise in die andere Welt anzutreten. Um mich nicht abzulenken, ließ ich lediglich eine Kerze brennen. Es war ganz still. Ich konzentrierte mich lange und wollte ganz ruhig werden, nichts mehr denken und nur die Stille spüren. Behutsam versetzte ich mein Inneres allmählich in einen gleichmäßigen Rhythmus, indem ich so tat, als spräche ich Verse ohne Worte. Zusätzlich bemühte ich mich, mir ganz bewußt die »kleine Geisterfrau« vorzustellen, eine Gestalt, die ich aus meinen Träumen kenne. Schon oft hatte sie mich im Traum geführt und mir geholfen, meine Angst zu überwinden.

Gelingt mir dieser Phantasieakt (es geht nicht immer), so wird die kleine Geisterfrau zu einer selbständigen Person, die nicht mehr meinem Willen unterworfen ist. Sie ist dann eine Art Hilfsgeist, ein psychologischer Trick, wenn man so will, den auch der Mara'akame kennt.

Die kleine Geisterfrau erschien also, nahm mich bei der Hand und führte mich durchs Zimmer. In Wirklichkeit saß ich natürlich nach wie vor ruhig da und sah mit halbgeschlossenen Augen in die Kerzenflamme. Sie öffnete eine (nicht vorhandene) Klappe im Fußboden, und vor mir lag ein dunkler Schacht. Ich empfand Widerwillen und panische Angst, dort hinabzusteigen, aber sie zog mich mit beiden Händen hinab – wie im Märchen von der Seejungfrau. In der Zwischenzeit hatte ich ganz vergessen, daß ich tatsächlich noch im Zimmer saß. Ich kämpfte gegen meine Angst, und es ging immer weiter abwärts durch den engen, finsteren Felsschlund. Plötzlich sah ich unten ein Licht: die andere Welt! Hoffnung und Angst zugleich! In diesem Moment begann sich der Rhythmus in meinem Innern mit Worten zu füllen. Zunächst war es so, als ob ich selbst spräche, um mir Mut zu machen, obwohl ich nie, ohne vorher nachzudenken, aus dem Stegreif Verse sprechen kann. Die letzten Zeilen, die ich erinnere, bevor das völlig unerwartete Ende kam, lauteten:

> Führ mich hinab ins dunkle Reich
> Zur Freiheit meiner Seele,
> Wo alle Menschen endlich gleich
> Und nimmer mehr sich quälen.
> Führ mich hinab, o Lebenslicht,
> Und zeig mir deine Gnade,
> Und zeig mir, wo die Mauer bricht,
> Zeig mir des Himmels Pfade!

Doch plötzlich änderte sich meine Stimme und so, als spräche jemand Fremdes aus mir, hörte und sagte ich:

> Laß mich zerstör'n die dumpfe Wehr.
> Die Mauer soll zerbrechen.
> Es stürze ein das feste Haus
> …

In diesem Moment holte mich ein furchtbarer Krach in die Wirklichkeit zurück. Die Deckenlampe, die in der Mitte des Zimmers gehangen hatte, war zu Boden gefallen!

Ich war so fassungslos vor Schreck, so entsetzt, als sei mir der Leibhaftige begegnet; und so etwas Ähnliches war es ja auch. Die ganze Nacht tat ich kein Auge zu, denn zum Einschlafen muß man sich ähnlich loslassen können wie bei einer Schamanenreise. Davor hatte ich nun große Angst. Denn hätte es nicht sogar viel schlimmer kommen können? Wie hätte der vierte Vers, der in der letzten

Strophe noch fehlt, wohl gelautet? Als Reim auf »zerbrechen« fiel mir sofort »erstechen« ein. Ich hatte nicht die geringste Ahnung, wer oder was erstochen werden sollte. Aber wie froh war ich, daß mich die Auswirkung der dritten Zeile daran hinderte, die vierte auch noch auszusprechen.

Und dann kam mir ein Gedankenblitz: Warum sollte ich nicht lernen, diesen Geist in mir, der zaubern konnte, zu beherrschen und mir dienstbar zu machen. Unglaubliche Macht, nie gekannte Lust lagen vor mir. Aber ein zweiter Gedankenblitz löschte den ersten wieder aus: Ich begriff, was ein Pakt mit dem Teufel ist! Die mittelalterlichen Mystiker oder Alchemisten wie Dr. Faustus (ob er wirklich gelebt hat, mag uns hier nicht interessieren) mußten ähnliche Erfahrungen gemacht haben wie ich. Nun war mir klar: Diese Kraft in den Dienst von Macht oder Lust zu stellen – vorausgesetzt es ist möglich –, bedingt eine Seelenspaltung. Ruhe und Fröhlichkeit sind dem »ganzen Menschen« dann genommen. Ich käme in des Teufels Krallen und würde, wie die Huichol sagen, ein (böser) Hexer werden. Später wagte ich mich trotzdem noch auf weitere Reisen, nicht aber ohne zuvor ein langes Gebet zu Gott gesprochen zu haben. Nach dem Tunnel kommt man in merkwürdig finstere Räume, muß weitere Hindernisse nehmen oder durch enge Türen schlüpfen, bis man schließlich irgendwo in eine unbeschreibbar schöne Welt durchbricht, die ich bis jetzt aber erst vom Rand her kenne. Sie hat mehr als drei Dimensionen, unten und oben ist nicht mehr unterscheidbar, verschiedene Ereignisse spielen sich gleichzeitig am gleichen Ort ab, zweidimensionale Ornamente vermischen sich mit dreidimensionalen ungemein plastischen und farbigen Räumen.

Personen und Bilder, die ich wahrnehme, sind Teile meiner eigenen Seele. Wohin mich diese Reisen einmal bringen werden, weiß ich heute noch nicht zu sagen.

Eine kritische Schlußbemerkung

Ich brauchte drei Jahre, um das Erlebte zu verarbeiten, denn mir war daran gelegen, exotische und folkloristische Elemente vom Essentiellen zu trennen und diese Essenz in meiner eigenen Kultur aufzufinden. Viele schamanische Riten und Gebräuche halte ich nach wie vor für unsauberen Hokuspokus, der nur dazu dienen soll, das Interesse der naiven Kundschaft zu steigern. Und sind Astrologie und Kabbalistik nicht unzureichende Mittel, das Unbegreifliche theoretisch zu erklären? Sind sie nicht vielmehr ein Trick, den man sich selbst vorspielt, indem man vorgibt, dem Weltgeist auf die Finger zu schauen? Skeptiker bin ich nicht, im Gegenteil, ich weiß um den Geist und seine Liebe. Ich wurde Christ, denn im Christentum entdeckte ich die Wurzeln, die meinen spirituellen Erfahrungen entsprechen. Nur ein »normaler« Christ bin ich vermutlich nicht. Für solche bin ich eher ein Ärgernis, zumal ich meine Vorliebe im mystischen Christentum des Mittelalters finde. Franz von Assisi beeindruckt mich ganz besonders. Meine Einstellung zu Wundern hat sich auch gewandelt. Siehst du die Welt mit Augen voller Gottvertrauen, begegnen dir tagtäglich kleinere und größere Wunder. Und ich versuche, jeden Tag mit Gott zu sprechen. Aber ich bin beileibe kein Heiliger. Ich weiß, wieviel mir gute Christen voraus haben, vor allem eines – Demut! Denn daß ich diesen Artikel schrieb – ich kann es nicht leugnen –, hängt auch damit zusammen, daß ich mir immer noch sehr wichtig vorkomme.

In unserer europäischen Kultur ist die religiöse Ekstase außer Mode gekommen. Den Zugang zum eigenen Unterbewußtsein findet man allenfalls noch in der sterilen Atmosphäre der Psychoanalyse. Das Zeitalter der Aufklärung hat die Tradition der »Reise in die andere Welt« unwiderbringlich ausgelöscht. Im Selbstversuch das Verlorene wiederzuentdecken, ist nicht nur gefährlich, sondern es wird auch nur dem gelingen, dessen Wurzeln fest in der eigenen Heimat ruhen.

Da die westliche Wissenschaft schon fast alles über die Materie zu wissen glaubt, wird nun im Zeichen des Fortschritts die Untersuchung des Geistes in Angriff genommen. Bezeichnend für diese

Denkweise ist die Vorstellung, Wahrheit sei etwas, das man in Büchern sammeln kann. Hinzu kommt der ebenso festgefahrene Glauben unserer zivilisierten Welt, es könne nur *eine* Wahrheit geben. Dieser paart sich dann mit der für alle dekadenten Kulturen eigenen Verachtung für Überlieferungen und Traditionen, und es entsteht der Mythos, alle nicht-zivilisierten Völker besäßen – im Gegensatz zu uns – die Wahrheit, und obendrein müssen sie selbstverständlich auch noch bei allen ein und dieselbe sein.

Nicht genug. Weisheit – oder das was man dafür hält – ist heutzutage gut verkäuflich. Aber der Anfänger in Sachen Weisheit braucht leichtverdauliche Speise. Insbesondere will der Weisheitskonsument, der gerade erst Bhagwan Shri Rajneesh verdaut hat, hören, daß die Lehren der Indianer, die nun auch ins Geschäft kommen wollen, dem vorher Erlernten nicht widersprechen. Nur etwas »ökologischer« darf es schon sein.

Nein, mit solchen Dingen darf man den spirituellen Pilger nicht verwirren. Statt dessen verkauft man ihm ein Handbuch, das ihm erlaubt, im Handumdrehen im Heimstudium das Schamanenhandwerk zu erlernen. In einwöchigen Seminaren oder in Wochenendkursen wird der gehetzte Bürger nun auch noch zum Schamanen getrimmt. Bloß der schamanische Heilgesang auf Krankenschein fehlt noch.

Ich möchte an dieser Stelle an Adolf Holl erinnern, der so treffend und weise bemerkte, daß diejenigen, die über Mystik schreiben, keine Mystiker sind. Gleiches gilt für diejenigen, die sich unterstehen, Schamanentum zu lehren, aber selbst keine Schamanen sind.

Von einem Mönch vom Berge Athos in Griechenland stammt die folgende Parabel, mit der ich schließen möchte:

»Stell Dir vor, es gebe einen Brunnen der Wahrheit. Du schöpfst daraus gierig mit einem Eimer, aber sooft Du diesen hinunterläßt, hat der Brunnen schon wieder sein altes Niveau erreicht. Niemals wirst Du ihn bis auf den Grund ausschöpfen. Aber wenn Du dich statt dessen an den Rand des Brunnens setzt und nicht schöpfst, wird seine Oberfläche glatt und klar, und Du kannst bis auf den Grund sehen.«

Dritter Teil

Die Kraft des Heilens

PETER H. KNUDTSON
Flora, Medizinfrau der Wintu

Die Wintu Nordkaliforniens, in früheren Zeiten ein vitales, gedeihendes Volk, waren die nördlichste Dialektgruppe der einstmals großen indianischen Nation der Wintu. Sie bewohnten ein Gebiet, das sich entlang des Westufers des Sacramento River aus der Umgebung von Mount Shasta bis nach Süden zur San Francisco Bay zog, und zählten vor 1870 mindestens 12 000 Menschen. Doch ein Jahrhundert rassischer Gewalttätigkeit, Krankheit, Armut, Abwanderung und Inzucht haben ihren Zoll verlangt, so daß der Volkszählung von 1970 zufolge nur noch 1165 Wintu übrig blieben.

Bevor ihre Kultur vernichtet wurde, initiierten die Wintu Schamanen in ihre Rolle als Stammesheiler und geistige Führer ein – in umfangreichen Gemeinschaftszeremonien.

Der Ritus begann am Abend, wobei Schamanen und Schamanenkandidaten nackt um ein Feuer aus Manzanitaholz tanzten und sangen, um die Geister zu anzurufen. Ein pfeifendes Geräusch über dem Rauchabzugsloch der Erdhütte signalisierte die Ankunft der Geister. Wenn ein Geist einen Kandidaten akzeptierte, drang er in seinen Körper ein. Geschah dies, so nahm der Novize ein wildes Verhalten an: Sein Körper zuckte spasmisch, Speichel tropfte von seinen Lippen, und manchmal floß auch Blut aus Mund und Nase. Schließlich stürzte er zu Boden und wurde von den älteren Schamanen an eine Seite der Hütte getragen, wo man ihn sorgfältig betreute und für ihn sang. Alle Stammesgenossen respektierten fortan jeden Mann oder jede Frau, die auf diese Weise von den Geistern besessen wurden, und zwar als ein Individuum, das eine machtvolle Beziehung zur Welt der Geister hatte –

zu jener Welt, in die der Schamane in Zukunft unzählige Male während der Heiltrance eintreten würde.

Heute ist die Erinnerung an die eigene Sprache und die eigenen Überlieferungen unter den Wintu zur Ausnahme geworden, und es gibt nur noch eine anerkannte Schamanin – eine ältere, lebhafte Frau namens Flora Jones. Flora oder *Pui-lu-li-met*, östliche Blumenfrau, lebt auf einer bescheidenen Ranch innerhalb der früheren Stammesgrenzen und übt noch heute aktiv die alte Heilkunst ihres Volkes aus. Noch immer leitet sie schamanische Séancen und schreibt den Patienten ihres eigenen Stammes und jenen der Nachbarstämme traditionelle Kräutermedizinen.

Ich begegnete Flora erstmals im Jahre 1972. Als sich unsere Freundschaft vertiefte, verbrachten wir Stunden damit, ihre Heilaktivitäten zu besprechen, wobei wir manchmal auch heilige Medizinplätze entlang des McCloud River in der Nähe ihres Zuhauses aufsuchten. Zu Anfang äußerte sich Flora mißbilligend über meine Fragen und sagte einmal: »Natürlich mögen die Geister, mit denen ich heile, die weißen Menschen nicht.« Doch dann fügte sie hinzu: »Aber seit ich dich kenne, habe ich für dich gebetet. Ich erkläre den Geistern, daß du mein Kind bist und daß sie dich akzeptieren müssen, auch daß ich dich gründlich geprüft habe und daß du nichts Böses im Sinn hast.«

Wenngleich ihr Zögern, bestimmte Dinge zu besprechen, für mich enttäuschend war, überraschte es mich durchaus nicht. Ihre Zurückhaltung war durch einen anderen Wintu-Schamanen ausgedrückt worden, und zwar in einem Traumgesang, der vor über 40 Jahren von Ethnographen aufgezeichnet worden war:

> Wenn Roter Stock [der weiße Mann] kommt,
> werden wir Wintu unsere Gesänge vergessen.

Weil die Kultur ihres Volkes im Laufe des letzten Jahrhunderts katastrophale Veränderungen durchlaufen hat, lassen sich Floras Praktiken nicht als kristallklare Aufzeichnungen schamanistischer Fähigkeiten der Wintu deuten; vielmehr stellen sie ein Gemisch aus modernen Praktiken und traditionellen geistigen Heilweisen dar.

Dennoch gibt es noch traditionelle Elemente. Zudem ist ihre Geschichte gerade zum heutigen Zeitpunkt von besonderer Bedeutung, da es anscheinend keinen Nachfolger für ihr heiliges Amt gibt. Flora ist wahrscheinlich die letzte Wintu-Schamanin.

Flora bezeichnet sich als indianische Doktorin. Die meisten Anthropologen würden sie jedoch als Schamanin bezeichnen, da es für einen Schamanen charakteristisch ist, in Trance zu fallen, in einen ekstatischen Zustand, in dem die übernatürliche Welt der Stammesgeister unmittelbar erfahren wird. Schamanen beschreiben die ekstatische Trance oft als Reise der Seele. Die Berichte der Wintu verweisen auf eine eher passive Rolle des Schamanen. Flora erklärt: »Die Geister gebrauchen mich lediglich als Werkzeug – als etwas, in das sie sich hineinbegeben, um den Menschen zu sagen, was passieren wird und was sie tun können.« Hier scheinen sich also die Fähigkeiten des Schamanen zum Wahrsagen und zum Hellsehen nicht vom Umherwandern der Seele abzuleiten, sondern vielmehr von der Allwissenheit bestimmter beweglicher Hilfsgeister als auch von der allgegenwärtigen lenkenden Kraft des Schöpfergottes der Wintu, *Olelbes*.

Die Hilfgeister der Wintu nehmen vielerlei Gestalten an – es können geistige Kräfte sein, die an heiligen Orten oder in Himmelskörpern wohnen, die Geister von Tieren oder auch die Seelen verstorbener Verwandten. Floras persönliches Pantheon an Hilfsgeistern enthält Vertreter aller Arten, die sie durch lange Jahre der Erfahrung im Heilen erwarb, und jeder Geist besitzt eine eigene Persönlichkeit und eine ihm eigene nützliche Funktion.

Sie beschreibt den Karpfenfischgeist als Trickster, als einen unberechenbaren Allerweltskerl, dem man während einer Trance nicht trauen darf. Ein anderer, der Schwarzwolfgeist, gebärdet sich als feindseliger Charakter und erscheint am häufigsten in Zeiten tiefer Trauer. Andere – ein Sternengeist, ein Mondgeist, ein Berggeist, die Seele eines Schamanenvorfahren – können ebenfalls während einer Séance erscheinen. Dringen mehrere Geister gleichzeitig ein und unterhalten sie sich auf lebhafte Weise während einer Trance miteinander, so fungiert der Berggeist sowohl als Anführer wie auch als Sprecher.

Gelegentlich bat ich Flora, ihre Hilfsgeister einmal aufzulisten, doch mußte ich feststellen, daß die »Liste« mit jedem neuen Versuch länger wurde, weil sie sich an immer weitere heilige Berge, Quellen oder Felsformationen erinnerte. Es wurde schon bald klar, daß sich die spirituelle Welt der Wintu nicht ohne weiteres umschreiben läßt. Der Vorschlag, einen ihrer Geister doch einmal versuchsweise zu malen, wurde mit einem Ausbruch freundlichen Gelächters quittiert. Weiße Menschen schienen nicht zu verstehen, so sagte sie mir, daß man die Geister nicht malen oder zeichnen könne, denn ihr Aussehen sei flüchtig, jenseits aller Beschreibung.

Wenngleich Flora zu einer Zeit Schamanin wurde, als die Zeremonie der gemeinschaftlichen Geistersuche oder des oben beschriebenen »Medizintanzes« bei den Wintu bereits verlorengegangen waren, weisen ihre Initiationserfahrungen doch Merkmale auf, wie sie für das traditionelle Schamanentum sowohl in ihrer eigenen als auch in anderen Kulturen charakteristisch ist.

Flora, die damals noch eine Heranwachsende war, besuchte eine staatliche Schule in San Francisco, wo sie zum ersten Mal die lebhaften Träume erlebte, die sie schließlich zurück nach Hause führten, um dort Schamanin zu werden. Diese Träume verwirrten und entsetzten sie, aber forderten sie auch heraus, das Dilemma zu lösen, in einer Welt leben zu müssen, die für sie sowohl Wintu als auch weiß war.

Ihr Leben war von Anfang an ein Paradox. Geboren im Jahre 1909 als Tochter von Mischlingseltern (ihr Urgroßvater war der letzte Häuptling der McCloud River Wintu), wurde sie zwar methodistisch getauft, akzeptierte aber dennoch die Wirklichkeit ihrer Kindheitsbegegnungen mit Tiergeistern des Stammes. Wenngleich sie formell eine Ausbildung in Regierungsschulen erhielt, wurde sie doch von einer Mutter aufgezogen, die Wintu sprach und häufig Wintu-Schamanen bemühte, wenn es um die Gesundheit ihrer Tochter ging. Als junges Mädchen hing Flora Phantasien von einer Karriere als Schauspielerin in Hollywood nach, und doch schoß sie ihr erstes Reh im Alter von zehn Jahren und verzichtete, darin der Stammestradition folgend, das Fleisch ihrer ersten Beute zu essen.

Im Alter von 17 Jahren kam es zum ekstatischen Erlebnis ihrer

Berufung – ihre erste Trance. Sie war gerade in ein Kartenspiel mit Freunden vertieft, als ihre Ohren plötzlich, ohne jede Vorwarnung, von einem lauten Geräusch und einem brennenden Schmerz erfüllt wurden.

»Es war wie ein heißes Geschoß, das durch mein Ohr jagte«, erinnerte sie sich. »Der Schmerz ging durch und durch, und ich war vier Tage lang bewußtlos.« Erst Jahre später konnte sie diese traumatische Erfahrung einordnen – als ihre erste ekstatische Begegnung mit einem Hilfsgeist, dem Sternengeist.

Singend erwachte sie aus ihrer langen Ohnmacht. Bei ihr befanden sich vier ältere Wintu-Schamanen, welche in einer Weise, die an die traditionelle Einweihungszeremonie erinnerte, für sie sangen und sich um sie kümmerten, ihr Medizin verabreichten und sie später an heilige Orte brachten, um dort mit ihr zu beten. In den folgenden Tagen lehrte sie ihr Hilfsgeist Medizingesänge und unterrichtete sie in der Heilkunst. Erst nachdem die älteren Schamanen in Trance gegangen waren und sie so ihre Fähigkeiten überprüft hatten, sprachen sie ihr das Recht zu, als Schamanin zu praktizieren, obwohl sie erst Jahre später anfing zu heilen. Sobald sie ihre Lieder sang, heilige Orte aufsuchte oder sich in Trance begab, so stellte Flora fest, überkam sie eine neuartige Ruhe. Nun war sie nicht mehr, wie in den Jahren zuvor, geistig hin- und hergerissen, krank und von den Widersprüchen ihrer Erziehung und von Selbstzweifeln geplagt, denn »die Geister entführten sie nicht mehr in die Berge«.

Einige sehr aufschlußreiche Gespräche führte ich mit Dona Flora an einem heiligen Ort, wo sie häufig Séancen durchführte: im Schatten von schwarzen Eichenbäumen. Dort erzählte sie mir, habe einst eine Erdhütte oder *hlut* gestanden, wo die Wintu-Medizinmänner die Kranken geheilt hätten. Bei solchen Gelegenheiten, von der vertrauten Umgebung ermuntert, sprach Flora gerne ausführlich über ihr Leben als Medizinfrau, wobei ihre Stimme manchmal sehr leise und verhalten klang, während sie sorgfältig ihre Worte wählte, manchmal aber auch vor Erregung in eine hohe Tonlage überwechselte, wenn sie einen bestimmten Traum oder eine Vorahnung beschrieb.

Sie erzählte mir von fünf verschiedenen Arten von Wintu-Medizinmännern. Jeder einzelne hatte sein Spezialgebiet, doch war er nicht so hoch spezialisiert wie die Schamanen anderer benachbarter Stämme Kaliforniens. Die ersten beiden, die Träumer und die Sänger, waren Schamanen mit der Fähigkeit zum Hellsehen, die allerdings nicht zum Heilen befähigte. Die Fährtensucher besaßen die Fähigkeit, verlorene Gegenstände oder Seelen zu orten. Saugende und heilende Medizinmänner dagegen waren vor allem auf dem Gebiet der Heilung tätig.

Wenngleich jeder der fünf Typen in einem tranceähnlichen Zustand arbeitete, galten die Medizinleute, die Krankheiten heraussaugten, traditionsgemäß doch als die mächtigsten und wurden vom Stamm am meisten geachtet. Sie heilten, indem sie winzige pathogene Geistergeschosse oder »Schmerzen« extrahierten. Sie entfernten die Schmerzen, indem sie im Trancezustand saugten – ein Prozeß, der vermutlich auch eine stärkere Durchblutung der betroffenen Stelle förderte.

Flora betrachtete sich selbst als Medizinfrau, die heilt, indem sie während einer ekstatischen Heilsitzung Krankheiten mit den Händen diagnostiziert. Doch wie viele andere Schamanen auch, hat sie Fähigkeiten aus mehr als einem Spezialbereich unter Beweis gestellt. So hat sie beispielsweise ihren Patienten die Schmerzen herausgesogen, aber wie eine Fährtensucherin wußte sie auch zu bestimmen, wo an einem nahegelegenen Fluß eine vermißte Leiche lag.

Ihre Séancen finden meistens unter Mithilfe eines traditionellen Gehilfen oder »Dolmetschers« statt und in Gesellschaft des Patienten sowie vieler Freunde und Familienmitglieder. Wenngleich Flora dazu bereit war, mich zu ihren Heilzeremonien zuzulassen, habe ich dennoch bisher keine miterlebt, und ich muß mich daher bei meinen Ausführungen auf ihre Berichte und Tonbandaufzeichnungen einiger ihrer Séancen verlassen.

Merkwürdigerweise waren die Tonbänder die Frucht von Floras eigenen Bemühungen, Aufzeichnungen zu machen, weil sie nämlich gelegentlich dazu gezwungen gewesen war, ein Tonbandgerät anstelle des älteren Mannes zu benutzen, der ihr in der Regel als Dolmetscher diente. Wenn sie die Tonbänder wieder abspielte, konnte sie die Amnesie durchdringen, die unweigerlich auf ihre Trancen folgten – die Tonbänder dienten als Dolmetscherersatz und gaben den übernatürlichen Dialog wieder, der sich bei der Sitzung entwickelt hatte. Anfangs waren ihre Hilfsgeister von den mechanischen Hilfsmitteln nicht sehr angetan, doch unter den gegebenen Umständen beruhigten sie sich bald wieder.

Sobald sie sich versammelt haben, helfen die Teilnehmer einer Séance dem Schamanen dabei, die Hilfsgeister zu rufen, indem sie die entsprechenden Wintu-Gesänge singen. (Flora zufolge beschreibt einer dieser Gesänge die Suche eines Schamanen nach einem Pfad, den die Seele eines Toten zum Himmel nimmt, und seine Gespräche mit Bäumen und Pflanzen am Wegrand.) In Abständen nimmt der Schamane vom Dolmetscher eine Tabakpfeife an, inhaliert tief und setzt den Gesang fort. Traditionellerweise benutzen Schamanen eine Wildtabaksorte (*Nicotiana bigelovii*), um in Trance zu gelangen; heutzutage behilft man sich mit handelsüblichem Tabak.

Die Ankunft der Geisthelfer wird durch das scharfe Einatmen des Schamanen angezeigt; die Gruppe verstummt, während die Geister beginnen, mit der Stimme des Schamanen zu sprechen, wobei sie Ratschläge oder Prophezeiungen erteilen und sich manchmal dabei streiten oder auch Witze reißen.

Der Schamane trinkt erst klares Wasser und dann eine Lösung aus Eichelwasser, die er aus einem kleinen Behälter zu sich nimmt – als Opfergabe an die Hilfsgeister. Durch die Diagnosefähigkeit der Geisthelfer werden ihre Hände aktiviert, und so beginnt Flora, die Finger vorsichtig über den Körper des Patienten zu streichen, wobei sie unsichtbare innere Verletzungen oder Abnormalitäten aufspürt.

»Ich suche nach Wunden, Schmerzen und Beschwerden. Wenn ich meine Hand über den Körper gleiten lasse, spüre ich jeden kleinen Muskel und jede kleine Ader. Ich kann das Wundsein spüren. Es tut mir weh. Hat der Patient Herzbeschwerden, beginnt mein Herz zu klopfen. Dort, wo es ihm weh tut, tut es mir weh. Ich werde zu einem Teil seines Körpers.«

Haben die Geister die Ursache der Erkrankung entdeckt, verschreiben sie, durch den Schamanen oder die Schamanin sprechend, die entsprechende Behandlung. Es werden Mittel gegen körperliche und psychologische Beschwerden empfohlen, und oft gehören traditionelle Kräutermedizinen dazu, welche Flora sorgfältig sammelt und aufbewahrt.

Erwacht er aus der Trance, erfährt der Schamane vom Dolmetscher die Geisterdiagnose und macht sich daran, den Patienten entsprechend zu behandeln. Früher war es üblich, daß die Familie eines Patienten dem Schamanen einen winzigen handgemachten Korb mit besonderem Streifenmuster überreichte, wenn die Behandlung erfolgreich war. Heute wird dafür in der Regel Geld bezahlt, und zwar unabhängig davon, wie die Therapie ausgeht.

Nur in den allerschlimmsten Fällen, dann wenn ein Patient bewußtlos ist und der unmittelbare Tod droht, führt Flora den Seelentanz auf – der letzte Versuch, die umherwandernde Seele des Patienten wieder einzufangen. Dieses Ritual wird um Mitternacht durchgeführt. Die Schamanin tanzt im Rhythmus geschlagener Hölzer und schwenkt dabei einen Stab mit einem Miniaturkorb, mit dem die verschollene Seele eingefangen werden soll. Hat der Schamane bei seiner Suche Erfolg, wird die Seele zu ihrem Besitzer zurückgebracht und auf das Herz, ihrem natürlichen Sitz, gelegt.

Wenn sie nicht gebraucht werden, bewahrt man den Stab und das andere schamanistische Zubehör außer Sichtweite auf, oft in einem ganz besonderen Versteck, und behandelt es mit großem Respekt. Dazu gehören die heiligen »Gelbhammer«-Federn, die dazu verwendet werden können, böse Träume aus einem Menschen »herauszuziehen«, und eine hölzerne Pfeife mit geistigen Kräften, welche um Rat angegangen werden. Ferner ergänzen Wintu-Schamanen ihr Medizinzubehör mit den Klappern einer Klapperschlange, mit Rasseln aus Kokonen der Seidenraupen gefertigt und mit den hohlen Beinknochen von Vögeln, die als Behälter für die herausgezogenen Schmerzen dienen.

Früher genügte schon die Anwesenheit eines Weißen bei einer von Floras Séancen, um ihre Trance zu stören. Nach und nach, wenn auch nur zögernd, haben ihre Hilfsgeister sich damit abgefunden und diagnostizieren inzwischen sowohl bei weißen als auch bei indianischen Patienten.

»Heutzutage«, erklärte Flora ernst, »müssen wir fast zur Hälfte nach Art des weißen Manns leben und zur anderen Hälfte nach der meines Volkes. Ich werde niemals meinen eigenen Weg vergessen, aber ich muß auch mit der Art der Weißen zurechtkommen. Die Geister verstehen das. Einmal, als ich gerade behandelte, sagten mir die Geister, daß ich auch meinen weißen Brüdern helfen müsse, wolle ich wirklich eine vollkommene geistige Medizinfrau sein.«

Doch verlangt die Behandlung von Weißen anscheinend andere Techniken. Die Diagnose findet ohne Dolmetscher statt und bedarf nur einer kurzen Trance. Wie eine Art flüchtiges Röntgenbild gestattet die Trance Flora, die inneren Organe des Patienten visuell zu durchleuchten, um die Ursachen seiner Beschwerden festzustellen.

Die Schamanen der Wintu kennen traditionellerweise drei Ursachen für die meisten Erkrankungen. Die häufigste ist die *yapaitu dokos* – winzige, die Krankheit auslösende Gegenstände oder Schmerzen, die von einem beleidigten Geist oder möglicherweise von einem Zauberer gesandt wurden und sich oft im Blut aufspüren lassen. Der Ursprung einer solchen Ätiologie liegt im Dunkeln, doch ist es in diesem Zusammenhang interessant, daß der Naturforscher C. Hart Merriam davon berichtete, daß Wintu-Schamanen einst winzige Giftpfeile herstellten und heimlich auf ihre Opfer warfen. Krankheiten können auch durch Geisterbesessenheit entstehen, vor allem wenn ein bestimmtes Tabu gebrochen wurde. Schließlich mag auch die Seele eines Menschen verlorengehen, etwa durch ihre Ablösung während einer Periode der Bewußtlosigkeit oder weil sie von einem bösen Geist gestohlen wurde.

In den meisten Fällen sieht Flora als Krankheitsursache irgendeine Form von selbstinduziertem Streß, sei dieser nun emotionaler oder physischer Art, und nur selten bezieht sie sich auf die bei Medizinern übliche Pathologie. Wenngleich sie häufig auf Heilkräuter zurückgreift, liegt der Schwerpunkt ihrer Arbeit doch auf der Präventivmedizin – beispielsweise im Erteilen von Ratschlägen zur persönlichen Lebensführung, zum Umgang mit dem eigenen Körper und zur richtigen Ernährungsweise. Chemisch behandelte Lebensmittel lehnt sie ab, und sie weigert sich auch, Leitungswasser zu trinken; statt dessen zieht sie es vor, mehrere Meilen weit zu fahren, um an heiligen Quellen Kanister mit klarem Wasser abzufüllen. Auch beim Essen muß sie sich beschränken, teilweise aus Respekt gegenüber traditionellen Nahrungstabus, die ihre Geisthelfer ihr auferlegt haben. Sie betont, die Disziplin, die eine solche Diät mitbringe, stärke mit zunehmendem Alter die Kräfte eines Schamanen.

Manche Krankheiten gelten als unheilbar, werden sie nicht bereits im frühen Stadium entdeckt. Die meisten von ihnen werden als »Krankheiten des weißen Mannes« bezeichnet – Magengeschwüre, Leberzirrhosen, aber auch bestimmte Krebsformen. Ethnomedizinischen Studien Anfang dieses Jahrhunderts zufolge haben die Europäer den kalifornischen Indianern zahlreiche neue Krankheiten gebracht. Dazu gehören Pocken, Tuberkulose, Cholera, Typhus, Scharlach, Masern, Keuchhusten, Syphilis und Gonorrhoe. Wenn dem tatsächlich so war, gäbe es der Bezeichnung, welche die Wintu für die Weißen haben, nämlich *yapaitu wintun*, manchmal mit »Giftvolk« übersetzt, einen tödlich bitteren Beigeschmack, da die Weißen nicht nur als Eindringlinge kamen, sondern auch als Krankheitsüberträger.

Prophetische Träume spielen bei Floras Aktivitäten eine bedeutende Rolle und stellten auch einen wichtigen Faktor bei der Ausprägung ihres Weltbilds dar. So ist sie beispielsweise auf Grund ihrer Träume von der nahenden Vernichtung der Welt überzeugt – ein Gefühl, das in folgender Erklärung zum Ausdruck kommt: »Die Indianer werden sehr weit herunterkommen (zahlenmäßig), aber diese Welt ist dem Ende ja schon so nahe. Der weiße Mann gerät dem Mond und der Sonne zu nahe. Die Weißen sorgen dafür, daß die Welt enden wird.«

Die Prophezeiung einer Welt, die durch Weiße korrumpiert wird und am Abgrund einer Katastrophe steht, ist nichts Neues unter den Wintu-Schamanen. Mit der Auflösung ihrer Kultur konfrontiert, haben die Wintu solche Gedanken schon seit mindestens 1870 offen geäußert, als die Erneuerungsbewegung des Geistertanzes mit seinen Träumen von den Toten und seinen Prophezeiungen vom Weltende ihr Gebiet erfaßte.

Einigen ihrer Träume folgend, hat sich Flora vor kurzem mit anderen zusammengetan, um zu versuchen, unter den Menschen ihres eigenen Volkes und anderer Stämme eine spirituelle Renaissance wachzurufen. Als sie über ihre heiligen Verpflichtungen als Schamanin sprach, sagte sie mir: »Das ist es, was der Geist mir aufträgt – führe mein Volk zusammen. Bring sie dazu, zu glauben, denn wenn du das nicht tust, werden sie wahnsinnig werden. Und dann werden sie sich gegenseitig töten. Wer auf einem heiligem Ort wohnt, muß ihn wieder beleben, genau wie ich es hier tue – um meine alte Welt im Herzen und im Geist zu bewahren. Es liegt an ihnen, mir zu helfen und an mir, meinem Volk zu helfen.«

Flora versuchte es, bestimmte heilige Orte der Wintu wieder zu »erwecken« und auch ihre eigene Heilkraft neu zu beleben, und wandte sich deshalb im Jahr 1975 an den U. S. Forest Service, der nun einen großen Teil ehemaligen Wintu-Gebiets kontrolliert, um die Erlaubnis einzuholen, auf öffentlichem Grund und Boden Medizinzeremonien abhalten zu dürfen. Der Forest Service reagierte vorsichtig, aber kooperativ und schrieb: »Dieses Schreiben autorisiert Sie hiermit, zirka einen Morgen Land zu nutzen ... um ihre indianischen Medizinpraktiken auszuüben. Die Genehmigung autorisiert sie jedoch nicht, gegen jedwede Gemeinde-, Staats- oder Bundesgesetze zu verstoßen.«

Flora hat auch eine besondere Gebetszeremonie auf einem Berggipfel nahe ihres Heims durchgeführt. Träumen folgend, in welchen Hilfsgeister ihr erschienen und Anweisungen gaben, versetzte sie sich in Trance, und, ihren Schamanenstab in alle vier Himmelsrichtungen schwenkend, sprach sie Gebete und gab Ratschläge der Geister wieder, die durch sie redeten.

Als ich Flora einmal an einem ihrer heiligen Orte fotografierte, verblüffte sie mich mit der Frage, ob ich die Geister spüren könnte, die mich umgeben. Sie hätten mich untersucht, meinte sie, und dabei hätte sie mein Gesicht für kurze Zeit verschwinden sehen, als ich durch die Kamera schaute. »Hast du denn dabei geschlafen?« fragte sie ungeduldig.

Von Anfang an beruhte meine Beziehung zu Flora sowohl auf meiner Neugier als auch auf meinem Skeptizismus – wobei mich mein Zweifel, wie ich mir durchaus bewußt war, für vieles blind machte, was sie mir zu vermitteln versuchte. Ich fühlte mich gezwungen, ihre Schamanenwelt auf das zu reduzieren, was ich noch für wissenschaftlich haltbar hielt. Ja, ich mußte zugeben, ich war am Schlafen; ich hatte die Geister um mich herum nicht gespürt.

In der anthropologischen Literatur ist sehr oft der Versuch unternommen worden, den Schamanismus auf eine physiologische oder psychopathologische Grundursache zurückzuführen. Diese Einstellung erscheint Indianern, die an den alten Überlieferungen festhalten, unvermeidlich als beleidigend oder närrisch. Manche Forscher haben auf eine konstitutionelle Prädisposition bestimmter Individuen hingewiesen, Schamane zu werden. Andere haben die Rolle von Halluzinogenen betont, während wiederum andere Forscher Hypothesen über exogene Faktoren wie etwa unweltbedingte sensorische Deprivation (beispielsweise unter den arktischen Völkern), oder endogene Faktoren wie Hirnschäden und Epilepsie aufstellten.

Als eine mögliche Erklärung hat die Epilepsie-Hypothese in bestimmten Fällen faszinierende Schlußfolgerungen zugelassen. Sie wurde durch Schamanismusstudien unterstützt, die von weit auseinanderliegenden Kulturen stammen und die von Anfällen und anderen epileptoiden Erscheinungsmerkmalen berichten. Solche Merkmale lassen sich auch bei den Schamanen der Wintu beobachten. Die Initiation des Schamanen geht häufig mit Krampfanfällen einher. Es gibt verblüffende und auffällige einheitliche Berichte von Schamanen über Geräusche, die ihren Trancen oft vorausgehen. »Sausen«, »Brummen«, oder »Klingeln« in den Ohren, manchmal begleitet von Unterleibsschmerzen – diese Zustände tauchen wiederholt in ihren Beschreibungen auf – als auraähnliches Vorgefühl einer Trance.

Ich fragte Flora einmal, ob die Empfindungen, die sie beim Eintritt in eine Trance erlebte, nicht vielleicht dem ähnlich sein könnten, was ein Epileptiker empfindet. Der Begriff *Epileptiker* überraschte sie nicht; sie benutzte in unseren Gesprächen häufiger moderne medizinische Ausdrücke. Sie antwortete, ohne zu zögern: »Es muß nicht unbedingt durch die Epilepsie arbeiten.« Dann hielt sie inne und fügte hinzu: »Das Geistige wird auf vielerlei Weise tätig.«

Diese Erfahrungen bleiben weitgehend der reichen Innenwelt des Schamanen vorbehalten – unsichtbar für den analytischen Geist. Daß der Schamane jedoch über beachtliche persönliche Kraft und echte Heilfähigkeiten verfügt – ob nun im Bereich der Kräutermedizin, der psychosomatischen Medizin oder der Psychotherapie –, daran besteht wenig Zweifel.

Vielleicht leiden jene von uns, welche es nicht schaffen, die Techniken der ekstatischen Heilung voll zu erstehen, tatsächlich, wie Flora meinte, einfach nur unter einem spirituellen Schlaf. Solche Menschen, so sagte sie, haben ihr Mitleid verdient, denn sie leben ihr Leben »mit Wolken vor dem Gesicht«.

HOLGER KALWEIT

Himalaya-Orakel

Der Gottmensch aus Aglin

Der Wüstenstaub hat sich gelegt. Wind hat die Wolken weggeblasen, und Schnee zeigt sich nun auf den Gipfeln der Fünf- und Sechstausender: Zeichen des einziehenden Winters. – Wir steigen aus dem Jeep. Vor uns liegt eines jener trostlosen Tibeterlager. Flüchtlinge, die 1959 Tibet verließen, in der Hoffnung im Exil eine bessere Existenz als unter chinesischer Herrschaft zu finden. Menschen im Ödland, in einer Stein- und Sandwüste in einem der höchsten besiedelten Täler der Welt – im »Land der Pässe«, Ladakh, Westtibet.

Die hier vorgelegten Ausschnitte einer Feldforschung in Ladakh stammen aus den Jahren 1984 bis 1986. Ausführliche Ergebnisse finden sich in dem Buch: Amelie Schenk, Holger Kalweit, »Orakelheiler im Himalaya«, 1988.

Es versammelt sich viel Volk auf diesem ansonst leeren, von Häusern rechteckig umsäumten Dorfplatz. Kinder rennen mit ihren Reifen umher. Gruppen von Tibetern unterhalten sich in unserer Nähe: Wir sind ein kleines Ereignis. Der Gottmensch selbst ist nicht zu Hause. Man hat aber nach ihm geschickt. Er ist auf dem Feld. Nur sein bellender Hund gibt keine Ruhe. Endlich kommt ein alter Mann ganz in traditioneller Kleidung: tibetische Schuhe mit langem Stoffschaft, Ohrringe, lange, zu einem Zopf geflochtene Haare. Er wäscht sich Gesicht und Hände und kommt uns dann begrüßen. Ohne große Umschweife kann die Zeremonie sofort beginnen. Zu sechst sitzen wir in dieser winzigen, von der indischen Regierung für die Flüchtlinge notdürftig errichteten Unterkunft. Ein Fenster mit zerbrochener Scheibe spendet nur spärlich Licht, aber durch den offenen Rauchabzug fällt ein zusätzlicher Lichtstrahl auf den Fußboden, der aus gestampfter Erde besteht. Übreinandergetürmte Blechkisten ergeben wie bei so vielen Orakeln den Altar. Auf einem zerbrochenen Bett in der Ecke liegt ein Säugling, ein Fliegengitter ist über ihn gestülpt. Ansonsten nur ehemals weiße Wände. Einige Bilder von Bodhisattvas und Heiligen über dem vermeintlichen Altar bilden den Hausschrein. Der Lha pa, der Gottmensch, nimmt seine Schamanentasche von der Wand, und wir überreichen Räucherstäbchen, wovon gleich die Hälfte angezündet wird. Als erstes baut der Orakelheiler den Altar auf. Er legt ein Tuch über die Blechkiste und verteilt wohl ein Kilo Reis darüber. Darauf werden der Reihe nach aufgestellt: eine Butterlampe, sechs Schälchen, die mit Wasser und Reis gefüllt sind, und ein Schälchen mit Tsampa, das zu einem kleinen Kegel geformt ist. Ein runder Kupferspiegel wird auf den Reis gelegt und ein zweiter kommt auf einen eigens dafür vorgesehenen Holzständer, nachdem er beide zuvor gründlich mit einer weißen Glücksschleife, einer Katak, geputzt hat. Der Spiegel, Melong, öffnet das Tor in die Trancewelt und ist gleichzeitig Symbol für die Welt der Formen, die es zu transzendieren gilt. Sein Glanz ist Brennpunkt der Konzentration. Nun schüttet er den ganzen Tascheninhalt aus und hervor kommt ein heilloses Durcheinander von Kataks, die bei genauerem Hinsehen Teil seiner fünfteiligen Krone sind. Hunderte dieser Glücksschleifen haben im Laufe seiner Praxis die Bittsteller daran festgemacht. Inzwischen bringt die Tochter, immer mit Kind auf dem Rücken, einen großen Teller mit Reis herein. Noch gräbt der alte Gottmensch gemächlich in diesem Haufen von Kataks, die mit den Jahren grau und schwarz geworden sind, noch irgendwelchen Ritualgegenständen. Endlich findet er, wonach er sucht: den Donnerkeil, den Dorje, die handtellergroße Doppeltrommel, Damaru, und die Glocke, Drilbu. Unterdessen reicht die Tochter geröstete Gerste zum Knabbern herum und natürlich Tee für die seltsamen Gäste – für uns. Wir erfahren nun: Zusätzlich zur Heilung kann er uns in einer Sitzung nur drei Fragen gewähren. Nun beginnt er leise zu singen. Schließlich nimmt er Trommel und Glocke hinzu und schaut in seine Kupferspiegel. Allmählich kommt er in Schwung: Die Trommel dreht sich schneller, der Gesang wird eindringlicher, die Glocke schlägt härter und härter. Noch hat er seine Ritualkleidung nicht angelegt. Erst wenn er sich ausreichend in Trance versetzt hat, oder, wie die Tibeter sagen würden, der Gott bereit ist, ganz in ihn einzutreten, legt er sich die Schürze um und streift das lotusförmige Schultertuch über den Kopf, bindet sich ein rotes Tuch um die Stirn, und darauf setzt er endlich die aus Pappe gefertigte und mit Lackfarben bemalte Krone. Nun vertieft sich die Trance. Ein leichtes, fast melodisches Pfeifen ertönt. Der nun Besessene zittert leicht. Er kniet, immer noch dem Altar zugewandt und singt unermüdlich, wobei er mit einem kleinen Löffel Wasser aus den Schälchen verspritzt und dann Reiskörner auf uns und in den Raum wirft, als Segnung. Bis sich die Trance gefestigt hat, dauert es eine geraume Zeit. Auf und ab schwelgt der Gesang. Hatte der Gottmensch kurz zuvor noch gescherzt und mir verschmitzt geraten, ich solle doch meine Beschwerden von einem Arzt behandeln lassen, so ist er jetzt vollkommen losgelöst von allem. Immer schneller rollt die Trommel, und das murmelnde Singen wird artikulierter. Hin und her wiegt sich sein Körper. Er beugt sich vor und zurück. Und aus den Augenwinkeln heraus werfen uns seine Augen irre Blicke zu. Es heißt, er sähe mit diesem Blick die Götter und Geister herannahen. Währenddem ist seine Tochter bemüht, ihn immer wieder aus der Verhedderung der vielen Kataks zu befreien. Und als sich Trommeln und Läuten zu einem ohrenbetäubenden Inferno steigern, da springt der Gott – denn dieser regiert nun den Körper des Lha pa – auf die Füße. Das Zittern des Leibes ist nun verebbt; in dem kleinen Raum tanzt der Lha pa nun auf und ab, macht Kniesprünge, grätscht die Beine und wirbelt herum. Wir haben inzwischen unsere Kataks über dem Räucherwerk gereinigt und warten darauf, unsere Fragen stellen zu dürfen. Es ist nun eingetreten, was man von einer großen Séance erwartet: ein Mensch befindet sich derart in Konzentration eingesponnen, daß er selbst die Zuschauer mit hineinzieht in diesen Wirbelwind des Selbstverlustes. Der winzige Raum birst vor Spannung und Erwartung. Leben ist eingekehrt in diese vier schlichten

Wände. Mein Ziel, gut zu beobachten, habe ich längst aufgegeben; mich berührt zutiefst die Hingabe dieses Menschen, die Leichtigkeit, mit der er dem auf- und abschwellenden Trommelrhythmus folgt, sich ganz im Wellengang der Töne verliert. Dieser Schamane nahm mich am tiefsten mit hinein in seine Stimmung; seine schaukelnden Bewegungen wurden mir der Fluß des Seins. In diesem Vorgang enthüllte sich auf das Einfachste die Entstehung der Trance, die unsere Wissenschaft, sosehr sie sich auch bemüht, nicht aufzuklären vermag.

Wir stellen unsere Fragen. Doch ehe er antwortet nochmaliges Tanzen und Trommeln. Dann die Antworten prägnant und prophetisch, und sie stimmen. Schließlich die Heilung. Zuvor erneutes Tanzen, und ein anderer Gott nimmt im Orakel Platz, angezeigt durch verändertes Trommeln, einen anderen Gesang und erneutes Pfeifen. Das Pfeifen zeigt immer das Verlassen oder Eintreten eines Lha, eines anderen Wesens, an. Ein Tuch wird über die Schmerzstelle gelegt und die Trommel waagerecht daraufgedrückt. Jetzt saugt der Lha pa die Krankheit durch die Trommel mit dem Mund heraus. Und langsam, für alle sichtbar, spuckt er dann eine schwarze Flüssigkeit aus. Anschließend spült er sich mit Wasser den Mund – Heilung durch Saugen: die archaischste Form der Krankheitsbehandlung. Die Séance geht nun ihrem Ende entgegen. Der Lha pa kniet nieder, trommelt heftig, und noch einmal erreicht der Gesang einen Höhepunkt – da reißt er sich die Krone vom Haupt, plötzlich ist Ruhe eingekehrt. Nur das leise Pfeifen des sich entfernenden Lha ist noch zu hören. Jetzt vollkommene Stille. Und mit einem Male ertönt ein Rülpsen im Raum, der Gott hat uns endgültig verlassen, der Mann ist wieder unter uns. Verschmitzt schaut er in die Runde erschöpfter, mitgenommener Gesichter, die immer noch die rollende Trommel im Ohr haben. – Gegen Ende einer anderen Séance mußte sich seine Tochter schnell gegen seinen Rücken lehnen, damit er, als der Gott ihn verließ, nicht nach hintenüber fiel. – Er brummte vernehmlich, rekelte sich gegen die Wand gelehnt, warf zum Abschluß noch eine Handvoll Reis in die Luft und kam schließlich vollständig zu sich; sogleich wird alles zusammengeräumt und in der Schamanentasche verstaut. Eine leichte Unterhaltung begann.

Dieser Lha pa benutzte, um in Trance zu gelangen, weder Hyperventilation, er atmete ganz normal, noch zeigten sich bei ihm besonders heftige Körperspasmen, lediglich ein leichtes Erzittern der Beine. Er ist alt, und vielleicht benötigt er aufgrund langer Praxis weniger drastische Auslöser als jüngere, unerfahrene Schamanen. Es schien, als habe er seinen eigenen Stil entwickelt und sei darauf vollkommen eingeschworen. Nichts kann ihn mehr aus der Ruhe bringen. Sein ganzes Bewußtsein gehorcht dem ewig gleichen Trommelrhythmus, seine Nerven sind bereits durch viele Trancen gewissermaßen gebahnt, und im Laufe der Zeit kürzte sich sein Tranceritual immer weiter ab. Seine Zeremonie beeindruckte mich von allen Orakeln am meisten. Sein Gesang einmal zart, dann wieder mit hervorbrechender Gewalt, im Verein mit seinem Tanz, der wohl über eine Stunde dauerte, versetzte mich in jene Stimmung, die alle rhythmische Wiederholung mit sich bringt: in ein Vorgefühl von Trance.

Anschließend, bei Buttertee und Tsampa, erzählte mir der Lha pa seine Lebens- und Berufungsgeschichte.

»Als ich 24 war, kam der Lha das erste Mal zu mir. Heute bin ich 70. Mein Vater stammt aus Töpa in Tibet, genauer aus Rawang. Auch mein Lha ist aus Tibet. Wir nennen uns Töpa, und ich komme aus Rawang. Etwas muß dich mit dem Lha verbinden. Der Lha kommt nur, wenn ein inniges Verhältnis zwischen der Person und ihm besteht. Und es wird nur solch ein Lha kommen, der der Person bereits bekannt ist.

Konzentriere ich mich auf meine drei Lha, verliere ich bald die Beherrschung über mein Bewußtsein; ich werde verrückt und der Lha steigt dann in mich herab. Dabei habe ich das Gefühl, in einen hohen, leeren Himmel zu schauen. Nur zu sehen gibt es dort nichts. – Wie ich weiß, daß der Gott zu mir herunterkommen wird? – Der Spiegel, der auf meinem Altar steht, wird dann größer und größer. Dann kommt die Leere, und mein Bewußtsein weiß nicht mehr was los ist. Bin ich in diesem Zustand, treten die Leute mit Fragen an mich heran, und der Lha in mir beantwortet sie. War dein Vater bereits ein Lha pa und hast du dich als Kind stets sauber gehalten, geistig wie körperlich, dann wird der Lha auch zu dir kommen. Nur herbeirufen mußt du den Lha, denn von alleine wird er nicht zu dir kommen. Auch wird er nur zu jenen Familien gehen, die bereits zu einem Lha Kontakt haben.

Ein Lha ist für das Aussaugen zuständig, ein anderer besorgt die Prophezeiungen. Mit jeder neuen Generation muß man den Lha auch wieder herbeirufen. Erst dann steigt er herab, der Familien-Lha – es ist immer derselbe, nicht irgendein anderer. Jeder Lha pa hat seine eigenen Lha. Ein Lha etwa nennt sich Thebring, das ist ein guter Lha. Man erkennt ihn daran, daß – sobald man das Bewußtsein verliert – seine Botschaften auf dem Daumennagel ablesbar sind. Einen Lha habe ich von meinem Vater übernommen: Er heißt Gang Rinpoche. Er steht mit Palden Lha mo oder Gangri Lapzen in Verbindung. Nach meinem Tod wird der Lha auf meinen Sohn übergehen, der jetzt im Militärdienst ist. Mein Vater war gut im Prophezeien, und meistens trafen seine Voraussagen so ein; außerdem konnte er fast alle Tiere heilen. Um das Bewußtsein zu verlieren, mußt du dich nur stark genug auf etwas konzentrieren, und dann kommt der Lha. Verlangt dann jemand eine Voraussage, schaue ich bloß in meinen Spiegel, der dann größer und größer wird. Darin sehe ich plötzlich die Antwort. Ich werde also verrückt, und dann können mich die Leute alles mögliche fragen, mein Lha wird Ratschläge erteilen, alle Arten von Schwierigkeiten lösen und heilen. Wenn ich leer bin, verstehe ich alles, was mir der Lha sagt. Du aber kannst nichts von alledem verstehen.

Bereits seit drei oder vier Generationen erscheint mein Lha. Er kann bis zu neun Generationen lang auftreten, aber das ist natürlich von Familie zu Familie verschieden. Man spricht von der Lha-gyü, der Vererbung des Lha in einer Familie. Steigt der Lha herab, dann werde ich leer, ich bin dann nicht mehr ich selbst und kann mich anschließend an nichts mehr erinnern: Alles, was geschieht, ist das Werk des Lha. Das einzige, was von mir übrigbleibt, ist mein Körper, den du sich bewegen siehst, aber alles, was er tut, was er sagt, ist Werk des Lha. Kommt ein Kranker, heilt der Lha, kommt ein Ratsuchender, empfiehlt ihm der Lha bestimmte Gebete oder eine Zeremonie, die von einem Lama durchzuführen ist.

Ich fühle mich nicht krank, wenn der Lha herabsteigt, ich verliere mich nur. Am Anfang rief mein Vater den Lha für mich, und seitdem tritt er in mich ein. Wenn die Leere kommt, dann weiß ich zwischen den einzelnen Lha zu unterscheiden, auch weiß ich, was richtig und was falsch ist. Meistens kommt der Lha meiner Eltern zuerst, und er weiß sofort, wer die einzelnen Lha sind und welcher Lha welche Aufgabe zu übernehmen hat (eine Art Kontrollgeist also!). Sobald ich den Lha herbeirufe, was wir Lha-bab-pa nennen, dann hat er viel *Wang*, viel Kraft, aufzuklären und vorauszusagen, Ratschläge zu erteilen, allen Menschen zu helfen. Der Lha erscheint, sobald mein Geist schwindet. Die Butterlampe wird dann kleiner und kleiner, ich schwebe höher und höher, bis ich hier alles hinter mir lasse und vergesse. Da unser Familien-Lha bereits seit Generationen zu uns kommt, weiß ich genau, wie ich mit ihm umzugehen habe, wie ich ihn anreden muß. Auch habe ich gelernt, wie das, was er sagt, zu verstehen ist. Sag du ihm etwas und er wird es verstehen; doch seine Antwort verstehe nur ich allein, durch die Kraft des Lha meines Vaters.

Steigt der Lha herab, ist mein Bewußtsein leer, und ich bin hoch oben im Himmel. Fühle ich mich unwohl, opfere ich den Gottheiten, dann erscheint mir der Lha und es geht mir gleich viel besser. Und kaum ist der Lha wieder ausgefahren, bin ich voller Mut und Kraft.

Ich bin verrückt, wenn der Lha herabfährt. Und aus dieser Verrücktheit heraus, ohne daß ich recht weiß, was ich tue, schaue ich in den Spiegel, und die Antworten kommen von selbst, und ich kann alle möglichen Fragen spielend beantworten. Der Lha tritt nur auf, zitiere ich ihn mit Gebeten herbei. So machte es bereits mein Vater, und bis heute hat sich an diesem Ritual nichts geändert.

Ich pilgerte zu Tho-Kang Rinpoche und zwei oder drei anderen heiligen Orten. Später besuchte ich Otar-Rinpoche, damit er den Puls für das Kommen des Lha öffnete (Vorstellung einer Göttervene, durch die der Lha im Körper zirkuliert). Dieser Rinpoche prüfte mich auch. Ich saß neben einem Vorhang, und als ihn der Rinpoche wegzog, erkannte ich dahinter einen Spiegel und eine Person. Beim zweiten Mal, als er den Vorhang beiseite zog, sah ich allerdings nichts mehr... Dann bat mich der Rinpoche, auf ein Papier zu schreiben, welcher Lha zu mir kommt. Und genau in diesem Augenblick forderte er den Lha auf, zu erscheinen. Bei einem weiteren Test hielt der Rinpoche in jeder Hand einen Zettel. Auf dem einen stand der Buchstabe des Lha und auf dem anderen der des Dre, des bösen Geistes. Ich sollte auswählen und zog blindlings den des Lha, des guten Gottes. Der Dre dagegen wurde vom Rinpoche eingefangen, so daß er nicht mehr schaden konnte.

Nur jene Lha sind gut, die der ganzen Menschheit und allen Tieren dienen. Da gibt es etwa den Lha Tse Tschempo, er ist einer der heiligsten, und er hilft allen Menschen. Heutzutage aber gibt es viele niedrige Lha, die höchstens einem Menschen helfen. Ta, das ist der Lha von Palden Lha mo, er hat einen roten Pferdekopf und drei Zungen. Im Vergleich zu anderen ist er äußerst machtvoll. Er fährt daher nicht in jeden Menschen. Er herrscht über die ganze Menschheit und über alle Generationen hinweg. Lha chen, das ist auch ein großer Lha. Er ist Herr über alle kleinen Lha und kennt all ihre Namen. Es gibt 360 Lha, alle ausgestattet mit verschiedenen Kräften. Normale Lha (wohl Totengeister) haben jedoch keinerlei Kräfte.«

Die Gottbesessene aus She

»Ich bin die erste in der Familie, die Lha mo (weibliches Orakel) wurde. Das geschah, als sich 18 Jahre alt war. Kein anderes Familienmitglied vor mir besaß die Kraft. Jetzt (1985) bin ich eine anerkannte Lha mo. Es hieß, ich sei verrückt geworden, was wohl auch stimmte. Überall trieb es mich herum, ich lief hierhin und dorthin und war innerlich sehr aufgewühlt. Schließlich brachte man mich zu einem Lama, der Skurim (Ritual für ein langes Leben, Wohlstand etc.) für mich veranstaltete. Auch der Ayu-Lha mo hat man mich vorgestellt. Diese meinte, aus mir würde eine Lha mo werden. Doch all das half nichts. Deshalb brachte man mich zum Tikse-Lha pa, der mir beibrachte, wie man Unreines und Nadeln (tib-lung, khab-lung) aus Mensch und Tier herausholt. Doch schon vorher – das erste Mal mit zehn – wurde ich gelegentlich ohnmächtig und verhielt mich oft recht merkwürdig: Ohne großen Anlaß wurde ich wütend und sprang dann vom Dach des Hauses, einmal auch in den Fluß.

Damals ging ich auf Pilgerfahrt nach Chiling-Sumda, Basgo, besuchte den Dogchen Rinpoche von Hemis, den Daklong Rinpoche von Sakti, den Kanpo Rinpoche von Tikse, Taklang Rinpoche von Takthok sowie den Stakna-Rinpoche und Kushok Bakula von Spituk. Alle diese Äbte überprüften meine Fähigkeiten und segneten mich. Und an all diesen Orten kam der Lha zu mir. Häufig erschien er dann, wenn ich mich gerade auf eine Haustür zubewegte: ich verlor dann mein Bewußtsein.

Als der Stak-tshan Rinpoche von Hemis nach She kam, fuhr der Lha gleich zweimal hintereinander in mich. Worauf der Abt meinte, es sei gut so, denn es sei offenkundig, daß mehrere Lha zu mir kämen. Dieses Jahr, als das Staatsorakel[1] Dorje Chen-mo auftrat, fuhr der Lha auch wieder in mich ein und zwar im Duk-hang von She. – Nein, ich hatte zuvor keinen Kontakt mit dem Mann, zu dem Dorje Chen-mo kommt. Und als mich der Lha Dorje Chen-mo sah, segnete er mich. Das Schmutz-Heraussaugen, Tib-lung, lernte ich auf folgende Weise. Ein großer Kupferkessel wurde mit Wasser gefüllt und dahinein warf man sieben weiße und sieben schwarze Kieselsteine. Mein Lha sollte nun diese Kiesel voneinander trennen. Es gelang. Danach warf man Figürchen aus Butter in einen Kessel mit kochendem Wasser. Wieder wurde mein Lha aufgefordert, es herauszuholen. Auch das war erfolgreich. Dann gab man den anwesenden Männern einen Dorje, den einer an seinem Körper verstecken mußte. Und mein Lha fand die Person heraus, die den Dorje hatte. Das gleiche geschah dann mit einer Katak. Eine der

[1] Man unterscheidet Staatsorakel oder Volksorakel, die in den Klöstern auftreten, nur für allgemeine gesellschaftliche Belange zuständig sind und nur zu bestimmten festlichen Anlässen auftreten und die Hausorakel, Khyim Lha, die jederzeit von Hilfesuchenden befragt werden können; letztere untersuchen wir hier.

anwesenden Frauen hielt eine Glücksschleife unter ihrem Rock versteckt, und mein Lha fand sie.

Bei einem anderen Test mußte ich über eine große Grube, über die ein Eisenseil gespannt war, gehen. Im Lha-Zustand balancierte ich darüber und wurde dabei von dem Rinpoche viele Dinge gefragt. Nach all diesen Tests empfahlen mir die Äbte einstimmig, ein Orakel zu werden.

Trotz der langen Ausbildung, Lha-phogs, fühle ich mich selbst heute noch unruhig und nervös. Vielleicht sollte ich mich einige Zeit in die Einsamkeit zurückziehen – aber wer wird sich um mein kleines Kind kümmern? (Inzwischen, 1986, ist sie von ihrem Mann fortgegangen, er würde sie schlagen; sie zog in das Haus ihrer Eltern.) Anfangs war der Lha so mächtig, zwar ist er es heute noch, aber ich bin nicht ganz in Ordnung, irgend etwas stimmt mit meinem Körper nicht. Oft fühle ich mich schwach und müde. Vielleicht habe ich diese Schwierigkeiten, weil ich nicht rein genug bin. Man empfahl mir die Dommang-Sutra zu rezitieren und Yang-gugs, Riten für das Wohlergehen, auszuführen. Ich habe mich sehr genau daran gehalten. Dann erhielt ich eine Woche lang Waschungen, Thus, von einem Lama. Jetzt bin ich bereit, mich für einige Zeit von allem zurückzuziehen. Ich habe unzählige chak (rituelles Sichhinstrecken auf den Boden) gemacht, unzählige Male das Skyabdo-Mantra, nimm Zuflucht zum Buddha, Dharma und Sangha, aufgesagt. Mehr hat man mir nicht empfohlen, und ich weiß auch nicht, was sonst noch zu tun wäre.

Das erste Mal kam der Lha, als ich gerade meine Hände wusch: Ich fühlte mich damals, als wäre ich vom Chang (tibetisches Bier) betrunken. Als es vorüber war, fühlte sich mein Körper schwer an, sehr schwer, und ich hatte zu nichts mehr Lust, ich war richtig faul. – Ob es jetzt besser ist? Nein, ich fühle mich nicht besser. Vielleicht bin ich nicht rein genug.

Wenn der Gott kommt, werde ich ohnmächtig. Zunächst steigt eine Kühle in meinem Rücken hoch, dann werde ich bewußtlos. Mein Gott heißt Barwa Dorje. Ich heile sehr gern, denn den Leuten hilft es. In meinen Träumen sehe ich oft ein weißes Pferd, und manchmal reite ich darauf. Das Pferd ist ein Symbol von Barwa Dorje, der immer auf einem weißen Pferd reitend dargestellt wird.«

Kunzang Choral Lonzang Phuntsog saß bei unserem ersten Besuch im Dunkel ihres Zimmers, ein Kind an der Brust. Eine Ladakhi-Schönheit, 21 Jahre alt, hohe Backenknochen, große Augen, strahlend weiße Zähne. Sie ist verheiratet und Bäuerin. Klar und bereitwillig beantwortet sie unsere Fragen, die öfters von ihrem hellen, ungezwungenen Lachen unterbrochen werden. Ja, eine Séance wolle sie schon für uns abhalten. – Kinder bringen Reis, entzünden die Butterlampe auf dem Altar, vergessen aber das unentbehrliche Wasser, wonach die Lha-mo, schon auf dem Weg in die Trance, noch verlangt. Zunächst ein Schluckauf! Sie trinkt eine Schale Wasser aus – jetzt ein Niesen. Während sie schrill singt, ordnet sie ihre Ritualgegenstände; alles muß griffbereit für den großen Augenblick sein, wenn der Gott in sie geht. Kurz vorher wird sie dann in aller Eile Seidenschürze und -umhang, Kopf- und Mundtuch und die Krone, Rigs-lnga, anlegen. – Plötzlich springt sie auf, läuft nach draußen vor die Tür, wäscht sich Gesicht und Hände – als Ausdruck innerer Reinigung – und schluckt dabei etwas Wasser, gurgelt und stürmt zurück auf ihren Platz vor dem kleinen Altar; fast fliegend wirft sie sich auf die Knie. Das Wagenrad, das neben dem Altar liegt, stört, schnell wird es von einem Kind beiseite geschafft. Richtig lauter Schluckauf setzt nun ein, sie niest ununterbrochen und schaut jetzt in Halbtrance auf die kriechenden Würmer unter dem Rad, erstaunt, aber doch selbstverständlich. Erneutes Niesen, und nachdem sie sich etliche Male auf den Boden hingestreckt hat, legt sie ihr Ritualgewand endgültig an, nimmt Glocke und Donnerkeil in die linke und die Trommel, aus zwei menschlichen Schädeldecken gefertigt, in die rechte Hand. Sie gebärdet sich nun immer wilder: mit der Faust schlägt sie in die Reisschale, daß die Körner nur so herumspritzen, und wirft dann eine Handvoll Reis in den Raum, stößt dabei aber die Tsampaschale um. Ihr Temperament geht fast mit ihr durch. Sie zittert am ganzen Leib, schluckt und stöhnt unablässig. Ihre Bewegungen werden noch wilder und unkontrollierter. Man bangt um den Altar. Ihre nun offene Wut und Aggressivität löst bei den Zuschauern einen ehrfürchtigen Schauer aus. Sie läutet pausenlos, singt mit ihrer unerhört hohen Stimme, trommelt ohne zu ermüden und versprengt dabei Wasser. Jetzt ist sie vollkommen in Trance, der Lha ist gekommen. Ich muß meine Fragen stellen. Während der Gott mich berät, ist nur das Weiße ihrer Augen, die aus dem Schlitz zwischen Kopf- und Mundtuch hervorschauen, sichtbar. Ein andersartiges Wesen erfüllt den Raum.

Angefangen beim Altar, über die Ritualkleidung und den festgelegten Tranceablauf bis hin zum kosmologischen und mythologischen Glaubenshintergrund stellt die Séance der ladakhischen Orakelheiler ein großartiges Schauspiel dar zur Stärkung jener Überzeugung, daß sich wahrhaftig ein echter Gott im Menschen verkörpert. Dieser Aufbau der Séance, einem Kunstwerk gleich, ist langsam historisch gewachsen und hat über Jahrhunderte hinweg immer mehr an Überzeugungskraft und suggestiver Wirkung gewonnen. Die Orakelsitzung ist ein gelungenes Drama, aber eines, das im veränderten Bewußtseinszustand ausgeführt wird: Urform allen Schauspiels und nicht jenes ernüchternde verdinglichte moderne Rollenspiel! Das Ende der Séance kommt, als die schrille Stimme des Gottes, das Falsett zusammenbricht und übergeht in Rülpsen und Schluckauf. Die Lha mo schlägt sich mit der Faust auf den Rücken, so wie wir es bei einem Hustenanfall tun, und schlägt sich derart selbst aus der Trance heraus, um ihren Körper wiederzuerwecken. Der Gott verläßt sie mit einem hohen, langgezogenen Pfeifton. Ein Niesen sprengt den Gott gänzlich heraus. Demütig faltete sie die Hände über dem Kopf zusammen – und zu guter Letzt nochmals ein Niesen. Jetzt richtet sie sich aus ihrer versunkenen Pose auf: »Yulley!« begrüßt sie uns freundlich und strahlend.

Die Séance-Atmosphäre

Fast alle Schilderungen von Orakelséancen vernachlässigen die allgemeine Stimmung, die erlebnismäßige Anteilnahme des Publikums. Der ganze suggestiv-hypnotische Rahmen, in den die Patienten hineingestellt, ja hineinverworben werden, ist ein kunstvoll gestaltetes Arrangement, das mit dem ebenso differenzierten Ablauf der Trance sehr wohl zu konkurrieren vermag.

Eine Orakelsitzung gleicht einer psychotherapeutischen Kurztherapie, an deren Wucht seelischer Erschütterungen, die einzelne Personen dabei erfahren, die moderne Psychologie nicht heranreicht. Hier hat sich in Jahrhunderten, gar Jahrtausenden durch die Erfahrung von Erfolg und Mißerfolg über Generationen hinweg ein deutliches Wissen über bewußte Veränderung und Beeinflußbarkeit von Körper und Psyche, Gefühl, Denken und Handeln angesammelt.

Ein Inferno an Geräuschen, wilde, ungezähmte Bewegungen des Orakels, lebendige Anwesenheit eines Gottes, unausgesprochene Erwartungen der Zuschauer – all das bewirkt einen Verlust an Ich, der noch durch die allgemeine Aufregung, das Durcheinanderrütteln des normalen Gedankenflusses gesteigert wird. In dieser Atmosphäre befinden wir uns in einer anderen Welt, die uns reinigt vom ewigen Alltagsgeplänkel: Die Séanceturbulenz erzielt eine erste Katharsis. Die Patienten, beeindruckt vom übernatürlichen Geschehen, richten ihre Aufmerksamkeit ganz auf den eintretenden Gott; Ehrfurcht überkommt sie. – Wir haben es zunächst mit einer Reizüberflutung zu tun, die dann naturgemäß umschlägt in Reizverarmung und Bewußtseinseinengung – Zweck und Ziel des ganzen Dramas. Jetzt sind wir ausreichend vorbereitet, den Worten des Gottes hingebungsvoll zu folgen, und nehmen seine Botschaft in angemessener Weise in uns auf, da wir innerlich leer sind.

Hilflos wandern unsere Blicke in dem aufwendigen, vielfarbigen und geräuschvollen Drama hin und her, immer bleiben wir mit unseren Blicken einige Momente hinter dem Geschehen zurück, alles geht viel zu schnell. So zur Unfähigkeit verdammt rein alles aufzunehmen, werden wir hineingerissen in den Sog der Ereignisse.

Ein auditiver und visueller Strudel formt sich um uns herum, dem wir uns nicht entziehen können. Die hohe Stimme des Orakels und die Glocke vibrieren in den Ohren, wir spüren förmlich die Schallwellen, fühlen unser Trommelfell mitschwingen. Das Zusammenwirken von Trommel und Glocke scheint mir nicht zufällig. Die Trommel in der rechten und die Glocke in der linken Hand ergänzen sich. Der tiefe, dumpfe Klang der Trommel und der hohe der Glocke vereinen sich. Hören wir wirklich zu und lassen uns vom Rhythmus mitnehmen, dann dringen wir wahrhaft in das Séancegeschehen ein, das uns bei rationalem Lichte betrachtet sicher nur als dürftige Effekthascherei erscheint. Jeder, der sich nicht gerade aversiv gegen das »Spektakel« sträubt, kann sich zumindest für einige Zeit in den Strudel dieser wilden Symphonie hineinwirbeln lassen. Mich hat dieses atemberaubende Schauspiel stets aufs neue mitgerissen, auch dann, wenn ich eher als Forscher daran teilnahm. Die innere Haltung des Publikums ist von großer Bedeutung, was die Orakel auch unermüdlich betonen. Einige Male verlief die Zeremonie unter einem ungünstigen Stern: Ich hatte einige andere Europäer mitgenommen, und diese empfanden die Vorgänge als Beleidigung für die Rationalität, was nicht nur zu einer sehr kurzen Séance führte, sondern den Gott auch zu mißliebigen Äußerungen gegen uns veranlaßte. Wir glaubten nicht an ihn, weshalb er uns auch keine Heilung zukommen ließ. Die Atmosphäre war einfach schlecht. Immer unterbrochen und durchbohrt von den abschätzigen Blicken der europäischen Teilnehmer konnte kein wirkliches Vertrauen, keine gegenseitige Zustimmung aufkommen. Kritik und Nörgelei, Unverständnis und Borniertheit hatten den freien Impuls zur Selbstentäußerung zugeschüttet. Bei guten Séancen dagegen vergaß ich oft den Beobachter in mir wachzuhalten; ich notierte den Ablauf der Ereignisse schließlich nicht mehr mit, hörte auf zu klassifizieren. Und dann entstand etwas, das ich als Sympathie beschreiben möchte: ich konnte mich mit dem tanzenden Schamanen, dem singenden Orakel gleichsetzen und mich in seinen Zustand, zumindest periodisch, hineinversetzen und das Zerbröckeln der Ichstruktur und Außenwelt miterleben, man konnte selbst ein wenig Schamane sein. Lust kam auf, es ihm nachzutun, man wollte aufspringen und mitwirken. Sein Ritual wirkte ansteckend. Ging das Drama seinem Ende entgegen, fühlte man sich ernüchtert und war enttäuscht, daß es bereits vorüber war. Endlos hätte man in diesem Wirbelsturm der Ichauflösung verweilen mögen so wie ein Kind, das sich im Spiel im Kreise dreht, um das angenehme Gefühl der Benommenheit, das Weggleiten der normalen Ichdefinition, zu erleben. Schon im kindlichen Spiel erkennen wir die Sehnsucht unserer Art nach Dezentralisierung. Überall auf der Welt entdeckten Kinder dieses Spiel, und hier liegen die wahren Ursprünge des Schamanentums, in der Sehnsucht nach dem Glücksgefühl beim Ichverlust. Trance ist daher ein begehrter Zustand. Zu ihm neigt die ganze Menschheit hin, wenn sie sich in der Liebe wiegt, singt, tanzt, träumt oder sich im Alkohol- oder Drogenrausch dreht. All das sind, wenn auch abgeschwächte, so doch tranceförderliche, zur Trance hinweisende Zustände. Trance ist kein Sonder- oder Ausnahmezustand. Unser gesamtes Gefühlsleben drängt auf einen Punkt hin, einen Höhepunkt, nämlich die Erfahrung des »Fließens« zu erreichen, bei der zwanghafte und immer nur zur Stockung führende rationale Augenblicke ausgeschaltet sind. Unsere allgemeinmenschliche Suche nach der guten Stimmung, dem guten Gefühl – wenn hier auch nur andeutungsweise dargestellt – finden wir in der Trance zu einem Hochgefühl gesteigert. Und die ganze Atmosphäre während der Séance ist gewissermaßen ein verkleinertes, abgeschwächtes Spiegelbild der Trance selbst, nämlich Mitfließen, Auflösung, Entleeren, reines Dasein.

Trance

Was ist Trance, was Heilung? – Das normale Wachbewußtsein stellt nur eine Form dar, Welt zu erfahren. Es gibt aber eine Vielzahl von Bewußtseinszuständen. Unsere Kultur beschränkt das Dasein auf einige wenige wie Schlaf, Traum oder Alkoholrausch. Jene höheren Bewußtseinsformen, von denen Trance eine ist, eröffnen uns jedoch – vorausgesetzt wir erlernen sie – eine weitere Bandbreite der Selbsterfahrung und Entwicklung hin zum Trans-personalen.

Trance, in der sich Konzentration, Lernvermögen und Leistungskraft erhöhen und sich unsere sinnliche Aufnahmefähigkeit ausweitet, haben wir bisher nur sehr eingeschränkt erforscht. In der tibetischen Kultur dagegen haben sich im Laufe der Jahrhunderte Meister der Trance herausgebildet. In jedem Dorf sind sie für die Volksgesundheit unentbehrlich als Weissager, Heiler und Psychotherapeuten. Wir wollen uns hier nun fragen: Kann eine Gesellschaft der Zukunft Trancetherapie zur Grundlage eines gesteuerten Reifungsprozesses eines jeden Menschen machen, oder ist Trance, wie manche sie deuten, lediglich eine kulturgebundene Erscheinung?

Trance ist eine überklare, hellwache Form des Bewußtseins. Je klarer wir innerlich sind, je unbefleckter der Spiegel unserer Wahrnehmung ist, desto schärfer reflektiert sich in uns die Außenwelt. Trance zielt darauf ab, diesen Zustand des leeren Spiegels zu erreichen. Hat das Orakel die Phase psychophysischer Entkonditionierung von einer diffusen, vielfältigen Wahrnehmung hinter sich gebracht, tritt es mit dem Zustand innerer Leere in eine zweite Phase ein: die erhöhter Empfänglichkeit und gesteigerter Aufnahmebereitschaft. Dieser Mensch hat jene Filtersysteme, die für gewöhnlich durch Erwartung, Abwehr, Verdrängen, Mögen oder Nichtmögen, Interesse oder Ermüdung, Hingabe oder Lethargie zustande kommen, durchbrochen. Nun erst beginnt er wirklich zu hören, zu sehen, zu spüren, ja noch mehr, er beginnt mitzuempfinden. Er empfindet etwas, zu dem sein Körper eigentlich keinen Anlaß gibt: Er überspringt die Kluft zwischen den Mitmenschen und sich selbst und fühlt mit ihnen mit. Dieses Mitschwingen über eine Entfernung hinweg mit dem Zustand und den Gefühlen anderer Personen hat vielerlei Verwirrung gestiftet und zu bizarren Transzendentalismen geführt. Wir neigen nicht zu jenem, was im Laufe der Geschichte als Metaphysik, als Supramentales, als Übersinnliches gefeiert und als etwas Höchstes verehrt wurde. Die Wirklichkeit ist weniger bombastisch, als es diese Begriffe suggerieren wollen. In der Trance jedenfalls bleiben wir nach wie vor im Bereich der Sinne und diesen verhaftet. Dafür werden sie einer Reinigungskur unterzogen, so daß die Wirklichkeit ihren trüben, nebligen Charakter verliert; und sie erscheint dann eher so, wie sie wirklich ist, zumindest sehen wir nun klarer, farbiger, zusammenhängender.

Die Wirkung erhöhter Aufmerksamkeit ist jedem zugänglich, denn jeder hat einmal davon in Zuständen verstärkter Bewußtseinseinengung und Konzentration gekostet und kann daher seine Erfahrung gewissermaßen verlängern zu dem hin, was Orakel in ausgeprägterer Weise erleben. Wir besitzen also die Fähigkeit, uns in Orakel hineinzufühlen, weil in jedem von uns ein kleines Orakel sitzt. Im tagtäglichen Leben sind wir vornehmlich aus Sicherheitsgründen oder aufgrund der Lust nach Abwechslung und Reizvielfalt auf allerlei Einflüsse und Geschehnisse in unseren Denkbewegungen und unserem Fühlen hin ausgerichtet. Wir sind *exzentrisch*, also nicht zentriert, und auf alles mögliche bezogen, und zwar jeweils nur mit einer geringen Dosis an Konzentration. Bestimmte Tätigkeiten aber verlangen, daß man sich von diesem Zustand abwendet. – So, wenn der Schreiner sein Holz hobelt, der Glasbläser eine Kugel über der Flamme dreht, der Pilot sich zum Landen anschickt, der Schütze sich die Deckung von Kimme und Korn vornimmt oder ein Gedanken in wohlgeordneter Reihenfolge dargelegt werden soll, dann geschieht eine Bewußtseinsumstellung: Wir sammeln unsere Energien, lassen ab von flatterhafter, diffuser Aufmerksamkeit und ballen unsere Kräfte zusammen, spannen uns an, reißen uns zusammen. Dabei wird unser Bewußtsein *konzentrisch*. Alles Denken, Fühlen, Handeln läuft auf eine Mitte hin. Konzentration heißt demnach einen Mittelpunkt haben, so daß alle Sinnesöffnungen zu einem gemeinsamen Ziel hin führen. Wenden wir unsere ganze Kraft auf einen Punkt, auf einen Aspekt des Seins, zieht sich unser gesamtes Wesen, unser Welthorizont zusammen: Dann wird das, worauf wir unseren Blick richten, in Proportion zu unserer Konzentration stärker, farbiger, lebendiger und schärfer umrissen ins Bewußtsein dringen. Dabei, wie der Aglin-Schamane es beschrieben hat, mögen Dinge auch größer oder kleiner werden, was nichts anderes als eine Sinnestäuschung ist, die entsteht durch das Abhandenkommen von Vergleichsobjekten für die Größenbestimmung. Verlieren wir den Vergleichsmaßstab, dann verschiebt sich die Größe des Gegenstandes, den wir betrachten. Wahrnehmung in Trance gewährleistet, daß wir mehr Einzelheiten erblicken oder uns dieser besser erinnern oder die Sachlage bei einer Diskussion besser erfassen oder einen anderen Menschen auf Anhieb in seinem ganzen Sein erfühlen. Jeder kennt den Zustand der Konzentration, doch ist das nur der Anfang einer Trance. Stärker tritt der Zustand der Konzentration bei Verliebtheit zutage, noch stärker bei großer Angst und noch mehr bei Todesangst, angesichts derer alle anderen Reize belanglos werden. Hier bemerken wir die ersten Ansätze zur Auflösung der normalen Welt, die sich weiter fortsetzt zum Fortfall der Ich-Welt-Grenzen, wobei alles ganz nah an uns heranrückt, wir fast selbst zum anderen werden. Wir nehmen dann unbeabsichtigt an anderen Erlebens- und Lebensweisen teil, fühlen gewissermaßen mit. Hier kommen wir dem Phänomen des Orakels und des Heilens näher. Und obwohl der Weg von der einfachen Konzentration im Alltag bis hin zur gesteigerten Trancewahrnehmung und schließlich zur Erfahrung von Synergie, des Zusammenwirkens unabhängiger Einzelstrukturen, nicht für jeden gleich nachvollziebar ist, so mögen doch einige, die bereits leichte Verschiebungen des Ichbewußtseins in andere Strukturen hinein erfahren haben, hier, in dieser sukzessiven Abfolge konzentrischer Steigerung des Bewußtseins, einen Einblick in die Wirkungsweise der Trance oder des höheren Bewußtseins überhaupt gewinnen.

Das Bewußtsein ist ein Kontinuum, es gibt keine Stufen, Grenzen oder vereinzelten Zustände. Alle Bewußtseinsphänomene lassen sich auf einer Geraden sukzessive anordnen. So wie sich aus einem Rinnsal ein Bach, aus diesem ein Fluß und aus diesem wiederum ein Strom entwickelt, der schließlich in ein Meer mündet, so verbreitert sich gleichfalls die Aufnahmefähigkeit. Ich behaupte also, daß Orakel zu wahren Erkenntnissen gelangen können durch die Teilnahme am anderen und daß ein nicht-kausales, rein psychisches Heilen ebenfalls möglich ist – auf der Grundlage erhöhter Einfühlung in die Wesens- und auch die biologische Körperstruktur eines Patienten. Damit sind diese Phänome noch keineswegs geklärt, aber wir erkennen, daß jedem der Weg zu dieser Erfahrung offensteht und es sich um einen einfachen Mechanismus, den der Gefühlssteigerung durch Gefühlseinengung handelt, der durch entsprechende Techniken von jedem, übt er nur hingebungsvoll, erreicht werden kann. Wir müssen unser Bewußtsein also durch ein Nadelöhr schicken, um auf der anderen Seite die Erfahrung der Bewußtseinserweiterung zu machen. – Trance wäre demnach der erste, nicht der letzte Schritt in eine Bewußtseinswelt mit anderen Gesetzen. Trance wird immer jener Ausgangspunkt sein, von dem wir zu den unendlichen Möglichkeiten des Bewußtseinsuniversums vorstoßen.

Ein Ladakhi, der Neffe des Orakelheilers Largyal aus Leh, erklärte mir die Gottbesessenheit folgendermaßen. Während des Lha-Zustandes komme und gehe der Lha, er sei nicht dauernd, sondern immer nur für Augenblicke im menschlichen Körper, ziehe sich zurück, nur um gleich darauf erneut zu erscheinen. Synchron zu diesem Vorgang verdichte oder lichte sich die Trance, beziehungsweise die Orakelfähigkeit des Menschen. Nach außen hin aber bleibe der Trancezustand als ein kontinuierlicher gewahrt. Würden nun Fragen im Augenblick der Abwesenheit des Lha beantwortet, käme es notgedrungen zu falschen Aussagen. Auf diese Weise jedenfalls ließen sich viele Mißgriffe seitens des Orakels erklären, meinte er. Der erste eindringende Lha könnte die längste Zeit an einem Stück verweilen, während die nachfolgenden Lha in immer knapperen Zeitabständen dem Körper entschlüpften und so die Konzentrationsfähigkeit und Trefferquote nachließe. Kurze Zeremonien seien daher angebracht. Deshalb müsse auch schnell gearbeitet werden, was die Hektik mancher Orakel und den Nachdruck erklären würde, den viele auf eine schnelle Abwicklung der Heilbehandlung und auf kurze und bündige Fragen legen. Warum nun ein Lha nicht über längere Zeit in einem Körper bleiben kann, darüber war er sich im Zweifel, wir aber erkennen hierin die allgemeinmenschliche Unfähigkeit, uns durchgängig und fortlaufend vollkommen zu konzentrieren ...

In ihren Trancen manifestieren die ladakhischen Orakel einen großen Reichtum an Entkonditionierungsphänomenen besonders physiologischer Natur: Schluckauf, Niesen, Husten, Rülpsen, Zittern, Krämpfe, Kühle, die im Rücken hochsteigt – aber auch psychologischer Natur: Gefühl innerer Leere, sich wie betrunken fühlen, Ohnmacht und Erinnerungsverlust. Schluckauf, Würgen, Husten usw. sind Ausdruck einer physiologischen Umstellung. Besonders im Niesen erkannte bereits Aristoteles etwas Göttliches und Ominöses. Im Altertum überhaupt vermeinte man im Nieskrampf ein geräuschvolles Verschwinden von Krankheitsdämonen zu hören. Niesen galt aber gleichfalls als ein glückliches Omen; im linken Nasenloch bedeutete es ein warnendes und verneinendes, im rechten ein ermutigendes Orakel. In der Zeit zwischen Mitternacht und Mittag allerdings wurde jedes Niesen als unheilvoll angesehen. Heute sagen wir, wenn jemand niest, freundlich »Gesundheit!« – es ist eine Glücksformel geworden, ein günstiges Orakel. – Die Entkonditionierung von physiologischen Bedingungen gehört – wie wir sehen – ebenfalls zum allgemeine Prozeß des Selbstverlusts.

Zum Abschluß sei auf die vielfältigen Anwendungsmöglichkeiten eines Trancezustandes verwiesen.

1. In allen menschlichen Tätigkeitsfeldern ließe sich Trance zur Vertiefung der Aufmerksamkeit einsetzen.

2. Trance fördert besonders die Kreativität, ja ist mit ihr identisch. Sie trägt daher sehr zur Intensivierung des künstlerischen Ausdrucks, ästhetischen Empfindens und wissenschaftlichen Forschens bei.

3. Trance verbessert unsere Einsichtsfähigkeit und unser Denkvermögen; daraus ergeben sich erweiterte Möglichkeiten des Lernens; ebenso ließen sich manuelle Tätigkeiten geschickter und schneller ausführen.

4. Im medizinischen und therapeutischen Bereich könnte der Trancezustand, da er Schmerzen wegfiltert, bei Operationen angewandt werden und vermutlich den Heilvorgang zusätzlich beschleunigen.

5. In der Psychologie könnte sich Trance als unspezifische und präventive Allgemeintherapie bewähren und Voraussetzungen jeder weiteren gezielten Therapie werden.

6. Im Bereich des Transpersonalen könnte sich Trance zur Sonde in bisher nicht ausgelotete Sphären des Psychischen entwickeln und neue, ungeahnte Facetten unseres Wesens entschlüsseln helfen. Da

Trance offenbar Grundlage und Ausgangspunkt Raum und Zeit transzendierender Erscheinungen ist, verhülfe sie uns zu einer erfrischend neuen und befruchtenden Beziehung mit transpsychischen Bereichen.

7. Insbesondere der Sport würde durch das Trainieren von Trancezuständen auffallend bereichert werden, das die körperliche Betätigung in ein Feld psychologischer Selbsterkenntnis und Kreativität verwandeln würde.

8. Trance, wäre sie für weite Bevölkerungskreise zugänglich, könnte sich zu einer weltweiten Form der Psychohygiene entfalten, was weitreichende gesellschaftliche Konsequenzen mit sich brächte.

9. Das Ausmaß der Veränderung unseres Lebens auf allen Gebieten wäre, gelänge uns der Durchbruch zur Trance, nicht zu übersehen. Unsere Welterfahrung, unsere Beziehung zu Dingen, zu Pflanzen und Mitmenschen würde eine Tiefe gewinnen, wie sie sonst nur vom Künstler und Inspirierten erreicht wird. Liebe, Mitgefühl, Einfühlung, Selbsterfahrung, Naturbetrachtung, denkerische Einsichten, gefühlsmäßiges Mitschwingen, Einsicht in eigene und fremde Probleme, Steigerung des Denk- und Sprachvermögens, auch des logischen und rationalen Erkennens, Klärung unseres Lebensweges und -zieles, unserer Antriebe und Handlungsmotivation würden zunehmen auf persönlicher wie auch auf kollektiver und gesellschaftlicher Ebene.

Der Forscher als Schüler

Der letzte Schritt dieses gefühlsmäßigen Nachvollzugs der Orakelpsychologie wäre es, selbst als Forscher den Trancezustand zu erfahren, – gewissermaßen Herr seines eigenen Bewußtseins zu werden. Wir untersuchten hier Orakelheiler und bewunderten ihre erweiterte Wahrnehmung – was ist nun naheliegender als Trancetechniken an uns selbst auszuprobieren? – Schamanen als Lehrer – Forscher als Schüler!

Diesem Vorhaben würden sich jedoch ungeahnte Hindernisse in den Weg stellen; sie sollen hier angedeutet werden:

1. Wir haben gesehen, Schamanen müssen erkranken, ver-rückt werden, um auf grundlegende Strukturen ihres Selbst, den versteckten Wesenskern zurückgeworfen zu werden. Krankheit, da sie die »kulturelle Person« gänzlich auflöst, zerstört die erlernten Begriffswelten und erschüttert unsere allgemeinverbindlichen gesellschaftlichen Glaubenshaltungen. Wohlgemerkt, ich spreche hier von der Schamanenkrankheit und nicht irgendeiner Krankheit. Die Anlässe nun, die diese spontanen Erkrankungen auslösen, sind vielfältig. Es mag eine familiär vererbte Disposition vorliegen oder eine schwere psychische Störung, eine soziale Katastrophe mag die Person treffen oder aber *Wang*, eine bisher noch nicht geklärte Kraft, wird vom Lehrer auf den Schüler übertragen.

Wir erkennen somit: Willkürlich lassen sich keine Krankheiten hervorrufen. Die Grundlage der Schamanenberufung fehlt uns also. Physische und psychische Krankheit führt in den tiefsten Stadien der Verzweiflung zum Ego-Tod. Diese Erfahrung ist Voraussetzung der Trance, der Kranke erhält derart ein Vorgefühl dessen, was ihn im Trancezustand erwartet – der kleine Tod!

2. Unsere westliche Kultur hat aller heiligen Symbolik entsagt. Wir besitzen keine Sakralobjekte mehr, durch die hindurch wir in uns eine umfassendere Wirklichkeit wachrufen können, die einstimmt auf letzte Weltkonstanten und Daseinsgesetze. Im Zustand tiefer Trance aber, wie im normalen Leben auch, bedürfen wir eines vorgeschriebenen Weges, – wir benötigen Bilder, Kosmologien und Symbole als Markierungen im unbekannten Terrain. Zwar mögen wir versuchen ein heiliges Universum aufzubauen, solch ein Vorgehen aber bleibt zweifelhaft ohne Verankerung im Kulturganzen. Die symbolische Kultur der Orakel ist naturgemäß gewachsen, durch viele Gehirne gelaufen und ist im Laufe der Jahrhunderte auf Sinn und Nutzen hin geprüft und für gut befunden worden. Daß eine selbstgeschneiderte, von einem einzelnen entworfene Symbolik damit konkurrieren kann, ist ausgeschlossen. Symbolik heißt hier: unsere Existenz, unsere Eingebundenheit in universelle Kräfte in sinnbildlichen Objekten und Handlungen sichtbar gestalten, die für uns Gedächtnisstützen werden und durch ihre Sichtbarkeit Wiedererinnerung auslösen. Sie haben rein unterstützende, rein psychotechnische Funktion, nichts sonst. In sich selbst besitzen sie keinerlei Wert, sind weder heilig noch kostbar. Sie erinnern uns an die Grundgesetze des Daseins und vergegenwärtigen uns derart immer aufs neue die Urbedingungen des Lebens. Ohne ein Symbol- oder Begriffsnetz ist ein echtes Eindringen in den Trancezustand nur rudimentär möglich und unter Umständen gar gefährlich.

3. Was uns neben einem Berufungsleiden und einer Symbolland- karte ebenfalls fehlt, ist eine systematische Ausbildung bei einem Lehrer. Unsere beiden Beispiele gaben uns einen groben Eindruck einer solchen Lehrzeit und zeigten uns, daß wir als Abendländer hierbei keineswegs mitwirken können.

4. Was wir als einziges nachvollziehen und übernehmen können, sind die Suggestions- und Hypnosetechniken: Trommel- und Glockenklang, Hyperventilation, wie sie viele Orakel beim Singen und Beten praktizieren, und monotones Singen. – Hier liegen unsere Möglichkeiten. Ob es uns damit gelingt den Orakelzustand beruflich einzusetzen, das heißt ihn jederzeit herbeizuführen, so- bald nur ein Hilfesuchender das Haus betritt, ist unwahrscheinlich.

Zusammenfassend müssen wir gestehen: Uns fehlt zum Erreichen des alternativen Bewußtseinszustandes der Trance – soll sie wirklich eine solche und nicht bloß ein irgendwie gearteter einmaligerer euphorischer Benommenheitszustand sein – das unumgängliche Berufungsleiden, ferner die Verinnerlichung einer kulturell gefärb- ten sakralen Weltsymbolik, die für uns einen Kosmos, ein Feld der Aktivität absteckt, und darüber hinaus eine gezielte Ausbildung und Initiation durch einen Lehrer. Als westlicher Mensch eine Lha pa-Ausbildung in Ladakh zu erhalten, ist von den genannten Vor- bedingungen her also unmöglich. Selbst gesetzt den Fall wir befän- den uns in einer tiefgreifenden Krise und beherrschten die Sprache, uns würde dennoch der kulturelle Hintergrund fehlen; buddhisti- sche Weltlehre und Götterkunde. – Kultur ist eben nicht erlernbar![1]

---

[1] In anderen Kulturen ist es sehr wohl möglich, eine schamanische Ausbildung zu erhalten, was natürlich jahrelanges intensives Training voraussetzt. Andererseits können natürlich nur einzelne Selbsterfahrungstechniken ausprobiert und erlernt werden. Ich bestreite also nicht die Möglichkeit schamanischer und anderskultureller Therapie und Bewußt- seinsverwandlung überhaupt.

Was bleibt uns da noch von den ladakhischen Orakelheilern zu lernen? Bei Vorträgen, Seminaren und in Gesprächen über Schamanentum werde ich regelmäßig gefragt: »Was haben *Sie* erfahren?« – Was die Menschen hören möchten, sind okkulte Phänomene, paranormale Ereignisse, unerklärliche, Kausalität, Raum und Zeit überschreitende Erlebnisse – je bizarrer, desto glaubwürdiger. Ja, in bestimmten Kreisen besteht eine Sucht nach physikalischen Abnormitäten und psychischen Visionen. Es ist die Suche nach Abwechslung; müde vom Altbekannten hofft man hier auf erfrischendere Perspektiven. Sicherlich ein anerkennenswertes Bedürfnis, das uns aber, da bloße Sucht nach Transzendentalismus das Gegenteil des eigentlich Gesuchten bewirkt, lediglich entfernt von der eigenen Gefühlswelt, die tendenziell schon immer transpersonal ist. Man möchte, wie in unserer Kultur üblich, alles verdinglicht, konkretisiert, materialisiert wissen – der Zugang zu den eigenen feinen geistigen Verästelungen, die, verfolgte man sie aufmerksam, unmittelbar ins Schamanische hineinführen, ist verlorengegangen. Die Frage »Was haben Sie erlebt?« entspringt der Sensationslust. Die Menschheit sehnte sich seit jeher nach dem Übermenschlichen und vergaß darüber das Menschliche. Dabei wird das Unbekannte ewig mystifiziert, magisch erhöht. Die Sehnsucht nach dem Bizarren geht am Eigentlichen vorbei.

Ich versuchte ansatzweise zu zeigen, daß Trance keineswegs ein ungewöhnliches, jenseits unseres Ich stehendes Ereignis, sondern sich unmittelbar ableiten läßt aus einfachen uns jederzeit zugänglichen alltäglichen Gefühlszuständen.

Was ich im Kontakt mit Schamanen gelernt habe, ist sicherlich nicht das, was Sensationslüsterne erwarten. Sie möchten über Nacht alles haben – Träumer, die die Welt zum Roman gestalten, nicht aber Kraft und Ausdauer besitzen, sich beharrlich und langsam in die schamanische Welt hineinzufühlen. Was wir erkennen können im Umgang mit Schamanen, das erreichte ich durch Beobachtung, durch Gespräche, durch Einfühlen und innerlichen Nachvollzug. Ich versuchte, ihr Gefühl auf mich zu übertragen und bekam einen Vorgeschmack davon. Mehr war in Ladakh nicht möglich; Teilnahme am Ritual oder Erlernen des Trommelgesangs usw. kamen nicht in Frage. Dafür »anschauendes Begreifen« im Sinne Goethes! Glückt dies, erhalten wir einen rudimentären Eindruck des Trancehaften. Und wir können ansatzweise miterleben, weil Trance lediglich eine Steigerung, eine Verdichtung normaler Gefühlszustände, normalen Lebens ist. Nichts sonst! Trance ist bloße Steigerung unseres Gefühlshaushaltes, der allgemeinen Wahrnehmung, der alltäglichen organischen Empfindungen, des banalen Denkens, Sehens, Hörens und Spürens. Zur Trance führt eine Stufenleiter zunehmender Wachheit, Helligkeit, Klarheit und Präzision. Ich habe gesagt, es gibt ein Kontinuum der Gefühlsintensivierung vom allgemeinen Erleben bis hin zur Trance. Die Konzentration verdoppelt sich in der Verliebtheit etwa, der Hochstimmung und Freude, der Erwartungsspannung und Hoffnung, sie erfährt eine Verdreifachung im künstlerischen Augenblick, in der sportlichen Höchstleistung, im denkerischen Moment der Wahrheit, eine Vervierfachung in Extremzuständen, so wenn einer aus dem Gefängnis entlassen wird und die Welt wie zum ersten Mal erblickt, nach langer Rekonvaleszenz, wenn einer wiedergeboren, das Leben betritt nach Beendigung einer harten Prüfung, wenn aller Druck von jemand abfällt, beim Tod eines Familienmitglieds oder wenn einer vor dem eigenen Tod steht, in Krisensituationen oder vor dem großen Aufstieg; eine Verfünffachung in der Psychose, dem Rausch, kurz vor dem endgültigen Zusammenbruch allen persönlichen Seins, bei extremer Erschöpfung, bei Leiden, Schmerzen und Angst, die zur Aufgabe des Lebenstriebes führen. Irgendwann setzen dann erste Trancemerkmale ein, von denen hier bislang nur einige geschildert wurden. Weitere Kennzeichen der Trance sind: Zeitverlangsamung, Entfremdung von sich selbst, die Empfindung der Anwesenheit anderer Lebensformen und der Synergie aller Dinge, Wahrnehmen des Selbstleuchtens von Objekten, Schmerzverlust, das Gefühl »alles geht von selbst« und der Absichtslosigkeit der eigenen Bewegungen, des Denkens und Handelns, der Befreiung von sich selbst oder ganz im Augenblick zu sein sowie das Gefühl der Klarheit des Daseins, dann das Gefühl, vorauszuwissen oder durch Dinge hindurchzusehen und andere Strukturen beeinflussen zu können, Empfindung von Leichtigkeit, Gespür für die Existenz einer Kraft, eines Kraftflusses, den man lenken kann und der Vorbestimmtheit aller Abläufe und so weiter. Ich behaupte, wir können diese Steigerung alle sehr leicht nachvollziehen, weil wir damit geboren sind und sie erfühlen können. Trance als Ausfluß normaler Gefühle! Und da wir alles fühlen, besitzt jeder die potentielle Fähigkeit zur Trance. Auch hat jeder schon öfter, aber unbemerkt, den Startpunkt zur Trance erreicht, er ist jedoch nicht weitergegangen. Ich glaube, was ich von Schamanen zuallererst gelernt habe, ist das Prinzip des Gefühlskontinuums, das für mich ein allgegenwärtiges, ein sehr alltägliches wurde.

Dadurch fällt der Schamane für mich aus dem Bannkreis des Geheimnisumwitterten heraus. Es gibt nichts jenseits der Natur, alles ist Natur, es gibt nichts Übernatürliches. Man hat sich vom Einfachsten entfernt, von seinen eigenen Gefühlen. Wir brauchen keine Laboratorien, Tests und Wissenschaftler, die das »Abnorme« und »Irrationale« erforschen, jeder verfügt in sich selbst über ein Laboratorium und kann dem Strang seiner Gefühle, die sich verlängern lassen, folgen, in Bereiche, in denen wir Welt erfahren als vibrierende Gegenwart und leuchtenden Augenblick. Künstler und Genies hatten von jeher den unmittelbarsten Zugang zur Gefühlssteigerung, daher scheint es mir das Naheliegendste zu sein, Welt als Kunstwerk und synergisches Zusammenspiel aller Faktoren zu erfahren.

Wir reisen heute in entfernte Kontinente, zu fremden Völkern: zur Selbstfindung. Für den Anfang mag das sinnvoll sein, wer aber weitergehen möchte, kehre in die eigene Kultur zurück. Wir werden Trance nicht durch Trommel und Glockenlaut in unsere Kultur einführen: es werden kultureigene Techniken vonnöten sein. – Schamane, das ist ein Schlagwort für die Hilflosen, für die von sich selbst gänzlich Entfremdeten. Sie wollen vom anderen lernen, statt in sich selbst zu schauen – aber nur dazu führt das Beobachten schamanischer Zeremonien: zur Selbstbeobachtung. Ich sage, Beobachtung, Anschauung und gefühlsmäßiger Nachvollzug seien die ersten Komponenten schamanischen Lernens. Das Zweite wird sein, das Gefühlskontinuum in sich selbst zu entdecken. Das Dritte – nun ganz von selbst entstehend – wird das Abwerfen der Sehnsucht nach Exotik, nach schamanischen Bizarrerien sein, genügsam wird man der eigenen, nunmehr künstlerisch erhöhten Anschauung leben. Man lebt dann und sucht nicht mehr. Als Viertes endlich kommen sicherlich gezielte und überwachte Bewußtseinstechniken in Entkonditionierungsprogramme aller Art.

Planetare Anthropologie

Der Wissenschaft vom Menschen fällt es heute zu, den *planetaren* Menschen herauszustellen. Das gelingt ihr am wirksamsten, wenn sie für eine Konvergenz aller kulturellen Erkenntnissysteme sorgt. Diese neue *planetare* Wissenschaft vom Menschen hat die Aufgabe, existierende Unterschiede, unterschiedliche nationale Formen des Wissens und die angehäuften Überlebens- und Lebensstrategien der Kulturen diesen wechselseitig zugänglich zu machen. Nur auf diese Weise werden die Kulturen voneinander lernen. Nicht jede Kultur hat auf allen Gebieten des Menschseins das Wissen vollkommen ausgeschöpft – warum also nicht von anderen etwas übernehmen? Dabei wird die Größe der Gesellschaft nicht ausschlaggebend für den Rang ihres Beitrages sein. Ein kleiner Stamm mag in mancher Hinsicht sehr wohl besondere Erkenntnisse beisteuern. Die Übernahme von anderskulturellen Erkenntnissen, Technologien oder Nahrungsprodukten ist natürlich nichts Neues. Alle Kulturen bestehen aus einer Verquickung verschiedenster Kulturtraditionen, und unsere moderne westliche Kultur wäre ohne die vielen Einflüsse aus anderen Ländern nicht vorstellbar. Jede Kultur ist daher Mischkultur! Das ist ein naturwüchsiger historischer Prozeß. Sollte man heute aber nicht für einen bewußt gesteuerten Prozeß plädieren, nämlich besonders für die Übernahme von Erkenntnissen, die, da sie grundlegenden Ausdrucksweisen unserer Kultur entgegengesetzt sind, absichtlich nicht übernommen, abgelehnt und geleugnet werden? Zu ihnen gehört vor allem das Trancephänomen.

Ziel der planetaren Anthropologie ist es, nicht durch Beschreiben und Katalogisieren hervorzutreten, das auch, nicht aber primär: Sie soll vielmehr Lebensformen verschiedenster Kulturen verbreiten helfen. Sie wirkt damit keineswegs nivellierend, so daß letztendlich jede Kultur vollkommen durchsetzt ist von den Elementen anderer Kulturen und sich alle weitgehend einander angleichen. Es geht darum, die guten, die eigentlich jedem Menschen zustehenden Seiten des Lebens und Wissens und Erfahrens zu vermitteln. Und Trance, meine ich, gehört zum planetaren Wissen, einem Wissen, das allen Menschen gehört.

Bisher ging es der Ethnologie darum, *nicht* zu bewerten, ob etwa der Ackerbau, die Bauweise der Häuser, das Wissen über Kräuter und Pflanzen, psychologische Techniken sinnvoll und wertvoll für die Menschheit als Ganzes sind. Fragen nach Wirksamkeit und Brauchbarkeit gehörten nicht zum Vokabular der Völkerkundler, sie lebten und leben ganz wertfrei – nur ihrer Wissenschaft. Der Ethnologe versteht sich als lebendige Kamera, die unterschiedslos Gutes und Schlechtes, Helles und Dunkles lediglich abbildet. Planetare Anthropologie aber muß bewertend, dominant bewertend sein, sonst hat Kulturwissenschaft keine Berechtigung mehr.

Planetare Anthropologie hat eine maßgeblich praktische Dimension, etwas das traditioneller Forschung ganz zuwider ist. Für unseren besonderen Forschungskomplex, der »Bewußtseinsethnologie«, schließt das folgendes mit ein:

1. Die Struktur des Bewußtseins, des Gehirns, des Psychophysischen ist bei allen Rassen und Nationen gleich.

2. Jede Kultur bemächtigt sich nur einiger Ausschnitte des gesamten Bewußtseinsfeldes und bleibt damit unvollendet.

3. Nur in der Zusammenfassung aller nationalen oder lokalen Bewußtseinspsychologien entfaltet sich eine planetare Psychologie: Sie nur wird fähig sein, eine weltweite Theorie des Bewußtseins zu liefern und uns zu einer umfassenden Ausnutzung unserer geistigen Kapazität führen.

4. Die weltweite Anwendung von Trance im Bereich des Lernens, der Wissenschaft und Kunst und benutzt als Instrument der Selbstentdeckung und Kreativitätssteigerung würde ihr gesellschaftsverändernde Qualität zukommen lassen.

Richard Katz

Heiler sprechen:
Verwundbarkeit und Feldforschung

»Erzähle deinem Volk unsere Geschichte.« So lautete der Auftrag, den ich vor beinahe zwanzig Jahren von den !Kung-Heilern erhielt, bei denen ich Feldforschung betrieb. – Das erleichterte es mir, das tiefgehende Infragestellen, welches ich bei der Arbeit mit den jagenden und sammelnden !Kung erfuhr, in einen Kontext zu bringen, wenngleich es niemals endgültig geklärt wurde. Konnte jemand wie ich, der aus dem industrialisierten Westen kam, wirklich verstehen, was in dieser Kultur geschah? Was gab es hier zu lernen – zuerst für mich, schließlich für die Menschen meiner Heimatkultur?

Sie sagten: »Wir wollen dir von unserer Heilweise erzählen, und dann wollen wir, daß du es deinem Volk weitererzählst.« Zunächst war ich mir nicht sicher, daß sie auch meinten, was sie sagten, oder daß sie verstanden, was sie sagten. Wollten sie wirklich ihr Heilwissen mit anderen teilen, fragte ich mich vom Standpunkt meiner westlichen Weltanschauung aus, denn ich konzentrierte mich bereits darauf, wie man die Geschichte als Buch veröffentlichen könnte. Schließlich begriff ich, daß ihr Wunsch ein ganz einfacher war: Sie meinten genau das, was sie sagten.

Als ihr Auftrag zu meiner Verantwortung wurde, fingen die Schwierigkeiten erst richtig an. Sie erzählten mir ihre Geschichte ehrlich. Konnte ich sie auch richtig verstanden und sie anderen wahrheitsgetreu vermitteln? Und es ging nicht mehr darum, wie man es erzählen sollte, – in Buchform und wenn, in welcher Form eines Buches? – sondern eigentlich darum, genug aus ihrer Geschichte zu *lernen* und dann zu *verstehen*, welche Teile davon weitererzählt werden sollten und welche ich für mich behalten sollte. Doch ihre Erwartung wirkte eher befreiend als einengend auf mich, wenngleich es dadurch keineswegs einfacher für mich wurde: »Wir wissen, daß du nicht alles begreifen kannst; erzähle einfach, was du weißt, und das, so gut du kannst.«

Um bei mir dieses Lernen und Verstehen auszulösen, wurde die Erfahrung der »Verwundbarkeit« zu einem Hauptpfeiler meiner Feldarbeit und meines späteren Schreibens, sowohl in der Kalahari als auch in anderen Feldforschungsbereichen. Unter Verwundbarkeit verstehe ich ein radikales Infragestellen der eigenen Weltsicht, und zwar dergestalt, daß das, was man für gültig, richtig, offensichtlich und üblich hält, und sei es auch nur implizit, nun nicht mehr so ist. Die eigene Verwundbarkeit anzunehmen beinhaltet, daß man den oft beruhigenden Schutzmechanismus der eigenen Weltanschauung aufgibt; dann wird es möglich, die Welt mit den Augen einer anderen Kultur aus sich selbst heraus zu verstehen. Die Verwundbarkeit umfaßt sämtliche Aspekte des Prozesses: das Aufgeben der eigenen vertrauten, meistens familiengeprägten Weltanschauung; das Existieren, und sei es auch nur für einen Augenblick, zwischen den oder ohne Weltanschauungen; das Begreifen der Welt aus einer andersartigen Kultur heraus; und, zusammen mit diesem Begreifen, das Erkennen der oft beunruhigenden, verwirrenden Vielfalt gültiger Weltanschauungen.

Wenngleich sie vielleicht akzeptiert wird, so wird die Erfahrung der Verwundbarkeit doch nur selten beabsichtigt und noch viel weniger kultiviert. Wellwood (1983) schreibt über die Verwundbarkeit, welche mit »Augenblicken des Weltzusammenbruchs« einhergeht. Diese Augenblicke kommen:

»... wenn die Sinnesinhalte, auf welche wir unser Leben aufgebaut haben, unvermutet zusammenbrechen. Wenn ein altes Gebäude einstürzt und wir kein neues haben, um es zu ersetzen, empfinden wir normalerweise eine gewisse innere Wundheit. Diese Form der Empfindlichkeit und Nacktheit ist eine der wichtigsten Eigenschaften unserer Menschlichkeit, eine, die wir für gewöhnlich maskieren« (S. 148–149).

Die Situation, in der man sich befindet, verlangt oft nach Verwundbarkeit, verlangt nach dem Ringen mit der menschlichen Bedingtheit, um eine bestimmte Ebene der Bewußtheit zu erlangen. Henry (1970) diskutiert die Verwundbarkeit, das, was er »Anfälligkeit für Zerstörung und Niederlage« nennt, als charakteristisch für unsere Natur. Er gelangt zu der Auffassung, daß eine Gesellschaft, wenn sie überleben will, ihre Mitglieder verwundbar machen muß.

Wenn man die Erfahrung der Verwundbarkeit – des Verwundbarseins – akzeptiert, kann es einem das Tor zu außergewöhnlichem Wissen öffnen, teilweise indem das Tor zur Selbsterkenntnis geöffnet wird. Das, was als bloße Subjektivität abgetan werden könnte, wird *gerade, weil* es im höchsten Grade subjektiv ist, zu einer wichtigen Quelle gültiger Daten, wodurch die Unterscheidung zwischen subjektivem und objektivem Faktenmaterial aufgehoben wird. K"ua Dwa, ein mächtiger blinder !Kung-Heiler, sagt:

»Wenn die Heilung beginnt, kannst du wirklich sehen; du kannst das Innere der Menschen sehen und alles, was ihnen Schwierigkeiten macht. Zu anderen Zeiten kannst du zwar hinschauen, siehst aber nichts.«

Wenngleich er blind ist, unterscheidet K"ua Dwa, wie so viele andere Heiler in allen Teilen der Welt, zwischen verschiedenen Formen des Sehens, wobei er die Wichtigkeit des inneren Sehens betont.

Nicht nur daß Verwundbarkeit einen Beitrag zur Feldarbeit leistet, die Feldarbeit selbst bewirkt, ja fordert sogar die Verwundbarkeit als methodologischen Forschungsvorteil aber auch als Erfahrungsgrundlage bei der teilnehmenden Beobachtung. Ich bin der Auffassung, die Verwundbarkeit leistet einen großen Beitrag für die Feldarbeit und für die Feldforschung im weiteren Sinne.[2] Und doch wird die Verwundbarkeit, wenngleich sie eine essentielle Qualität unserer Menschlichkeit und eine Quelle der Erkenntnis für Feldwissen und seine Interpretation darstellt, in der praktischen Feldforschung meistens ignoriert oder geleugnet.

Im Laufe meiner zweijährigen Feldarbeit zur Erforschung von

Systemen der Gemeinschaftsheilung auf den Fidschi-Inseln wurde mir der Beitrag, den die Verwundbarkeit für die Feldforschung leisten kann – und umgekehrt – oftmals demonstriert. Ein Beispiel dafür war das Gespräch mit einer Heilerin, von der man wußte, daß sie während ihrer Heilarbeit besessen wurde.

Mit meinem fidschianischen Freund und Forschungskollegen begab ich mich dorthin, wo die Heilerin arbeitete. Wir fragten sie, ob wir mit ihr sprechen könnten, um etwas über ihre Tätigkeit zu erfahren. Sie erwiderte in sachlichem Ton: »Das hängt ganz davon ab, was der Vu (der traditionelle Gott), der die Quelle meiner Kraft ist, dazu sagt.« Das erschien uns als vernünftige Antwort, und sofort begannen die Anzeichen ihrer Besessenheit: das Zucken, das Schwitzen, das Grimassenschneiden und die übertriebene Eckigkeit ihrer Bewegungen. Schon bald begann sie eine Zigarette nach der anderen zu rauchen und ihr Gesicht nahm einen entsetzlichen Ausdruck an, überwältigt vor Schmerzen. Sie sprach mit einer neuen Stimme, leise und grunzend, nur von Japsen nach Luft unterbrochen, und in einem anderen, unverständlichen Dialekt. Der Vu sprach zu uns: »Was ist es, das ihr von mir lernen wollt?« Wir hörten auf zu denken. Wir konnten nicht antworten.

Der Vu sprach wieder, nun noch drängender: »Ich bin hier und warte auf eure Antwort!« Ich blickte meinen Freund an; dieser blickte mich bereits an. Sein Gesicht spiegelte meine Gefühle wider: ich wußte nicht, was ich sagen sollte, denn ich wußte nicht, wo ich war. Ich flüsterte ihm zu: »Was sollen wir jetzt tun? Mit wem sprechen wir da? Mit dem Vu? Mit der Heilerin? Mit dem Vu durch die Heilerin? Ist das hier wirklich?« »Auch ich bin verwirrt«, erwiderte er. »Ich habe schon viele Heiler bei der Arbeit gesehen, aber das hier ist mir noch nie passiert«, und dann fügte er bittend hinzu: »Du bist auf eigene Faust hierhergekommen, tu einfach, was du für richtig hältst.«

Als mein Gefühl für Ort und Zeit zurückkehrte, wurde mir auch klarer, was zu tun sei. Ich befand mich (möglicherweise) in der Gegenwart eines Fidschi-Gottes und spürte den tiefen Respekt und das Privileg, welches ein solcher Besuch für die Fidschianer traditionellerweise darstellt. Ich mußte also versuchen, mit dem Vu zu reden, denn er war es, der offenbar mit mir sprach. Das Gespräch wurde fortgesetzt, und mein Unbehagen verwandelte sich in Feinfühligkeit und Respekt. Der Vu sprach über viele faszinierende Dinge. Schließlich sagte der Vu, er müsse nun gehen, und verabschiedete sich förmlich von uns. Die Heilerin kehrte in ihren gewöhnlichen Zustand zurück, wobei sie dieselben Veränderungen von Stimme und Körperausdruck durchlief, nun jedoch in umgekehrter Reihenfolge. Mit einem plötzlichen Aufbäumen des gesamten Körpers sackte sie in sich zusammen, völlig erschöpft.

Nach ein oder zwei Minuten nahm sie wieder ihre aufrechte Haltung an und begann mit uns zu sprechen – mit normaler Stimme. Wir unterhielten uns weiter mit ihr über ihre Heilerarbeit, erwähnten aber niemals das vorangegangene Gespräch mit ihrem Vu. Sie sagte mit einer unumwerflichen Endgültigkeit: »Ich weiß nicht, was da gerade ablief, weil der Vu übernahm, deshalb kann ich auch nichts sagen, und ich will auch dem, was der Vu gesagt hat, nichts hinzufügen. Ihr habt alles gehört.«

Als mein Freund und ich vom Heim der Heilerin fortgingen, musterten wir einander wieder und stellten beinahe gleichzeitig dieselbe Frage: »Was ist da passiert? Was ist da wirklich passiert?« Wir waren uns darin einig, daß wir es nicht wußten. Würde ein Vu überhaupt mit uns gesprochen haben? Waren wir eines solchen Besuchs würdig? Es hätte der Vu sein können, mit dem wir gesprochen hatten, vielleicht war es aber *nur* ein Zurschaustellen der Heilerin, mit dem sie potentielle Klienten beeindrucken wollte. Vielleicht sprach der Vu aber auch, während die Heilerin *zusätzlich* ihre eigene Rolle als Vehikel übertrieb. Wir wußten nur eins: was immer es nun wirklich gewesen sein mochte, unser Glaube und unser Respekt während des Geschehens waren echt gewesen. Wenn der Vu gekommen war, dann war unsere Reaktion (für einen Fidschianer?) die einzig mögliche.

Bis zum heutigen Tag hat sich mein Verständnis dieser Besessenheitskonversation keineswegs erhellt. Doch ist es klargeworden, daß dieses besondere Gespräch, und das, was ich daraus lernte, nur möglich geworden war, weil ich das Verlieren meiner eigenen Weltsicht zugelassen hatte. Es wäre sehr viel beruhigender und bequemer gewesen, die Besessenheit als *bloßen* Akt von Schauspielerei abzutun, um dadurch den Wirklichkeitspegel des Gesprächs zu reduzieren. Doch weil ich *als Fidschianer* wußte, daß der Vu da war, *während ich in jenen Augenblicken, da mein westlicher Verstand sich einmischte, aber wußte, daß er es nicht war,* verharrte ich nicht nur in einem intensiven existentiellen Zwischenzustand, sondern blieb auch offen für unerwartete Lernerfahrungen. Um über etwas sprechen zu können, müssen wir es, soweit es in unserer Macht steht, am eigenen Leib erfahren. Das radikale Infragestellen von Weltanschauungen und die daraus entstehende Verwundbarkeit gestattet es uns, eine Geschichte von innen heraus zu erleben, was für uns aber bereits zu einem lebensbedrohenden Risiko werden kann.

Die Erfahrung der Verwundbarkeit geht nicht unbedingt mit dramatischen Ereignissen oder dramatischer seelischer Aufgewühltheit einher. Während jener zwei Jahre auf Fidschi erkannte ich häufig in Situationen, die nichts mit dem Heilen zu tun hatten, sowohl die Sicherheit, die mir das Festhalten an meiner Heimatkultur bot, aber auch die Tatsache, daß dieses Festhalten daran vor Ort nicht funktionierte und mir folglich auch nichts nützte. So wurde uns beispielsweise während einer Dorfzeremonie, bei der jede Familie ein Geschenk geben mußte, klar, daß wir uns nicht den feinen, raffinierten Überlegungen entziehen konnten, welche fidschianische Familien anstellen müssen, um zu entscheiden, welches Geschenk sie geben. Eine westliche Einstellung zum Schenken mit der daran hängenden Entschuldigung, daß wir es ja nicht besser wußten, da wir ja westliche Menschen waren, stellte keinen möglichen Ausweg dar. So überfiel uns das Gefühl der Verwundbarkeit, als wir erkannten, daß wir in dieser Situation Fidschianer waren, nicht geschützt durch die Entschuldigung: »Wir stammen ja von einem anderen Ort.« Fidschianer zu sein, lehrte uns sehr viel über das Schenken, und zwar aus dem Inneren dieser Kultur heraus, beispielsweise über die Schwierigkeit, zu entscheiden, wem was geschenkt werden sollte, Entscheidungen, die von außen betrachtet wie reine Routine aussehen.

Die Erfahrung der Verwundbarkeit im ganz gewöhnlichen Kontext läßt sich schwer beschreiben; der Rahmen des Gewöhnlichen macht die Erfahrung subtiler, zumal man erkennt, wo sie beginnt und wo sie endet. Doch da solche Erfahrungen häufiger vorkommen und auch mehr mit dem Kontext des lebendigen Lebens zu tun haben, führen sie im Alltagsrahmen auch zu weitaus stärkeren und bedeutungsvolleren Wirkungen.

Der Beitrag, den die Verwundbarkeit für die Feldarbeit leistet, läßt sich anhand der Erforschung traditioneller Heilsysteme veranschaulichen. Als Grundlage und Schöpfer zentraler kultureller Mysterien geben traditionelle Heilsysteme ihre innere Bedeutung dem außenstehenden Fragenden nicht preis, wenn man einmal von den Verzerrungen und Verbesserungen absieht, wie sie durch ein unterdrückendes und forderndes Forschungsprogramm oder durch einen sich nur allzuwichtig nehmenden, aber unbedarften Informanten hervorgebracht werden. Ich habe die Erfahrung gemacht: Der innere Sinn eines Heilsystems offenbart sich immer erst dann, wenn ich wirklich daran interessiert bin, in ihm zu leben – ob ich dies nun als ehrlicher, nicht voreingenommener Beobachter tue, als Klient mit echtem Heilbedürfnis, als ernsthafter Forscher, als assistierender Beteiligter oder als eine Kombination aus all dem eben Gesagten.

Verwundbarkeit erlaubt darüber hinaus, die Prozesse des Übergangs und der Transformation richtig einzuschätzen – die, wie ich glaube, für den Heilungsprozeß von fundamentaler Bedeutung sind. Ich würde Heilung definieren als »einen Übergangsprozeß zur Sinnfindung, zum Gleichgewicht, zur Verbundenheit und zur Ganzheit« (Katz, 1982b). Das Heilen ist ein gemeinschaftliches Ritual, eine integrierende und erhebende Kraft und von einer Bedeutung, die weit über die bloße Anwendung von Medizin oder das Beseitigen von Krankheit hinausgeht.

Das Konzept der Heilung, wie es hier vorgestellt wird, legt ein Transformationsmodell nahe, welches zu näherem Verständnis für Vorgänge in der Erziehung, der Entwicklung und der Gemeinschaft dienen kann. Das Transformationsmodell betont psychologische und soziale Übergänge und das Teilen von als wertvoll eingeschätzten Ressourcen – in drastischem Kontrast zu vergleichbaren Modellen, die in der zeitgenössischen euro-amerikanischen Kultur vorherrschen und die den linearen, stufenweisen Fortschritt hervorheben, aber auch entgegen dem individuellen Wettbewerb um Anhäufung von als wertvoll eingeschätzter Mittel.

Individuen und Gemeinschaften, welche Heilung suchen, befinden sich oft inmitten einer Krise. Sind verwirrt oder auf Suche nach Erfüllung (Katz, 1982 b). Durch die Verwundbarkeit und ihre Offenheit für den Wandel offenbaren sie ihre Ängste und Hoffnungen. Diese stellen den Kontext für den Heilungsübergang dar, ihre Auflösung oder Erfüllung dagegen den Zweck dieses Übergangs.[3] Heilung ist nicht nur eine Quelle der Einsicht in die menschliche Natur, sie ist auch ein Vehikel für die Aktivierung menschlichen Potentials (Bourguignon, 1973, 1979; Durkheim, 1915; Katz; 1983 b; Lévi-Strauss, 1963; LeVin, 1979, Van Gennep, 1960). Da sie sich auf die Verwundbarkeit konzentriert, befaßt sich Heilung mit dem kritischen Bindeglied bei der Aktivierung dieses Potentials und somit auch mit paradigmatischen Problemen individueller und gemeinschaftlicher Entwicklung.

Zur Heilung gehören auch zentrale Aufgaben der psychologischen Entwicklung, also eine Definition der Realität und eine Sinnfindung; Heilung beschränkt sich nicht lediglich auf das Wiederherstellen kranker Menschen. Da sie sich auf die Sinnfindung und die Integration von Unstimmigkeiten in der Realitätsdefinition konzentriert, läßt sich Heilung als Entwicklungsprozeß verstehen. (Unter den !Kung und den Fidschianern steht der Prozeß des Heiler-Werdens für den Heilungsprozeß selbst; Kernpunkt bei beiden ist die Erfahrung der Transformation, welche der Gemeinschaft nützt.) Da Heiler bei ihren Bemühungen, Realität herzustellen an der Dynamik kulturellen Gleichgewichts arbeiten, weil sie sich mit diesen Situationen und Entwicklungsmöglichkeiten auseinandersetzen, sind bei ihnen Ausbildung und persönliche Entwicklung ein einziger Prozeß. Deshalb ist Heilen oft Vorbild für Erziehungsprozesse.

Die Erfahrung der Verwundbarkeit ist durch Übergang und Transformation bestimmt. Wie die Heilung, ist auch sie überwiegend »irgendwo und -wie zwischen den Dingen« auszusiedeln, wobei die Betonung auf der Bewegung zwischen den Zuständen liegt. Die Erfahrung der Verwundbarkeit, hat man sie erst einmal akzeptiert, wird selbst zu einer Heilerfahrung.

Meine Feldarbeit mit den !Kung-sprechenden San führte ich bei einer Gruppe von etwa fünfhundert Menschen durch, die primär als Jäger-Sammler in der nordwestlichen Kalahari in Botswana leben. (4) Mein Forschungsgebiet waren Systeme der Gruppenheilung. Dies führte mich unmittelbar zum Hauptritual der !Kung, dem ganznächtlichen Heiltanz.

Der Heiltanz versinnbildlicht das Gefühl der Gleichheit und Anteilnahme am anderen – Grundsätze des Gemeinschaftslebens der !Kung. (Katz, 1981, 1982 A, 1982 B; Lee, 1968, Marshall, 1969). Im Schmelztiegel intensiver Emotionen und der Suche nach Schutz, welche den Heiltanz kennzeichnen, werden Teilhaben und Gleichheit auf die Probe gestellt, denn man verläßt sich auf sie als Vehikel fürs Überleben. Diese Heilkraft oder *n/um*, stellt die am meisten geschätzte Kraftquelle des Tanzes dar, wie überhaupt eine der am meisten geschätzten Ressourcen des ganzen Gemeinschaftslebens (Katz, 1982 B). Sie wird von der Gruppe freigesetzt und hilft, diese durch ihre Heilwirkung neu zu erschaffen, zu erneuern. Nicht nur beim Tanz gilt *n/um* als »am stärksten«, es hat eine herausragende Bedeutung im gesamten Erfahrungsuniversum der !Kung.

Manchmal setzen sich die Frauen bis zu viermal im Monat um das Feuer, beginnen rhythmisch zu singen und zu klatschen, wenn die Nacht hereinbricht; das ist das Zeichen für den Beginn eines Heiltanzes. Das gesamte Lager nimmt daran teil. Die Männer tanzen, manchmal von Frauen begleitet, um die Sängerinnen herum. Intensiviert sich der Tanz, wird in den Heilern (die meisten von ihnen gehören zu den Tänzern) *n/um* (»Energie«) aktiviert. Wenn sich *n/um* in den Heilern manifestiert, erfahren sie *!kia* (»eine Form des gesteigerten Bewußtseins«), dann heilen sie jeden beim Tanz. Der Tanz zieht sich meistens bis weit in die Nacht hinein, oft endet er erst am nächsten Morgen bei Sonnenaufgang. Die Tanzenden stellen sich mutig ihren unberechenbaren Erfahrungen und bezeugen dadurch, wie spirituell ihr Alltagsleben ausgerichtet ist. »Am Tanz teilzunehmen, macht unsere Herzen glücklich«, sagen die !Kung.

Ein Heiler spricht über seine *!kia*-Erfahrung:

»Du tanzt, tanzt, tanzt, tanzt. Das *n/um* hebt dich in deinem Bauch und hebt dich in deinem Rücken... *n/um* läßt dich zittern, es ist heiß... wenn du in *!kia* kommst, blickst du um dich, weil du alles siehst, weil du siehst, was allen zu schaffen macht...«

(Katz, 1982 B, S. 42)

[*N/um* wird mit Ehrfurcht begegnet, es gilt als mächtig und geheimnisvoll. Wenn die Heiler lernen, ihr kochendes *n/um* zu kontrollieren, können sie es für die Heilung anwenden. Dann lernen sie zu heilen, »die Krankheit zu sehen und sie herauszuziehen«.

Ein mächtiger Heiler sprach über das Gefühl, welches *!kia* beschert – das Gefühl, essentieller, mehr sich selbst zu werden: »Ich möchte bald wieder tanzen, damit ich wirklich wieder ich selbst werden kann.« *!kia* oder ein transzendenter Bewußtseinszustand verändert das Ich-Gefühl, das Gefühl der !Kung für Zeit und Raum. Im *!Kia*-Zustand spüren Heiler, wie sie sich »öffnen« oder »aufplatzen wie eine reife Samenkapsel«.

Da sie äußerst entschieden ein Gleichheitsbewußtsein vertreten, lassen die !Kung es nicht zu, daß *n/um* nur von wenigen religiösen Spezialisten beherrscht wird, sie wünschen, daß es sich in der ganzen Gruppe ausbreitet. Alle Jungen und die meisten Mädchen wollen Heiler werden. Bis sie das Erwachsenenalter erreicht haben, sind mehr als die Hälfte der Männer und 10% der Frauen zu Heilern geworden; jene, die es nicht erreichen, werden nicht gebrandmarkt. *N/um* ist eine grenzenlose Energie, die sich beim »Kochen« ausdehnt. Kein einzelner Mensch kann sie horten. Die !Kung suchen *!kia* nicht um seiner selbst willen, sondern wegen seines Heils. Beim Heiltanz wird *n/um* mit allen geteilt, es werden alle geheilt. Deshalb wird *!kia* am intensivsten vom Heiler erlebt, denn er ist der Kanal, welcher *n/um* unter alle beim Tanz Anwesenden verteilt.

Der Tanz beschert Heilung im grundlegendsten Sinne: Er kuriert einen kranken Körper oder Geist, wenn der Heiler durch das Auflegen der Hände die Krankheit herauszieht; er kittet das Sozialgefüge, denn der Tanz fördert gesellschaftlichen Zusammenhalt und setzt in dosierter Menge Feindseligkeiten frei; er kann das Lager vor Unheil schützen, wenn der Heiler die Götter um Erlösung von den Härten der Kalahari bittet; und er kann schließlich Gelegenheit für persönliches Wachstum und Erfüllung bieten, da alle Teilnehmer ein Gefühl des Wohlbefindens erleben, manche gar eine spirituelle Entwicklung.

All diese Momente des Tanzes verstärken einander und bieten so eine ständige Quelle der Krankheitsbehebung, des Rats, des Schutzes und der Freude. Der Heiltanz ist in das Gewebe des Jäger-Sammler-Lebens der !Kung eingeflochten, ohne die Erledigung der Alltagspflichten zu beeinträchtigen. Die Heiler sind zuallererst einmal Jäger und Sammler, ihre Hauptverpflichtung besteht darin, die Ernährung zu sichern. Als öffentlich-kulturelles Ereignis, zu dem jeder Zugang hat, stellt der Tanz Gemeinschaft her, und diese Gemeinschaft ist es, die durch ihr aktivierendes *n/um* heilt und geheilt wird.

Das Heilen hängt von der Entwicklung des Bedürfnisses ab, »*n/um* zu trinken« und nicht vom Erlernen bestimmter Techniken. Die Ausbildung der Heiler betont nicht etwa die Struktur des Tanzes selbst, sondern die Wichtigkeit, so zu tanzen, »daß das Herz sich dem kochenden *n/um* öffnet.« Die Ausbildung konzentriert sich darauf, Schülern zu helfen, ihre Furcht zu überwinden, das kochende *n/um* wie auch das sich daraus entfaltende *!kia* zu regulieren, damit Heilung stattfinden kann. Das *n/um* muß heiß genug sein, um *!kia* auszulösen, darf aber nicht so heiß sein, daß es Angst und Schwäche auslöst. Kochende Energie für sich persönlich anzunehmen ist ein schwieriger Prozeß, denn das schmerzliche und geheimnisvolle *n/um* wird sehr gefürchtet.

Die *!kia*-Erfahrung bringt tiefsten Schmerz und Furcht mit sich, zusammen mit dem Gefühl des Losgelöstwerdens und der Befreiung. *N/um* fühlt sich heiß an, »wie ein Feuer im Inneren«. Ein angesehener Heiler beschreibt einen weiteren Aspekt dieser Angst: »Wenn wir !Kung in *!kia* eintreten, fürchten wir den Tod, wir fürchten, daß wir sterben und nicht mehr zurückkehren!« Wenn potentielle Heiler dem Tod ins Auge sehen können und gerne sterben, so können sie auch die Furcht vor *n/um* überwinden, und *!kia* mag durchbrechen. Ein älterer Heiler berichtet über diese Art Tod und Wiedergeburt.

»(In *!kia*) bleibt das Herz stehen. Du bist tot. Deine Gedanken sind nichts. Du atmest nur noch mühsam. Du siehst Dinge, *n/um*-Dinge; du siehst Geister, die Menschen töten. Du riechst brennendes, faulendes Fleisch. Dann heilst du, ziehst die Krankheit heraus. Du heilst, heilst, heilst. Dann lebst du. Deine Augäpfel klären sich auf, und du kannst die Menschen deutlich erkennen« (Katz, 1982b, S. 45).

Obwohl der Heiltanz eine Quelle großer Freude für mich war, bereitete er mir zugleich auch große Schwierigkeiten: ich war gezwungen, die Erfahrungen der Verwundbarkeit zu machen.

Nachdem ich zwei Tänze besucht hatte, war mein Dilemma offensichtlich. Ich wollte die Tänze von Anfang bis Ende beobachten, aber es war recht schwierig, einfach nur dazusitzen und die ganze Nacht lang Aufzeichnungen zu machen, schwierig, wachzubleiben und nicht zu frieren, schwierig, sich von einem alles und jeden intensiv miteinbeziehenden Ereignis fernzuhalten. Ich begann instinktiv zu tanzen, und dann, nachdem ich erst einmal damit begonnen hatte, ohne jede Hemmung. Das Tanzen hielt mich wach; es verband mich mit dem Ritual und der Gemeinschaft, die den Tanz erschuf, und – dies war das Beängstigendste – auch mit dem kochenden *n/um*.

Es war ein natürliches Ergebnis meiner Teilnahme, daß die anderen mich aufzogen – wegen meiner Beinarbeit, wegen meines Gesichtausdruckes, wegen Dingen, die nichts mit dem Tanz selbst zu tun hatten. Nachdem ich mich zunächst sehr unwohl gefühlt hatte, beinah verlegen genug war, um mich wieder zu setzen, empfand ich mich bald doch als Teil der Gemeinschaft. Wer tanzt, wird geuzt, damit alle lachen können, und der Spaß gehört ebenso zu diesem ernsten Ereignis wie die Augenblicke der Pein. Das schmerzliche Freisetzen des kochenden *n/um* und die Angst und das Entsetzen davor kamen bei mir ebenso wie bei den anderen, die »*n/um* trinken, wollten«. Die Überzeugung meiner eigenen Kultur, für die *n/um* nicht »wirklich« ist, und ganz bestimmt nicht kochen kann, konnte mich zwar vor der Angst schützen, hätte mir aber gleichzeitig auch das Verstehen verwehrt. Als ich um das Feuer tanzte, deuteten sich bereits die ersten Anzeichen der Furcht an, leise Seufzer und Stöhnen, welche den lauten und schmerzhaften Schreien vorangingen, die ein allzuschnell aufkochendes *n/um* kennzeichneten. Ich spürte die Nähe von Körpern, die Unterstützung anboten, ohne andere unbedingt zu berühren. Dies waren Erfahrungen, die wesentlich zum Tanzen dazugehörten; zugleich waren es aber auch Einsichten in die Natur des Heilens.

Meine Teilnahme zeigte zudem meine Ernsthaftigkeit als Schüler. Toma Zho, einer der mächtigeren !Kung-Heiler, nahm mich eines Tages beiseite. »Dick«, sagt er, »ich habe bemerkt, daß du jetzt ernsthafter tanzt. Du richtest die Augen gerade nach vorne, blickst dich nicht mehr um und tanzt hart. Warum?«

»Ich interessiere mich für das Heilen«, erwidere ich, »und ich möchte alles darüber lernen, was ich nur kann.«

»Ach so!« ruft Toma Zho in gespielter Überraschung. »Warum hast du das denn nicht gleich gesagt? Vielleicht kann ich dir ein paar Dinge beibringen.« Natürlich hatte ich mit Toma Zho und anderen schon viele Male über mein Interesse am Heilen gesprochen. Doch meine Teilnahme am Tanz öffnete neue Tore, weil die Heiler mehr von ihrem Wissen preisgaben.

Die eigene Verwundbarkeit zu akzeptieren bedeutet jedoch noch nicht, daß der Übergang damit beendet wäre; sie mag es erleichtern zwischen den Kulturen zu stehen, in eine Kultur hinein – und wieder herauszutreten und verhilft ebenfalls dazu, sich für längere Zeit vollständig von einer anderen Kultur absorbieren zu lassen. Als ich mit K''ua Dwa über den Tod von !Kia sprach, wußte ich, daß meine Fragen ethnozentrisch waren:

»K''ua Dwa«, frage ich, »du hast mir erzählt, daß du im *!kia* sterben mußt, bedeutet das richtiges Sterben?«

»Ja.«

»Ich meine *wirkliches* Sterben?«

»Ja.«

»Du meinst sterben, wie wenn man in der Erde begraben wird?« Ich kämpfe bereits mit meinen Worten.

»Ja«, erwidert K''ua Dwa mit Begeisterung. »Ja, genauso!«

»Es ist dasselbe?«

»Ja, dasselbe. Ich spreche vom Tod«, bestätigt er.

»Von dem Tod, von dem man nie zurückkehrt?« Ich bin fast am Ende meines logischen Lateins.

»Ja«, erwidert er schlicht, »so weit kommt es. Es ist der Tod, der uns alle umbringt«.

»Aber die Heiler stehen doch wieder auf, und ein toter Mensch tut das nicht«. Meine Feststellung mündet in einer Frage.

»Das stimmt«, entgegnet K''ua Dwa mit einem ruhigen Lächeln. »Heiler können wieder lebendig werden.« (Katz, 1982, S. 116).

Während ich diese Fragen stellte, spürte ich zugleich den beständigen Sog der Welt der !Kung, wo der Tod ganz schlicht der Tod ist – und die Versuchung, keine Fragen mehr zu stellen, weil das Verstehen bereits da war. Doch diese Art der Fragen war notwendig für das Erzählen der !Kung-Geschichte, weil ich mich darauf vorbereitete, meinem eigenen Volk davon zu berichten. In meinem Hinterkopf hatte ich das Konzept eines »psychologischen Todes«, ein Konzept, das innerhalb der westlichen naturwissenschaftlichen Tradition bleibt, und doch den Vorstellungen der !Kung vom Tod in der Heilung zu gleichen scheint. Dennoch greift dieses Konzept bei der Erfahrung der !Kung nicht – wie mir K''ua Dwa auf seine typisch sanfte Weise klargemacht hatte.

Eine daraufffolgende zweijährige Periode der Feldarbeit auf den Fidschi-Inseln im Südpazifik bestätigte (verstärkte?) mir den Wert der Verwundbarkeit und dehnte ihre Implikationen aus. Meine Forschung konzentrierte sich auf ursprüngliche fidschianische Heilungssysteme und fand in der Hauptsache auf einer ländlichen Außeninsel statt. Wir lebten und arbeiteten in einem typischen Dorf mit etwa hundert Einwohnern, das mehrere Stunden Fußmarsch vom Nachbardorf entfernt war.

Die Fidschianer leben hauptsächlich vom Ackerbau und Fischfang (Sahlins, 1962; Nyacakalou, 1975, 1978; Katz, 1981). Ein Dorf besteht aus mehreren Gruppen eng miteinander verwandter Menschen, die gemeinsam Land und ausgesuchte Fischfanggebiete besitzen und sie auch häufig gemeinsam bearbeiten. Das Teilen des Ertrages ist hochangesehen. Wenn sich Fidschianer zum Essen hinsetzen, müssen die Türen offenstehen. Kommt irgend jemand draußen vorbei, so rufen sie hinaus: »Bitte komm doch herein und iß mit uns.« Die Gesellschaftsstruktur der Fidschianer ist hierarchisch gegliedert, dennoch werden Demut und Bescheidenheit, unabhängig vom gesellschaftlichen Status, geschätzt.

Das zeremonielle Leben ist auf Fidschi von großer Wichtigkeit, es fördert wirtschaftlichen und gesellschaftlichen Austausch und bietet die Möglichkeit, diese religiöse Dimension zu feiern (Thompson, 1940; Spencer, 1941; Ravuvu, 1976). Die fidschianischen Zeremonien, insbesondere die Heilungszeremonie, weisen drei charakteristische Elemente auf, (Katz, 1981): Die *Vu* (»die Ahnen«); das *mana* (»geistige Kraft«); und die *yaqona* (»eine heilige Pflanze«), die den Menschen Kraft beschert.[7] *Mana*, die größte Kraft, ist unsichtbar, unteilbar und »läßt Dinge geschehen«. Wie die Fidschianer sagen: »*Mana* ist *mana*«, und seine Auswirkungen werden oft als wunderbar beschrieben.

In Zeiten des Zweifels, der Krise oder der Krankheit ist der geistige Heiler der Haupthelfer der Gemeinschaft.[8] Zwar gibt es kein Problem, das nicht in den Bereich des Heilers oder der Heilerin fallen würde, doch in der Mehrzahl geht es um Fälle von Erkrankungen mit körperlichen Begleitsymptomen. Die Hilfsgesuche reichen von einem Jungen mit geschwollenem Nacken über eine kinderlose Frau, die schwanger werden will, eine Familie, die Schutz vor den bösen Absichten einer anderen haben will, bis zu einem ganzen Dorf, das die Verletzung eines heiligen Brauchs wiedergutmachen will. Wie eine Dorfbewohnerin über den Geistheiler in ihrem Dorf sagte: »Er darf nicht krank werden, denn ohne ihn wären wir alle verloren.« Verglichen mit den anderen Menschen werden die Heiler erheblich mehr »respektiert«, gelten als »fleißiger« und kommen dem »Idealfidschianer« am nächsten; dabei bleiben sie vollwertige Mitglieder der Gemeinschaft, die zum gesamten Leben etwas beitragen müssen.

Die Heilungszeremonie beginnt typischerweise damit, daß der Klient den Heiler aufsucht und um seine Hilfe bittet. Diese Bitte kleidet der Klient in die rituelle Darreichung der *yaqona* an den Heiler. Der Heiler nimmt die *yaqona* im Namen der Ahnen entgegen, von denen er seine Kraft bezieht. Durch diesen bloßen Akt der Annahme ist der kritische Anfangsaustausch zwischen Heiler und Klient beendet, und die Heilung ist vollzogen. In diesem Augenblick soll das *mana* verfügbar werden, was eine akkurate Diagnose und die Auswahl einer wirkungsvollen Kräuter- oder Massagebehandlung ermöglicht, falls dies nötig ist. Nach vier Tagen kehrt der Klient zur Beendigung der Behandlung zurück oder, falls erforderlich, zu einer weiteren Behandlung, die entweder in dieselbe Richtung geht oder in eine andere. Kräuter und Massage werden in etwa zwanzig Prozent der Fälle für die Heilung eingesetzt.

Wie *n/um*, ist auch *mana* wichtiges Hilfsmittel bei einer Heilungszeremonie und das im Leben der Gemeinschaft geschätzteste. Es ist allgegenwärtig. Wenngleich es für den Schutz und die Heilung von Menschen gedacht ist, läßt sich *mana* auch zu gegenteiligen Zwecken anwenden. Nur indem man den *gaunisala dodonu*, den »geraden Pfad« geht, kann man *mana* zum Heilen verwenden. Der Pfad selbst ist zwar nicht gerade, doch sollte man ihn auf gerade, ehrliche Weise beschreiten. Du entdeckst den Pfad erst, wenn du ihn gehst.

Den geraden Pfad zu gehen bedeutet, jene Eigenschaften auszuleben, welche den idealen Fidschianer kennzeichnen. Der gerade Pfad bietet ein Konzept der idealen Entwicklung für alle Fidschianer, ein Ziel, das von den Heilern besonders intensiv angestrebt wird. Die Erziehung der Heiler ist eine Erziehung zur idealen Lebensweise, und so wird sie für die Gemeinschaft zu einem Paradigma der Erziehung.

Die folgenden Eigenschaften, die zusammengenommen den Charakter einer Person bestimmen, werden oft erwähnt, wenn es darum geht, wie man leben muß, um dem geraden Pfad folgen zu können: die Wahrheit sagen und leben *(dauvakadina)*; Liebe zu allen *daulo-*

loma), damit alle, die kommen, auch Hilfe erhalten; rechtschaffenes oder traditionelles Verhalten *(i tovo vinaka)*; Demut/Bescheidenheit *(sega ni vukivuki)*; Respekt für andere und die Tradition *(vakarokoroko)*; Aufrichtigkeit *(sega ni lomaloma rua)* und das Dienen *(veigaravi)*, damit die Kraft nur zum Heilen benutzt wird und nicht zur persönlichen Bereicherung. Wenngleich diese Eigenschaften oft mit dem Vokabular des Heilungsvorgangs umschrieben werden, deuten sie doch ganz allgemein den Weg an, den der Heiler und den alle Fidschianer gehen müssen.

Einerseits ist der gerade Pfad die Quelle des Charakters, andererseits stellt er aber auch eine Herausforderung dar. Die Erziehung des Heilers besteht im Erlernen der subtilen Bewegungen, dem Vor und Zurück entlang der Dimensionen des Charakters, und zwar auf zunehmend anspruchsvoller werdenden Stufen. Die Bewegung selbst setzt immer mächtigere Heilkraft frei. Der Charakter des Heilers verschafft ihm die Möglichkeit zu heilen, und die Entwicklung seines Charakters bestimmt Fortsetzung und Vertiefung dieser Arbeit. Wissen um Heilungstechniken steht nur jenen zur Verfügung, die Charakter haben. Zwar wird der rein praktischen Fähigkeit des Heilens Respekt gezollt, doch ist der Charakter für die Heilweise ausschlaggebend und gibt ihnen den Rahmen.

Der Heiler wird ständig geprüft, damit er die Eigenschaften die den Pfad bestimmen, unter Beweis stellt. Die Zunahme der Heilkraft hängt davon ab, ob man die immer härter werdenden Prüfungen besteht. So muß beispielsweise der Kraftzuwachs eines Heilers in einem wechselseitigen Prozeß eingebunden sein, in dem die Gemeinschaft ebenfalls an Kraft gewinnt.

Eine verbreitete Metapher für den geraden Pfad ist die eines Pfads, der von Hand mit einem Buschmesser durch das schwere Unterholz der fidschianischen Wälder gehauen wird. Indem man den Pfad schlägt, dem man folgen muß, bewirken Sackgassen und Abkürzungen qualvoll schwierige Abschnitte ebenso wie relativ einfache Strecken, daß die Bewegung der betreffenden Person in Rhythmus und Geschwindigkeit fluktuieren und manchmal einen Kreis beschreiben.

Ein Hauptziel meiner Forschung auf Fidschi war jener gerade

Pfad. Ich arbeitete mit Personen zusammen, die ihm folgten, während ich selbst mich ebenfalls darum bemühte, ihn zu finden und ihm zu folgen. Die Herausforderung, dem geraden Pfad tatsächlich zu folgen, prägte und sensibilisierte andere Aspekte der Forschung, beispielsweise die intensiven Interviews und psychologischen Tests.

Rt. Civo, ein hochangesehener traditioneller Heiler, unterstützte mich wesentlich bei meiner Feldarbeit. Im Laufe von zwei Jahren führten wir achtzehn Gespräche miteinander und unterhielten uns insgesamt mehr als siebzig Stunden miteinander. Diese Gespräche waren eine unschätzbare Quelle vielfältigen Faktenmaterials. Doch schon bald riet Rt. Civo mir zu einem konkreten Vorgehen.

»Deine Forschung ist wichtig, und du bemühst dich auf richtige Weise um Verständnis. Aus diesem Grund erzähle ich dir Dinge, die ich anderen nicht gesagt habe. Unsere Gespräche sind gut. Aber du mußt anfangen, an den Heilungen teilzunehmen, dich selbst darin zu üben. Erst dann wird sich dein Verständnis vertiefen. Naqara wäre ein guter Ort, um mit diesem praktischen Teil deiner Forschung zu beginnen. Dort kannst du mit einem meiner besten Schüler arbeiten, mit Sevuloni.«

Rt. Civos Rat war mir völlig einsichtig. Ich suchte nach unmittelbarer Beteiligung, aber mit der dabei unvermeidlichen Naivität. Erst nach mehreren Monaten erkannte ich, daß das Erlernen des geraden Pfads mehr damit zu tun hatte, am Alltagsleben im Dorf teilzunehmen, als an den Heilungsritualen selbst. Sevuloni kennenzulernen und mitanzusehen, wie er sich darum bemühte, in seinem Alltag den geraden Pfad zu gehen ebenso wie in unserer Freundschaft, und dann schließlich mit ihm gemeinsam den geraden Pfad zu gehen, rückte die Heilsitzungen in das richtige Licht. Heilsitzungen waren selten – sie fanden weniger als einmal pro Woche statt, und unsere Gespräche über Heilung sogar noch seltener. Doch Sevuloni lehrte mich unentwegt: Sein Leben war ein Beispiel für die sich entfaltenden Herausforderungen des geraden Pfads. Durch diese Konzentration auf das Dasein und auf das Heilen als Grundlage für gewöhnliche, alltägliche Lebensprobleme war meine Teilnahme subtiler und anspruchsvoller als bei der alleinigen Teilnahme an Heilzeremonien, und meine Erfahrungen der Verwundbarkeit vertieften sich.

Zu Beginn unserer Feldarbeit gab es in unserem Dorf Naqara plötzlich zwei unerwartete Todesfälle. Die Menschen bemühten sich zwar darum, einen Sinn in diesen Ereignissen zu erkennen, doch blieb es unerklärlich. Argwöhnische Vermutungen über ein Verbrechen lagen in der Luft, und doch boten nicht einmal diese zufriedenstellende Erklärungen. Die Spannung und Verwirrung war intensiv und greifbar. Während der Monate, die auf diese Todesfälle folgten, kommen eine Reihe von Personen zu Sevuloni, dem Dorfheiler, mit Katastrophenträumen und bitten ihn, dafür zu sorgen, daß diese Träume nicht Wirklichkeit werden. Die Träume weisen ein durchgehendes Muster auf: Die Hauptfigur des Traums, oft der Träumer selbst, fällt plötzlich um oder wird niedergeschlagen, was meistens zum Tod führt. Sevulonis Deutung ist klar: Die Träume künden einen dritten Tod in Naqara an.

Die Träume spiegeln die Sorge in Naqara über die immer noch ungeklärten Ereignisse wider, welche die beiden Tode umgaben, aber auch die Angst vor möglichen zukünftigen Konsequenzen. Alle empfinden diesen Gedanken an einen dritten Tod als konkrete Bedrohung. Wie die anderen, suche auch ich Sevuloni auf, um die Ereignisse irgendwie zu verstehen, um Hilfe in meiner Angst zu finden. Ich fürchte um meine Familie und mich selbst, um unser Leben. »Was können wir tun?« frage ich ihn.

Sevuloni erwidert ruhig: »Du brauchst dir keine Sorgen zu machen, denn du bist ein ›kai vulagi‹ (ein Europäer).«

»Aber ich fühle mich nicht wie ein ›kai vulagi‹. Ich bin ›kai viti‹ (ein Fidschianer) und so fühle ich mich auch«, erwidere ich und nehme dabei die Tiefe der Bedrohung in mich auf, die ich durch den Wechsel der Kultur angenommen habe.

»Ja, ich stimme dir zu«, nickt Sevuloni, »und in diesem Fall mußt du tun, was auch alle anderen tun. Halte dich nahe an der *yaqona* und sei gradlinig in deinem Verhalten. Das wird dich und deine Familie schützen.« Seit diesem Zeitpunkt waren wir »mitten« auf einem neuen Weg, und die Feldarbeit veränderte sich radikal.

Savenaca stimulierte in mir beim Befolgen des geraden Pfads ebenfalls die Verwundbarkeit, sowohl während des Gesprächsdramas mit den *Vu* (Göttern), als auch durch die Ruhe seiner stummen Gebete. Savenaca ist ein besonderer Heiler, hochangesehen, aber auch kontrovers. Im Gegensatz zu anderen auf dem Land, führt er ausgedehnte Gespräche mit seinen *Vu*. Es ist, als hörte man einem Telefongespräch zu, da man immer nur Savenacas Worte zu hören bekommt. Savenaca betonte die Notwendigkeit, ständig die *Vu* zu fragen, ob man richtig arbeitet. Er stellt seinen *Vu* Fragen, denn er sucht ihren Rat, legt den Kopf lauschend zur Seite, nickt verstehend und zeigt sich verwundert, klingt ihre Nachricht wirr. Bei diesen Gelegenheiten fühlte ich mich im Mittelpunkt des Geschehens.

Jene Personen, die am meisten über das Heilen wissen, etwa Rt. Civo, glauben, Savenacas' Kontakt zu den *Vu* sei ein Beweis seiner Kraft. Sie weisen darauf hin, daß mit solch gesteigerter Kraft gleichzeitig auch die Herausforderung wächst, vom geraden Pfad abzuweichen. Sie betrachten Savenaca als einen Menschen, der sein Leben und seine Arbeit riskiert, um dem Dorf machtvolle Heilung zu bescheren.

Savenaca, der nun Anfang achtzig ist, bleibt einer der ausdauerndsten und unternehmungslustigsten Menschen in seinem Dorf. Er bebaut zwei Pflanzungen und bewältigt mit schwerer Erntelast weite Entfernungen auf schwierigen Wegen. »Das ist wirklich ein kräftiger alter Mann«, sagen die Leute bewundernd über ihn. Savenaca ist ebenfalls ein wichtiger Ältester seines Dorfes, der älteste Mann überhaupt, er hat bedeutende Verwandte und stellt eine anerkannte Quelle des Wissens über Rituale und Tradition dar. Und er ist ein sanfter, freundlicher Mann, der die traditionelle Großvaterrolle mit ganz besonderer Warmherzigkeit erfüllt.

Savenaca hat in unseren zahlreichen nächtlichen Gesprächen oft ausführlich über seine Arbeit als Heiler gesprochen. Bei den ersten Gesprächen fragte er seine *Vu* über die Rechtmäßigkeit meiner Forschung. »Hier ist Savenaca, könnt ihr mich hören, könnt ihr mich hören?« Eine kurze Pause mit geneigtem Kopf, dann ein Lächeln. »Ich wollte nur bei euch nachfragen, wie es um meine Unterstützung dieser Forschung steht. Ist das etwas Gutes? Soll ich ihm von unserer Heilerarbeit erzählen?« Eine längere Pause, eine gerunzelte Stirn und ein Ausdruck der Konsterniertheit – genug, um die Sorge zu erwecken, daß unser Gespräch nicht fortgesetzt werden wird. »Nun, es wird dich freuen zu hören«, erklärt Savenaca, »daß mein *Vu* gründlich über deine Forschung nachgedacht hat und meint, daß sie zum Guten sei und daß wir weitermachen sollten.« Später wird Savenaca, wenn ihm eine Frage als zu schwierig erscheint oder ihm irgend etwas nicht einfällt, das er erzählen will, immer bei seinem *Vu* nachfragen.

Zwischen Savenaca und mir hat sich ein enges Band entwickelt. Ich habe ihn so oft wie möglich aufgesucht; wir erzählten uns Witze und unterhielten uns. Eines Tages kam ich am späten Nachmittag an, und nachdem ich etwas zu essen erhalten hatte, unterhielten wir uns bis spät in den Abend hinein. Erst nach Mitternacht legten wir uns schlafen. Am frühen Morgen höre ich, wie der Boden leicht knarrt, öffne die Augen, und erkenne Savenaca, wie er langsam, aber leichtfüßig durch den Raum geht, ab und zu von einem Mondstrahl erhellt. Sein Kopf ist meistens gebeugt, doch gelegentlich späht er aus dem Fenster hinaus auf die dunkle Bucht. Dies mag wohl über eine Stunde dauern. Gegen Sonnenaufgang werden wir beide wach, und ich bin mir nicht sicher, ob ich geträumt habe oder Zeuge eines tatsächlichen Ereignisses gewesen bin, doch irgendwie ist der Unterschied unwichtig, denn die Intensität dieser ruhigen Zeit und dieses ruhigen Mannes hätten nicht stärker sein können. Beim Frühstück unterhalten wir uns ein wenig. »Bist du letzte Nacht aufgestanden?« frage ich.

»Ja, ich stehe jetzt nachts öfters auf. Wenn man alt wird, fällt es einem manchmal schwer einzuschlafen. Wenn ich aufwache, wird mir klar, daß dies eine gute Zeit ist, um zu beten... also bete und bete und bete ich... und dann bin ich müde und lege mich wieder hin.« Der gerade Pfad, so beginne ich zu spüren, wird auch in der tiefen Einsamkeit des Morgengrauens geprägt.

Gegen Ende meines Aufenthaltes auf Fidschi sprach ich ausdrücklich mit Rt. Civo über das, was wir schon auf verschiedenste Weise abgehandelt hatten. »Wenn ich zurück nach Amerika gehe«, frage ich, »wie soll ich dann wissen, worüber es rechtens ist, zu sprechen, und worüber ich besser schweigen sollte?«

Rt. Civo erwidert: »Deine Verantwortung ist es, die Wahrheit über unsere Heilarbeit zu sagen und auf diese Weise anderen beim Lernen zu helfen. Sage nur, was du weißt, das wird immer genug sein; sagst du aber mehr als du weißt, dann ist das zuviel, dann nimmst du dich einfach selbst zu wichtig. Du mußt auch das, was du weißt, in die Praxis umsetzen. Nun bist du fast zwei Jahre hier gewesen. Wir haben uns eng an die *yaqona* gehalten. Vertraue dir selbst und sei geradlinig. Wenn du dem geraden Pfad folgst, dann wirst du schon wissen, was du sagen und was du nicht sagen darfst. Wenn du nach all dieser Zeit immer noch nicht gelernt hast, was du sagen und was du nicht sagen sollst, dann rede einfach über alles, was dir Spaß macht, denn dann hat deine Rede so oder so keinen Wert.«

Rt. Civo sagt auch noch etwas über die Probleme der Wahrheit und der Geheimhaltung:

»Ich habe die Kraft, verberge sie aber... Wenn es nicht um deine Forschung gegangen wäre und darum, das Wissen für künftige Generationen zu bewahren, wäre dir alles, was ich über mich selbst, meine Arbeit und mein Heilen verrate, nicht offenbart worden. Wenn künftige Generationen hören, was ich dir jetzt sage, dann möchte ich nicht, daß sie mich Lügen strafen. Statt dessen werden sie stolz sein, meine Worte zu hören, weil es Worte der Wahrheit sind.«

Rt. Civo erhellte damit den Unterschied zwischen »Wahrheit« und »Geheimnis« und klärte zugleich auch den Prozeß des Tatsachenberichts. Verwundbarkeit ermöglicht es einem, diesen Unterschied zu erkennen. Im ersten Fall verlangt die Wahrhaftigkeit, daß man nur berichtet, was tatsächlich geschehen ist, daß man keine Fehler beschönigt, sich selbst nicht zu wichtig nimmt: daß man die eigene Rolle in der Geschichte nicht glorifiziert, sich nicht mit fremden Federn schmückt und die eigenen theoretischen Interpretationen auf Kosten der Fakten elegant ausbaut.

Indem man sich entscheidet, welches Material man im Bericht verwendet und, welche »Wahrheiten« man erzählt, werden noch weitere Unterschiede zwischen »Wahrheit« und »Geheimnis« wichtig. Heilsysteme enthalten viele »Geheimnisse«. Manchmal handelt es sich dabei um »Berufsgeheimnisse«, um kulturspezifische Techniken und Manipulationen, die erforderlich sind, eine wirksame und eindrucksvolle Heilungsveranstaltung zu gewährleisten; beispielsweise die genauen Anleitungen für die Zubereitung von Kräutern oder das Anrufen der *Vu*. Manchmal sind diese Geheimnisse der Schlüssel für Gebrauch und Mißbrauch spiritueller Macht. »Wahrheiten« haben mit den Grundprinzipien der Heilarbeit zu tun, welche, obwohl sie Allgemeinwissen sind, nur schwer in die Praxis umzusetzen sind; da sie jedoch jedermann zugänglich sind, werden sie durch ihre Erwähnung in einem Forschungsbericht auch nicht preisgegeben. Der gerade Pfad beschreibt solche Prinzipien.

Ich glaube, das Ziel der Forschung besteht darin, die Wahrheit zu berichten, nicht aber Geheimnisse zu enthüllen. Doch Feldforschungsberichte enthüllen oft – manchmal unbewußt – zu viele Geheimnisse und zu wenig Wahrheit. Der Hunger nach Geheimnissen genügt, diese Tendenz zu verstärken. Ich erinnere mich, wie ich in den Vereinigten Staaten zum ersten Mal über das !Kung-Material sprach. Hinterher kam ein wohlmeinender Zuhörer zu mir und fragte: »Wo finde ich die nächstgelegene Schule, die den Heiltanz lehrt?« Eine solche besitzergreifende Einstellung zu Geheimnissen kann dazu führen, daß man nicht mehr über Feldforschung im Bereich der Heilung berichten mag. Doch glücklicherweise sind Geheimnisse, die aus ihrem Kontext herausgerissen werden, in der Regel wirkungslos. Das einheimische Heilkraut, das im Labor synthetisiert wird, wird sich nicht als ganz so wirkungsvoll herausstellen; ein von den !Kung inspirierter Heiltanz, der innerhalb einer euro-amerikanischen Mittelklasse-Gemeinschaft durchgeführt wird, hat bereits seine Überlebenskraft eingebüßt. Geheimnisse werden zu Wahrheiten, wenn sie innerhalb eines Kontextes existieren; ein geschriebener Bericht über Heilen kann der Wahrheit nur geringen Schaden zufügen, da Heilwahrheiten vor allem in der mündlichen Überlieferung gedeihen. Und glücklicherweise stellt die Aufforderung der !Kung »Erzähl unsere Geschichte!«, nur einen Teil der Geschichte dar. Wie bei so vielen anderen traditionellen Heilsystemen, gibt es auch unter den !Kung viele Heilungsgeschichten, und sie erheben insgesamt gesehen weder den Anspruch frei von Widersprüchen zu sein, noch den Anspruch, daß eine einzige Geschichte allgemeingültige Aussagekraft besäße.

Wenn wir den Wert der Verwundbarkeit für die Feldarbeit anerkennen, warum bleibt sie dann immer noch ein suspektes und nur selten verwendetes Werkzeug? Ein Grund dafür ist die Philosophie und Praxis der Wissenschaft: Man geht davon aus, daß das Hinnehmen, ja das Fördern der Verwundbarkeit die Objektivität vernichtet, will sagen die »Gültigkeit« der Informationen. Hierbei geht es um nichts Geringeres als um die Debatte zwischen Objektivität und Subjektivität. Doch wie Polanyi (1985) argumentiert hat, ist alles Wissen, einschließlich der Wissenschaft, da es »existenziell abhängig« ist, eine Fusion von Subjektivem und Objektivem. Er formuliert ein alternatives Ideal des Wissens, wenn er sagt: »(Es gibt) persönliche Beteiligung am Bekannten in jedem Akt des Verstehens, doch macht dies unser Verstehen noch nicht subjektiv... Solches Wissen ist tatsächlich objektiv in dem Sinne, daß es einen Kontakt zu einer verborgenen Wirklichkeit herstellt...« (S. VII–VIII).

Reine und höchste Subjektivität wird zu einer Quelle gültigen Datenmaterials und löscht dadurch die nur bedeutungsverschlechternde Unterscheidung zwischen »subjektiv« und »objektiv« aus.

Erfahrungen der Verwundbarkeit können auch den Sorglosesten an die Unterscheidung in westliche »Wissenschaft« und traditionelle »spirituelle/geistige« Disziplinen aufzeigen. Aus dem Blickwinkel des Feldforschers heraus betrachtet, kann man den systematischen Empirismus – die »Wissenschaft« traditioneller Heilsysteme erkennen, ebenso wie man das logische Wunschdenken – das »Magische« – zeitgenössischer westlicher Heilsysteme erkennen kann. Sowohl in westlichen als auch in traditionellen Systemen gibt es Wissenschaftler und Magier. Mittlerweile ist es vermutlich offensichtlich geworden, daß traditionelle Heilsysteme nicht »primitiv« sind, aber auch nicht »prä-«, »pseudowissenschaftlich« oder »volksheilkundlich«.

Auf einer etwas praktischeren Ebene will man die Verwundbarkeit als Resultat eines Fehlers oder als Ursache methodologischer Voreingenommenheit kritisieren, anstatt in ihr eine Methode zu bedeutsamen Erkenntnissen zu sehen. Feldforschungsberichte erwähnen nur selten methodologische Fehler. Beispielsweise belasse ich in den schriftlich festgehaltenen Interviews alle »Fehler«, die naiven und ethnozentrischen Fragen, wenn ich allzu drängend versuchte, bestimmte Antworten zu erhalten. Diese »Fehler gehören in die Transkription des Interviews, und zwar deshalb, weil sie Aspekte der Befragung sind, denen Versuch und Irrtum anhaften, und die eben zu tiefergehenden Interviews dazugehören. Diese Fehler können zu »Chancen« werden und das Interview verbessern. Wenn sie auftreten und ich erkenne, daß ich die guten Forschungsmethoden vergessen habe, daß ich den Kontakt zu den befragten Personen verloren habe – ich kann verwundbar werden. Das Gefühl der Verwundbarkeit erschafft die Möglichkeit, den Kontakt zu den Personen wieder herzustellen und die Befragung erneut mit der erforderlichen Feinfühligkeit durchzuführen. Wir dürfen nicht davon ausgehen, daß Fehler *nur* Fehler sind, *lediglich* Beweise für Mißverständnisse.

Die Verwundbarkeit wird auch als Quelle der Voreingenommenheit angesehen. Wenn Erfahrungen der Verwundbarkeit des Forschers in Berichten auftauchen, beispielsweise Augenblicke der Verwirrung bei einem Interview oder die Furcht vor dem Auftreten kochender Energie beim Tanzen, dann kann dies als Zeichen mißverstanden werden, daß hier lediglich die Fakten geopfert oder verzerrt werden. Die Herausforderung besteht darin, sie auf eine solche Weise darzustellen, daß der Leser genug über mich als Geschichtenerzähler/Forscher weiß, um die !Kung deutlicher und vollständiger verstehen zu können. Meine Aufgabe besteht nicht darin, die Aufmerksamkeit auf mich selbst zu lenken, sondern vielmehr mich selbst derart zu beschreiben – und nur in diesem Sinn –, daß dadurch das !Kung-Material erhellt wird. Aufgabe ist es, ihre

Geschichte zu erzählen. Rt. Civo und Sevuloni beharrten darauf, daß der Schwerpunkt stets auf der Heilarbeit liegen müsse. »Man stellt sich niemals selbst in den Vordergrund, man macht nie für sich selbst als Heiler Reklame«, warnten sie mich ständig.

Ein zweiter Grund dafür, Verwundbarkeit zu ignorieren, ja sie sogar bewußt zu vermeiden, hängt mit den grundlegenden psychologischen Strukturen, den vermuteten Grenzen menschlicher Flexibilität zusammen. Es war C. G. Jung (1969), der einen wichtigen Grund dafür vorbrachte, warum in der westlichen Feldforschung die Verwundbarkeit nicht gefördert wird. Er schreibt über das Konzept der »Einheit« oder des »Eins-Seins« im tibetischen Buddhismus und sagt:

»... aber wir (westliche Menschen) können uns nie vorstellen, wie sich eine solche Erkenntnis (›Eins-Sein‹) in einem menschlichen Individium jemals vervollständigen kann. Es muß stets jemand oder etwas übrigbleiben, um die Erkenntnis zu erfahren, um zu sagen ›ich kenne das ‚Eins-Sein‘, ich weiß, daß es einen Unterschied gibt‹.«

Obgleich Jung der Auffassung war, daß man bis zum Rand des Ich-Verlustes vordringen könne, warnte er doch stark davor, *über den Rand hinauszugehen*, da dies mit Bewußtlosigkeit, Wahnsinn oder Tod enden würde (Singer, 198). Doch diese Mahnung berücksichtigt nicht, daß man sehr wohl über den Rand hinaus in eine andere Realität eintreten kann, die nicht Wahnsinn ist, sondern etwas »anderes«, um danach aber wieder in die eigene »Heimat«-Realität zurückzukehren.[4]

Wenn man sich dem Risiko, sich selbst zu verlieren, stellen kann, so kann man auch einige Zeit *innerhalb* einer anderen Kultur leben. Nur von innen heraus kann man der Realität einer Kultur Gültigkeit zusprechen. Unvertraute Denkmuster, Glaubensformen oder Rituale des Handelns werden so zur Grundlage des Lernens anstatt zu Signalen furchtsamen Rückzugs oder zum Gegenstand abwertender Etikettierungen. Dann hat man Gelegenheit, klar zu sehen; die Aufgabe bleibt, das, was man gesehen hat, ehrlich zu berichten und vor allem nicht der Versuchung zu erliegen, die eigene Wichtigkeit – wie beispielsweise die eigenen »Interpretationsfähigkeiten« – auf Kosten des Faktenmaterials herauszukehren. Die Erfahrung der Verwundbarkeit wird eher zum Zugang für tiefere Wahrheiten als zur Ursache von Fehlern oder zur Quelle methodologischer Voreingenommenheit. Diese durch die Verwundbarkeit gemachten Einsichten können dazu verwendet werden, die Feldforschung zu verbessern und damit einen Kreis schließen (s. z. B. Katz und Argyris 1985). Weiß man, was zu sagen ist, weiß man, was zu tun ist.

Rt. Civo betonte, wie wichtig das Praktizieren des Heilens sei, wolle man wirklich etwas über das Heilen erfahren. Wenngleich ich mit der Abwertung der spirituellen Dimension und des Gemeinschaftskontextes in den herkömmlichen westlichen Therapien unzufrieden bin, ist mir dennoch klar, daß weder das Heilsystem der !Kung noch das der Fidschianer sich unmittelbar im Westen anwenden läßt. Es ist sinnvoll, dafür das Bild von der Suppe zu wählen, die längere Zeit in einem Topf köchelt. Es kommen viele Zutaten in den Topf, doch durch den Prozeß des Köchelns nimmt die Suppe nicht etwa den Geschmack einer dieser Zutaten an, sondern bekommt einen einheitlichen Geschmack aus der Mischung aller. Meine Erfahrung mit verschiedenen Heilsystemen in verschiedenen Teilen der Welt eignen sich sehr gut für meine Suppe.

Wohin führt mich all dies? Hoffentlich zu dem Bemühen, den geraden Pfad zu gehen. Ich respektiere die Tatsache und die Wichtigkeit einer Heilungsenergie – etwas, was Menschen auf der ganzen Welt als gegeben voraussetzen. Als ich Kinachau, einen alten !Kung-Heiler fragte, was mit den !Kung geschehen würde, nun da Rinder auf ihr Land gekommen seien und das Wild verschwinde, weil die Wasserstellen austrocknen, erwiderte er: »Ja, die Dinge stehen schlecht. Aber wenigstens haben wir unser *n/um*.« Ich strebe danach, einfache Prinzipien zu betonen anstelle komplizierter Rituale oder Techniken. Und schließlich hoffe ich zu erkennen, daß wir alle Heiler sind, da wir uns alle auf Sinnfindung, Ausgeglichenheit, Verbundenheit und Ganzheit zubewegen.

Anmerkungen

[1] Ich möchte an dieser Stelle meinen besonderen Dank Dianne Argyris aussprechen. Ihre tiefschürfende intellektuelle Neugier und ihr kreativer Forschungsansatz waren der Anreiz zu einem gemeinsamen Projekt über Verwundbarkeit als Forschungsmethode. Dieser Aufsatz, der sich auf meinen persönlichen Zugang zur Verwundbarkeit konzentriert, wurde durch dieses Projekt inspiriert. Die Ergebnisse dieses Projektes werden wir in einem Aufsatz vorstellen, der sich mehr mit den allgemeineren Fragen der Forschungsmethodik beschäftigt.

Danken möchte ich auch den Regierungen von Botswana und Fidschi für ihre freundliche Genehmigung, die hier berichtete Forschungsarbeit durchzuführen, wie auch für ihre großzügige Unterstützung; ebenfalls der William and Helen Mazer Foundation für ihre finanzielle Unterstützung beim Schreiben dieses Artikels. Dankbar bin auch auch für das einfühlsame und scharfsinnige Durchlesen der früheren Fassungen dieses Artikels durch Dianne Argyris, Maxwell Katz und Becka Reichmann. Den Menschen, mit denen ich in der Kalahari und auf Fidschi zusammenlebte und arbeitete, vor allem den Heilern, kann ich nicht genug danken. Ich hoffe, daß dieser Aufsatz Teil weiterer Bemühung sein wird, ihr Wissen mit »meinem Volk« zu teilen.

[2] Es gibt eine große Menge anerkannter Literatur, die sich mit Problemen befaßt, welche die Verwundbarkeit und die Feldforschung berühren, vor allem in den Disziplinen Anthropologie und Soziologie (s. Katz und Argyris 1985, wo sich eine Zusammenfassung dieser Literatur findet). Einiges von diesem aufregenden neuen Material erscheint unter der Rubrik »Interpretierende Sozialwissenschaft« (s. z.B. Rabinow und Sullivan, 1979) und im Genre der selbstreflektierenden Ethnographien (s. z.B. Dwyer, 1982). Da der Schwerpunkt dieses Aufsatzes jedoch auf meiner eigenen Felderfahrung und auf ihren Auswirkungen auf meine Forschung und Arbeit liegt, will ich diese Literatur hier nicht kommentieren.

[3] Das Modell besitzt unmittelbare Relevanz für das Problem der Heilung, bietet jedoch zugleich eine allgemeine, grundsätzliche Perspektive. So beschreibt beispielsweise »Erziehung als Transformation« (Katz, 1981) ein Modell der Ausbildung von Heilern, während es gleichzeitig eine grundsätzliche Perspektive des Problemfelds der Erziehung bietet.

[4] Feldforscher werden im Laufe ihrer Arbeit oft zu allesverschlingenden Lesern von Büchern oder Zeitungen aus der Heimat. Manchmal hilft diese Aktivität dabei, kulturelle Unterschiede und Ähnlichkeiten zu klären und sich auf Erfahrungen der Verwundbarkeit vorzubereiten. Bei anderen Gelegenheiten bietet dieses Lesen einen Schutz dagegen, »über den Rand hinauszugehen«. Das Lesen entspricht der Furcht vor dem Verlust des Heimatgefühls. Da es aber ständig die Konturen und die Atmosphäre der Heimatkultur wieder bestärkt, schmälert es die Wertigkeit der zu erforschenden Feldkultur. In der Regel ist die Heimatkultur jedoch dem Forscher derartig vollständig und gründlich

315

eingeprägt, daß er auch dann noch den Weg zurückfinden wird, wenn er über den Rand hinausgegangen ist – ja daß er sogar hin und her reisen kann. Solche Lektüre, die das Gefühl eines »Heimatselbst« schützen soll, ist eine höchst überflüssige Erinnerung an das, was wir sind.

Bibliographie

Bourguignon, E. (1979). *Psychological anthropology.* New York: Holt, Rinehart and Winston.

Dwyer, K. (1982). *Moroccan dialogues: Anthropology in question.* Baltimore: Johns Hopkins University Press.

Durkheim, E. (1968). *The elementary forms of religious life.* New York, NY: The Free Press.

Hampton, E. (1984). The Sweat Lodge & Modern Society. Qualifying paper, Harvard Graduate School of Education, Cambridge, MA.

Henry, J. (1972). *On education.* New York: Random House.

Jung, C. G. (1969). *Psychology and religion: West and east* (Volume 11, Collected Works of C. G. Jung, Bollingen Series XX). Princeton, NJ: Princeton University Press.

Katz, R. (1981). »Education as transformation: Becoming a healer among the !Kung and Fijians«, *Harvard Educational Review,* 51 (1), 57–78.

Katz, R. (1982). *Boiling Energy: Community Healing among the Kalahari !Kung.* Cambridge, MA: Harvard University Press.

Katz, R. (1983/84) »Empowerment and synergy: Towards expanding community healing resources«, Prevention in Human Services, 3, 201–225.

Katz, R. (in Vorbereitung). »Healing and transformation: Perspectives on development, education and community«. In M. White and S. Pollak (eds.) *The cultural transition: Human experience and social transformation in the Third World and Japan.* London: Routledge and Kegan Paul.

Katz, R. (1985). The straight path: A Fijian perspective on the education of the healer, Mss. Harvard University.

Katz, R. und Argyris, D. (1985). »The role of vulnerability in fieldresearch.« Mss. Harvard University.

Lee, R. (1979). The !Kung San: Men, woman and work in a foraging society. Cambridge, England: Cambridge University Press.

Lee, R. und DeVore, I. (Hrsgg.) (1976). *Kalahari hunter-gatherers: Studies of the !Kung San and their neighbors.* Cambridge, MA: Harvard University Press.

LeVine, R. (1980). *Culture, behavior and personality* (2nd edition). Chicago, IL: Aldine.

Levi-Strauss, C. (1963). *Structural anthropology.* New York: Basic Books.

Marshall, L. (1969). »The medicine dance of the !Kung Bushmen«. *Africa,* 39, 347–381.

Nayacakalou, R. (1975). *Leadership in Fiji*. Oxford, England: Oxford University Press.

Polanyi, M. (1958). *Personal knowledge*.

Rabinow, P. und Sullivan, W. (Hrsgg.) (1979). *Interpretive social science*. Berkeley, CA: University of California Press.

Ravuvu, A. (1984). Fijian culture and religion. Suva, Fiji: University of the South Pacific.

Sahlins, M. (1962). *Moala: Culture and nature on a Fijian island*. Ann Arbor, MI: University of Michigan Press.

Singer, J. (1972). *Boundaries of the soul: The practice of Jung's psychology*. Garden City, NJ: Doubleday (Anchor Press).

Spencer, D. (1941). *Disease, religion and society in the Fiji Islands*. New York, NY: Augustin.

Van Gennep, A. (1960). *The rites of passage*. Chicago, IL: University of Chicago Press.

Welwood, J. (1983). »Vulnerability and power in the therapeutic process.« In J. Welwood (Hrsg.), *Awakening the heart*. Boulder, CO: New Science Library.

GOLDMANN VERLAG

Grenzwissenschaften
Esoterik

GRENZWISSENSCHAFTEN ESOTERIK

ERNEST BECKER
Die Überwindung der Todesfurcht
Dynamik des Todes

Ausgezeichnet mit dem Pulitzer-Preis

11762

GRENZWISSENSCHAFTEN ESOTERIK

Axel **BOHNENKAMP**
Tarot als Lebenshilfe
22 Stufen zu einem Leben voll Harmonie und innerer Kraft

11770

GRENZWISSENSCHAFTEN ESOTERIK

WERNER F. BONIN
Naturvölker und ihre übersinnlichen Fähigkeiten
Von Schamanen, Medizinmännern, Hexern und Heilern

11766

GRENZWISSENSCHAFTEN ESOTERIK

Horst E. MIERS
Lexikon des Geheimwissens

11708 (April '86)

GRENZWISSENSCHAFTEN ESOTERIK

Lobsang RAMPA
DAS DRITTE AUGE
Ein Tibet-Roman

11758

GRENZWISSENSCHAFTEN ESOTERIK

JANE ROBERTS
GESPRÄCHE MIT SETH
Von der ewigen Gültigkeit der Seele

11768 (April '86)

GRENZWISSENSCHAFTEN ESOTERIK

JANE ROBERTS
DIE NATUR DER PSYCHE
Ihr menschlicher Ausdruck in Kreativität, Liebe, und Sexualität

11760

GRENZWISSENSCHAFTEN ESOTERIK

Eugen G. JUSSEK
Gespräche mit Yan Su Lu
Begegnung mit dem Weisen in uns

11765

ESOTERIK

SATPREM
DER MENSCH HINTER DEM MENSCHEN
Ein Mann auf der Suche nach den letzten Geheimnissen der menschlichen Existenz – die Erfahrung einer inneren Entwicklung. Mit einem Vorwort von Georg Stefan Troller

11754